DOMINGOS SODRÉ,
UM SACERDOTE AFRICANO

JOÃO JOSÉ REIS

Domingos Sodré, um sacerdote africano

Escravidão, liberdade e candomblé na Bahia do século XIX

2ª edição revista e ampliada

COMPANHIA DAS LETRAS

Copyright © 2008, 2024 by João José Reis

Grafia atualizada segundo o Acordo Ortográfico da Língua Portuguesa de 1990, que entrou em vigor no Brasil em 2009.

Capa
Alceu Chiesorin Nunes

Imagem de capa
Domingos Sodré, imaginado por Ayrson Heráclito, 2020, aquarela sobre papel, 30 × 40 cm

Preparação
Lucimara Carvalho

Índices
Luciano Marchiori

Revisão
Jane Pessoa
Angela das Neves

Dados Internacionais de Catalogação na Publicação (CIP)
(Câmara Brasileira do Livro, SP, Brasil)

Reis, João José
    Domingos Sodré, um sacerdote africano : Escravidão, liberdade e candomblé na Bahia do século XIX / João José Reis. — 2ª ed. rev. e ampl. — São Paulo : Companhia das Letras, 2024.

    ISBN 978-65-5921-136-4

    1. Bahia – História – Século 19 2. Candomblé – Bahia (Estado) – História – Século 19 3. Escravidão – Bahia (Estado) – História – Século 19 I. Título.

23-176452   CDD-981.42

Índice para catálogo sistemático:
1. Bahia : Estado : História 981.42

Cibele Maria Dias – Bibliotecária – CRB-8/9427

Todos os direitos desta edição reservados à
EDITORA SCHWARCZ S.A.
Rua Bandeira Paulista, 702, cj. 32
04532-002 — São Paulo — SP
Telefone: (11) 3707-3500
www.companhiadasletras.com.br
www.blogdacompanhia.com.br
facebook.com/companhiadasletras
instagram.com/companhiadasletras
x.com/cialetras

Para Mariângela

Sumário

Abreviaturas 9
Agradecimentos 11
Prefácio 15

1. A polícia e os candomblés no tempo de Domingos 21
2. De africano em Onim a escravo na Bahia 53
3. O adivinho Domingos Sodré 96
4. Feitiçaria e escravidão 143
5. Feitiçaria e alforria 190
6. Uns amigos de Domingos 230
7. Domingos Sodré, africano ladino e homem de bens 279

Epílogo 322
Cronologia da vida de Domingos Sodré 328
Anexos 331
Notas 369
Arquivos, fontes e referências bibliográficas 428
Índice onomástico 453
Índice remissivo 465
Créditos das imagens 475
Fortuna crítica 477

Abreviaturas

ACMS   Arquivo da Cúria Metropolitana de Salvador
AHMS   Arquivo Histórico Municipal de Salvador
AN   Arquivo Nacional, Rio de Janeiro
APEB   Arquivo Público do Estado da Bahia
ASCMS   Arquivo da Santa Casa da Misericórdia de Salvador
AI   Arquivo do Itamarati, Rio de Janeiro
BNA   British National Archives
BNRJ   Biblioteca Nacional, Rio de Janeiro
FO   Foreign Office
LNT   Livro de Notas do Tabelião
LRT   Livro de Registro de Testamentos

SOBRE A TRANSCRIÇÃO DE DOCUMENTOS
Exceto quando indicado, atualizei a grafia de algumas palavras nos documentos manuscritos e impressos transcritos no texto, mas mantive-a original nos nomes próprios e nos títulos citados em notas.

Agradecimentos

É longa a lista das pessoas e instituições que me ajudaram de diversas maneiras na pesquisa e redação deste livro.

Cândido Domingues, Carlos Francisco da Silva Junior e Neuracy de Azevedo Moreira me auxiliaram decisivamente na coleta de dados. Lisa Earl Castillo, ao mesmo tempo que desenvolvia sua pesquisa sobre o candomblé oitocentista, teve a gentileza de indicar e fornecer numerosos documentos aqui utilizados. Documentos manuscritos e impressos, além de indicações bibliográficas e outras informações, foram também fornecidos por Adriana dos Reis Alves, Argemiro Ribeiro de Souza Filho, Bert Barickman, Carlos Eugênio Líbano Soares, Carlos Santana, Claudia Trindade, Christiane Vasconcelos, Cristiana Lyrio, Dale Graden, Fábio Batista Lima, Flávio dos Santos Gomes, Hendrik Kraay, Isabel Cristina Ferreira dos Reis, Jocélio Teles dos Santos, Kátia Lorena, Ligia Santana, Lizir Arcanjo Alves, Maria Cristina Wissenbach, Maria Inês Côrtes de Oliveira, Paulo Roberto Staudt Moreira, Renato da Silveira, Ricardo Tadeu Caires Silva, Robert Slenes e Wlamyra Albuquerque. Renato da Silveira e Luis Nicolau Parés leram o livro em sua versão quase final e fizeram comentários detalhados e relevantes, a maioria dos quais foi aqui incorporada.

A maior parte das pessoas que acabo de citar, e outras mais, regularmente se reúnem na linha de pesquisa Escravidão e Invenção da Liberdade, do Programa de Pós-Graduação em História da Universidade Federal da Bahia. Os calorosos debates ali acontecidos, em torno de um artigo que foi o embrião deste livro e de outros textos apresentados por mim e demais membros do grupo, foram fundamentais para fazer florescer e amadurecer ideias aqui expostas. Também comentaram aquele artigo Gabriela Sampaio e Jean Hébrard. Alberto da Costa e Silva, Karin Barber, Paulo Farias e Toyin Falola responderam a consultas e indicaram bibliografia com olhos de especialistas da história africana. Kristin Mann colocou à minha disposição capítulos então inéditos de seu excelente livro, *Slavery and the Birth of an African City: Lagos, 1760-1900*, sobre a cidade de Lagos, Nigéria.

Partes deste livro foram apresentadas como palestras e debatidas na University of Michigan (Ann Arbor), na Michigan State University (Lansing), em uma mesa do XXVI Congresso da Latin American Studies Association, na Universidade Federal de Pernambuco e na Universidade de São Paulo a convite, respectivamente, de Sueann Caulfield, Peter Beattie, Linda Lewin, Marcus Carvalho e Rafael de Bivar Marquese. Os comentários feitos nessas ocasiões foram de grande valia.

Quero agradecer a presteza dos funcionários das bibliotecas e arquivos onde pesquisei, especialmente do Arquivo Público do Estado da Bahia, onde está depositada a maioria dos documentos aqui utilizados. No Laboratório Eugenio Veiga da Universidade Católica de Salvador, que guarda com competência e dedicação o Arquivo da Cúria Metropolitana de Salvador, contei com o auxílio de sua então diretora, Venétia Durando Rios, e de Renata Oliveira para a localização de registros eclesiásticos. Alguns registros, que não consegui consultar nesse acervo por estarem danificados, foram lidos nos microfilmes do Family History Center, da Igreja de Jesus Cristo dos Últimos Dias, em Salvador.

Lilia Schwarcz, amiga e editora, leu e comentou todo o texto, ajudando a melhorá-lo consideravelmente. Marta Garcia e sua eficiente equipe foram responsáveis pela cuidadosa produção editorial do livro.

Meus colegas do Departamento de História da Universidade Federal da Bahia me liberaram de atividades docentes em diversas ocasiões, tempo que investi nesta e em outras pesquisas. O livro é resultado parcial de um projeto de pesquisa apoiado pelo Conselho Nacional de Pesquisa e Desenvolvimento (CNPq), do qual sou bolsista.

Mariângela de Mattos Nogueira foi a presença mais constante durante a elaboração do livro, desde o início. Sua leitura cuidadosa e suas observações inteligentes melhoraram consideravelmente a versão final. Ela é também responsável pelas fotos e reproduções de imagens aqui publicadas, trabalho de profissional.

Prefácio

Às 4h30 da tarde do dia 25 de julho de 1862, uma sexta-feira, foi preso em sua casa em Salvador, Bahia, o africano liberto Domingos Pereira Sodré. Ele tinha sido denunciado pessoalmente ao chefe de polícia por um funcionário da Alfândega, que o acusava de receber por suas adivinhações e "feitiçarias" objetos roubados por escravos a seus senhores. O denunciante, que foi logo atendido, era um dos prejudicados. "Candomblé" foi como o chefe de polícia denominou o que existia na casa do africano, termo já em voga nessa época para definir crenças e práticas religiosas de origem africana, ou tidas como tal, bem como o lugar em que estas se realizavam. Assim também, com esse sentido largo, utilizarei o termo neste livro.

Encontrei há muitos anos os primeiros documentos pertinentes à prisão de Domingos Sodré, que consistem numa série de ofícios trocados entre o chefe de polícia Antônio de Araújo Freitas Henriques e o subdelegado da freguesia de São Pedro, Pompílio Manoel de Castro. Essas fontes me levaram a outras que me permitiram ampliar o foco sobre o incidente de 1862. Em seguida, fui atrás de informações a respeito do liberto africano e descobri muita coisa sobre ele e pessoas a seu redor. Ele tinha nascido em Lagos, então conhecida como Onim (ou Eko), na atual Nigéria; foi capturado e vendido a traficantes em circunstâncias desconhecidas; na Bahia tornou-se escravo num engenho de importante proprietário do Recôncavo, como são conhecidas as terras que circulam a baía de Todos-os-Santos. Não sei quando Domingos se transferiu do meio rural para a Cidade da Bahia, como então Salvador era conhecida, mas ali encontrei-o pela primeira vez em meados da década de 1840, num registro de batismo, no papel de padrinho e já liberto. Na cidade, Domingos prosperou e veio a ser proprietário de escravos, do que tomei conhecimento pelas transações de compra e venda e pelas cartas de alforria registradas em cartório por diversos tabeliães de Salvador, que também registraram a compra e a venda de duas casas que ele possuiu. Domingos casou-se na Igreja, enviuvou e casou-se de novo, segundo consta em documentos paroquiais. Pelo menos em duas ocasiões, encontrei-o a demandar na justiça contra outros africanos libertos, a um dos quais acusou de assassinar um amigo seu. Perto de morrer, ele ditou seu testamento, deixando seus poucos bens para a mulher, Maria Delfina da Conceição. Seu inventário conta a história de sua doença, morte e funeral.

    O volume de informações até agora encontradas sobre Domingos Sodré — e mais há de haver — o torna um caso excepcional, embora não único, entre os libertos africanos no Brasil. No entanto, ao mesmo tempo que foi possível desvendar diversos aspectos de sua biografia, muitos outros permanecem obscuros. Por isso, o leitor perceberá que nosso personagem sai frequentemente de cena para dar lugar ao seu mundo e a outros personagens que o povoam, através dos quais sua história é em grande medida contada. Esse método narrativo cabe em qualquer biografia, pois qualquer um vive em certo contexto, imediato ou mais amplo, do qual fazem parte outros indivíduos mais ou menos próximos. Mas é claro que a documentação disponível para contar a história de barões do Império do Brasil é, em regra, mais copiosa do que aquela relativa a escravos ou libertos do mesmo Império. Estas são biografias mais fragmentadas, cobertas de lacunas. No entanto, além de iluminar muitos aspectos de experiências de vida específicas, elas servem como guia para conhecer uma época, uma sociedade e em particular os homens e as mulheres que compunham as redes de relações a que pertenciam os biografados, com suas diferenças étnicas, suas hierarquias sociais e econômicas, suas instituições e práticas culturais.

Domingos viveu no Brasil a maior parte do século XIX. Desembarcado na Bahia no final da segunda década do século, aproximadamente, ele encontrou a região num momento de grande prosperidade, e esta acoplada à sua principal fonte de riqueza, a produção de açúcar. A cana era cultivada e processada nos engenhos do Recôncavo por escravos de origem africana e seus descendentes, cujos números aumentaram dramaticamente com a intensificação do tráfico que acompanharia a boa fortuna da economia baiana na época. Domingos foi uma das numerosas vítimas dessa engrenagem de dimensões atlânticas. Na terra que o escravizou, ele viu acontecerem e serem derrotadas, na primeira metade do Oitocentos, dezenas de revoltas escravas nos engenhos do Recôncavo, em Salvador e suas imediações. Também testemunhou, entre 1820 e 1840, grandes transformações e abalos políticos recorrentes, a começar pelas lutas da independência, seguidas de movimentos antilusos, federalistas e republicanos, motins militares e até uma revolta popular contra a proibição dos enterros nas igrejas. Nas décadas seguintes, acompanhou a Cidade da Bahia refazer seu tecido urbano com a abertura de ruas e a construção de praças, a diversificação de seus meios de transporte, o crescimento de sua população, a par com o declínio da presença africana nela. Viu uma greve de ganhadores africanos e um levante popular contra a carestia dos alimentos, sofreu as consequências de terem as elites locais abraçado projetos civilizatórios moldados na Europa e combaterem costumes africanos e afro-brasileiros que consideravam incivilizados. A escra-

1. *Vista da Cidade de São Salvador da Bahia*, c. 1860.

vidão cresceu, se transformou, declinou com o fim do tráfico através do Atlântico e foi extinta ao longo da vida de Domingos na Bahia. Domingos Sodré morreu em Salvador, nas vésperas da abolição.

Através da vida de Domingos penetramos no mundo dos libertos africanos, centenas de homens e mulheres que tinham conseguido, por meio de acordos com seus senhores, se alforriar gratuitamente ou, mais amiúde, comprar suas alforrias. Esses libertos, que na sua maioria trabalhavam no ganho de rua, tiveram papel fundamental na formação do candomblé, uma religião que se constituiu em suas grandes linhas precisamente na época em que Domingos viveu na Bahia. Muitos personagens do candomblé oitocentista, libertos como Domingos, comparecem neste livro e entrelaçam suas biografias com a dele. Chamados de feiticeiros nos documentos oficiais e na imprensa, os adivinhos, curandeiros e chefes de casas de culto foram alvo de perseguição sistemática pela polícia baiana, mas as autoridades nem sempre concordavam sobre o melhor método de puni-los, ou mesmo que devessem ser punidos. Na pauta policial destacava-se o perigo que esses personagens causavam à ordem escravista devido a suas transações com escravos que deles demandavam ajuda para enfrentar seus senhores. Mas a disseminação do candomblé por outros setores da população, inclusive brancos de alguma estatura social, não foi preocupação menor dos que combatiam as crenças e práticas rituais trazidas e reconstituídas no Brasil pelos africanos. A vida de Domingos se desenrola como parte desse embate cultural e serve como guia para narrar a história do candomblé na Bahia de seu tempo.

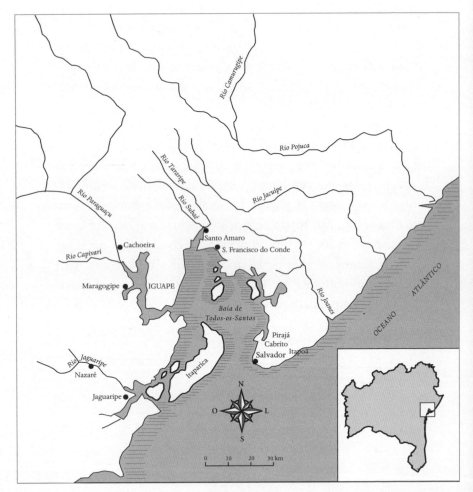

Recôncavo baiano.

1. A polícia e os candomblés no tempo de Domingos

O CANDOMBLÉ ENTRE A TOLERÂNCIA E A REPRESSÃO

Na antevéspera do Natal de 1858, um grupo de africanos libertos se reunia num batuque no bairro da Cruz do Cosme, periferia de Salvador. De repente, a casa foi cercada pela polícia e invadida; pessoas foram presas e objetos cerimoniais de candomblé apreendidos. Essa ação policial criou um mal-estar entre o subdelegado local e o chefe de polícia. Em ofício ao chefe de polícia A. M. de Magalhães e Mello, o subdelegado Manoel Nunes de Faria queixou-se de que não tinha sido informado a respeito daquela diligência policial. O grupo de africanos, soube ele depois, tinha sido preso "por se encontrar batucando". O subdelegado levantou dúvida sobre essa alegação, e protestou:

> Primeiramente levo ao conhecimento de V. Sa. que tal batuque não se deu, do que estou bastante informado, e que os Africanos estavam em seus trabalhos, e isto não é mais do que uma perseguição, e se V. Sa. por acaso vier uma tarde ver a lavoura destes Africanos

se admiraria, e então quereria até garanti-los nesta freguesia, portanto é justo que à vista desta perseguição V. Sa. os deve mandar soltá-los, e se assim o fizer obra com muita justiça.[1]

Disse mais: que o tenente comandante dos policiais urbanos havia agido "como que não houvesse subdelegado na freguesia, o que é muito de admirar"; e definiu aquela como ação típica de "absolutismo", indicativa da falta de confiança na sua autoridade. Se o chefe de polícia não confiava nele, "nada mais justo do que demiti-lo", concluiu magoado.[2]

Para melhor entender essa polêmica, e outras que virão, algo deve ser dito sobre a estrutura do aparato policial na Bahia dessa época. O chefe de polícia da província, nomeado diretamente pelo imperador, ficava no topo da cadeia de comando e sob ele estavam delegados, subdelegados e o corpo de policiais armados, que tinha sua própria hierarquia. Os cargos de delegado e subdelegado foram criados em 1841, e seus ocupantes escolhidos pelo presidente da província a partir de uma lista tríplice feita pelo chefe de polícia. Eles substituiriam a maioria das funções policiais dos juízes de paz, cujo cargo era eletivo e fora criado em fins da década de 1820.[3] Salvador contava com dois delegados, um para as freguesias urbanas, outro para as suburbanas e as rurais. Mas o chefe de polícia se relacionava diretamente com os subdelegados, que cuidavam do policiamento cotidiano em cada freguesia — ou em cada distrito de freguesias maiores — assistidos por um amanuense, por inspetores de quarteirão e, quando necessário, por oficiais de justiça e policiais da guarda urbana. Estes últimos, ademais, rondavam a cidade à cata de infratores das leis. O cargo de subdelegado não era remunerado, mas refletia e acrescentava poder, respeitabilidade e prestígio a seus ocupantes. Foi precisamente para defender esses atributos do cargo que o subdelegado da Cruz do Cosme queixou-se ao chefe de polícia a respeito da tomada da casa dos africanos.[4]

O bairro da Cruz do Cosme era típico da periferia rural de Salvador. Localizado no segundo distrito da extensa freguesia de Santo Antônio Além do Carmo, ali residia e tinha suas roças um grande número de africanos libertos que viviam da lavoura, no que estava certo o subdelegado Manoel de Faria em sua correspondência ao chefe de polícia. Seguindo a tradição alimentar de suas terras, os libertos, às vezes coadjuvados por escravos, plantavam principalmente inhame, tanto para consumo próprio quanto para abastecer a cidade.[5] O bairro rural constituía o típico "campo negro" — de que fala, ao estudar o Rio de Janeiro, o historiador Flávio Gomes —, onde solidariedades, negociações e também competição e conflitos marcavam o dia a dia de comunidades formadas em torno da pequena agricultura e do pequeno comércio.[6]

A Cruz do Cosme constava com frequência dos relatórios policiais. Em setembro de 1859, o subdelegado João de Azevedo Piapitinga (gravem este nome) informou que vinha recebendo dos lavradores locais frequentes queixas "pelos furtos que lhes fazem constantemente". Três africanos foram presos por roubo de inhames.[7] Mas o roubo da lavoura alheia não constituía o único problema. Animado pelo vaivém de moradores da cidade que por lá circulavam, sobretudo nos finais de semana, o lugar era palco de muitas "desordens", segundo o subdelegado.[8] Em 1860, Piapitinga pediria reforço policial para combater em seu distrito "assassinos, desertores, pretos fugidos, os presos que se evadem das prisões, e os jogadores".[9] Muita dessa gente frequentava os candomblés ali estabelecidos, também considerados por diversas autoridades parte da desordem suburbana. Eis onde entra o ataque à casa dos batuqueiros africanos no Natal de 1858.

Ao prestar contas desse episódio ao presidente da província, o chefe de polícia informou que no dia 23 de dezembro, entre outras atividades policiais, tinham sido presos um homem e doze mulheres, todos africanos libertos, encontrados "em danças e batuques, sendo apreendidos diversos objetos e vestimentas de que usam em tais danças". Não deu detalhes sobre os objetos e vestimentas, mas listou nominalmente os presos: João Francisco da Costa, Balbina Maria d'Assumpção, Francisca Perpetua, Aniceta Rita Junqueira, Ermelinda Bulcão, Caetana dos Santos, Juliana de Carvalho, Lourença Maria da Piedade, Maria Vitória, Maria Joana, Maria Luiza, Felicia e Luiza.[10]

Ainda segundo o chefe de polícia, dessa vez em resposta ao protesto do subdelegado Faria, a diligência sucedera "reiteradas representações de pessoas vizinhas contra a algazarra que frequente[mente] fazem muitos pretos em candomblé na casa varejada". E passou a acusar o subdelegado de negligência policial, pois aquela ação teria sido desnecessária se, naquele distrito, "a polícia fosse tão vigilante e ativa" que prescindisse de ele próprio, o chefe de polícia, ser obrigado a tomar providência contra aqueles africanos. Finalmente, estranhou "o modo descomedido" usado por seu subordinado no ofício que escrevera e terminou com a ameaça de demiti-lo por falta daquela "calma indispensável a quem exerce qualquer porção de autoridade".[11]

A tréplica do subdelegado, no dia 27 de dezembro, foi em tom humilde de conciliação. Alegou que considerasse aquele seu ofício um desabafo diante de uma diligência que desmoralizava sua autoridade, feita à sua revelia em seu próprio distrito. Agora, sabedor de que a ordem partira diretamente do chefe, entendia e se conformava. Encerrou prometendo estar "sempre pronto para o serviço público", e esqueceu dos africanos que ele antes considerara injustiçados.[12]

Mas os próprios africanos, ou melhor, as mulheres do grupo, defenderam-se muito bem, encabeçadas por Aniceta Rita Junqueira. No dia seguinte à prisão, escreveram petição ao senhor chefe de polícia, que explicava não passarem elas de honestas lavadeiras, as quais, após o serviço na fonte, costumavam se dirigir à casa invadida pela polícia apenas para descansar e se alimentar, antes de seguirem para a cidade, onde alegaram morar. Porém, "fora a casa em que costumam estar cercada por uma força policial, e então presas e recolhidas ao Aljube", que era uma cadeia eclesiástica dos tempos coloniais agora usada para pequenos infratores, principalmente escravizados. As libertas africanas alegaram que "não se achavam nessa casa para fins ilícitos", e pediram para serem soltas. No mesmo dia, o chefe de polícia as despachou livres, por sorte antes que a polêmica com o subdelegado tivesse início, e ele quisesse manter as africanas na cadeia para não dar a impressão de que agira sob pressão de um subordinado impertinente.[13]

Esse episódio é representativo do que acontecia nos bastidores da repressão policial aos candomblés oitocentistas na Bahia. As autoridades policiais com frequência se desentendiam. Nina Rodrigues, a respeito do período colonial, observou que "a supressão ou a manutenção dos *batuques* se constituiu em pomo de acesa discórdia".[14] Em linhas gerais, o mesmo pode ser dito sobre a política de repressão ao candomblé no tempo de Domingos Sodré. Nesse período, os chefes de polícia geralmente investiram num controle mais rígido das manifestações culturais africanas, ao passo que muitos subdelegados — que tinham de tratar com o problema no corpo a corpo do dia a dia — optavam por uma política de negociação, segundo sugerem as numerosas denúncias de candomblés e de outros batuques que ressoavam em diversos pontos da cidade. Como sugeriu Dale Graden, algumas autoridades policiais "reconheciam os benefícios a serem ganhos de uma diplomacia silenciosa".[15] A polícia e outras autoridades foram repetidas vezes acusadas pela imprensa de conivência com os candomblés e batuques africanos. Em 1864, o jornal *O Patriota*, por exemplo, denunciou em versos satíricos um juiz que, para proteger o povo de santo, colocou uma pedra sobre a investigação de um roubo:

Após dias dias foram — <u>oram</u>
Sem desabafo o José — <u>Zé</u>
Que o juiz não faz justiça — <u>tiça</u>
Onde cheira a candomblé — <u>blé</u>

....

E um processo d'injuria — <u>uria</u>
Contra o coitado engendrou — <u>drou</u>
Lá com o pai do terreiro — <u>eiro</u>
Suas cousas arranjou — <u>jou</u>[16]

Nenhum jornal foi tão insistente como O Alabama em acusar policiais de protegerem os africanos e suas práticas religiosas, e mesmo participarem de candomblés, em desserviço à marcha da civilização na província. Deparei nas páginas desse periódico "crítico e chistoso" — que consultaremos muitas vezes aqui — até com denúncia de subdelegado que "caiu no santo".[17]

Não só as autoridades policiais, judiciais e até políticas divergiam entre si sobre como tratar o candomblé, seus adeptos e clientes. Entre a população, tinha quem denunciasse os curandeiros e adivinhos africanos, enquanto outros os frequentavam, protegiam ou pelo menos os toleravam, até por medo da reputação que tinham de possuir poderes extraordinários, medo de feitiço, não mais. No momento da prisão de Domingos Sodré, tanto as casas de culto quanto a prática individual, doméstica, sem culto organizado, já se encontravam espalhadas por toda a cidade, embora fossem as primeiras mais frequentes nos seus subúrbios.[18] Todavia, tal sucesso, eu insisto, não decorreu de uma negociação tranquila com a sociedade, uma vez que o candomblé viveu quase sempre por um fio, pressionado por denúncias de gente grande e pequena, sobretudo da imprensa, e pela consequente repressão policial.

UM CHEFE DE POLÍCIA COM ESTILO PRÓPRIO

Em 1862, quando aconteceu o ataque à casa de Domingos Sodré, dirigia a chefatura de polícia da Bahia João Antonio de Araújo Freitas Henriques, quarenta anos de idade, que iria protagonizar, em torno do mesmo ponto, tensões ainda mais agudas com seus subdelegados do que o antecessor com o subdelegado da Cruz do Cosme. João Henriques teve carreira jurídica brilhante, chegou a servir em tribunais superiores do Império. Foi também chefe de polícia de diversas províncias (Maranhão, Paraíba, Pernambuco, Alagoas e Bahia) e presidente do Ceará (1869-70) e da Bahia (1871-72), entre outros cargos públicos que exerceu.[19] Era filho de coronel da Guarda Nacional e tinha ideias conservadoras desde jovem. Certa feita publicou uma defesa cheia de subterfúgios da grande propriedade rural enquanto ideal para o progresso econômico. "Com a manutenção de grandes casaes [fazendas, *farms*]", elogiava ele a Inglaterra, "conserva-se uma aristocracia de nome e fortemente empenhada em a prosperidade nacional [...]."[20] Como se isso valesse para o Brasil... ou mesmo para a própria Inglaterra. O texto, Henriques escrevera aos 24 anos; agora, dezesseis anos passados, se investiu do papel de proteger aristocratas e plebeus baianos da propagação de pujante cultura de expressão africana.

Desde que assumira o cargo, em fins de novembro de 1861, João Henriques empenhou-se na erradicação dos candomblés, mas não só deles. Embora interesse-me aqui detalhar apenas seu combate à religião, cabe pelo menos mencionar sua antipatia por outros costumes africanos e crioulos — costumes populares em geral, diria — disseminados na província. Reprimiu, por exemplo, devotos católicos que pediam esmola para santos, atividade muito comum dos membros das irmandades negras, que assim coletavam fundos para cuidar de seus altares e templos, organizar suas

2. João Antonio de Araújo Freitas Henriques (1822-1903), chefe de polícia que ordenou a prisão de Domingos Sodré.

pomposas e divertidas festas devocionais, além de socorrer irmãos carentes na vida e na morte. Segundo a regra de Henriques, apenas os pedintes formalmente autorizados pelo arcebispo podiam agir na cidade. O "intento é fazer punir os que se abrigam sob o manto da religião para especularem, ludibriando da credulidade pública", explicou o chefe de polícia numa circular aos subdelegados.[21] Palavras semelhantes, veremos em breve, ele usará contra os adeptos do candomblé, mas a elas acrescentaria outras mais severas.

Fora do âmbito religioso, Henriques procurou combater as pequenas desordens e delitos dos negros escravizados, libertos e livres, como o jogo da capoeira. No dia 18 de junho de 1862, ele distribuiu entre seus subordinados uma circular para que reprimissem os capoeiras nas diversas freguesias da cidade. Documento por vários títulos interessante, vale a pena citá-lo na íntegra:

> Sendo certo que nas tardes dos anteriores Domingos se tem reunido no Campo do Barbalho um grande número de moleques, os quais em turmas arregimentadas e por diferentes lugares vão ali

fazer seu ponto de parada, onde, segundo diz a imprensa houve na tarde do último Domingo grande gritaria e barulho, saindo alguns feridos, exijo que Vossa Mercê preste sua atenção para isto, visto como tendo expedido ordens para serem eles surpreendidos naquele ponto, é de supor que procurem outra posição para se exercitarem na luta e no jogo da capoeira, negócio que convém não ser desprezado, em vista do que se passa na Corte, cuja polícia embora cercada de outros recursos os não tem podido acabar com os tais turbulentos "capoeiras".

Em fato pois do exposto recomendo a Vossa Mercê toda a vigilância no seu distrito, no sentido de impedir ajuntamentos de semelhante gente, e espero que Vossa Mercê desenvolverá a respeito toda a sua atividade e zelo.[22]

No dia seguinte já encontramos detido na Casa de Correção Cosme Firmino dos Santos, crioulo livre, alfaiate, preso "por capoeira" na freguesia de Santana.[23]

A ordem de repressão à capoeira é eloquente por si mesma, e consta ser o primeiro documento a estabelecer uma relação explícita entre capoeira-luta e capoeira-jogo. Jogo e luta constituíam a alma não apenas da capoeira, e João Henriques não parece tê-lo percebido quando se propôs extirpar as práticas culturais de matriz e colorido africanos na Bahia. Mas não estava só. Vivia a ser alertado pela imprensa a respeito do funcionamento de candomblés desde pelo menos o início de fevereiro de 1862, dois meses após se tornar a primeira autoridade policial da província. Na época, o *Diário da Bahia* denunciou a existência, na rua do Genipapeiro, não muito longe de onde morava Domingos Sodré, de "um batuque magno e em devida forma a que se entregaram em um quintal do beco da Agonia algumas dúzias de africanos". Tratava-se de uma celebração em honra a um recém-falecido dignitário do candomblé, "exéquias solenes", quis ironizar o jornal, mas acertou em cheio: assim, com solenidade e mesmo festa, com comida e bebida, eram celebrados os mortos importantes da comunidade africana. Aos redatores do *Diário*, porém, só interessava espalhar que a comemoração fora acompanhada do "furor das vozerias, o estrondo infernal dos instrumentos" e muita aguardente. Eles terminavam com um apelo à polícia para combater, em prol da civilização, aquelas "práticas brutais, filhas da mais estúpida superstição".[24]

Vamos ler ao longo deste livro trechos de muitas matérias da imprensa com esse teor. Os jornais baianos contribuíram enormemente para a perseguição policial aos candomblés, em Salvador e no Recôncavo, antes e depois da posse de Henriques na chefatura.[25] Da região do Recôncavo — onde se concentrava a maioria da população escrava nos canaviais e engenhos que moviam a economia provincial — trago o exemplo de *O Argos Cachoeirano*. Em outubro de 1850, o periódico, publicado na cidade de Cachoeira, veiculou uma longa e fantástica matéria sobre os "prodígios dos santos dos pretos africanos", divindades que recentemente teriam conseguido o extraordinário feito de endoidecer cinco membros da mesma família "em um mesmo dia". Uma moça chegou a se degolar, "e o espetáculo foi horroroso", claro; outro familiar teve de ser isolado num calabouço devido à ameaça que passara a representar. O subdelegado local foi acionado para investigar o episódio, mas, visitada a casa de candomblé e feita a investigação, nada de culposo encontrara. Concluiu que mais "não sabia o que investigar". Os redatores do jornal cachoeirano, que acreditavam piamente em feitiçaria, resolveram orientar o policial quanto a seus deveres: "O suicídio e bem assim a doudice é resultado de crimes ofensivos da moral, e da religião: as casas de candomblé estão dentro e no derredor da cidade! E não há o que investigar!!!". E arremataram insistentes: "E as casas, os oráculos da superstição, que dão estes tristes e horrorosos acontecimentos, devem progredir, não? E não há o que investigar!!!".[26]

O enredo da omissão policial se repetia notícia após notícia nas páginas da imprensa baiana. Algumas autoridades, por temor do opróbrio público, ou por convicção própria, respondiam ao estímulo. E investigavam. Não parece ter sido esse o caso das autoridades policiais de Cachoeira em 1850, que cuidaram do assunto com profissionalismo.

Já o chefe de polícia João Henriques rezava na mesma cartilha do *Diário da Bahia* e do *Argos Cachoeirano*. A partir de abril de 1862, ele desenvolveria uma ação renhida contra os candomblés na capital. Seu primeiro alvo seria um terreiro recém-inaugurado no segundo distrito da freguesia de Santo Antônio, o mesmo distrito do episódio acontecido no Natal de 1858, há pouco narrado. A história parecia repetir-se. Desta feita, Henriques escreveu ao subdelegado titular daquele distrito, João de Azevedo Piapitinga, e ordenou que se juntasse a uma força policial por ele enviada para atacar o dito candomblé no sítio de Pojavá Pequeno, na madrugada do dia seguinte, uma segunda-feira. O chefe orientou seu subordinado: "procederá Vossa Mercê a competente busca, remetendo à minha presença todas as pessoas encontradas, bem como todos os objetos suspeitos", certamente uma referência a objetos de uso ritual.

O resultado da batida, embora um sucesso, não agradou ao chefe de polícia. Ele ficaria aborrecido com o subdelegado Piapitinga por suspeitar que tivesse permitido, logo num domingo de Páscoa, aquele grande ajuntamento, "com número maior de 100, entregues a toda casta de imoralidades e à prática de atos supersticiosos que tanto mal fazem aos néscios". O civilizado Henriques pediu explicações ao desleixado subdelegado e o envio à sua presença do inspetor de quarteirão responsável pelo policiamento do Pojavá, local específico onde se encontrava o candomblé.[27]

Henriques tratara o subdelegado com desconfiança desde o início daquela operação repressiva. Na correspondência em que o avisava sobre o assalto ao Pojavá, disse-lhe que a força policial enviada para tal fim — à frente o tenente-coronel comandante da polícia — nem sequer pararia diante da casa do subdelegado para não despertar suspeitas da vizinhança sobre a sua missão, que até ali correra em segredo. Com isso, parecia ele buscar surpreender não apenas a gente do candomblé, mas o próprio subdelegado, talvez por temer que este avisasse àqueles a respeito do iminente ataque. No mínimo Piapitinga, como acontecera antes com seu suplente Manoel Faria, tinha sido marginalizado de uma importante diligência policial em sua própria jurisdição. Resultou que ele chegaria atrasado aos acontecimentos daquela manhã de segunda-feira, pois, tendo recebido o ofício de seu chefe às sete horas, quando se dirigira ao Pojavá, dali já retornava a força policial com os presos, alguns deles a carregar os objetos rituais apreendidos. Um constrangimento para Piapitinga.[28]

Mas ele seria encarregado de uma missão menor. Para expor os detidos ao vexame público, o chefe João Henriques ordenou ao subdelegado que ele mandasse "publicar uma relação de todos os presos, suas cores e ofícios". Não foi isso o que aconteceu. O *Diário da Bahia* aplaudiu o assalto ao candomblé do Pojavá, recomendou que fossem punidos "os adeptos de tão misteriosa associação", mas não publicou seus nomes, provavelmente porque Piapitinga não os fornecera.[29] O jornal apenas noticiou, daí a dois dias, que a grande maioria dos presos era formada por crioulos, portanto negros nascidos no Brasil, 22 homens e 23 mulheres, além de quatro pardas e três pardos. Somente duas africanas e um africano libertos estavam entre os presos. As ocupações das mulheres não foram especificadas, mas os homens eram todos trabalhadores com ofício, portanto citadinos, à exceção de um lavrador.[30] Esse perfil ocupacional talvez explique melhor por que o chefe de polícia procurava intensificar a caça aos adeptos da religião africana. É que ela rapidamente deixava de ser crença apenas dos assim considerados brutos africanos, para se espalhar entre os nascidos e educados no Brasil, sobretudo crioulos, mas pardos e brancos também. Lembremos que o chefe de polícia mencionou que mais de cem pessoas ali estavam presentes, embora somente cerca de sessenta fossem detidas, entre as quais não havia brancos talvez porque tivessem sido liberados pela polícia sob a desculpa de serem simples curiosos.[31]

O caso do Pojavá gerou animosidade entre o chefe de polícia João Henriques e o subdelegado João Piapitinga, no cargo havia sete ou oito anos. Piapitinga, um respeitável cidadão branco de 66 anos de idade, tenente-coronel da Guarda Nacional e escriturário do hospital da Marinha, fora chamado de mentiroso pelo arrogante chefe, 26 anos mais moço, porém superior àquele em muitos títulos. O subdelegado, que também era senhor de escravo, não gostou da insinuação de que ele fosse tolerante com os candomblés existentes em sua freguesia. Em dois ofícios dirigidos a Henriques, respondeu irritado que não costumava "faltar à verdade", e alegou que, pelo contrário, combatia duramente os candomblés em seu distrito. Tanto que já tinha os africanos devidamente sob seu controle, a grande maioria agora dedicada a honesto e bem-sucedido trabalho na lavoura, a plantarem seus inhames. É interessante que o mesmo argumento tivesse sido usado em 1858 por seu suplente. Certamente, combinaram forças para executar o que imaginavam ser uma missão civilizadora sobre os africanos. Ambos, aliás, seguiam diretrizes traçadas pelo poderoso chefe do Partido Conservador na Bahia, Francisco Gonçalves Martins, o visconde de São Lourenço. Quando governou a Bahia, em 1848--52, Martins procurou fechar os postos de trabalho urbano para os africanos, pois os queria todos empregados na lavoura, de preferência como dóceis agregados dos engenhos do Recôncavo. Os serviços urbanos deviam ser reservados para os trabalhadores nacionais, pensava. Piapitinga e seu suplente pareciam rezar segundo a cartilha do visconde.

Quanto a festas africanas, Piapitinga alegou que tolerava, sim, aquelas "decentes" e devidamente supervisionadas, às quais, aliás, acorria gente de bem da cidade para assistir, se não participar. Que fosse lá o chefe de polícia ele mesmo observar, convidou. O funcionamento do candomblé do Pojavá, explicou o subdelegado, surpreendeu-o tanto quanto a seu superior. Garantiu que no dia do batuque, ele acabara de substituir o subdelegado em exercício, que tinha ido à cidade por causa da morte da mãe. Ou seja, se alguma denúncia da reunião em Pojavá houve, ela teria sido feita, não a ele Piapitinga, mas àquele outro subdelegado, que não agira por ter assunto mais urgente a tratar. Piapitinga acrescentou que o local do candomblé distava algumas léguas de sua morada, de onde não se podia ouvir o rufar dos tambores. Finalmente, confessou que vigiava pouco o comportamento dos crioulos, por não desconfiar que também eles se interessassem por aquela espécie de "divertimento", segundo ele típica de africanos, embora não mais daqueles residentes em seu distrito, que tinham sido por ele moralmente reformados para e pelo trabalho.[32]

Falhara a memória de Piapitinga ao dizer que não sabia do gosto dos crioulos pelo candomblé, pois aquela não teria sido a primeira vez que o acusavam de proteger pretos brasileiros adeptos da religião africana, ou pelo menos frequentadores de terreiros. Sete anos antes, um inspetor de quarteirão sob seu comando o havia denunciado a outro chefe de polícia por não investigar um incidente de desacato à autoridade, que aqui resumo. Eram seis horas da manhã de 21 de outubro de 1855, quando o inspetor Francisco de Moura Rosa repreendeu, por proferir "em altas vozes as mais desonestas e obscenas palavras", o membro de um grupo de crioulos e crioulas que subiam a ladeira do Resgate, vindos da cidade. Estamos aqui no Cabula, não mais na Cruz do Cosme, porém no mesmo segundo distrito de Santo Antônio. O grupo crioulo demandava, conforme o inspetor, "uma das casas de devassidões, que existem neste distrito, denominadas Candomblés".

Um certo Marcolino, guarda municipal na vizinha freguesia de Brotas, teria insultado verbalmente o inspetor e ameaçado bater nele caso prendesse alguém do grupo, no que fora coadjuvado por um pardo armado. O incidente foi relatado a Piapitinga, a quem o inspetor também sugeriu que providenciasse um destacamento policial para o Resgate, por ser o lugar "muito frequentado de vadios, em razão dos tais candomblés, onde de vez em quando se ajuntam mais de 200 pessoas para praticarem imoralidades".

A ideia de que a promiscuidade sexual abundava nas cerimônias de candomblé estava disseminada nos relatos policiais e jornalísticos da época, o que era apresentado como um dos mais fortes símbolos do estilo de vida incivilizado de seus devotos. Em sua queixa ao chefe de polícia, o inspetor, depois de afirmar que o subdelegado "nada tem feito" a respeito do caso, concluía, desanimado, que "enfim o referido crioulo Marcolino tem protetores, que por ele se empenham grandemente". Insinuava, então, que o subdelegado cedera a pressões vindas de cima, ou era ele próprio defensor do crioulo candomblezeiro.

Quatro dias depois Piapitinga responderia ao chefe de polícia que, ao contrário do que dizia seu subordinado, ele tinha agido e até já descobrira o nome completo do elemento objeto da queixa, Marcolino José Dias. Só não o havia prendido, ainda, por depender de diligência do subdelegado da freguesia onde o acusado residia. Parecia pouco eficiente esse Piapitinga.[33] Isto se passou em fins de 1855. Não sei se por causa desse incidente, alguns meses depois já não encontramos o mesmo homem à frente daquela subdelegacia de Santo Antônio, à qual, porém, tinha retornado em 1862 por ocasião do assalto ao Pojavá.

Há outros indícios de que Piapitinga podia ter boas relações com africanos amantes do candomblé. Em maio de 1860, ele serviu como testemunha do casamento de um casal de africanos moradores em seu distrito. Até aí nada demais. Os nomes dos nubentes africanos, porém, já foram citados aqui, João Francisco da

Costa e Juliana Josefa de Carvalho, ambos presos naquele Natal de 1858 sob a acusação de fazerem candomblé. Na casa então assaltada pela polícia, onde foram encontradas evidências de culto africano, residia, além do casal, Aniceta Rita Junqueira, esta também presa naquela batida policial. (Aniceta e Juliana, aliás, alegaram na ocasião não residir na Cruz do Cosme, mas na cidade.) O liberto João Costa estava enfermo ao se casar e, talvez por temer sua morte, o casal quisesse garantir que seus bens fossem tranquilamente herdados, pois, segundo o vigário celebrante, viviam "em união ilícita" da qual já tinham nascido dois filhos, Simplício e Libania. Foi tudo anotado no livro de registro de casamentos da freguesia de Santo Antônio. A mesma casa onde dois anos antes fervera batuque de candomblé, era agora palco de uma cerimônia católica presidida pelo pároco e cônego Pedro Antonio de Campos, além de testemunhada pelo subdelegado Piapitinga e um seu inspetor de quarteirão, o pardo Frutuoso Mendes da Trindade.[34] Enfim, há indícios de que João Henriques tinha razão para desconfiar que Piapitinga fechava os olhos para os candomblés de sua jurisdição, ou pelo menos alguns deles.

De volta a abril de 1862, deparamos com o chefe de polícia João Henriques a ler na edição do dia 22 do *Jornal da Bahia*, um dos mais importantes de Salvador, a respeito de um "grande batuque que todas as noites fazem os moradores de uns casebres junto ao arco da Estrada Nova, onde se pratica toda casta de imoralidades". Sorte de Piapitinga que o batuque não era em seu distrito. Henriques imediatamente acionou o subdelegado local para investigar e tomar as providências cabíveis.[35] Com certeza desconfiava que também este seu subordinado fazia vista grossa aos maus costumes africanos. Melhor, supôs que a tolerância era generalizada, e decidiu pôr ordem na casa. Dois dias após a notícia do *Jornal da Bahia*, e em meio à troca de farpas com João Piapitinga, o chefe de polícia distribuiu uma circular aos subdelegados da Cidade da Bahia com o seguinte teor:

Aos 18 Subdelegados da Cidade. Constando-me que em diversos pontos desta Cidade existem especuladores, que a título de darem ventura, ou tirarem feitiços, vivem extorquindo o dinheiro dos néscios e imbuindo-os em crenças supersticiosas, de que, além das vantagens pecuniárias, se aproveitam para fins torpes, exijo que Vossa Mercê, mediante severa sindicância por meio de seus Inspetores de Quarteirão, me informe circunstanciadamente sobre isto, visto como também me consta, que até pessoas de certa ordem vão às reuniões que formam esses especuladores para os fins referidos. É este um negócio assaz grave, que lhe deve merecer séria atenção pela infiltração de ideias tão perniciosas na população e a que cumpre por termo.[36]

Henriques não estava sendo original ao orientar seus subordinados na repressão aos candomblés em seus distritos, mas o estilo e mesmo o objetivo eram diferentes dos de chefes de polícia anteriores. Comparemos. Em janeiro de 1854, o chefe de polícia S. M. de Araújo Góes também escrevera circular aos subdelegados onde exigia "completa proibição de reuniões de africanos por qualquer pretexto que haja, quer para batuques, e quer por motivo do falecimento de alguns, o que dá lugar a práticas e cerimônias que se não devem tolerar".[37] Aqui a religião dos africanos é vista como circunscrita a eles apenas, sem que fosse percebido seu extravasamento para outros setores da população. Além disso, a opção pela intolerância religiosa tinha um objetivo político implícito, que era o de impedir reuniões de africanos para garantir a paz nas senzalas e cortiços da Cidade da Bahia. Em meados do ano anterior, tinham corrido insistentes rumores de uma conspiração muçulmana que lembrava o levante dos malês de 1835, pois até escritos árabes foram encontrados. Natural que as autoridades temessem a religião dos africanos, as tais "cerimônias que se não devem tolerar".[38]

Entre o final da década de 1850 e o início da de 1860, a Bahia teve alguns chefes de polícia que, diante das crescentes denúncias recebidas, adotaram uma linha dura contra os candomblés. Esses chefes de polícia alimentariam uma espécie de psicologia do medo a que João Henriques deu continuidade. Um dos métodos de punição que adotaram foi a deportação de "feiticeiros" africanos, um aspecto da repressão ao povo de candomblé que será discutido em maior detalhe no capítulo 4. Por enquanto basta dizer que o argumento utilizado repetidamente por essas autoridades para adotar tal medida, a deportação, seria a dificuldade em provar os crimes a eles atribuídos, entre os quais crimes de morte por envenenamento de outros africanos, tanto escravizados quanto libertos. Nesse período, o medo dos malês tinha refluído, e as altas autoridades policiais não mais consideravam o candomblé perigoso à ordem política, mas deletério à economia privada, além de desagregador dos bons costumes locais. Chegara-se também a um consenso de que o candomblé tinha extrapolado os limites da comunidade africana e crioula para contaminar outros estratos sociais.

João Henriques foi um seguidor exemplar dessa doutrina. Para ele, o candomblé constituía um conjunto de crenças supersticiosas comandadas por gatunos que exploravam, inclusive sexualmente, os ignorantes — sobretudo mulheres —, mas, agora, a estas vítimas, o chefe de polícia acrescentava a gente de bem supostamente educada, ou, para usar suas palavras, "pessoas de certa ordem". Cabia então reprimir aquelas "perniciosas ideias", que levariam a perniciosas práticas, para evitar que elas continuassem a se infiltrar de cima a baixo na população da cidade. Era um pensamento que, sem deixar de ser uma defesa do sistema social, privilegiava a defesa de um modo de vida "civilizado". Ou seja, estamos em face de um confronto entre duas visões de mundo.

UMA DENÚNCIA DUVIDOSA EM TEMPOS DE CAÇA A FEITICEIROS

O ânimo de Henriques na repressão a gente acusada de feitiçaria parece ter ecoado na população, o que se apreende numa carta anônima escrita no início de julho de 1862 a ele endereçada. O missivista, que deve ter lido nos jornais aquela circular do chefe de polícia aos subdelegados, se referiu a ele como homem de "caráter severo, instruído, honesto e probo". A carta, tão intrigante que transcrevi na íntegra no quadro abaixo, acusava um dos subdelegados suplentes do segundo distrito da freguesia de Santo Antônio, Sinfronio Pires da França, de conivente com práticas de curandeirismo, adivinhação e outras atividades desenvolvidas por um suposto pai de terreiro, Libânio José de Almeida, descrito como um "mulato claro".

Denúncia anônima ao chefe de polícia contra suposto curandeiro e pai de terreiro

---

Ilmº e Exº Snr. Dr

A V. Exª caracter severo, instruido, honesto e probo Chefe de Policia desta Provincia a quem os bons cidadãos tanto devem; se denuncia o seguinte. Libânio Ignácio [sic] de Almeida, é um mulato claro, de 24 a 26 anos de idade, morador a Cruz do Cosme, sem officio ou emprego de qualidade alguma, porem astuto, procurou viver de dar ventura, ser curandeiro, e Pai de Terreiro, exercendo tão util modo de vida em uma casa onde mora actualmente no sitio acima declarado feita as custas dos filiados: ali se praticão coisas que a moral e os costumes manda calar e seria isto estranho a autoridade policial? Decerto que não.

Entre os muitos factos praticados por este malvado avulta o que se vai refferir. Vivia nesta Cidade a 5 anos pouco mais ou menos, uma infelis moça, branca, viúva de gentil presença, e Mai de quatro innocentes filhinhos; aconteceo adoecer ella, e como a molestia não cedera aos esforços do habil Médico que a tractava; a Mai desta pobre senhora, ignorante e fanatica, foi aconselhada por outra de igual jaez que frequentava a casa, para que consultasse o Pai Libânio, porque lhe dizia esta "sua filha está com feitiço no corpo" e visto o conselho, apresenta-se na casa o Pai Libânio, acompanhado de seu ajudante de nome Salomão, mulato cego d'um olho trabalhador que foi do Arsenal da Marinha, tais coisa fizerão que incutirão no animo da mesma, que a sua escrava Fa (única que tinha) é quem a matava com feitiços, e portanto era preciso vendella, para com o seu producto ser curada, e festejado o Santo — foi dito e feito. Qual o resultado de tudo isto? Morrer a infelis moça envenenada, com as hervas que lhe dava este monstro; e só veio a saber de tanta perversidade, alguem que se interessava por esta destitosa moça, já muito tarde, porque tudo ocultava sua própria Mai: deste malvado existem muitos casos, athe do assassinato da propria mulher, quando morava elle no beco do Chinello Freguesia de Santo Antônio. Espera-se que V. Ex[a] que já tem merecido tantos louvores dos homens de bem por a sabia administração que tem feito, não deixara que sem punição fique um ladrão destes tão perigoso para a sociedade o qual tirou por tais meios 950$000 — de quatro innocentes creaturas. V. Ex[a] é Pai. Bahia 3 de Julho de 1862. Jura-se perante Deos que tudo quanto aqui se escreve é pura verdade.

Fonte: APEB, *Subdelegado, 1861-62*, maço 6234. Para preservar o sabor do texto original, mantive a grafia, mas desdobrei as palavras abreviadas para facilitar sua compreensão.

Atente o leitor que esse era o mesmo distrito do subdelegado Piapitinga, e Sinfronio França a mesma autoridade que, segundo aquele, recebera denúncia sobre o candomblé do Pojavá e não agira. Agora, porém, o denunciado não era africano nem crioulo, mas um "mulato claro", quase branco, que teria casa de candomblé montada com recursos de filiados regulares, que ali iam em busca de venturas e curas. O denunciante acusou "Pai Libânio" de ter provocado a morte da própria mulher, mas se deteve na história de uma outra vítima sua, jovem viúva e mãe de quatro crianças, que também viria a falecer sob seus cuidados. A mãe dessa jovem, avexada com a moléstia da filha, que desafiara a medicina convencional, teria sido aconselhada por uma das "fanáticas" seguidoras do curandeiro a contratá-lo para curá-la.

A acusação tinha um indisfarçável tom de condescendência patriarcal. Parece ter sido escrita por um homem que buscava enquadrar as mulheres envolvidas naquela categoria de "néscios" imaginada pelo chefe de polícia, pois filha, mãe e conselheira protagonizaram a trama ali narrada. Uma figurava como vítima, as demais como cúmplices do curandeiro. Era como se tudo acontecesse porque as mulheres, além de impressionáveis, viviam ao largo da proteção masculina. A jovem era viúva e, aparentemente, órfã de pai, personagem ausente na arenga; enfim, uma família desprotegida pela ausência de homens que defendessem suas mulheres de outros homens, em particular de "especuladores" como Libânio.

Havia também uma quarta mulher, escrava da jovem viúva, que teria sido acusada pelo pai de terreiro de enfeitiçar a senhora, pois se tratava de feitiço a doença desta. Pai Libânio teria aconselhado a venda da escrava — já uma punição —, para com o produto do negócio ser "festejado o Santo" que curaria sua desditosa senhora. A venda foi feita sem qualquer resultado. Em vez de o santo curar, as ervas de Libânio teriam tirado a vida da enferma. Mais uma família baiana ficara assim desfalcada de um de seus membros pela ação perniciosa de um curandeiro.

Acionado pelo chefe de polícia João Henriques, o subdelegado Sinfronio França, substituto de Piapitinga, investigou a denúncia e concluiu ser ela improcedente. A 5 de julho, dois dias após tomar conhecimento do caso, ele interrogou Libânio, que negou tudo e narrou episódios notáveis de sua vida. Libânio disse ter vivido do ofício de pintor até se casar com a filha de um negociante da cidade, enlace que lhe facultara um dote suficiente para montar seu próprio negócio. Para provar que vivia de negociar, apresentou um documento assinado por Manoel Barros da Silva, em que este afiançava ter emprestado a Libânio a vultosa cifra de 1:253$053 (um conto, duzentos e cinquenta mil e cinquenta e três réis), equivalente ao preço médio de um escravo em 1860. Metade desse valor tinha sido entregue "em gêneros", a sugerir transação com produto alimentício. Sua casa, garantiu Libânio, não fora "feita às custas dos filiados" de seu suposto terreiro, como alegava o denunciante, mas comprada com os lucros de suas vendas. Disse ainda se dedicar à lavoura da cana e de legumes, na freguesia de Matoim, em sociedade formada dois anos antes com Christovão da Rocha Pitta Jr., filho de poderosa família baiana, o que comprovou com uma cópia do contrato celebrado entre ambos. Para convencer o subdelegado da falsidade da acusação de curandeirismo, Libânio declarou ainda que as doenças da família, inclusive a de sua finada mulher, eram tratadas, não por ele, mas por profissionais da medicina acadêmica, o que comprovou com atestado escrito pelo dr. Cícero Emiliano de Alcamim, que se disse médico da família. Finalmente, varejada a casa de Libânio, o subdelegado não encontraria sinais de "ser ele curandeiro". O caso foi encerrado, e o resultado do inquérito encaminhado ao chefe de polícia pelo subdelegado com um ofício datado de 24 de julho de 1862, véspera da prisão de Domingos Sodré.[39]

O caso foi encerrado na delegacia, mas não nas páginas do jornal *O Alabama*, sempre dedicado à perseguição dos candomblés na segunda metade do Oitocentos. Dois anos depois de Libânio ter sido inocentado, o jornal requentaria a denúncia nos seguintes termos:

> Ao Sr. Subdelegado do 2º distrito de Santo Antônio, para que tome sob sua vigilância a um Libânio, bem conhecido, morador à Cruz do Cosme, afim de que não continue seu emprego de curandeiro, tirador de diabos e outras coisinhas mais... que a moral manda que cale, visto que o tal curandeiro, há tempos, mandou para a eternidade a uma mísera mãe de família, como dizem, depois de extorquir da infelis 800$000, valor d'uma escrava que se vendeu; sendo medianeira dessa tratantice Josefa de tal, moradora ao Pilar, uma das dignas sacerdotisas do templo do gran-sacerdote.[40]

Apesar de sugerir que Libânio continuasse a trabalhar como curandeiro, e que seu terreiro permanecia ativo, pouco de novo foi acrescentado à história de 1862, exceto o nome de Josefa, não mencionado na carta anônima, além de cifra menor que teria sido "extorquida" da viúva por Libânio. Até a expressão "que a moral manda calar" estava na carta anônima enviada ao chefe de polícia. Parece que, frustrada sua denúncia junto à polícia, o denunciante havia procurado o editor do periódico para lhe repassar a mesma história, sinal de que não desistira de incriminar Libânio. Talvez por acreditar exagerada, o editor preferiu não publicar a acusação de que Libânio também haveria assassinado a própria mulher.

A mulher de Libânio era Maria Chaves do Sacramento, falecida pouco tempo depois do casamento. Eles tinham se casado em outubro de 1857, tiveram uma filha, Bárbara, nascida em setembro de 1858 e batizada — como branca, aliás — apenas em setembro de 1862.⁴¹ Nesse ano, Maria Chaves já falecera e o viúvo vivia com Virginia Paula de Almeida, sua segunda mulher, a quem havia raptado de uma família da Cruz do Cosme. Por rapto, entenda-se ter a moça fugido de casa para viver um romance com Libânio, sem ter sido forçada a assim agir. Tratava-se de delito familiar comum na época. E grave em certos meios. Os namorados foram por isso punidos com a excomunhão pela Igreja. Mas não passaria muito tempo entre o rapto e o matrimônio que os absolveria daquele crime moral e religioso. Em 30 de setembro de 1862 — três meses após a denúncia de curandeirismo e dez dias após o batismo de Bárbara —, eles se casariam no oratório da casa de Libânio, depois de terem sido "absolvidos da excomunhão, em que incorreram, pelo rapto da nubente", conforme anotou o pároco que presidiu a cerimônia no livro de registro de matrimônios da freguesia de Santo Antônio Além do Carmo.⁴² Esse livro também informa que Libânio era filho natural, mas Virginia filha legítima.

Virginia casara-se bem grávida, pois uma semana depois da cerimônia católica ela daria à luz uma filha, Julia, que foi registrada como branca. Outra filha, Damiana, nasceu-lhe dois anos depois, e tinha um irmão gêmeo, Cosme, que aparentemente não sobreviveu. Ambos foram registrados como pardos. Um terceiro filho, Pedro, nasceria sem declaração de cor em 1878, ano em que Libânio morreu, aos quarenta anos. Talvez seu ofício de pintor, que exercera antes de se dedicar ao comércio, tivesse realmente prejudicado sua saúde, conforme alegara durante o interrogatório em 1862. Se ele era mesmo curandeiro, não conseguira curar a si próprio.

Nenhuma dessas informações serve como pista para determinar um possível envolvimento de Libânio com curandeirismo, e muito menos sugere que ele tivesse montado um terreiro de candomblé. Sua casa, porém, ampla e avarandada, na estrada da Cruz do Cosme, talvez abrigasse mais gente do que a família nuclear, pois tinha seis quartos, salas de visita e de jantar e, no quintal, a cozinha. Não consegui saber se viviam com ele escravos ou agregados. Aqueles ele não possuía ao morrer, estes poderiam representar indício de atividade comunitária típica de um terreiro.

Ao morrer, Libânio possuía outras duas casas menores, na mesma vizinhança. Nem essas, nem a mais ampla, eram propriedades de grande valor, devido à sua localização num bairro distante, semirrural, cheio de roças, povoado por negros libertos. Levadas a leilão após o falecimento de sua viúva, em 1882, as três casas, embora inicialmente avaliadas em 800 mil-réis, seriam arrematadas por pouco mais de 500 mil-réis no ano seguinte, com o que não se comprava nem metade de um bom escravo. Tivesse Libânio de fato se apropriado dos quase conto de réis daquela jovem viúva vinte anos antes, como alegara o denunciante, não o fizera render. Nem conseguira fazer seu negócio legítimo prosperar, talvez prejudicado pelo escândalo da denúncia. Morreu pobre.[43]

É sempre possível imaginar que, para defender-se da acusação de curandeirismo em 1862, o "mulato claro" Libânio — no registro de seu primeiro casamento ele aparece como "branco" — tivesse mobilizado rede ampla e poderosa de protetores que fossem seus clientes e pacientes, nela incluído o subdelegado Sinfronio. Impressiona, pois, a celeridade com que ele conseguiu reunir as provas de sua defesa e a qualidade daqueles que lhe afiançaram a palavra — um respeitado médico, um negociante de grosso trato e um proprietário rural com nome de família acima de qualquer suspeita, o Rocha Pitta seu sócio na lavoura. O pai desse sócio de Libânio, aliás, seis décadas antes tivera negócios com o senhor de Domingos Sodré, que arrendara daquele o famoso engenho Freguesia.[44] Como já sugeri, gente da categoria social dessas testemunhas podia se envolver com curandeirismo e candomblé, porém falta-nos indícios mais robustos que os confirmem na história de Libânio.

Parece, então, que a denúncia, apesar de jurada por Deus, não passaria mesmo de "calúnia", como a definira Libânio. Posso imaginar que a denúncia de curandeirismo e o rapto de Virginia tivessem algo a ver uma com o outro, dada a coincidência das datas. Se o casamento foi em setembro, no início de julho, quando o subdelegado recebeu aquela carta anônima, provavelmente o rapto já tinha acontecido e a barriga da jovem crescia. Quiçá o acusador fosse algum parente inconformado com a desonra familiar, ou um frustrado pretendente ao amor de Virginia.

Seja como for, o inimigo secreto de Libânio, decerto morador na mesma vizinhança, provavelmente se inspirara nos acontecimentos recentes no bairro — falo da invasão do candomblé do Pojavá — para escrever sua missiva incriminadora. Teria, neste caso, acompanhado atentamente o embate entre o chefe de polícia Henriques e o subdelegado Piapitinga alguns meses antes, pois coisas assim vazavam da correspondência policial para conversas em igrejas, botequins e tavernas, oficinas, barbearias, além de portas, janelas e salas de visita de casas particulares. Talvez tivesse ele mesmo, o denunciante, sido testemunha do ataque ao candomblé do Pojavá. E ainda lera nos jornais a circular de Henriques, que ordenava a seus subordinados a caça aos feiticeiros. Esses episódios, enfim, tê-lo-iam inspirado a conceber sua invectiva contra Libânio. De todo modo, e este é o ponto que quero ressaltar, ele aproveitaria do clima de repressão religiosa incrementado pelo chefe de polícia na cidade para, no mínimo, constranger a um seu desafeto, quem sabe dois, já que imputou ao subdelegado Sinfronio indulgência com o candomblé em seu distrito, tal como antes fizeram dois chefes de polícia em relação aos subdelegados Faria e Piapitinga. Teria o denunciante, contudo, criado a história que contou toda ela, ou apenas adaptou-a a novos personagens?

Denúncia como essa, mesmo infundada, não ajudava o chefe João Henriques a confiar em seus auxiliares. Mas não eram apenas as autoridades policiais que ele acreditava serem lenientes no controle dos candomblés. A seu juízo, essa questão estava vinculada a uma outra: a falta de controle dos escravos pelos senhores. Escravos descontrolados, de acordo com o chefe de polícia, ajudavam a azeitar a máquina do candomblé, além de causar danos à ordem pública em Salvador. Por isso, em 23 de abril de 1862, véspera de sua circular aos subdelegados, Henriques fez publicar na imprensa um edital que obrigava os senhores a melhor vigiar o comportamento de seus cativos, coagindo-os a retornar para casa antes do toque de recolher, e ali pernoitar impedidos de vagar pelas ruas da cidade em desobediência a leis municipais que proibiam "proferir palavras obscenas, batuques, alaridos, algazarras e ajuntamentos para fins diversos".[45] O chefe de polícia agora interferia diretamente naquelas negociações privadas entre senhores e escravos que resultavam, muitas vezes, em domínio menos opressivo e em maior autonomia escrava, desde que ficasse resguardada a economia senhorial. Essas negociações permitiam a muitos escravos viver afastados do controle cotidiano dos senhores, trabalhar, comer, dormir e até morar por conta própria. Eram os chamados escravos de ganho, muitos dos quais apenas se encontravam aos sábados com seus senhores para "pagar a semana", ou seja, entregar a estes a parte que lhes cabia do produto de seu trabalho. A outra parte servia para a sobrevivência dos ganhadores e, com sorte e suor, para formar um pecúlio futuramente investido na alforria. Esses acordos informais celebrados entre senhores e escravos eram típicos da escravidão urbana. Senhores e autoridades distritais com frequência formavam uma constelação paternalista, que exercia um controle negociado sobre os escravos diferente daquele exigido por um chefe de polícia perturbado por batuques africanos que, segundo acreditava ele, atrapalhavam o florescimento da civilização em terras baianas.[46]

UM SUBDELEGADO CONFIÁVEL

Desconheço o que senhores e escravos pensaram sobre o edital de João Henriques. Já os subdelegados, em geral, não responderam com entusiasmo à sua circular contra candomblés. Encontrei uma correspondência do chefe de polícia ao titular da pequena freguesia da rua do Paço, onde escrevia ter sido "agradável a resposta de Vossa Mercê a minha circular". Aqui também Henriques remoía que as práticas de se "darem venturas e tirarem feitiço" depunham "contra nossa civilização", além de gerarem "crimes e desgraças", os quais não especificou. Ele contava que o subdelegado do Paço e seus inspetores se manteriam sempre alertas no combate àquela "criminosa indústria".[47]

Outro subdelegado que atendeu a contento às expectativas de Henriques foi o da freguesia de São Pedro, Pompílio Manoel de Castro, responsável, meses depois, pela prisão de Domingos Sodré. Ele substituía o subdelegado titular, o advogado Antonio José Pereira de Albuquerque, afastado do cargo por motivo de saúde.[48]

Morador à ladeira de São Bento, muito próximo de onde vivia Domingos, Pompílio Manoel de Castro tinha 42 anos de idade em 1862 e era casado. Não era advogado, pois em nenhum lugar é referido com o título de "doutor" já então usado para os bacharéis em direito. Mas ele entrosava-se bem no ambiente das artes e das letras na capital da província. Era dirigente da Sociedade Philosophica em meados da década de 1840, e em 1862 ocupava a presidência da Sociedade Philarmonica Bahiana. Na mesma época, foi segundo-secretário do Conservatório Dramático, responsável pela censura de peças teatrais na província. Também figura como sócio fundador do Instituto Histórico da Bahia e estava presente à sua sessão inaugural no dia 5 de maio de 1856. Ao seu lado se encontravam autoridades como o presidente da província e o comandante das armas, além de personalidades do mundo intelectual baiano, como o colecionador de arte e professor da Faculdade de Medicina Jonathas Abott, o educador Abílio César Borges, o poeta Agrário de Meneses, entre outros.

3. *Ladeira de São Bento* (c. 1870), *onde morava o subdelegado Pompílio Manoel de Castro, que prendeu Domingos Sodré. A alguns passos daqui residia o liberto africano.*

Durante muitos anos, Pompílio serviu de segundo-secretário do Instituto Histórico, quando o presidia o arcebispo primaz d. Romualdo Seixas. No *Almanak* de 1873 o subdelegado já consta como terceiro vice-presidente dessa agremiação, além de vice-presidente da assembleia geral da sociedade beneficente Montepio da Bahia, que tinha mais de duzentos sócios e um considerável capital de 39 contos de réis. Finalmente, era membro suplente da Junta de Qualificação de Votantes da freguesia de São Pedro, posição estratégica nos arranjos políticos da cidade. O tempo que lhe restava de tantas atividades, Pompílio empregava em seu ganha-pão como chefe de seção da Tesouraria de Fazenda do Império, cargo que o situava na quarta posição da hierarquia de um órgão composto de quase duzentos funcionários. Ou seja, o autor da prisão de Domingos não era gente miúda.[49]

Além do salário, Pompílio provavelmente também vivia da renda de escravos que possuía. Era senhor de pelo menos duas escravas africanas, Leopoldina e Henriqueta, e de três filhas desta, Feliscicima (isso mesmo!), Aniceta e Maria. Não duvido que a crioulinha Feliscicima tivesse ganho esse nome — deveras descabido para alguém nascido na escravidão — por vir ao mundo no dia 2 de julho de 1854, aniversário sempre festivo da independência na Bahia. Pompílio quis bancar patriota com o nome da pobre escrava; outros senhores preferiam alforriar seus escravos como prova de patriotismo.[50]

Pompílio era um intelectual provinciano, como já ficou claro, capaz de produzir pérolas como esta:

> A verdadeira instrução jamais pode harmonizar com o caráter daqueles chamados filósofos, que pouco contentes de renunciarem à todo o sentimento de Religião, ainda se esforçam e lidam por sufocá-los nos seus semelhantes, sendo ainda maior o seu empenho, quando ele começa a brotar nos espíritos nascentes da incauta mocidade. [...] Avante! Ó linda e esperançosa mocidade plena de conhecimentos [...]. Pedi pois à Providência que vos encaminhe sempre neste trilhar de homens letrados, e religiosos [...].[51]

Nesse discurso, proclamado perante uma assembleia da Sociedade Instrutiva da Bahia formada por jovens incautos, o subdelegado mostrava que sua birra não era apenas contra a religião africana, mas se estendia ao Iluminismo europeu. Ele acreditava, como dizia, na "verdadeira illustração da Religião Catholica", e era esse o pensamento que predominava nos ambientes intelectuais por onde Pompílio circulava, a exemplo do Instituto Histórico comandado pelo arcebispo Romualdo.[52] O chefe de polícia tinha encontrado no subdelegado combatente ideal para sua guerra quase santa ao candomblé baiano.

Dois dias depois da circular de 24 de abril, Henriques ordenou a Pompílio que investigasse a existência de um poderoso batuque, a ele denunciado, na movimentada rua de Baixo de São Bento (atual Carlos Gomes), que fazia esquina com a ladeira de Santa Tereza, onde morava Domingos. Pompílio agiu rapidamente e, já no dia seguinte, escrevia a Henriques sobre a necessidade de punir a inquilina da casa denunciada, uma escrava havia muito dedicada ao ramo da crença africana, dessas escravas que, às vezes com ajuda de certos saberes, viviam ao largo do governo dos senhores. Mas o chefe quis ir mais fundo, pediu a seu subordinado que encontrasse a pessoa responsável pelo aluguel da casa e que a fizesse "assinar termo de bem viver pelo qual se obrigue a tomar um meio de vida honesto e que não ofenda à moral e aos bons costumes, visto como me consta, que na referida casa, além desses atos supersticiosos, se dão outros fatos bem reprovados que excitam a imaginação da vizinhança". Esses fatos seriam, sem dúvida, os mesmos "atos torpes" referidos pelo chefe de polícia em sua circular aos subdelegados, quer dizer, nos bastidores do candomblé aconteceriam verdadeiras orgias sexuais. Claro que, no geral, isso não passava de fruto da imaginação excitada de vizinhos, decerto compartilhado pelo próprio chefe de polícia, que achou de colocar a culpa sobre o inspetor de quarteirão, Francisco Januário Cordeiro, julgado mais um adepto da tolerância e talvez adepto também dos costumes africanos, de sua parte torpe em particular.[53]

Cordeiro, coitado, foi acusado pelo chefe de polícia de ser conivente com o candomblé da rua de Baixo, área sob jurisdição do inspetor, o que explicava estar este em atividade "há muitos meses, se não anos", sem que fosse incomodado. Devia ter razão João Henriques. Infelizmente, não encontrei a resposta do inspetor a tal acusação, só a do obediente subdelegado Pompílio, uma semana mais tarde, dizendo que já tinha obrigado a proprietária da casa, Maria Roza Duarte, a assinar o termo de bem viver. Pompílio também recomendara ao inspetor que "não consentisse atos imorais, e pelos quais responderia, se os deixasse continuar, por serem contrários à lei e aos bons costumes", e assim repetia as boas palavras do seu ilustrado superior, como gostava de fazer.[54]

Desse modo, a prisão de Domingos aconteceu num momento de grande tensão para os líderes, seguidores e clientes do candomblé e de outras práticas religiosas associadas aos africanos. As autoridades policiais, apesar de nem sempre se entenderem sobre o melhor método de combatê-las, não se manifestaram explicitamente em sua defesa. Não era assim que se jogava este jogo. A tolerância constituía um movimento discreto entre os envolvidos com o candomblé e as autoridades diretamente responsáveis pelo policiamento nos diversos distritos da cidade, fossem subdelegados ou inspetores de quarteirão. Contava também a atitude dos vizinhos, que podiam denunciar ou calar diante do que viam e ouviam de suas casas, a vigilância mais ou menos severa da imprensa e a maior ou menor pressão das autoridades políticas e policiais mais altas. Em face de tantas incertezas, a vida dos que faziam ou buscavam o candomblé era feita de sobressaltos, que recrudesciam quando se juntavam personagens ortodoxos como João Antonio de Araújo Freitas Henriques e Pompílio Manoel de Castro. Entre um e outro, Domingos Sodré estava bem servido de adversários. Conheçamos um pouco mais o africano, pois afinal ele é o personagem central e nosso guia nesta história.

2. De africano em Onim a escravo na Bahia

O CONTEXTO AFRICANO DE DOMINGOS

Sobre o passado africano de Domingos sabemos pouco. Uma vez na Bahia, era quase inevitável que fosse identificado como "nagô", termo étnico ou "nação" que designava os falantes de iorubá. No entanto, tal expressão, "nagô", só se encontra registrada aqui e ali na documentação a seu respeito, como na sua carta de alforria (ver Figura 19, p. 87). Em 1882, Domingos declarou em seu testamento ser natural de Onim, um reino iorubá, e eu estimo que ali nasceu nos últimos anos do século XVIII. Ele disse também ser "filho legítimo" de pais africanos, Porfírio Araújo de Argolo e "Bárbara de tal", sem indicar-lhes a nação.[1]

Imagino duas possíveis histórias para essa família africana. Uma é que Domingos tivesse sido vendido junto com os pais para a Bahia, e digo isso porque mencionou os nomes cristãos de ambos, nenhum dos quais consegui ainda encontrar nos arquivos.[2] Esses nomes indicam, ainda, que ambos conseguiram alforriar-se, pois escravos raramente tinham sobrenome; sugerem também que cada membro da família foi escravo de um senhor diferente, pelo menos no momento da alforria. O filho era Sodré, o pai Araújo de Argolo e a mãe "de tal", um sobrenome de que Domingos não conseguira lembrar-se no momento em que, já idoso, ditara seu testamento.

Uma outra possibilidade, mais remota, é que os pais de Domingos fossem libertos que retornaram da Bahia à África, daí ele se referir a eles com seus nomes cristãos, que em geral os retornados mantinham. Os ex-escravos que empreenderam a viagem de volta são mais conhecidos num período posterior, sobretudo após o levante dos malês, em 1835, quando muitos foram expulsos do país e outros decidiram voltar pressionados pela perseguição sustentada pelo governo contra eles. Os retornados formaram verdadeiras colônias de "brasileiros" — também chamados de *agudás* — em diversos portos do golfo do Benim nesse período, mas, antes disso, ainda no século XVIII, tem-se notícias de africanos que haviam percorrido a rota de retorno. Os pais de Domingos podiam estar aí incluídos. Nesse cenário, então, o nosso personagem teria nascido em uma família que, ao deixar o Brasil, teria se fixado em Onim.[3]

O lugar onde Domingos declarou ter nascido, Onim, era como, na altura em que de lá fora deportado, documentos europeus se referiam ao reino de Lagos, hoje uma grande metrópole na Nigéria. Tanto Onim quanto Lagos figuram como nomes dados ao lugar pelos estrangeiros. Èkó era e ainda é seu nome nativo. O diplomata, explorador e estudioso inglês Richard Burton, que por ali passou um ano antes da prisão de Domingos, escreveu que "a cidade é conhecida por sua população e por toda a região iorubá como Eko".[4]

Em Lagos (ou Onim, Eko) se formaria um dos numerosos reinos dos povos de língua iorubá, nossos nagôs. Os iorubás, que não constituíam um povo unificado politicamente, ocupavam um vasto território da atual Nigéria, que cobria desde o podero-

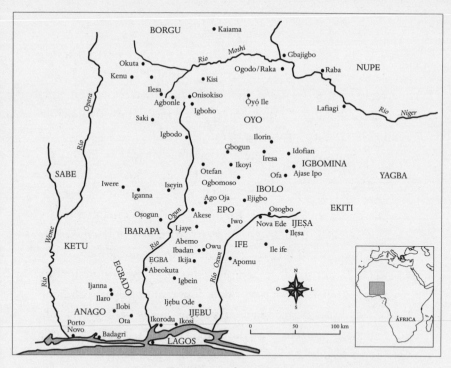

Território iorubá, c. 1850.

so reino de Oyó, no norte, até precisamente Lagos, no extremo sul.[5] O país de Domingos era um pequeno reino, localizado numa restinga na ponta de uma península que separava o Atlântico do complexo de lagunas na Costa dos Escravos, região do golfo do Benim assim denominada por ter sido importante entreposto de cativos para o tráfico transatlântico na África Ocidental. Nesse litoral se localizavam famosos portos negreiros, como Popo Pequeno (ou Mina Pequena, Agué), Popo Grande (Mina Grande), Uidá (ou Ajudá), Jakin, Porto Novo (ou Anécho), Badagri e Lagos. Este último, a terra natal de Domingos, ganharia crescente importância no circuito comercial atlântico a partir do final do século XVIII e se tornaria o porto de embarque mais movimentado das últimas três décadas do tráfico de escravos para a Bahia. Em 1823, por exemplo, nas suas imediações, foi apreendido pelos ingleses o navio de um dos mais poderosos traficantes baianos na época, José de Cerqueira Lima. Na ocasião, Lagos guerreava contra o reino vizinho de Badagri, seu concorrente no trato de gente, situação que sempre atraía mercadores ávidos por adquirirem prisioneiros de guerra.[6]

Esse conflito de 1823 era, provavelmente, desdobramento de uma disputa pela sucessão ao trono de Lagos, que teve início na virada do século XIX — quando Domingos seria ainda criança — entre dois meios-irmãos, Osinlokun e Adele. Contam as tradições locais que o primeiro, um abastado comerciante envolvido no tráfico, mais velho e, portanto, herdeiro presumido do trono, foi preterido em benefício do segundo, mais jovem porém com maior talento para a política. Adele conseguiu para sua candidatura apoio de quem decidia a questão, os chefes tradicionais, talvez seduzidos por seus presentes, ainda segundo a tradição local. O próprio Osinlokun ter-se-ia inicialmente conformado com a escolha de Adele, e algumas fontes dizem até que o apoiara, quem sabe porque não tivesse percebido chance de vencê-lo. Mais tarde se arrependeria ao ver seus interesses comerciais ameaçados pelo irmão, e uma guerra irrompeu entre partidários de um e outro lado. Adele foi derrotado em Lagos, exilou-se em Badagri, onde nascera sua mãe, ali foi feito rei e veio a montar importante entreposto de tráfico, com ajuda e investimentos do famoso traficante brasileiro Francisco Felix de Souza e seu filho Isidoro. Essa foi uma época de significativo florescimento comercial em Badagri. Em disputa política e comercial com Lagos, Adele atacava o reino a intervalos, além de fazer guerra a outros poderes da região, seus rivais comerciais, como Porto Novo. Em torno de 1829, Osinlokun morreu e foi sucedido pelo filho, Idewu Ojulari, até cerca de 1835. Após mais uma série de campanhas militares contra o sobrinho, Adele retomou o posto de obá de Lagos, para onde fez transferir a maior parte de seus negócios negreiros.[7]

O conflito entre os dois irmãos começara, conforme Kristin Mann, em algum momento entre 1811 e 1820, durante o primeiro governo de Adele, período mais provável para que Domingos tenha sido trazido para a Bahia. Em meados do século, um cônsul britânico avaliou que, em Lagos, "uma constante sucessão de guerras civis" tinha levado à escravização de "uma grande porção de seus habitantes".[8] Há, assim, grande chance de que Domingos tivesse sido uma presa dessa guerra fratricida, e como tal vendido a traficantes baianos. É menos provável que tivesse sido raptado ou vendido como punição por algum crime que ele ou membros de sua família tivessem cometido. Roubo, adultério, jogo proibido e dívidas não pagas eram algumas das faltas punidas com a venda para o comércio transatlântico. Seja qual for o mecanismo que o transformou em mercadoria, quando Domingos caiu na rede do tráfico ele teria entre quinze e vinte anos de idade.

Guerra não faltava na terra dos iorubás, de norte a sul, no tempo em que Domingos foi feito cativo na África, conflitos nos quais tanto Lagos quanto Badagri estiveram envolvidos. Entre o final da década de 1810 e o ano de 1850, embarcaram em Lagos milhares de vítimas das guerras de expansão islâmica e os sucessivos enfrentamentos no interior do país iorubá, que levariam ao declínio e colapso do um dia poderoso império de Oyó e, em seguida, as disputas entre os diversos Estados iorubás pela hegemonia política. Os irmãos Richard e John Lander, que visitaram a região como emissários do governo inglês no início da década de 1830, testemunharam, sob o ângulo da elite política, a mortandade provocada pelos conflitos: "É deveras estranho que os principais governantes de quase todas as cidades pelas quais passamos desde que deixamos Badagri, e que estavam vivos e bem no meu retorno para o litoral três anos atrás, foram mortos na guerra, ou morreram de causas naturais".[9]

A Bahia era o destino mais frequente dos cativos feitos nas guerras iorubás, tanto que, no século de Domingos, emissários do rei de Lagos visitaram-na diversas vezes, e o assunto de suas missões não seria outro senão o tráfico. Um dos enviados, o crioulo Manoel Alves Lima, esteve na Bahia durante a Guerra da Independência, em 1822-3, de onde escrevia a d. Pedro I a prestar conta dos sucessos que lá tiveram lugar durante o conflito com os portugueses. O mesmo homem entrou e saiu diversas vezes da província nos anos seguintes. Em 1825, vivia no Rio de Janeiro, às expensas do governo imperial, mas queria voltar à Bahia. Sabe-se que presenteou Pedro I com uma bengala africana, provavelmente o que se chamava *recade* (de recado) na África, uma "Insígnia da Dignidade conferida pelos monarcas africanos a seus representantes em Países Estrangeiros", segundo relato do cônsul-geral inglês no Rio de Janeiro, Mr. H. Chamberlain. Nesse ano, o cônsul informou a Londres que Manoel Alves se apresentara como "Embaixador do Imperador de Benim" e já vivera doze anos na Bahia. Talvez em decorrência de seus esforços, mas sobretudo dos interesses comerciais que vinculavam Lagos à Bahia, o obá Adele (chamado Ajan nesses papéis) foi uma das primeiras lideranças estrangeiras a reconhecer a independência do Brasil.[10]

David Eltis calculou que, entre 1801 e 1825, cerca de 114 200 cativos, quase 100% dos quais prisioneiros de guerras em território iorubá, passaram por Lagos, de um total de 236 600 embarcados nos diversos portos do golfo do Benim para diferentes pontos das Américas. Nesse mesmo período, o número de falantes de iorubá deportados especificamente para a Bahia, através de todos os portos da Costa dos Escravos, ficaria em torno de 175 200. Ao longo de toda a primeira metade do século XIX, cerca de quatro em cada cinco cativos que saíram dos portos do golfo do Benim desembarcaram na Bahia. Uma avaliação feita em 1846 dava conta de que, dos 9403 cativos importados pela Bahia, 72,6% tinham sido embarcados em Lagos.[11]

Domingos e talvez seus pais faziam parte desses números impressionantes, mas viriam de um reino iorubá pouco representativo entre os africanos na Bahia. Segundo Nina Rodrigues, a maioria dos nagôs de seu tempo veio de Oyó, Ijexá e Egba, nessa ordem, o que combina com o que hoje se conhece do progresso das guerras em território iorubá. "Em menor número são os de Lagos, Ketu, Ibadan", escreveu o professor de medicina.[12] Lagos, no entanto, se tornaria uma importante referência cultural para os africanos que viviam na Bahia durante a segunda metade do Oitocentos, devido ao comércio que mantinha com esta província — agora a importação principalmente de dendê, pano da costa e objetos rituais —, a formação naquele porto de comunidades de ex-escravos retornados e as frequentes viagens que os africanos e seus filhos aqui residentes para lá faziam.[13]

O SENHOR DE DOMINGOS

O período em que Domingos chegou à Bahia era de grande prosperidade para o setor açucareiro. O africano fora em parte vítima do crescimento econômico baiano no final do século XVIII, alavancado pela revolução escrava do Haiti, iniciada em 1791, que retirou do mercado mundial seu maior fornecedor de açúcar. A demanda externa levou ao aumento da produção, do número de engenhos, de terras dedicadas ao plantio de cana e consequentemente ao crescimento do tráfico de força de trabalho africana. O progresso da economia açucareira na Bahia só seria barrado temporariamente pelas lutas da independência nos anos de 1822-23. O senhor de Domingos foi beneficiário dessas mudanças.[14]

Nos diversos documentos que consultei, o nome do africano foi registrado ora como Domingos Sodré, ora Domingos Sodré Pereira, ou ainda Domingos Pereira Sodré — e, em lugar de Sodré, mais frequentemente Sudré.[15] O liberto tinha um sobrenome de prestígio, que pertencia ao morgado da família Sodré, fundado em 1711 pelo abastado mestre de campo Jerônimo Sodré Pereira. Quando Domingos foi trazido como escravo para a Bahia, encontrava-se à frente do morgado o coronel de milícias Francisco Maria Sodré Pereira. Além de possuir bens do morgado em Portugal, o coronel era um importante proprietário no Recôncavo, região da Bahia onde estavam concentrados os engenhos de açúcar.[16] Foi num desses engenhos que Domingos iniciou sua vida de escravo no Brasil.

Domingos declarou em seu testamento de 1882 ter sido batizado no engenho Trindade, no município de Santo Amaro, onde o coronel Francisco Sodré possuía terras próprias e arrendava outras. Em 1807, o engenho Trindade, localizado às margens do rio Acupe, freguesia de São Domingos de Saubara, foi registrado como propriedade de dona Thereza Maria de França Corte Real. Não encontrei o registro de compra dessa propriedade pelo senhor de Domingos, mas a escritura de um empréstimo por ele tomado menciona o Trindade — além do engenho Novo — como sua propriedade em agosto de 1816. A dívida de 4 contos e 600 mil-réis, contraída junto ao comerciante João Baptista de Araújo Braga, tinha como garantia uma morada de casas na ladeira de Santa Tereza, onde Domingos viria a morar, além da renda dos dois engenhos.[17] Naquele ano de 1816, talvez pouco antes de Domingos chegar ao Trindade, viveriam no município de Santo Amaro e no vizinho São Francisco do Conde 18 266 escravos. A maior parte (83%) daqueles empregados nos engenhos se agrupava em comunidades de senzala formadas por quarenta escravos ou mais. O senhor de Domingos possuía mais de cem escravos e fazia parte dos 10% mais ricos proprietários do lugar, que juntos tinham sob seu domínio 54% dos escravos de Santo Amaro.[18]

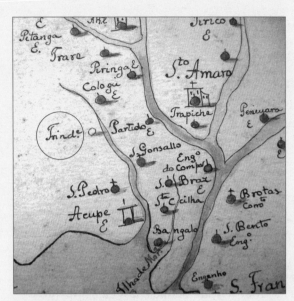

4 e 5. Detalhe de planta com localização do engenho Trindade na freguesia de São Domingos de Saubara, município de Santo Amaro, 1816.

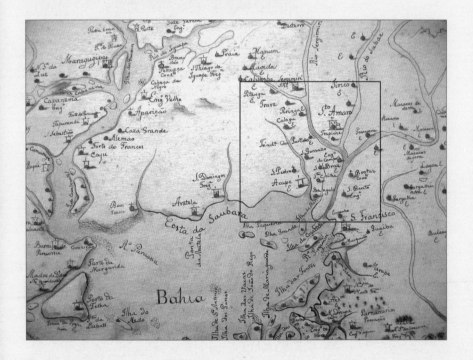

Um documento extraordinário, escrito por um ex-escravo do Trindade (ou alguém a seu rogo), lança dúvidas sobre a lisura do coronel Francisco Sodré no trato com escravos sob seu domínio. Trata-se de uma correspondência do liberto Florêncio publicada no *Correio Mercantil*, em janeiro de 1839. O documento vai transcrito na íntegra no quadro ao lado. Florêncio declarou ter registrado, no ano de 1822, sua carta de alforria, passada algum tempo antes desta data por sua senhora Thereza Maria Corte Real, quando ainda era dona do Trindade, portanto antes de 1816. Parece que a liberdade, como era comum, vinha atrelada à condição de que o escravo continuasse a servir sua senhora enquanto esta vivesse. É provável que quando ela morreu o engenho tivesse sido comprado com seus escravos pelo coronel Sodré dos herdeiros de dona Thereza Maria. O coronel, contudo, não reconheceria a liberdade de Florêncio, cuja carta de alforria ficara no meio dos papéis da propriedade por ele adquirida. E assim continuou Florêncio como escravo no Trindade, de onde foi posteriormente transferido para o engenho Novo, também de propriedade do coronel.

A carta de Florêncio informa ainda que Sodré teria vendido ou arrendado o engenho Novo e seus escravos a um sr. Pedroso, provavelmente o poderoso Antonio Pedroso de Albuquerque, grande proprietário no Recôncavo e afamado traficante de escravos.[19] Quando servia a este senhor, Florêncio decidiu fugir, em outubro de 1838, e impetrar uma ação de liberdade para obter na justiça o reconhecimento de sua condição de liberto. Não sabemos o que o teria levado a demorar tanto tempo para tomar essa atitude, mas não fora porque aceitava sua existência de escravo. Ele declarou que enquanto viveu ilegalmente escravizado não conseguia "esquecer nunca da minha liberdade". O anúncio de sua liberdade, publicado por Florêncio, ao mesmo tempo que expõe um sentimento de subordinação a senhores legítimos e ilegítimos, constitui um protesto contra esses escravistas, feito "para que o respeitável público conheça os anos que servi como escravo, sendo liberto". No mínimo 22 anos, contados entre 1816 — quando sabemos que o Trindade já pertencia ao coronel — e 1838, quando Florêncio fugiu de Pedroso e decidiu divulgar sua história.

Carta de Florêncio, liberto ilegalmente escravizado (1839)

> Em data de 20 d'agosto de 1822 se acha lançada no livro de notas nº 25 a fls. 119 do Tabelião Almeida, na Cidade de Santo Amaro, minha carta de liberdade, que foi servida passar-me minha Sra. D. Thereza Maria da França Corte Real, e fallecendo esta, estando eu em sua companhia no Engenho da Trindade este pertenceo à seo Sr. Francisco Maria Sudré, à quem também fiquei pertencendo, apezar de ter alguma idea de minha carta de liberdade, a qual ficou envolvida entre os papéis daquela casa, e de posse delles o dito meo Sr. Sudré, e d'alli fui mudado como escravo para o Engenho Novo, e por ter passado este à meo Sr. Pedroso, como renda ou venda. No tempo deste não me podendo eu esquecer nunca da minha liberdade, consegui obter certidão, e com ella requeri mandato de manutenção, datado a 31 de outubro de 1838, e em virtude delle me acho gozando de minha liberdade, e prestando meos serviços de carriagem no engenho da Passagem, termo da mesma cidade de Santo Amaro, para delle poder tirar minha subsistência, e para que meo Sr. Pedroso me tome debaixo da sua proteção, e não me tenha por fugido, faço o presente annuncio, e mesmo para que o respeitável publico conheça os annos que servi como escravo, sendo liberto, contados da data do falecimento de minha Sra. à presente data do mencionado mandato.
> Eu sou do Sr. Redactor o mais obrigado criado.
> O escravo Florêncio hoje liberto.

Fonte: *Correio Mercantil*, n. 18, 22 de janeiro de 1839. Também neste caso mantive a grafia original.

O interesse em contar esse lance da história de Florêncio não é apenas falar do caráter — ou falta de caráter — do coronel Francisco Maria Sodré. A carta foi escrita por um escravo (ou liberto) que conviveu com Domingos no tempo em que este serviu no engenho Trindade, alguém cujo drama pessoal devia ser do conhecimento de outros escravos, seus parceiros de trabalho. O depoimento lança uma luz particular sobre o mundo em que Domingos viveu pelo menos parte de seus anos de cativeiro. Temos os nomes de outros escravos que também dividiram as senzalas do Trindade com Domingos, mas, que se saiba, sem histórias pungentes como a de Florêncio.

O engenho Trindade passaria às mãos de dona Maria Adelaide Sodré Pereira, filha mais velha do coronel Francisco Maria, por morte deste, em 1835. Nesse ano, ela se casaria com o médico, poeta e destacado político liberal do Império, José Lino Coutinho. O casamento durou menos de um ano, pois Coutinho veio a falecer já em 1836. Nessa ocasião, foi feito o inventário dos bens do casal e lá estava o engenho Trindade, com seus 118 escravos, avaliados em mais de 33 contos de réis, uma considerável fortuna para a época. O casal possuía mais onze escravos na ampla residência onde vivia em Salvador, na rua da Quitanda Velha, situada na mesma freguesia de São Pedro onde morava Domingos quando foi preso. O interesse de Lino Coutinho na escravidão não se resumia a ter escravos para servir-lhe e produzir açúcar, pois parece ter sido investidor, embora modesto, no comércio negreiro. Um navio no qual tinha "um pequeno interesse", segundo consta em seu inventário, foi apresado pelos ingleses na costa da África por envolvimento no tráfico ilegal.[20]

O Trindade onde viveu Domingos não era um engenho qualquer. O número de escravos que nele trabalhavam, 118, estava acima da média dos engenhos do Recôncavo açucareiro, que variava entre cinquenta e cem. No Iguape, uma das regiões mais ricas do Recôncavo, em 1835, a média por engenho era de 123 escravos, próxima portanto da encontrada no Trindade.[21] Este era, em 1836, um dos poucos engenhos da região movidos a vapor, uma máquina de seis cavalos cujo valor, seis contos de réis, daria para comprar cerca de treze escravos jovens e saudáveis. Toda a propriedade — escravos, gado, terras, ferramentas, maquinaria (inclusive a máquina a vapor), casa-grande, senzalas, capela, casa do capelão etc. — ficou avaliada em mais de cem contos de réis, dos quais os escravos não passavam de cerca de 30%.

Domingos não consta da lista de escravos do engenho inventariados em 1836. Suponho que ele tivesse deixado o Trindade no ano anterior, após a morte do velho coronel e a partilha de seus bens, conforme discutirei mais adiante. Domingos, porém, teria convivido com a maioria dos escravos descritos naquele ano como parte do espólio do engenho. As senzalas do Trindade, em 1836, abrigavam 81 escravos africanos e 37 nascidos no Brasil, uma taxa de africanidade de 68,6%, bem mais alta do que a média nos engenhos da região. No Iguape, por exemplo, em 1835, os africanos representavam cerca de 58% dos escravos de engenho.[22] Os escravos do Trindade eram na sua maioria jovens, 59% descritos vagamente como "moços" e "moças" — algo entre quinze e 25 anos —, quase todos africanos.[23] Domingos teria nessa época em torno de quarenta anos e, portanto, não se enquadrava entre os moços africanos. Os escravos do engenho eram, na maior parte, da mesma nação de Domingos, nagôs, que constituíam 42,4% da escravaria ali existente e 61,7% daqueles importados da África, especificamente. Porém, Domingos teve chance de conviver com membros de outras onze nações africanas ali representadas, sobretudo com numerosos cabindas, além dos crioulos. Mais da metade dos crioulos do Trindade eram ainda crianças, filhos de escravas africanas. Essas crianças de até doze anos representavam 19% da senzala, proporção em geral inferior à encontrada em outras áreas do Brasil escravista.[24]

Os escravos do engenho Trindade, 1836

ORIGEM	HOMEM	MULHER	TOTAL
ÁFRICA			
Nagô	32	18	50
Cabinda	8	8	16
Mina	1	3	4
Tapa	2	–	2
Haussá	2	–	2
Cabo Verde	1	1	2
Calabar	–	1	1
São Tomé	–	1	1
Congo	1	–	1
Modumbi	–	1	1
Moçambique	–	1	1
Total (68,6%)	47	34	81
BRASIL			
Crioulo	9	9	18
Cabra	1	5	6
Pardo	–	1	1
Mulato	1	–	1
Não identificado	6	5	11
Total (31,4%)	17	20	37
TOTAL	64	54	118

Fonte: Inventário de Lino Coutinho, APEB, *Judiciária*, n. 01/105/157/04.

Acompanhando a tendência ascendente dos negócios do açúcar na década de 1830, o Trindade ia de vento em popa, a se julgar pela capacidade de seu proprietário para renovar a força de trabalho, sobretudo através do tráfico, e, bem mais modestamente, da reprodução natural. A crioula Benedita, ainda moça, tinha cinco filhos com idades que variavam de dez anos a um "de peito"; a africana nagô Esmenia, também descrita como moça, já tinha parido sete. Contudo, era menos de uma a proporção de crianças para cada mulher em idade de parir — as denominadas no inventário como "moças" e de "meia-idade" —, uma taxa de fecundidade baixíssima, também indicativa do alto índice de mortalidade infantil. Essa a tônica entre os engenhos do Recôncavo.

Como em outros engenhos da região, no Trindade a proporção de crioulos não era maior devido à alta taxa de masculinidade (187 homens para cada cem mulheres), aqui também uma proporção mais alta do que as encontradas nos engenhos do Iguape (155 homens para cada cem mulheres), porém um pouco menor do que as dos engenhos do município de Cachoeira (189 homens para cada cem mulheres).[25] Infelizmente, não sei se Domingos chegou a se relacionar afetivamente com escravas do engenho. Se o fez, não teve filhos que tivessem sobrevivido, uma vez que não os mencionaria no testamento que fez décadas mais tarde.

Restavam uns tantos velhos escravos no Trindade em 1836, os quais, pelo menos alguns deles, provavelmente já viviam no local quando Domingos ali chegou, e um ou outro se situava na sua faixa de idade e talvez tivessem atravessado junto com ele o Atlântico. Seriam seus malungos, portanto. Maioria nagô, como os moços, eles foram descritos no inventário do engenho como "de maior", "velhos" ou "idosos", a exemplo de Hércules, Afonso, Bruno e Rafael. Os três últimos tiveram também registrados os estragos que a escravidão fizera em seus corpos, pois estavam "rendidos da virilha" (hérnia) ou simplesmente "quebrados", o que suponho significar fisicamente incapacitados. Hércules fez jus ao nome que lhe foi dado pelo senhor, pois, apesar de identificado como idoso, não lhe foi atribuída nenhuma doença ou incapacidade física. Além de seus parentes étnicos, os nagôs, Domingos conviveu longamente com escravos mais velhos de outras origens africanas, como Lino, nação cabinda, "de maior idade e defeituoso dos pés"; Pantalião, haussá, "já idoso, rendido da virilha"; Balthazar, congo, "velho quebrado"; José, benguela, sapateiro, que apesar de velho e de ter ofício trabalhava no serviço da lavoura; Liborio, tapa, "já velho e doente".[26]

Como parte de uma comunidade numerosa, e formada por escravos predominantemente de sua nação, Domingos conseguiu evitar o isolamento que porventura teria sofrido se fosse viver numa roça de cana, fumo ou mandioca, onde predominavam escravarias menores e crioulas, e onde a influência senhorial se fazia mais presente.[27] Na senzala mais populosa, presume-se ter sido possível o maior florescimento de sua personalidade independente, inclusive, talvez, maior espaço para expressão de habilidades rituais que porventura o tivessem acompanhado desde a África. Tornado mais velho entre os numerosos nagôs do Trindade em meados da década de 1830, possivelmente Domingos pôde exercer sobre aqueles sua influência e autoridade.

Os escravos do Trindade estavam alojados em dois conjuntos de senzalas. Um deles foi descrito como "casa dividida em doze senzalas, e duas moradas, que serve o feitor-mor e caixeiro, com dezesseis pilares por fora, e esteios pelo centro, coberta de telha, tapada de tijolo e barro". Esse arranjo de moradia permitia que o feitor vigiasse de perto os escravos, mesmo durante seus momentos de folga, descanso e sono. As outras senzalas eram bem mais simples, porém numerosas, descritas como "25 senzalas de pau de mangue cobertas de sapé", ou seja, eram unidades individuais destacadas do alojamento coletivo antes descrito. Infelizmente, não sabemos como os escravos estavam distribuídos nos dois tipos de senzala. Imagino que as choças fossem acomodações para famílias escravizadas, ou para escravos mais velhos, enfim a escravaria mais estável, que demandava menos vigilância do que os moços nagôs, solteiros e potencialmente turbulentos, ocupantes das outras senzalas — e sobre turbulência escrava falarei adiante. Nos seus cerca de quarenta anos de idade, um homem maduro, é provável que Domingos, se ainda vivia no engenho por ocasião da morte do coronel, ocupasse uma das senzalas de sapé, ou até alguma dependência da casa-grande.

Apesar de ser um bom engenho, o Trindade não tinha uma casa-grande opulenta. No seu inventário aparece uma habitação que fazia parte de um complexo descrito como "casa de Engenho", avaliada em dezesseis contos de réis. Situada na beira de um rio, decerto o Acupe, a casa se erguia sobre pilares de pedra e cal e se subdividia em casas da caldeira, de purgar e "uma divisão de morar de uma sala e dois quartos sita na parte sul".[28] Esse arranjo arquitetônico, em que casa-grande e fábrica aparecem conjugados, representou uma tendência de organização do espaço comum nos engenhos do Recôncavo oitocentista, onde tinha sido introduzida desde a segunda metade do século ante-

6. *Senzalas de sapé, semelhantes às que existiam no engenho Trindade, 1865.*

7. Página do inventário de escravos do engenho Trindade, 1836.

rior. A arquiteta Esterzilda Berenstein de Azevedo observa que "a conjugação entre os dois edifícios permitia ao senhor um controle direto das atividades produtivas".[29] Nessa espécie de casa-grande feitorial, o controle do escravo no trabalho do engenho podia ser mais efetivo. Entretanto, essa vigilância contínua se dava com algum conforto do senhor, quando instalado na modesta morada do Trindade. Três escravas foram registradas como do serviço de casa: a moça cabinda Fortunata; a moça cabo-verde Maria; e a cabrinha Henriqueta. Além disso, foram inventariados doze cadeiras e um canapé de jacarandá, 24 cadeiras de "madeira do Norte", seis de conduru e mais duas de braço. Tantas cadeiras, e boas, deviam servir para grandes reuniões sociais.[30]

Como o coronel Sodré tinha outras propriedades, é possível que sua principal base residencial no campo fosse noutra parte, e lugar para isso não lhe faltava. Ele também possuía casas em Salvador, uma delas no Bonfim, na aprazível península de Itapagipe, com muitos cômodos, árvores frutíferas no quintal, onde talvez gostasse de residir quando na cidade. Seus sucessores no Trindade, a filha Maria Adelaide e o genro Lino Coutinho, não parecem ter morado juntos no engenho. Logo após o casamento, foram para Paris, e de lá retornaram para ocupar a ampla residência em que viviam em Salvador, onde eram servidos por onze escravos: Francisco, Saul, Isac e Tomiras, carregadores de cadeiras, todos moços nagôs; o cabra Militão, de cerca de quinze anos, do serviço doméstico; o cabrinha Joaquim, de nove anos, que também já trabalhava como doméstico; o pardo Bernardo, moço, copeiro; a moça nagô Juliana, lavadeira; a moça jeje Mariana, engomadeira; a cabra Anastácia, costureira; e a crioulinha Clara, doze anos, aprendiz de costureira. Mais tarde, porém, na década de 1840, casada de novo com Antonio Muniz de Aragão, Maria Adelaide teria dois filhos no engenho Trindade, talvez numa casa-grande agora mais confortável, ampliada ou recém-construída para receber a numerosa criadagem a que se acostumara na capital.[31]

Em 1836, ao contrário da casa-grande, a capela do engenho Trindade, provavelmente a mesma onde Domingos fora batizado, não era modesta, pois alcançou o valor de 3 contos e 200 mil-réis, equivalentes a cerca de sete escravos moços do mesmo engenho. Havia um capelão residente no engenho, cuja casa era feita de telha, pedra e cal. Anexa a ela foram construídas, lado a lado, uma cavalariça e uma enfermaria. Enquanto o capelão cuidava da saúde espiritual dos escravos, para como bons cristãos poderem melhor se acomodar à escravidão, um médico inglês, o dr. George Edward Fairbanks, tratava da saúde física deles, para que não faltassem por doença ao trabalho do engenho e da lavoura. Ambos, padre e médico, seriam, por assim dizer, concorrentes de Domingos Sodré, se este já exercia seus misteres de adivinho e herbolário quando vivia no Trindade, o que é provável que fizesse, mesmo que clandestinamente.[32]

É possível que os escravos do coronel Francisco Maria circulassem entre as suas outras propriedades ou terras e engenhos por ele arrendados, como aconteceu a Florêncio, o liberto que denunciou sua escravidão ilegal na imprensa. Florêncio afirmou que foi removido do Trindade para outra propriedade do coronel, o engenho Novo. Além dos engenhos Trindade e Novo, o coronel possuía a fazenda Pé de Serra, em Santo Amaro, e o engenho São João, na freguesia de Matoim, onde também arrendava terras e o famoso engenho Freguesia, de Cristóvão da Rocha Pitta, pai do sócio de Libânio Almeida, que conhecemos no capítulo anterior. Entre 1827 e 1834, o coronel Sodré arrendava, ademais, o pequeno engenho dos Britos, em Santo Amaro, com trinta escravos, propriedade de Maria Ana Rita de Meneses. Também do senhor de Domingos era o engenho Cassucá, registrado em seu nome em 1830, localizado na freguesia de São Tiago do Iguape, ao lado do engenho Novo, termo da vila de Cachoeira. Nesse período, contudo, o Cassucá e seus escravos estavam arrendados a dona Maria Rita, a proprietária do engenho dos Britos.

Dona Maria Rita era uma mulher atirada. Naquele ano de 1830, protagonizou um sério conflito com o capitão Thomé Pereira de Araújo, senhor do vizinho engenho da Cruz, porque, para movimentar sua moenda, ele tentara construir, contra a vontade dela, um aqueduto que passaria por terras do Cassucá. A referida senhora mobilizou os mais de cem escravos do coronel Sodré, além de seus feitores e agregados, para enfrentar, com foices alçadas, os escravos do capitão Thomé que trabalhavam na construção da levada.[33]

Dona Maria Ana Rita, mulher de família da elite escravista baiana — filha do capitão-mor de Cachoeira, Antonio Brandão Pereira Marinho Falcão —, desdobrava-se em arrendante, arrendatária e também amásia do coronel Francisco Sodré, que era casado no altar da Igreja com dona Maria José Lodi Sodré. Dona Maria Rita teve uma vida conjugal conturbada, já que não tinha um espírito conformista. Casara-se ainda menina, de doze ou treze anos, com seu primo e tio, coronel Gonçalo Marinho Falcão, o que não era incomum, nem na idade, nem no grau de endogamia familial.[34] Por estas ou outras razões, que incluíam o caráter rebelde da jovem, o casamento não vingou. Maria Rita moveria contra o marido uma ação de divórcio sob alegação, entre outras coisas, de que "no mesmo dia em que foi para a casa do suplicado [Gonçalo] passou este a dormir no próprio aposento com duas escravas [...], as quais por isso se fizeram insolentes". Sua paciência teria esgotado quando uma dessas escravas a agrediu fisicamente, ocasião em que, ao implorar ao marido que a castigasse, este revelou já tê-la alforriado, "apresentando então a carta, que lhe havia passado", lendo-a em voz alta "como pregão". Tamanha humilhação fizera a senhora decidir pelo pedido de divórcio, o que, na época, não permitia o contrato de novas núpcias.[35]

Dona Maria Rita provavelmente conseguiu separar-se do marido e agora vivia amancebada com um homem casado, com quem tinha intrincadas relações familiares e de negócio. Tiveram um filho bastardo, Francisco Pereira Sodré, que se casaria com dona Cora Cezar Coutinho, filha também bastarda de Lino Coutinho, que por sua vez se casara com a filha mais velha do coronel, a herdeira do engenho Trindade! Ou seja, o coronel era sogro ao mesmo tempo de pai e filha, de Lino e de Cora. Em 1834, os negócios que tinha o coronel Sodré com a amásia foram encerrados. Em março, Maria Rita quitou uma dívida de pouco mais de um conto e 862 mil-réis que tinha com Sodré. Em maio destratou com ele o arrendamento e outras transações relacionadas ao engenho dos Britos. No mesmo ano, pouco depois de Francisco e Cora contraírem matrimônio, dona Maria Rita venderia ao filho e a sua mulher esse mesmo engenho.

Patriarca freyreano como Gonçalo Marinho Falcão, o coronel

Sodré fazia ousadas transações financeiras que envolviam, ao mesmo tempo, a mulher legítima e sua amásia. Por exemplo, em 1832, marido e mulher tinham uma dívida conjunta com o comendador Manoel José de Mello no valor de 12:626$477 (doze contos, seiscentos e vinte e seis mil, quatrocentos e setenta e sete réis), pelo que ficou hipotecada "a propriedade de casas nobres sitas ao Bonfim em Itapagipe e seus pertences e todos os mais terrenos que ali possuem". A mesma escritura de hipoteca informa que o coronel havia pago ao comendador "5:556$504 réis de três demandas, uma contra ele e duas contra d. Maria Ana Rita de Meneses", sua amásia. Eis alguns aspectos da vida material e afetiva dessa interessante família escravocrata, os senhores de Domingos.[36]

Da vida pública do coronel Sodré sabe-se pouco. Seu título militar vinha de ser ele oficial graduado de milícias. Como outros potentados do Recôncavo, ele serviria na Guerra da Independência na Bahia (1822-23). Foi comandante do Batalhão de Honra Imperial de Caçadores do Exército, criado durante o conflito, em janeiro de 1823, pelo governo interino da Bahia. Esse batalhão, para o qual Sodré contribuiu com um jovem filho, o primogênito Jerônimo, e uma companhia por ele financiada, destacou-se na defesa da ilha de Itaparica. Antes disso, o morgado já tinha participado de alguns lances importantes do movimento antilusitano na vila de Santo Amaro. Em janeiro de 1822, contribuíra para a criação da caixa militar local juntamente com outros grandes nomes, como Antonio Joaquim Pires de Carvalho e Albuquerque e Miguel Calmon du Pin e Almeida. Em meados de junho, Santo Amaro propôs a criação de um governo nacional dirigido pelo príncipe d. Pedro, com exército, marinha, tesouro nacional, tribunal superior de justiça e liberdade de comércio, entre outras medidas. Essa proposta, apoiada pelo coronel Sodré, apesar de não constituir ainda uma declaração de independência, chegava bem perto disso. No final do mesmo mês, o coronel assinou ata da sessão extraordinária da Câmara Municipal de Santo Amaro que proclamou d. Pedro "Príncipe Real e Regente Constitucional, Protetor e Perpétuo Defensor do Reino do Brasil".[37] Em agosto, seu nome aparece num manifesto que insistia na criação de um governo-geral na província da Bahia alternativo à junta provisória sediada na capital e controlada pelas forças portuguesas. Em setembro do mesmo ano, ele assinou a ata que jurava obediência a d. Pedro e ao governo interino instalado em seu nome no Recôncavo. Finalmente, a evidenciar o prestígio do coronel entre os líderes de sua classe que chefiavam a guerra contra os portugueses, o senhor de Domingos foi escalado pelo Conselho Interino de Governo, no final de março de 1823, para levar ao imperador um protesto contra a indicação como comandante do exército do general Pedro Labatut, um incidente famoso do episódio da independência na Bahia.[38]

É de se notar que a crescente adesão dos poderosos do Recôncavo à causa da independência foi em parte resultado do temor de

8. *Santo Amaro da Purificação.*

que o povo pobre e os escravos se aproveitassem da divisão entre os brancos para se rebelar. O reconhecimento da autoridade de d. Pedro em Santo Amaro, por exemplo, fora necessário, segundo os vereadores, para "prevenir que algum espírito mal-intencionado mova o povo a se pôr em excessos anárquicos ou desviar-se do Sistema Monárquico Constitucional". Os senhores do Recôncavo se levantavam contra os portugueses em defesa de um modelo de sociedade que estava dando certo para eles. Uma das razões do conflito entre aqueles senhores e o general Labatut fora precisamente ter este querido incorporar escravos libertos às forças brasileiras. A essa proposta, a câmara de Santo Amaro se opôs veementemente, em abril de 1823, sob o argumento de que "esses libertos eram depois perigosos, unindo-se por ventura aos outros escravos com que alguns deles conservavam razões de parentesco e parceiragem".[39]

Muitos escravos, contudo, de fato se juntaram ao improvisado Exército Libertador, na esperança de que seriam alforriados se lutassem contra os portugueses. O próprio Domingos fez isso. Ele se alistou ou foi alistado por seu senhor na Companhia de Libertos do Imperador, também conhecida pelo nome mais pomposo de Batalhão dos Libertos Constitucionais e Independentes do Imperador, que fora criado pelo general Labatut no final de 1822. Apesar de seu nome sugerir uma força de negros libertos apenas, muitos escravizados também foram a ela incorporados, particularmente aqueles confiscados a senhores portugueses leais à sua pátria. Outros escravos fugiram, seguindo os rumores — e eram só rumores — de que seriam com certeza libertados ao final do conflito. Parece, contudo, que alguns senhores permitiram que seus cativos pegassem em arma, enquanto outros os deixariam apenas se empregar como ajudantes em tarefas não militares.

Ainda não sei como precisamente Domingos foi parar nas

fileiras do Batalhão de Libertos. Porque seu senhor e o filho deste estiveram diretamente envolvidos na guerra, é possível que o coronel Sodré tivesse permitido que o africano servisse nas forças antilusas, embora sem promessa de liberdade. Domingos não apenas se alistou mas, de acordo com uma papelada por ele reunida vinte anos depois, pôde provar não apenas sua contribuição à causa da independência, mas ter ido parar no hospital, no dia 1º de março de 1823 ,"por uma cutilada que recebeu da parte dos inimigos", ficando ali internado até o dia 23 do mesmo mês. Ele também revelou ter usado o sobrenome Sudré pela primeira vez por ocasião do alistamento, mas não disse se o senhor assim o consentira ou ele o fizera à sua revelia. O Sudré que passou a usar sugere que ele pudesse achar que já era um homem liberto, ou pelo menos marchava firmemente para sê-lo. É fato, porém, que Domingos não foi libertado, ao contrário de outros cativos que tiveram suas alforrias pagas pelo governo imperial, ou, por sugestão deste, foram alforriados por seus próprios senhores.[40]

RECÔNCAVO REBELDE

Os senhores do Recôncavo tinham boas razões para desconfiar de seus escravos. Numerosas revoltas e conspirações escravas atemorizaram o Recôncavo, Salvador e seus arredores ao longo da primeira metade do século XIX. Na própria Santo Amaro, onde Domingos viveu como trabalhador de engenho, e na vizinha São Francisco do Conde, outro importante centro de produção açucareira, aconteceram revoltas notáveis em 1816, 1827 e duas em 1828. O levante de 12 de fevereiro de 1816 foi o mais sério de que se tem notícia e conflagrou diretamente a região onde viveu

Domingos. Teve início num batuque, provavelmente com conotações religiosas, que durou toda uma noite e envolveu escravos de diversos engenhos, o Lagoa, Crauassú, Itatinga, Guaíba, Cassarondongo e Quibaca, entre outros. Há indícios de que escravos de Salvador estivessem a par da conspiração que antecedera ao levante. Os rebeldes lutaram durante quatro dias, queimaram diversos engenhos, atacaram casas e pessoas em Santo Amaro, mataram vários brancos e também escravos que se negaram a aderir ao levante. Foram derrotados por forças milicianas e de escravos leais, encabeçadas pelo coronel de milícia Jerônimo Fiúza Barreto, senhor do engenho Quibaca. Pelo menos trinta escravos foram enviados presos a Salvador.

Diante da extensão do movimento, os proprietários da região se mobilizaram para tentar convencer o governador da Bahia, o conde dos Arcos (um quadro da Ilustração portuguesa), de que sua política de controle dos escravos era desastrosa e um dos motivos desta e de outras rebeliões. Arcos de fato achava que os escravos se rebelavam porque eram maltratados por seus senhores, e que, se não lhes fosse permitida uma válvula de escape, eles se levantariam em uníssono, irremediavelmente. Era decerto para "esquecerem" da escravidão que o governador permitia que se reunissem publicamente em batuques e outros divertimentos. Ao mesmo tempo, acreditava o conde, ao reproduzirem rituais e costumes de suas próprias nações, os africanos se dividiam politicamente diante dos brancos, evitando dessa forma que uma revolução ao estilo haitiano acontecesse no Brasil.[41]

Os senhores de engenho, porém, apostavam no endurecimento do controle escravo, e foi com esse espírito que se reuniram em São Francisco do Conde, a 27 de fevereiro de 1816. No abaixo-assinado que encaminharam à corte no Rio de Janeiro, conceberam medidas drásticas para barrar a onda de rebeldia escrava, como a deportação de libertos suspeitos e o enforcamento sumário de escravos rebeldes. Sugestões como essas não foram bem acolhidas porque, além de inaceitáveis para o governador, elas eram — a execução de escravos pelo menos — prejudiciais aos próprios senhores. Ao contrário de outras sociedades escravistas nas Américas, no Brasil os senhores não eram recompensados pela perda de escravos rebeldes executados. Decidiram, então, encaminhar uma petição ao conde na qual propunham soluções menos severas. Uma delas sugeria que a nenhum negro fosse permitido sentar-se na presença de um branco, de maneira a marcar racialmente o lugar desigual de cada um naquela sociedade. Outra decisão obrigava os senhores a castigar com 150 chibatadas, e na frente da família para maior humilhação, qualquer escravo encontrado nas ruas e estradas sem autorização escrita de seu senhor. Além disso, recomendava-se a criação de uma força de 320 homens armados "para polícia dos negros" no Recôncavo. Todas essas medidas, se postas em prática, poderiam afetar diretamente a vida de Domingos e seus parceiros de senzala.[42]

Além dessas providências, os senhores de engenho sugeriram ao governo que promovesse, com financiamento deles próprios, a imediata imigração de "cem famílias brancas de artistas e lavradores", a fim de diminuir o desequilíbrio numérico em favor dos negros na população do Recôncavo. Uma carta escrita ao príncipe regente pelo representante dos senhores de engenho, Alexandre Gomes Ferrão Castelo Branco, detalhou o plano de imigração de colonos brancos — empreendimento que o senhor de escravos, acostumado com o tráfico humano, rotulou de "importação de estrangeiros". Até de onde tirar dinheiro para o projeto estava ali sugerido — um imposto sobre a propriedade em escravos. A carta a Sua Alteza Real terminava em tom otimista: "em poucos anos crescerá a Povoação Branca a ponto de não haver o menor receio de novas insurreições de pretos". Essa foi uma das primeiras manifestações da classe dominante brasileira em favor do branqueamento da população através da imigração, e se explicava pelo medo de ser minoria diante de negros cada vez mais rebeldes. Referindo-se a toda a capitania da Bahia, Gomes Ferrão estimava a população em 411 190, dos quais apenas exatos 89 004 (21,6%) eram brancos, "tudo mais pardos, e pretos ignorantes, ou bárbaros", concluía o grande senhor branco.[43] No Recôncavo a concentração dessa classe perigosa seria ainda maior. Barickman sugere que "talvez menos de um quinto" dos habitantes da região nesse período fosse de brancos, os demais negros e mestiços, entre escravos, libertos e livres. Perto de 90 mil desses não brancos se encontravam escravizados em 1817.[44]

O Recôncavo onde Domingos foi parar estava em guerra, mas a família de seus senhores não parece ter se envolvido nela profundamente. Não consta que qualquer de seus engenhos tivesse sido palco de revolta escrava. O abaixo-assinado ao governo de d. João foi firmado por mais de 130 proprietários do Recôncavo, entre eles nomes de família ressonantes, como Bettancourt Aragão, Gomes Ferrão, Teive Argolo, Calmon de Almeida, Fiúza Barreto, Sá Barreto, Borges de Barro, Gomes de Sá, Araújo Pinho, Vilasboas, Freire de Carvalho, Costa Pinto, Carvalho de Menezes, Amaral Gurgel, Siqueira Bulcão, Dantas Maciel, entre outras que compunham a aristocracia açucareira da região. Também assinaram proprietários de pequeno porte, lavradores de cana, comerciantes, oficiais mecânicos, sinalizando à Coroa que os barões do açúcar tinham seguidores entre os súditos mais humildes, ou seja, que falavam em nome de um conjunto mais amplo da sociedade baiana. Curiosamente, ao contrário do que aconteceria mais tarde por ocasião da guerra contra os lusitanos, ali não encontramos a assinatura do coronel Francisco Maria Sodré Pereira, um nome de peso entre os senhores de engenho da região, nem a assinatura de qualquer outro membro do clã Sodré. Seriam eles tão próximos do conde dos Arcos que se negaram a participar de uma manifestação que criticava o seu governo?

Na década de 1820, continuaram as revoltas no Recôncavo, de fato recrudesceram no ritmo de considerável incremento do tráfico nos cinco anos que antecederam a sua proibição, em 1831. A mais séria, em abril de 1827, envolveu pelo menos dez engenhos de São Francisco do Conde. Em março do ano seguinte, uma revolta aconteceu em engenhos próximos a Salvador e, em abril, mais duas se verificaram em Cachoeira. As autoridades provinciais restringiram-se a instruir as locais a apertarem a vigilância sobre os escravos. Em meados de abril de 1828, por exemplo, o presidente interino, d. Nuno Eugênio, recomendou ao comandante das armas que as tropas sediadas em Santo Amaro exercessem maior vigilância sobre as estradas. O objetivo seria impedir que escravos de diferentes engenhos se comunicassem entre si, prendendo a todos que transitassem fora de casa sem permissão explícita e escrita dos senhores, outra providência que deveria afetar a vida de Domingos.[45]

Esquemas de controle como esses não impediram que novas revoltas acontecessem naquele mesmo ano na rica zona do Iguape e em Santo Amaro. Em setembro, explodiu uma no engenho Novo, que um dia fora do senhor de Domingos e agora pertencia ao coronel Rodrigo Antônio Falcão. As senzalas foram incendiadas e a casa-grande invadida e saqueada. De lá os rebeldes se uniram a escravos dos vizinhos engenhos Acutinga, Campina e o engenho da Cruz. Escravos e libertos, a maioria crioulos, que se recusaram a apoiá-los foram mortos nesses e em vários outros engenhos. Tropas enviadas de Cachoeira controlaram o levante. Os soldados se espalharam pelas propriedades da região para evitar novos incidentes, mas a paz foi temporária.

Após dias agitados por rumores de iminente levante nas senzalas, às onze horas da noite de 30 de novembro de 1828, escravos africanos do engenho do Tanque, em Santo Amaro, mataram seu feitor-mor e vários escravos crioulos, e partiram para um ataque à casa-grande. A mulher do feitor foi espancada pelos rebeldes, mas conseguiu fugir, juntamente com a senhora, para o vizinho engenho Santa Ana, ajudadas por escravos fiéis, provavelmente crioulos. Parte do engenho foi incendiada, e o fogo não se alastrou porque chovia copiosamente. O juiz de fora de Santo Amaro logo enviaria soldados ao local, onde foram recebidos com luta renhida, que terminou com a morte de alguns escravos e o ferimento de um soldado. Também aquele juiz finalizou o relato do episódio com queixas da falta de homens, armas e munição "para poder defender as propriedades dos Engenhos, e a mesma vila ameaçada de uma invasão de bárbaros desesperados na escravidão, e que têm amigos e parentes dentro das nossas próprias casas".[46] Essas palavras deixam ver o medo que havia de uma aliança entre escravos domésticos e do eito, aliança que as últimas revoltas não pareciam confirmar. Nas casas-grandes trabalhavam principalmente escravos crioulos, em geral pouco amigos de africanos rebeldes, na sua maioria recém-chegados de além-mar.

Os escravos do engenho Trindade, africanos ou crioulos, não parecem ter participado em quaisquer desses episódios, mas os levantes de setembro e novembro chegaram muito perto de outras propriedades do coronel Sodré, especificamente do engenho Cassucá, vizinho dos engenhos da Cruz e Novo.

Na década seguinte, as revoltas se transferiram para a capital. Uma delas aconteceu em 1830, numa importante artéria comercial da cidade. Os levantados, um pequeno grupo, tentariam em vão arregimentar escravos recém-chegados da África, negros novos, que aguardavam sua venda em armazéns de traficantes. A revolta foi rapidamente debelada e resultou em verdadeiro massacre dos rebeldes. A mais importante rebelião desse período teve lugar em Salvador, na madrugada do dia 24 para 25 de janeiro de 1835. Tratava-se da Revolta dos Malês. A população da cidade ficou apavorada durante as poucas horas que durou o movimento, derrotado com a perda de cerca de setenta combatentes africanos. Os revoltosos tinham conexões no Recôncavo, particularmente em Santo Amaro, de onde alguns vieram pelejar na capital. É possível que Domingos conhecesse alguém dali envolvido. Nos dias seguintes à derrota, a comunidade africana de Salvador foi submetida a uma repressão brutal protagonizada pelas forças policiais e por cidadãos armados. A violência foi equivalente ao medo que tomara conta dos moradores, por pensarem que escravos e libertos africanos pudessem tentar, na sequência, um novo levante.

Não sei se a essa altura Domingos já tinha se transferido do Recôncavo para Salvador, mas presumo que não, que só tivesse mudado nos anos seguintes. Em Salvador, ele iria enfrentar um ambiente cada vez mais intolerante para com os africanos libertos, o que incluía leis duras de controle da circulação, moradia, emprego, além de impostos especificamente direcionados a esse setor da população da cidade. Nesse momento, os africanos libertos representavam 7% de seus estimados 65500 habitantes.[47] Dois anos depois da Revolta dos Malês, se já estivesse em Salvador, Domingos testemunharia, e talvez tivesse apoiado ativa ou veladamente, uma revolta liberal, a Sabinada (1837-38), que foi aplaudida ou efetivamente sustentada por grande parcela da população negra — escrava, liberta e livre — da capital.[48]

À exceção da Sabinada, que foi uma revolta de brasileiros livres, no ciclo de levantes escravos, sobretudo aqueles acontecidos nas décadas de 1820 e 1830, os negros nagôs, a nação de Domingos, tiveram papel saliente, hegemônico mesmo. Em 1835, por exemplo, foram nagôs muçulmanos (ou malês) os principais responsáveis pela organização e pelo deslanche do movimento, embora também tenha havido a participação de nagôs não islamizados. Não se pode dizer, todavia, que os muçulmanos estiveram o tempo todo à frente da rebeldia africana. O batuque que antecedeu o levante de 1816, em Santo Amaro, teve as características de um ritual religioso pagão, pois os escravos, segundo Eduardo Caldas Britto, "após terem dansado [sic] toda a noite de domingo, partiram em magotes ao som de trombetas e atabaques, armados uns de arco e flecha, outros de facões e alguns fuzis".[49] Dez anos depois, em 1826, a revolta do quilombo do Urubu, nos arredores de Salvador, parece ter sido protagonizada por devotos dos orixás como Domingos, segundo indícios que apontam a existência de uma casa de candomblé no interior do reduto de negros fugidos.

Não descobri, porém, qual o comportamento de nosso personagem perante essa e outras agitações. Mais adiante, em 1853, quando teve que provar sua inocência em meio a rumores de conspiração africana, ele juraria que "nunca se envolveu contra o Império, e menos em insurreições", alegando estar sempre ao lado dos brancos, inclusive como soldado na guerra da independência. Isso não significa que estivesse satisfeito com a vida de escravizado, apenas que optara por superá-la por outros meios que não a rebeldia aberta e coletiva. Domingos iria investir suas energias na política de alforrias, a tradicional fórmula de emancipação individual negociada — ao mesmo tempo que estratégia de controle senhorial — do Brasil escravista.[50]

ALFORRIA

Decerto, Domingos iniciou sua escravidão brasileira como escravo do eito, onde normalmente trabalhava a grande maioria dos recém-chegados, mas deve ter sido depois promovido para postos de maior prestígio no engenho ou na própria casa-grande. Sua trajetória posterior sugere que conseguiu se aproximar, ganhar a confiança e talvez a estima de seu senhor. Para isso não bastava lealdade; era preciso ser esperto e demonstrar certas habilidades, como a capacidade de entender e se apropriar da cultura senhorial para manipulá-la em busca de maior espaço de respiração e ascensão aos melhores postos sob o cativeiro. Suas habilidades rituais podem igualmente lhe terem sido úteis — e talvez à família senhorial — para melhor se locomover por dentro da escravidão e, depois, para se livrar dela. Enfim, se fosse um escravo qualquer, ele teria permanecido e morrido escravo de engenho, como acontecia com a maioria. Não foi o que lhe aconteceu.[51]

Segundo o subdelegado que o prendeu, Domingos conseguira sua liberdade em 1836 "do finado Sodré", decerto referência ao coronel Francisco Maria, falecido no ano anterior, o ano da Revolta dos Malês. O subdelegado estava errado, mas essa impressão talvez decorresse de o africano viver "sobre si", aquela autonomia típica de negro de ganho, inclusive morando sem ter senhor por perto. Pois foi somente em 1844 que de fato se verificou a liberdade de Domingos, oficializada por meio de um documento escrito por Jerônimo Pereira Sodré, filho primogênito do coronel e seu herdeiro no morgado. E não fora alforria gratuita, o africano pagou 550 mil-réis por ela, a sugerir que ao liberto fora permitido acumular um pecúlio, decerto oriundo de sua renda enquanto escravo de ganho, o que já podia incluir seu trabalho no ramo afro-religioso.

Nada é dito na carta de alforria sobre estar Jerônimo Sodré a cumprir uma última vontade do pai. É um documento seco, protocolar, nenhum reconhecimento de bons serviços, aos senhores ou à pátria; tampouco nenhuma condição suspensiva, somente grana. Eis aqui:

> Digo eu abaixo assinado que tenho forrado de hoje para sempre um escravo, de nação nagô, por nome Domingos, pela quantia de quinhentos e cinquenta mil reis, que recebi do mesmo, ao fazer desta carta; e por ser verdade, mandei passar esta por mim assinada, afim dele ficar gozando da sua liberdade de hoje para sempre. Bahia quinze de Outubro de mil oitocentos quarenta e quatro. Jeronimo Sodré Pereira.[52]

Dois dias depois de escrita a carta, Domingos bateu à porta de um tabelião para registrá-la e assim garantir-se de qualquer extravio do documento ou de futura contestação a seu novo estado. A carta confirma o que declarou o africano em seu testamento de 1882, onde se referiu ao "antigo senhor Jerônimo Sudré".[53] Ou seja, pelo menos nos dez anos que se seguiram à morte do coronel, o senhor de Domingos era mesmo o filho; mas é sempre possível que este estivesse a cumprir verba do testamento de seu pai concedendo aquela alforria no momento em que o africano pudesse pagar por ela. E isso só teria acontecido em 1844, quase dez anos após a morte do velho.[54]

O senhor moço de Domingos era uma figura deveras original. Jerônimo Pereira Sodré estudou na Inglaterra, era fidalgo da Casa Imperial brasileira, cavaleiro da Ordem de Cristo e major da Guarda Nacional. Serviu ao lado do pai na guerra da Independência da Bahia, como tenente. Tinha casa em Salvador, ci-

9. *Alforria de Domingos Sodré, 1844.*

dade com cerca de 130 mil habitantes em 1872, porém preferia residir no engenho São João, em Matoim, uma freguesia rural com menos de 2500 moradores, pouco mais de mil deles escravizados.[55] Solteiro, ali vivia amancebado com escravas de quem teve muitos filhos — três mulheres e cinco homens —, aos quais deu seu nome e os legitimou em cartório. Isso provocaria tremenda briga pelo espólio do morgado, protagonizada por irmãos e sobrinhos do major, quando ele faleceu em 1881. Sua fortuna foi então avaliada em quase cem contos de réis em propriedades urbanas, inclusive os prédios dos hotéis Francês e Paris, a poucos metros de onde residia Domingos, além de bens rurais, entre os quais o engenho São João. Esse engenho foi, logo depois da morte do major, ocupado por seus filhos mestiços, que se armaram para defender a herança que acreditavam sua por direito sucessório. Mas seriam rapidamente desalojados da pro-

10. Hotel Paris, situado na esquina da ladeira de São Bento, propriedade do senhor moço de Domingos Sodré.

priedade, à força, e perderiam a briga legal pela herança cinco anos depois, embora seus descendentes continuassem a demanda até pelo menos 1928.

O incidente da ocupação do São João pelos filhos mestiços de Jerônimo foi anotado em seu diário por Antonio Ferrão Moniz, no dia 2 de novembro de 1881, uma semana após morrer o derradeiro morgado, seu cunhado:

> Andamos agora ocupados com demandas. Jerônimo Sodré, que era o último administrador dos morgados do "Sodré", morreu o mês passado (24 de Outubro) e perfilhou, filhos de seus escravos e casou uma das filhas com um marotinho.
>
> Esses sujeitos meteram-se em cabeça que podem ser herdeiros do morgado, e, portanto, estão fazendo desordens para se apossar do engenho que faz parte dele, e de fato tomaram a força e lá estão armados, de modo que é preciso, deitá-los para fora pela força.[56]

O tom arrogante e preconceituoso do aristocrata baiano vaza em cada palavra, sem que escapasse o genro português do major,

Antonio Rodrigues Môcho, o "marotinho" mencionado. Maroto era como os brasileiros chamavam pejorativamente aos nascidos em Portugal. Na altura em que escreveu essa passagem de seu diário, Antonio Ferrão Moniz não parecia saber que o engenho São João já tinha sido tomado por João Vaz de Carvalho, sobrinho de Jerônimo.[57]

Encontrei registros das alforrias de algumas escravas de Jerônimo Sodré. A primeira foi libertada gratuita e incondicionalmente em janeiro de 1841, seu nome era Thereza e ela era parda. Em dezembro de 1843, ele libertou por 400 mil-réis a escrava Aniceta, nagô, que só registraria seu documento de alforria em 1856. No primeiro dia desse mesmo ano, o major alforriou gratuitamente a cabra Henriqueta, "em atenção aos seus bons serviços [...] sendo a liberta obrigada a acompanhar-me durante minha vida". Henriqueta, provavelmente, era a mesma escrava listada em 1836 com tal nome no inventário do engenho Trindade, onde consta ser uma "cabrinha" do "serviço de casa" avaliada por 400 mil-réis. O engenho, se lembrem, foi legado pelo coronel à irmã de Jerônimo, e a experiência de Henriqueta seria um exemplo de como os escravos circulavam de mão em mão entre os membros da mesma família senhorial.

Outras alforrias foram concedidas por Jerônimo Sodré. Em 1859, o major alforriou a crioula Carlota, pelos mesmos bons serviços e sob as mesmas condições impostas a Henriqueta. Encontrei mais uma carta de alforria passada por ele muitos anos depois, em maio de 1880, em favor da crioula Cosma. Dessa vez, justificou que a liberdade era "plena" e gratuita, "atendendo aos bons serviços". Jerônimo estava, então, no fim da vida. Todas essas alforrias foram concedidas a mulheres, e apenas as nascidas no Brasil seriam alforriadas sem ônus pecuniário, embora duas sob condição. É possível que entre os bons serviços prestados pelas libertas se incluíssem favores sexuais e fossem elas mães de filhos de Jerônimo.[58] Jerônimo não era inclinado a alforriar homens, Domingos fora uma exceção. Os estudos sobre o assunto indicam que as alforrias eram concedidas na sua maioria sob condições, ou eram pagas, como fora a de Domingos. Além disso, as escravas nascidas no Brasil se beneficiavam mais delas do que qualquer outro grupo, como confirmam as alforrias concedidas por Jerônimo Sodré.[59]

VIDA DE LIBERTO

Trazidos para o Brasil à força como escravos, uma vez alforriados, africanos como Domingos Sodré viravam estrangeiros, sem os direitos que tinha o cidadão brasileiro, ou mesmo aqueles estendidos aos alforriados nascidos no país. A Constituição imperial de 1824 não lhes permitia participar na vida política do país. Não podiam votar ou ser eleitos para qualquer cargo, nem exercer ocupações no aparelho governamental em qualquer nível. Ser liberto, como escreveu Sidney Chalhoub, era "um fardo"; ser liberto e africano, um fardo ainda mais pesado.[60]

Ademais, os africanos libertos eram submetidos aos mais variados constrangimentos, que aumentaram exponencialmente depois da Revolta dos Malês em 1835. Passadas três décadas desde a revolta, as medidas de controle dos africanos permaneceram e até recrudesceram. Um exemplo disso está na legislação vigente na época da prisão de Domingos, em 1862, que lhes restringia amplamente a liberdade de circulação entre as províncias e municípios, e mesmo pelas ruas da cidade à noite. O Código do Processo do Império do Brasil, em seu artigo 70, obrigava os africanos libertos, da mesma forma que os escravos em geral, a sempre portarem passaporte em suas viagens, mesmo quando acompanhados de "senhores e amos". Quanto à legislação municipal, considere-se a postura n. 86, de 1859, que punia com uma multa de mil-réis ou, alternativamente, quatro dias de prisão o "escravo africano" encontrado na rua à noite sem bilhete assinado pelo senhor ou pela senhora, "em que se declare para onde vai, o seu nome e lugar de morada"; a mesma postura penalizava com multa de 3 mil-réis, ou oito dias de prisão, os "africanos libertos" encontrados nas ruas às mesmas horas "que não levarem bilhetes de qualquer Cidadão Brazileiro".[61] Era o caso de Domingos. Liberto, ele seria tratado como escravo pelo fato de haver nascido do lado de lá do Atlântico e trazido para o lado de cá, decerto a contragosto. Para se locomover pela cidade, na falta de um senhor, Domingos tinha de encetar relações de favor com algum homem livre que confiasse nele o bastante para lhe escrever uma espécie de salvo-conduto.

Se não podiam circular, os libertos nascidos na África também não podiam trabalhar livremente na Bahia. Depois de 1835, viram o mercado de trabalho minguar para eles. Entre 1849 e 1850, tanto escravos quanto libertos africanos foram proibidos de trabalhar nos saveiros que desembarcavam mercadoria dos navios, muitos vindos da Costa da África, nos diversos cais do porto de Salvador.[62] Essa proibição continuava em pleno vigor no início da década de 1860. Em julho de 1861, o capitão do porto Augusto Wenceslau da Silva foi instado pelo presidente da província a cassar a matrícula de um africano liberto que se registrara como remador de alvarenga. O presidente tinha recebido queixa da matrícula irregular de um grupo de remadores brasileiros, a maioria provavelmente tão preta como os africanos. O capitão observou em ofício para o presidente que, consultada a lei, verificara que "com efeito são proibidos de remar nos saveiros das estações dos cais desta cidade os africanos em geral".[63]

No rol de posturas de 1857, a de n. 14 dizia ser "absolutamente proibido aos africanos livres, libertos, ou escravos traficarem em gêneros de primeira necessidade, víveres e miunças [...] por si ou seus senhores nos celeiros, e mercados públicos". A pena por desobedecer a essa postura foi estabelecida em 30 mil-réis, o dobro na reincidência.[64] Os libertos que se empregavam em mercadejar em caixinhas de vidro, tabuleiros, gamelas, bem como os ocupados em carregar cadeiras de arruar ou em remar fora do porto, pagavam um imposto adicional de 10 mil-réis anualmente. A multa pelo atraso no pagamento dessas taxas chegava a 50 mil-réis em 1848. E ainda tinham seus gêneros e outros objetos de comércio confiscados se fossem surpreendidos pelos fiscais sem as devidas licenças. Cadeiras de arruar eram apreendidas e levadas a leilão, o mesmo acontecendo com gêneros perecíveis. A liberta Domingas, "por falta de licença e pagamento do imposto", teve seus gêneros confiscados e levados a leilão. Um edital mais específico publicado na imprensa pelo administrador da mesa de rendas provinciais anunciava o leilão de "2 capoeiras com galinhas, e 262 inhames apreendidos aos africanos Tiburcio Ferreira, e Caetano Dundas, por falta de licença, cujos objectos se acham recolhidos ao depósito da mesma mesa".[65] Leilão de galinhas e inhames confiscados — eis até onde podia chegar a espoliação dos africanos libertos pelo governo dos brancos!

O imposto pago pelos africanos à província para mercadejar dobrou para 20 mil-réis a partir de 1856. Além disso, eles deviam pagar 2 mil-réis à Câmara Municipal de Salvador. Naquele mesmo ano, estava vigente um imposto de 10 mil-réis para africanos libertos ou escravos que exercessem algum ofício mecânico. O imposto não valia para aqueles empregados em fábricas e engenhos, mas incluía os que trabalhassem autonomamente em oficinas ou na própria casa. A ideia era expulsar os africanos, além do comércio, do ramo dos ofícios, da artesania, enfim da pequena produção independente, reservando apenas o serviço da lavoura como opção ocupacional. Não estranha, então, terem muitos deles se estabelecido nas cercanias de Salvador como roceiros, em lugares como a Cruz do Cosme, que visitamos no capítulo anterior.[66]

A pressão sobre os trabalhadores africanos levou a uma resposta coletiva original em 1857. Em junho daquele ano, os negros de ganho reagiram com uma greve geral de dez dias a uma lei municipal que, além de taxá-los para exercer seu serviço, exigia dos libertos um documento assinado por cidadão probo que garantisse seu bom comportamento. Os negros também protestaram contra a obrigatoriedade do uso ao pescoço de uma plaqueta de metal com o número de matrícula junto à Câmara Municipal. A greve de 1857 foi mais um movimento no qual Domingos, se fosse ganhador, poderia ter entrado. Se não o fez, decerto conhecia africanos que o fizeram.[67]

Quando permitidos a trabalhar, os africanos libertos eram submetidos a uma verdadeira perseguição fiscal, que visava dificultar-lhes a vida, ou melhor, pressioná-los a desistirem de viver na Bahia e retornarem "espontaneamente" à África, que aliás era o que previa a Lei n. 9, de maio de 1835, elaborada no rastro da repressão aos malês. A mesma lei os obrigava a pagar um imposto de 10 mil-réis anuais para continuarem a residir em Salvador. Os africanos estavam também proibidos de adquirir bens de raiz, como casas e terras. Em parte devido a isso, muitos optavam por investir em escravos, quando podiam.[68]

A discriminação legal contra os africanos abrangia muitas frentes. Eles não podiam se reunir para seus batuques e sambas, ou organizar festas para celebração de batismo, casamento, funerais e outras ocasiões festivas. Em alguns casos, afortunadamente, a lei não permitia, mas algumas autoridades faziam vista grossa, como vimos no capítulo anterior. Para festejarem sem susto, ficavam os libertos sempre a depender de algum gesto de concessão paternalista, que não vinha com frequência. A africana liberta Rita Maria Antonia, por exemplo, não conseguiu licença do chefe de polícia para "fazer um divertimento de danças", no sítio do engenho Velho, entre os dias 24 e 27 de junho de 1857, época de São João e de batuque de candomblé. O chefe de polícia reco-

11. *Teatro São João, localizado na vizinhança de Domingos. O edifício se incendiou em 1922 e foi demolido. O largo do Teatro é hoje a praça Castro Alves.*

mendou ao subdelegado do lugar que fizesse observar "estritamente a proibição de batuques".[69]

Se suas diversões eram proibidas, os africanos também eram proibidos de frequentar lugares de diversão consentida. O regulamento do teatro São João, localizado na atual praça Castro Alves, o mais importante da Bahia, não permitia a entrada para assistir aos espetáculos de escravos de qualquer cor ou origem, bem como de africanos de qualquer condição social; ou seja, os negros e mulatos nascidos no Brasil, se livres ou libertos, tinham acesso ao teatro, os africanos da mesma qualidade, não. Por essa regra, o liberto Domingos Sodré, que morava a pouca distância da casa de espetáculos, nunca pôs nela seus pés.[70]

Quando se tratava do africano, uma linha tênue dividia a condição de escravo daquela de liberto. Os libertos nascidos na África tiveram sua vida cotidiana limitada de muitas formas, e não apenas por professarem crenças diferentes das dos brancos. De nada valiam as palavras eloquentes que lemos nas cartas de alforria, segundo as quais os alforriados, africanos ou não, seriam a partir dali "livres como se de ventre livre tivessem nascido". Não surpreende, então, que eles buscassem proteção de seus ex-senhores, agora tratados como "patronos", expressão corrente no Brasil escravista e com força legal inclusive. Embora raramente ocorresse, o liberto podia ter sua carta de alforria revogada e ser reconduzido à escravidão se faltasse com lealdade àquele que "patrocinara" sua liberdade. A consolidar simbolicamente esses liames de dependência, os libertos geralmente tomavam o nome de família dos seus patronos. Daí Domingos Pereira Sodré. No entanto, como outros libertos de seu tempo, Domingos conseguiria superar barreiras legais, contornar engrenagens de dominação e negociar algum espaço de autonomia na terra dos brancos.

3. O adivinho Domingos Sodré

A CASA, A FREGUESIA E A CIDADE DE DOMINGOS

O chefe de polícia João Antonio de Araújo Freitas Henriques levou muito a sério a denúncia de José Egídio Nabuco, funcionário da Alfândega, contra o candomblé de Domingos Sodré. Henriques ordenou uma diligência capitaneada por Pompílio Manoel de Castro, subdelegado em exercício da freguesia de São Pedro Velho, onde morava Domingos. Acompanharam o subdelegado dois inspetores de quarteirão, José Thomas Muniz Barreto, um pequeno negociante de joias, e Adriano Pinto, cuja ocupação desconheço, vizinho do liberto africano. Além deles, estava presente ao ato o tenente-coronel Domingos José Freire de Carvalho, comandante do corpo policial, que forneceria a força física para a operação — cada guarda devia usar um rifle e uma pistola —, já que subdelegados não contavam com policiais armados diretamente sob suas ordens. O aparato policial mobilizado para a operação refletia a importância a ela dada pelo chefe de polícia.[1]

João Henriques recebera do denunciante detalhes sobre onde encontrar Domingos Sodré. Tratava-se do sobrado n. 7 na pequena e íngreme ladeira de Santa Tereza, que ligava a rua de Baixo de São Bento (atual Carlos Gomes) à rua do Sodré. A família do senhor de Domingos dera nome a essa rua. Da esquina da ladeira de Santa Tereza com a rua do Sodré, o liberto podia ver, a pouca distância, o solar setecentista que um dia pertencera aos Sodré e agora abrigava a família de Antonio de Castro Alves, o que fazia do poeta vizinho próximo do liberto. Se um não sabia da existência do outro, os escravos da casa do abolicionista — entre eles os carregadores de cadeira Augusto e Pedro, a cozinheira Martinha e a doméstica Vitória, todos africanos, e a lavadeira Lucrécia, crioula — provavelmente conheciam Domingos e tiveram notícia da sua prisão em 1862, talvez até tivessem testemunhado o rebuliço que decerto cercara o episódio.[2]

O sobrado onde morava Domingos pode ter sido a mesma "morada de casas" que seu senhor, o coronel Francisco Maria Sodré Pereira, possuía em 1816 e hipotecara como garantia de uma dívida. Naquela ocasião, foi registrado que ali morava, provavelmente de aluguel, certo Francisco Faura.[3] Não sei quando Domingos passou a viver em Santa Tereza, mas alguns registros de batismo, nos quais serviu de padrinho, já o mencionam como morador na freguesia de São Pedro desde 1845, um ano após ter se alforriado. É assim possível que Domingos já residisse havia dezessete anos no endereço onde foi preso em 1862.[4] Em todo caso, ele tinha ali vivido "por muitos anos", quando um inspetor de quarteirão registrou o seu endereço em 1853 — todos os libertos africanos eram obrigados a esse registro anual desde a revolta de 1835 —, e também declarou que o prédio, agora alugado ao liberto, pertencia a dona Maria de Saldanha, uma senhora com nome de família importante na Bahia.

A casa de Domingos ficava a alguns metros do convento de Santa Tereza e do anexo seminário arquiepiscopal, na Rua do

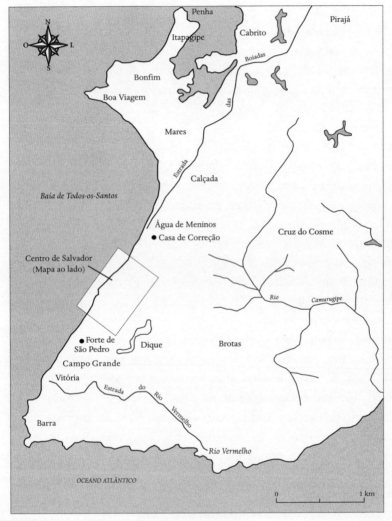

Mapa de Salvador.

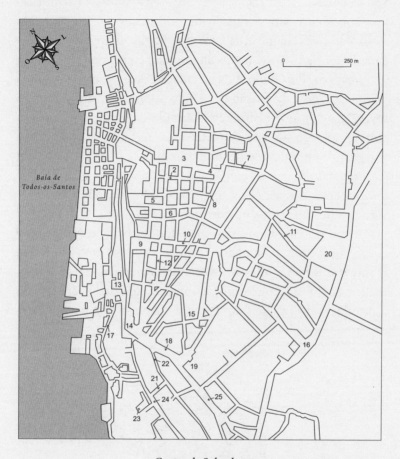

Centro de Salvador.

LOCAIS MENCIONADOS NO TEXTO

1. Baixa dos Sapateiros
2. Rua do Bispo
3. Terreiro de Jesus
4. Cruzeiro de S. Francisco
5. Igreja da Sé
6. Prisão do Aljube
7. Ladeira da O. T. de S. Francisco
8. Rua São Francisco
9. Praça do Palácio
10. Ladeira da Praça
11. Rua do Tingui
12. Rua da Ajuda
13. Conceição da Praia
14. Largo do Teatro
15. Barroquinha
16. Rua da Lapa
17. Ladeira da Preguiça
18. Ladeira de São Bento
19. Mosteiro de São Bento
20. Campo da Pólvora
21. Ladeira de Santa Tereza
22. Rua de Baixo de S. Bento
23. Convento de Santa Tereza
24. Rua do Sodré
25. Rua de São Pedro

Sodré, onde a Igreja católica formava seus padres. O seminário fora concebido para a missão de reformar o comportamento frouxo do clero baiano e, de fato, uma rígida disciplina de corpos e mentes seria imposta a seus alunos, caracterizada pelo controle do espaço, do tempo e da circulação deles dentro e fora da instituição, pela dedicação ao estudo sistemático, pela punição severa das faltas. O historiador Cândido da Costa e Silva assim escreve sobre o espírito daquela casa: "fechada, estabelecida à margem do mundo, reduzindo ao mínimo a comunicação com ele, erguendo muros ao contágio da corrupção que se infiltra por toda a parte". Apesar de na época da prisão de Domingos os severos padres lazaristas que dirigiam o seminário tivessem havia pouco sido afastados, seus métodos de ensino e doutrinação já estavam bem sedimentados.[5] Não deixa de ser uma ironia que Domingos Sodré praticasse seu candomblé, religião pouco dogmática, em local tão próximo de um instituto criado para apertar a ortodoxia do catolicismo. E causa surpresa que os vigilantes

12. Ladeira de Santa Tereza, onde morava Domingos Sodré, com o convento ao fundo.

13. À dir., no alto, o convento de Santa Tereza, com o prédio do seminário (já demolido) à sua esq., c. 1860.

14. A vizinhança de Domingos Sodré, com destaque para o prédio do seminário em primeiro plano à dir. Os dois sobrados brancos à esq. estavam na ladeira de Santa Tereza.

15. *Solar do Sodré, que pertenceu à família do senhor de Domingos e posteriormente à família de Castro Alves. Da esquina da ladeira de Santa Tereza o liberto podia ver a pouca distância este sobrado.*

religiosos do seminário ignorassem o que se passava do outro lado da rua no terreno da "corrupção" religiosa.

Mais católico que o reitor do seminário parecia ser o chefe de polícia da Bahia. Para dar maior precisão ao alvo da diligência repressiva, João Henriques informou ao subdelegado Pompílio Manoel de Castro que o sobrado onde vivia Domingos tinha apenas quatro janelas, "onde há vasos de flores, e cujos fundos se comunicam com as casas da rua de baixo [de São Bento], lado do mar".[6] O jornal *Diário da Bahia* publicou que o liberto ocupava, do sobrado, apenas a loja, que era uma espécie de porão comum nas casas da época, com pequenas janelas quadradas ou ovais, chamadas "óculos", em geral gradeadas e abertas para o nível da calçada. As lojas serviam de típica moradia de escravos e libertos na Salvador de então.⁷ Mas não creio que as autoridades policiais negligenciassem especificar que Domingos ocupava apenas esse cômodo da casa. Consideremos, então, que o liberto africano ocupava de fato um sobrado inteiro, embora pequeno, de apenas dois andares e quatro janelas.

É provável que o prédio da ladeira de Santa Tereza não fosse diferente de outros da vizinhança, que tinham se convertido em morada coletiva de africanos, como aliás acontecia em diversos sítios da cidade. Em 1869, o jornal *O Alabama* denunciou o que acontecia na Rua do Sodré:

> É matéria velha, porém que cada dia toma maiores proporções. Quero falar de uma infinidade de casas, que há nessa rua [do Sodré], as quais, sendo ocupadas somente por africanos de ambos os sexos, são uns verdadeiros quilombos. Os proprietários dessas casas, tendo somente em vista o pronto recebimento dos aluguéis, pouco se importam que suas propriedades fiquem estragadas, e que a vizinhança seja incomodada. Um africano aluga uma casa, e é preferido a qualquer nacional, que a pretende; reduz as salas, quartos e cozinha a pequenos cubículos, divididos por táboas, esteiras, e até mesmo por cobertas, e da noite para o dia estão todos esses casebres ocupados. O negro que aluga a casa, além de lucrar cento por cento na especulação, se constitui chefe de quilombo.⁸

O uso do termo "quilombo" para definir esses cortiços urbanos sugere um entendimento contemporâneo de seu papel como lugar de resistência africana, à semelhança dos quilombos rurais.⁹ Esse raciocínio não retratava invenção recente. Nos processos contra os rebeldes malês, em 1835, suas casas foram algumas vezes chamadas de quilombos. No caso dos cortiços denunciados pel'*O Alabama*, defrontamos com alternativa da comunidade africana a uma concepção burguesa de organização urbana preconizada por uma parcela dos homens ilustrados da Bahia que se consideravam esteio da civilização. Nessa concepção, despontavam como modelo ideal de vida civilizada a família nuclear e sua espaçosa casa, muito embora tivesse que também incluir sob seu teto a incivilizada escravaria, de cujo trabalho não se abria mão.

Domingos Sodré viveu na Cidade da Bahia num momento de importantes transformações urbanas inspiradas numa noção europeia de higiene social e ocupação do espaço público. Apesar do transporte de mercadoria e de gente continuar a ser feito nas costas de negros africanos até as vésperas da abolição, carros puxados a burros, inclusive as gôndolas de passageiros que deslizavam sobre trilhos, começaram a mudar o vaivém na cidade. As ruas próximas à residência de Domingos foram beneficiadas por essas inovações, além de pavimentadas, conforme se observa em fotografias da época. No início da década de 1870, surgia o elevador hidráulico da Conceição, precursor do Elevador Lacerda, que comunicava a Cidade Baixa com a Alta. Pouco a pouco se introduziu a iluminação a gás das ruas e se instalou um serviço de distribuição de água através de chafarizes, cujas torneiras eram controladas pela Companhia do Queimado, da qual, aliás, Domingos se tornaria cliente. Cárceres, hospitais, asilos de mendicidade, sanatórios e cemitérios foram construídos ou instalados em prédios que já existiam fora dos limites urbanos, com vistas a isolar os indesejáveis, marginalizados da sociedade, os presos,

16. *Logomarca da empresa de abastecimento de água de Salvador, da qual Domingos era cliente, 1887.*

17. Calçadas, ruas pavimentadas, trilhos de bondes, vendedores de água e negras de tabuleiro: o velho e o novo convivem na rua de São Pedro (c. 1885), a principal da freguesia onde vivia Domingos Sodré.

18. Elevador da Conceição, inaugurado em 1873, símbolo da modernidade baiana.

doentes, loucos, mendigos e os mortos. A cidade, segundo os reformadores, precisava abraçar com força total os valores da modernidade, engajar-se no processo de civilização, higienizar suas casas e ruas, refinar ao modo europeu suas sensibilidades artísticas. Mas havia a atrapalhar a marcha nessa direção os africanos e seus costumes, assim achava a elite pensante.[10]

Saliente-se, contudo, que os baianos não estavam todos unidos na condenação da presença africana, e em particular dos seus quilombos urbanos. Os menos ilustrados proprietários daqueles imóveis, por exemplo, se satisfaziam com a pontualidade dos inquilinos africanos no pagamento de seus aluguéis, algo que não confiavam obter dos brasileiros, como o antiafricano *O Alabama* reconhecia. Que os africanos fossem morar juntos, ali ou em outros endereços, resultava do desejo de "viver no meio dos seus", como medida de autoproteção coletiva associada à discriminação que sofriam, como "negros estrangeiros", de pessoas afinadas com o pensamento dos editores daquele jornal, por exemplo.[11]

Isso não significava que os africanos vivessem num gueto étnico. Salvador era uma cidade quase toda ela socialmente misturada devido à própria escravidão, que obrigava o convívio entre escravos e homens livres no mesmo espaço residencial. Os negros africanos e brasileiros estavam em toda parte da cidade, que crescia e se transformava. Infelizmente, não sabemos o tamanho de sua população no momento da prisão de Domingos. John Candler e Wilson Burgess fizeram uma estimativa de 125 mil almas em 1853, e Robert Avé-Lallemant apontou 180 mil em 1859, ambas cifras exageradas. O censo de 1872, quando a população deveria ser maior, contou 129 109, se incluídos a cidade e seu termo, ou 108 138, se contadas apenas as freguesias urbanas. Nesta última estimativa, incluía-se um contingente escravizado de 12 501, equivalente a 11,5% da população de Salvador. Os africanos representavam na altura apenas 15% dos escravizados, mas certamente eram bem mais dez anos antes. Somados aos negros locais, eles davam a impressão aos visitantes estrangeiros de que a cidade se localizava na África. Candler e Burgess mencionaram uma população negra "superabundante", que eles creram ser toda ela escravizada, e Avé-Lallemant observou sobre Salvador: "Tudo parece negro: negros na praia, negros na cidade, negros na parte baixa, negros nos bairros altos". E acrescentou: "Tudo que corre, grita, trabalha, tudo que transporta e carrega é negro". Mais algumas páginas e a Cidade da Bahia seria definida pelo viajante como "metrópole dos negros".[12]

De um censo feito em 1855, sobraram restos, que no entanto permitem traçar alguns perfis demográficos para a freguesia onde morava Domingos. São Pedro Velho era basicamente residencial, e formada por 40% de brancos, 25% de africanos e os demais crioulos (pretos nascidos no Brasil), pardos e cabras (mestiços de pele mais escura). Lá viviam muitos funcionários públicos e profissionais, como médicos e advogados, e também artesãos. Apenas 13% de sua população seria escravizada.[13]

O censo de 1872, mais confiável, aponta uma população escrava mais densa, que importava 16% de seus moradores, ou 2346 pessoas, das quais apenas 25,7% tinham nascido na África, exatamente 601 escravos e escravas. Essa era, provavelmente, a principal clientela do candomblé de Domingos Sodré. Infelizmente, não foi possível estabelecer o número de africanos libertos, mas a população da freguesia assim estava dividida quanto à cor (inclusive livres e escravos): 3722 brancos, 5878 pardos, 3314 pretos e 82 caboclos. Os assim considerados brancos formavam uma minoria de 28,6%.

Domingos Sodré tinha uma vizinhança social e etnicamente variada. Além do inspetor de quarteirão e joalheiro José Muniz Barreto, consegui apurar que moravam na ladeira de Santa Tereza o cônego e professor de latim Manoel dos Santos Pereira; o oficial da secretaria da Tesouraria de Fazenda Tito José Cardoso Rangel, 33 anos, casado; o fiel de armazém da Alfândega Cincinato Luzia Botelho Damásio, 21 anos, solteiro; os músicos Porfírio Lima da Silva e Mello, trinta anos, solteiro, e Euclides José de Souza; os alfaiates Galdino de tal e Luiz da França; Rita de tal, uma crioula; o africano liberto Antão Teixeira; um português, caixeiro da venda de João Bolachão na esquina da ladeira com a rua de Baixo de São Bento.[14] Essa gente, a maioria provavelmente branca e mestiça, que incluía um religioso — sem falar dos padres do seminário próximo —, não foi responsável pela denúncia contra o liberto africano, embora dificilmente ignorassem por completo o que se passava por detrás das portas de sua casa.

Mas seria Domingos Sodré cabeça de um quilombo urbano, moradia coletiva de africanos do tipo acima descrito pel'*O Alabama*? Por ocasião de sua prisão, Domingos sugeriu que outras pessoas moravam em sua casa, além dele e de, pelo menos, uma escrava sua. O chefe de polícia, embora não usasse o termo "quilombo" para definir a casa do liberto, chamou-a de "covil", não menos perigoso do que um refúgio de negros fugidos. À ordem de ataque não faltou um quê de estratégia militar e de técnica de controle de multidão, pois ele mandou seu subdelegado "vigiar os quintais para que se não malogre a diligência e apreenda as pessoas que forem encontradas na referida casa, as quais devem ser incontinenti conduzidas para a [prisão da] Correção antes que se aglomere o povo, como sucede em tais ocasiões". Henriques dizia saber que reuniões de candomblé presididas por Domingos costumavam acontecer nas terças e sextas-feiras, e ele escrevia suas ordens numa sexta, portanto, o momento para o golpe não fora arbitrariamente escolhido. No mesmo dia, o subdelegado Pompílio Manoel de Castro, amante das artes e das letras, executaria a diligência policial.[15]

O CANDOMBLÉ DE DOMINGOS

Segundo relatório do subdelegado Pompílio Manoel de Castro para o chefe de polícia, encontraram-se na casa de Domingos "diversos objetos de feitiçaria, quer de metal, quer de madeira, em porção extraordinária", além de objetos pessoais e joias, que a autoridade presumia fossem roubados. Foram presos com Sodré quatro africanos adultos, além de um "negro e moleque".[16] Um relatório sumário das rondas policiais daquele dia confirmava que tinham sido apreendidos "diversos objetos de feitiçaria e de danças de pretos, e os escravos João, creoulo, Elesbão, Elisia, Teresa e Delfina, Africanos".[17]

Essas palavras expõem um embate cultural, que obviamente é também social. No sentido sempre pejorativo usado na documentação policial, feitiçaria é coisa para fazer o mal, e portanto é a religião do outro. Neste caso, o católico Pompílio definia liminarmente o candomblé como feitiçaria, coisa própria de africanos e, em menor escala, de seus filhos crioulos. O subdelegado não se lembrou — embora o soubesse — que a gente católica, inclusive brancos, também apostava na manipulação de certos recursos simbólicos, materiais e rituais para controlar, atacar, defender, fazer adoecer ou curar pessoas. A maioria dos "diversos objetos" encontrados na casa de Domingos Sodré pode ser identificada como objetos de culto, de religião, não ingredientes de feitiçaria ou de curandeirismo, embora estes não devessem ser desconhecidos do liberto e ele provavelmente os possuísse. Pois os africanos também acreditavam e faziam "feitiço", mas em suas terras isso era punido severamente, e aqui devia entre eles haver também sanções. Domingos, por exemplo, fazia feitiço antissenhorial, como veremos no próximo capítulo. Mas não precisaria fazê-lo para ser classificado de feiticeiro naquela sociedade. Enfim, candomblé equivalia a feitiçaria na mentalidade ajustada e na ideologia hegemônica da época, e pessoas, negras na sua vasta maioria, eram presas por isso.

O crioulo João, preso na casa de Domingos, era o "moleque" aludido pelo subdelegado Pompílio. Por *crioulo*, repito, entenda-se o indivíduo de cor preta nascido no Brasil; denominava-se *moleque* ao negro menino ou adolescente. Teresa e Elesbão eram mesmo escravos africanos.[18] Quanto a Elisia, de fato chamava-se Ignez (Inês) e, mais tarde, declarou-se liberta. A africana introduziu um problema de identidade. Nessa data, Domingos possuía uma escrava, comprada três anos antes, que atendia por Ignez e por outros nomes. Ela aparece nos documentos de compra ora como Maria, ora como Maria Archanja e duas vezes como Maria Ignez, inclusive em documento de sua matrícula junto à recebedoria de Rendas Internas da província. Apesar de Ignez (hoje diríamos Inês) ser um nome muito comum, a coincidência levanta a suspeita de que a presa fosse a escrava do liberto. Se era, explica-se por que declarou ser escrava inicialmente, embora sob o falso nome de Elisia. Afinal, sua identidade confusa não estava inscrita apenas em documentos em que aparece como propriedade que se vende e se compra.[19]

Já Delfina é quase certo tratar-se da mesma Maria Delfina da Conceição com quem Domingos se casaria na Igreja nove anos depois, a 4 de fevereiro de 1871, após ter vivido muitos anos com ela amasiado.[20] Creio que ela não era ainda liberta quando presa em 1862. O chefe de polícia informou, em sua ordem de invasão ao subdelegado, que Domingos agia "em combinação com duas africanas também libertas, que vendem caixinhas", ou seja, ganhadeiras que mercadejavam em tabuleiros fechados de vidro. Vendiam fazendas.[21] Uma delas, presumo, seria Delfina, e adiante mais será dito sobre isso. A única Delfina que deu entrada na Casa de Correção naqueles dias estava registrada como escrava de certo Domingos Joaquim Alves.[22] Essa Delfina, que creio ser a mulher do africano Domingos Sodré, seria daquelas escravas que viviam sobre si no ganho, não moravam com seus senhores, apenas pagavam-lhes "a semana", isto é, deixavam com eles, semanalmente, uma quantia contratada, embolsando o que sobrava. Nesse caso, Delfina bem poderia ter sido inicialmente confundida com uma liberta pela polícia e por seus informantes.[23]

A polícia varejou a casa de Domingos até o cair da noite daquela sexta-feira, 25 de julho de 1862, quando a operação foi suspensa porque impraticável à luz de velas e tochas apenas. A revista detalhada ficaria para o dia seguinte, quando o subdelegado esperava encontrar muitos objetos roubados, além dos relacionados com práticas rituais. Nesse sentido, ele escreveu animado ao chefe de polícia:

> Existem arcas e baús, que diz ele [Domingos] não terem as chaves, ou antes que os seus donos não estavam em casa, o que me faz presumir que nelas algumas coisas roubadas deverão existir. Estou certo que será preciso, em vista da grande quantidade que existe de objetos torpes de seu tráfico supersticioso, que V. Sa. me há de fornecer pessoas para os conduzir, ou autorizar a queima dos mesmos, sendo é verdade alguns de metal, entre estes chocalhos, espadas curtas à forma de cutelos, e outras bugiarias que costumam empregar em suas orgias os africanos.[24]

Esse relatório robustece a hipótese de que Domingos chefiava um "quilombo" urbano, onde viviam ou pelo menos transitavam intensamente outros africanos, os donos de algumas das arcas e dos baús ali encontrados. Mesmo quando não residiam fora das casas de seus senhores, era comum que escravos guardassem seus pertences com patrícios libertos, por assim acharem mais seguro. Domingos podia aceitar não ter as chaves dos baús de seus inquilinos, coisa que os senhores provavelmente não aceitariam. Mas é possível que o liberto apenas tentasse dificultar a ação policial, pois disse também não saber onde estava a chave da porta da rua, que ficou aberta após a retirada das autoridades com os presos. Por isso, foram postados três policiais em frente à sua residência até o dia seguinte, quando o delegado prometia nova varredura no local. Se havia outros africanos ali a residir, ou apenas a guardar seus pertences, a presença policial os deve ter assustado para longe naquela noite.

Os presos foram enviados à Casa de Correção, que ficava no forte de Santo Antônio, na freguesia do mesmo nome. Enquanto Domingos era levado para a prisão, alguns dos objetos rituais seguiam para a secretaria de polícia para conhecimento de seu chefe. João Henriques elogiou a atuação do subdelegado Pompílio, despachou ordens para que ele trouxesse Domingos à sua presença imediatamente e realizasse as buscas prometidas para o dia seguinte. Disse mais, que recolhesse "tudo quanto for objetos que pareçam roubados, e bem assim roupas para que se conheça a quem pertençam". Instruiu que fosse inutilizado "tudo quanto for objeto de feitiçaria, e não seja de metal ou tenha valor". Os objetos de metal e de valor deveriam ser remetidos à chefatura de polícia. Finalizou seu despacho ordenando que Pompílio publicasse na imprensa o nome dos escravos detidos, para que seus senhores os pudessem reclamar.[25]

No dia seguinte, sábado, 26 de julho, o subdelegado Pompílio retornou à casa de Domingos Sodré, e nessa oportunidade seu escrivão lavrou um "Auto de busca e achada", que arrolava os objetos ali confiscados (ver quadro adiante). Trazido da casa de Correção, o liberto estava presente à diligência, mas seu comportamento não foi registrado. Desde a primeira visita, Pompílio, que parecia só conhecer o interior das casas de africanos pobres, ficou impressionado com o que nessa topou. Domingos pareceu-lhe um liberto suspeitamente próspero. Indicava-o, por exemplo, a existência de uma cômoda de jacarandá, que não era móvel típico de gente pobre. A certa altura foi mencionada a mobília da casa, cuja descrição na ocasião não se fez, mas deviam constar um sofá e cadeiras anos mais tarde inventariados após a morte do africano. "Dois relógios de parede de valor" também chamaram muita atenção do subdelegado.[26]

Objetos encontrados na casa de Domingos Sodré em 26 de julho de 1862

> Cópia do Auto de busca e achada
> Aos vinte cinco dias do mês de julho do Ano do Nascimento de Nosso Senhor Jesus Cristo, de mil oitocentos e sessenta e dois, nesta Leal e valorosa Cidade de São Salvador Bahia de Todos os Santos e Freguesia de São Pedro Velho, na rua da Ladeira de Santa Tereza, Casa nº 07, morada do Africano Liberto Domingos Sodré, onde foi vindo o Subdelegado Suplente, o Cidadão Pompílio Manoel de Castro, comigo escrivão de seu cargo, abaixo assinado, os Inspetores de Quarteirão Adriano José Pinheiro, José Thomas Muniz Barreto, sendo aí pelo dito subdelegado em presença do dono da Casa o referido Domingos Sodré, se procedeu a Busca abrindo-se gavetas, baús e arcas, se encontrou os seguintes objetos. Quatro chocalhos de metal. Uma caixa com diversas figuras de pau e outros objetos como contas e búzios, e uma espada de latão sem corte, e sem ponta. Um ferro com búzios e uma espada de pau. Dois relógios de parede. Uma cômoda de jacarandá com uma porção de roupa com as iniciais D. S. D. C. Diversos quadros de santos pelas paredes. Uma cinta branca com búzios, uma calçola. Uma caixa com roupa de mulher servida. Um Baú com dita, uma corrente de prata com diversos objetos. Quatorze peças de roupas com búzios. Quatro carapuças. Uma cuia com cal da Costa e diversos místicos. Uma caixinha envernizada contendo o seu testamento. Um Rosário de ouro

com um crucifixo igualmente d'ouro, contendo oitenta e nove contas grandes. Seis voltas de colar de ouro com sua Cruz de dito. Um par de botões de ouro para punho, dois pares de argolas um de prata dourada, e outro d'ouro. Uma volta com dezenove corais e treze contas d'ouro, outra volta com oitenta e cinco corais e vinte duas contas d'ouro. Uma vara de corrente de prata, regular, quatro anéis de prata, uma argola de prata para enfiar chaves, dois anéis d'ouro quebrados, um castão também de prata, e duas pequenas figas e coral.

Cinco caixas que se arrombaram contendo roupa usada de pretos e algumas em bom estado, inclusive uma com algumas peças de fazendas novas pertencentes à caixinha. Uma caixinha de mercadejar com fazendas. Exceto a mobília da casa, digo, ficando todos os outros objetos aqui mencionados na mesma casa, exceto os Santos de pau e objetos pertencentes a candomblé que passam a ser dirigidos à secretaria de Polícia. Ficando porém depositados em juízo, a caixa com objetos d'ouro acima declarados, um testamento de Domingos Sudré reconhecido pelo Tabelião Lopes da Costa. E por nada mais haver, mandou o subdelegado lavrar o presente auto, que vai pelo mesmo subdelegado assinado comigo escrivão José Joaquim de Meirelles, que o fiz, e escrevi e assinei com as testemunhas José Thomas Muniz Barreto, José Pinheiro de Campos Lima, Francisco Alves da Palma, José Joaquim de Meirelles.

Está conforme

O Escrivão José Joaquim de Meirelles

Declaro que o original está assinado pelo subdelegado, e pelas testemunhas.

Meirelles.

Fonte: APEB, *Polícia. Subdelegados, 1862-63*, maço 6234. Apesar de constar neste documento a data de 25 de julho de 1862, a busca e o arrolamento dos objetos encontrados só foram concluídos no dia seguinte, conforme ofício de 27 de julho de 1862 do subdelegado Pompílio para o chefe de polícia da Bahia.

Os colares de corais e ouro, correntes e anéis de prata, inclusive o que parecia ser enfiada de balangandãs ou pencas, provavelmente pertenciam a Delfina e a outras pretas ganhadeiras que por ali circulassem ou morassem, inclusive pelo menos uma escrava de Domingos, Maria Ignez. A posse de joias desse tipo por negras libertas e escravizadas da Bahia era assunto comentado por viajantes estrangeiros. Algumas chegavam a sair para mercadejar assim enjoiadas, conforme sugere um anúncio do jornal *Argos Cachoeirano* em 1851:

> O abaixo-assinado previne ao público que no dia 25 do mês e ano pretérito, saindo uma sua escrava, nação Gêge, por nome Luiza a vender pasteja e doces, perdeu ou lhe furtaram do pescoço uns cordões grossos com peso de 17 oitavas de ouro, e um coração de ouro, qualquer pessoa que tiver notícia queira descobrir ao anunciante que será bem recompensado obtendo o anunciante restituição dos objetos mencionados.[27]

Nesse caso, talvez o próprio senhor custeasse o uso da joia perdida, de maneira a atrair fregueses para o negócio de sua ganhadeira. Algo assim devia também ocorrer na disputada praça da capital. Aqueles adornos, cujo uso pelas negras chegou a ser proibido no período colonial, indicavam prosperidade, clientela numerosa e, portanto, sinal de que a ganhadeira vendia produtos de boa qualidade. Mas, além de adorno, joias podiam servir como amuletos — o balangandã, e sobretudo as duas pequenas figas encontradas, o confirmam — e método de poupança quiçá considerado mais seguro do que moeda corrente.[28]

O auto de busca confirma que Delfina vivia do comércio ambulante. Ali se lê que foram encontradas "algumas peças de fazendas novas pertencentes à caixinha" e uma "caixinha de mercadejar com fazendas". Tratava-se, por certo, de panos da costa importados da África através dos mesmos portos que um dia tinham abastecido os navios negreiros. A própria população africana de Salvador e do Recôncavo constituía os principais consumidores desses produtos. As mulheres africanas usavam os panos da costa descansados sobre o ombro direito ou em volta da cintura. Muitos desses tecidos chegavam ainda crespos, eram aqui alisados e às vezes tingidos, conforme documentou Manuel Querino na virada do século xx. O tecido em geral era vendido pelos ijebus, um subgrupo da nação nagô, aos comerciantes de Lagos, que os exportavam para a Bahia. O capitão John Adams, que publicou suas memórias de uma viagem à costa da África em 1823, teve o seguinte para contar sobre isso:

> É esse povo [os ijebus] que manda tantos panos para Lagos e Ardra [Allada], os quais os comerciantes Portugueses do Brasil compram para este mercado, e lá são levados em muita estima pela população negra; não apenas por sua durabilidade, mas porque são manufaturados num país que viu nascer a muitos deles, ou a seus pais, pois os portugueses sempre fizeram um comércio extremamente ativo em escravos em Uidá, Ardra e Lagos.[29]

Os panos tinham, entre outras, a função de guardar memórias de um mundo perdido.

Outras "roupas novas de preto" encontradas pela polícia talvez também se destinassem à venda. Esse e outros achados sugerem que Delfina morava na casa com Domingos. Há diferentes indícios que o confirmam e ainda apontam para um compromisso mais estável entre os dois. A indicar que formavam um casal, entre os objetos pessoais arrolados estavam roupas, bordadas com as iniciais D. S. (de Domingos Sodré) e D. C. (de Delfina Conceição), guardadas na cômoda de jacarandá. Descartemos,

19 e 20. Negras com colares de contas e balangandãs.

21 e 22. Ganhadeiras com caixinhas de vidro semelhantes
às encontradas na casa de Domingos.

então, a fantasiosa interpretação do *Diário da Bahia* de que havia na casa invadida muita "roupa com iniciais e letras cabalísticas".[30]

Aquele registro de posse por meio das iniciais de seus donos era costumeiro nas famílias baianas, que assim procuravam evitar desvio e roubo quando as roupas fossem levadas a lavar fora de casa. No caso do casal africano, o objetivo podia ser o mesmo, e também o de evitar que suas roupas se confundissem com as de outras pessoas que viviam ou circulavam na casa da ladeira de Santa Tereza. E, uma vez extraviadas, teriam seus donos mais chance de recuperá-las. Seja qual for a razão daquelas iniciais, elas revelam demarcação de propriedade, e depõem sobre relação pessoal e noção de privacidade raramente registradas nos documentos a respeito do modo de vida africano na Bahia da época. Bem mais comum era o testamento que Domingos guardava numa caixinha de madeira envernizada e que, certamente, entre outras coisas, dispunha sobre os bens que ele possuía e eram agora devassados pela polícia. Infelizmente, uma cópia desse testamento não foi anexada ao inquérito policial.[31]

OBJETOS DO CULTO

Não me foi possível identificar com precisão os objetos de culto, menos ainda as ideias e os significados a eles associados, e seu uso em contextos rituais específicos. O ideal seria que Domingos nos explicasse o que eles representavam na sua visão de mundo. Na falta de sua voz autorizada, resta especular, imaginar possibilidades, tentar entender sua "floresta de símbolos".[32]

Nem todos os artefatos rituais foram arrolados pelo subdelegado. Da lista no auto de busca e apreensão constam quatro chocalhos de metal, "santos de pau", um cutelo de latão "sem corte" e uma espada de pau; um ferro, uma faixa branca e catorze peças de roupas, tudo ornado com búzios; uma quantidade de búzios soltos e uma cuia com cal e outros ingredientes "místicos". Os búzios, encontrados soltos ou dispostos em diversas formas decorativas, representavam, na cultura africana de Domingos, riqueza, poder e prestígio. Em muitos candomblés vasculhados pela polícia, desde a primeira metade do século XIX, grande quantidade de búzios era sempre apreendida. Em 1829, um juiz de paz da freguesia de Brotas, na periferia semirrural da cidade, confiscou num ativo terreiro de candomblé "um Boneco todo guarnecido de fitas e búzios, e uma cuia grande da Costa cheia de Búzios [...] e cuias guarnecidas de búzios", entre outros objetos rituais.[33] Esses búzios, como os de Domingos, eram provavelmente cauris ou caurins, um tipo de concha encontrada nas ilhas Maldivas, no oceano Índico, e usada como moeda corrente na Costa da África, onde tinham também sua dimensão ritual em oferendas e jogos de adivinhação, por exemplo, sobre o que falarei adiante. Também se extraía a concha das praias de Caravelas, no sul da Bahia, que com o nome de zimbo ou jimbo fazia parte do comércio negreiro com a África Centro-Ocidental (reinos do Congo e Angola) desde o século XVI. Mas a moeda baiana não ficou por aí, chegou ao trato no golfo do Benim, onde porém não era tão reputada quanto as que vinham do Índico. Devem ter sido esses búzios baianos a ocupar 160 barris de uma remessa feita, em 1846, pelo grande traficante baiano, Joaquim Pereira Marinho, para seu comissário em Porto Novo, o poderoso Domingos José Martins.[34]

Exatamente por representarem riqueza, os búzios compunham oferendas às divindades e, aqui no Brasil, podiam aparecer na companhia de moeda corrente no país. No candomblé de Brotas há pouco mencionado, além de búzios, foi encontrado "algum dinheiro de cobre misturado das esmolas".[35] Presos a outros objetos, os búzios podiam compor artefatos protetores, amuletos enfim. No candomblé de Domingos, o ferro com eles decorado seria forte candidato a amuleto doméstico.[36]

Os demais objetos encontrados na casa de Domingos Sodré, particularmente as espadas e as roupas decoradas, se fossem para uso dos iniciados quando possuídos ou "montados" pelas divindades, indicariam a ligação do liberto com terreiros estabelecidos de candomblé — que eram muitos em Salvador —, onde cerimônias desse tipo aconteciam ao longo do ano, geralmente de acordo com calendário específico. Algumas dessas roupas podiam pertencer a Domingos, à sua companheira Delfina e a outros africanos a eles associados — ou às divindades a que fossem particularmente devotados.

Devem-se também considerar como de uso ritual, não só decorativo, as muitas contas, de vidro e outros materiais, além de corais soltos ou enfiados em colares, em alguns casos de mistura com contas de ouro. O príncipe Maximiliano de Habsburgo, depois fracassado imperador no México, ao visitar a Bahia em 1860, descreveu encantado a elegância das negras que circulavam pelas ruas da cidade e observou que "contas de vidro com amuletos profanos pendem em longas voltas sobre o peito". O vice-cônsul britânico James Wetherell viu contas corais decorarem e protegerem o corpo de crianças negras. O inglês também observou que os negros usavam, à guisa de amuleto, pulseiras de contas de vidro opaco de diversas cores, importadas da Costa da África quiçá por acreditarem que servissem como protetores mais poderosos.[37]

Na costa da África, as contas adornavam representações de divindades e, entre os humanos, eram usadas por reis e outras figuras poderosas no tempo do tráfico transatlântico de escravos. Na lista que John Adams publicou, em 1823, de produtos ideais para serem levados da Europa para negociar com os africanos, ele incluiu contas, "algumas das quais são consideradas um artigo dispendioso, mas eles não passam sem ele".³⁸ Em visita aos ibos, vizinhos dos iorubás, dois emissários da Coroa inglesa viram, em 1841, o que descreveram como "ídolo" local, rude "representação de um ser humano, esculpido em madeira", que trazia "contas em volta do pescoço". Entre os presentes enviados pela rainha da Inglaterra para convencer um chefe ibo a suspender o tráfico de escravos figuravam 36 colares de contas de diversos tipos. Mais acima no vale do Niger, no país haussá, predominantemente muçulmano, os viajantes encontraram maior difusão desses objetos entre a população. As meninas usavam correntes de contas e conchas em torno da cintura, os adultos na forma de brinco.³⁹

Coroas feitas de contas adornavam as cabeças e pendiam em cascata sobre os rostos dos obás iorubás e, em certas ocasiões, só podiam ser usadas por eles. Em 1825, Hugh Clapperton, a caminho do interior da região iorubá, descreveu o que cobria a cabeça de um chefe local como um "barrete feito de pequenas

23. *Coroa que se acredita ter pertencido a Glele (1858-89), rei do Daomé, adornada com contas no estilo usado pelos obás iorubás.*

24. *Coroa de Olokun, divindade particularmente venerada em Lagos, também decorada com contas.*

contas de vidro de várias cores, envoltas por borlas de pequenas contas douradas, e três grandes contas corais na frente", o que se destacava como o mais vistoso adereço de sua indumentária. Alguns meses depois, Clapperton esteve com o alafin de Oyó, que usava "em volta do seu pescoço cerca de três voltas de grandes contas de vidro azuis". Diante do rei, nem os mais graduados súditos podiam usar roupas vistosas, ou contas de vidro e corais, enfim, "nenhuma grandeza de qualquer tipo deve aparecer, exceto a do próprio rei".[40] Os irmãos Lander descreveram a coroa usada pelo alafin, com quem se entrevistaram, no dia 13 de maio de 1830, como "profusamente ornamentada com fieiras de contas corais".[41]

As contas não eram de uso apenas ornamental, mas consideradas objetos plenos de força mística, o axé iorubá, portanto um componente fundamental dos poderes divinos dos obás. É de interesse ressaltar que o deus Olokun, senhor do mar, muito popular em Lagos, a terra de Domingos, era especialmente identificado por suas relações míticas e místicas com o uso de contas e conchas. Um de seus nomes de louvação é precisamente Senhor das Contas. Já no tabuleiro de adivinhação, as contas representam riqueza entre os iorubás. As contas também decoram e acrescentam poder a objetos de adivinhação, como o opelê, a corrente divinatória comentada mais adiante.

Deste lado do Atlântico, no tempo da escravidão, parece ter havido maior difusão do uso de contas pelos africanos e seus descendentes. Conforme sugerem as observações de Maximiliano e Wetherell vistas antes, os adeptos do candomblé já usavam colares de contas com as cores de suas divindades protetoras, a quem deviam particular devoção e a quem muitas vezes "pertenciam" por terem sido iniciados para servir-lhes. Numa cerimônia descrita em 1870 por *O Alabama*, um dos oficiantes se encontrava "enfeitado de *gés*", sendo "gés" o termo para contas em língua fon, uma das línguas faladas pelos jejes na Bahia.[42]

Não seria, assim, apenas para uma finalidade estética estrita que Domingos manteria tão grande estoque de contas sob sua guarda. Ao valor estético, o especialista do sagrado agregava o valor místico. Talvez por isso contas soltas estivessem misturadas, dentro de um caixote, com búzios e representações em madeira esculpida de divindades, rotuladas de "figuras de pau" pelo escrivão que lavrou aquele auto de busca e achada na casa do liberto.[43]

Essas "figuras de pau", também referidas pela polícia como "santos de pau", chamaram a atenção da imprensa. Deviam ser esculturas em madeira, incluindo mulheres nuas com seios à vista, comuns na estatuária religiosa jeje-nagô. O *Diário da Bahia* mencionou o confisco de "figuras lúbricas capazes de figurar no templo de Deus Pan ou Priapo", o que, se o informante foi literal, podia referir-se a uma representação comum de Exu com seu pênis retesado. Talvez entre essas figuras constasse também um "diabrete de ferro" mencionado pelo chefe de polícia num de seus muitos ofícios sobre o caso. Desde pelo menos meados do século XVIII, tanto na África quanto no Brasil, os europeus já associavam o diabo da tradição cristã ao Exu iorubano e ao Leg-

25. Os "santos de pau" confiscados pela polícia na casa de Domingos seriam esculturas em madeira como as três primeiras reproduzidas acima, mandadas fotografar no final do século XIX por Nina Rodrigues, possivelmente no terreiro do Gantois. Em seguida, duas figuras em bronze também fotografadas por Nina, identificadas como emblema da sociedade Ogboni por Vivaldo da Costa Lima. A última imagem é de um "Diabrete de ferro", hoje à venda na feira de São Joaquim, em Salvador.

ba daomeano, deuses imprevisíveis e ao mesmo tempo imprescindíveis para o bom andamento dos rituais, mensageiros entre devotos e divindades. No centro dessa associação estava a sexualidade exacerbada deles. A presença de uma sexualidade descontrolada — já vimos e mais veremos adiante — era tema constante nas narrativas policial e jornalística a respeito do que se passava nas reuniões da gente de candomblé. Na cabeça das autoridades e dos periodistas, as tais "figuras lúbricas" só confirmariam esta representação estereotipada dos rituais do candomblé.[44]

Não foram encontrados restos de animais, comidas votivas ou outras oferendas, nem foi indicada a existência na casa atacada de um altar ou peji, embora devesse haver um, já que foram encontradas representações de divindades. Estas, segundo a crença, poderiam estar materialmente presentes em ingredientes (pedras, ferro etc.) contidos em vasos, cuias ou outros recipientes mencionados nos relatórios policiais. É ainda possível que existisse um peji que tivesse passado despercebido. O altar de Ifá, por exemplo, podia ser um discreto montinho de terra no quintal de Domingos. Se o altar fosse no interior da casa, talvez Domingos tivesse tido tempo de desfazê-lo e de guardar a maioria dos seus componentes em gavetas, baús ou arcas, onde foram encontrados pela polícia.

Emblemas e roupas rituais, algumas decoradas com búzios, talvez estivessem guardados por Domingos para serem usados principalmente durante cerimônias celebradas alhures, não ali em sua residência, onde, segundo a polícia, ele apenas atenderia clientes e acólitos para sessões de adivinhação e outras consultas feitas duas vezes por semana, cada terça e sexta-feira. Se havia alguma, não consegui explicação ritual para a escolha desses dias da semana especificamente. Os quatro dias que intercalavam uma e outra sessão sugerem uma semana iorubá, mas nesta apenas o primeiro dia seria dedicado ao oráculo.

O DADOR DE FORTUNA

A grande quantidade de objetos rituais encontrados na casa de Domingos Sodré — em "porção extraordinária", como escreveu o subdelegado Pompílio Manoel de Castro — sugere que o liberto não era um adivinho ou curandeiro qualquer. Há indícios de que Domingos fosse babalaô, um sacerdote de Ifá, divindade da adivinhação, senhor do destino e da sabedoria, também conhecido como Òrúnmila, um dos mais importantes membros do panteão iorubá. Thomas Bowen e William Clarke, missionários batistas norte-americanos que visitaram o território iorubá entre 1849 e 1858, comentaram sobre a popularidade de Ifá. O "grande e universalmente celebrado Ifá, o revelador dos segredos, e o guardião do casamento e do nascimento", escreveu Bowen. "O culto de Ifá é um dos principais ramos" da religião iorubá, observou Clarke.[45] Ifá, ou sua versão daomeana Fa,[46] era conhecido na Bahia, conforme versos publicados pelo jornal *O Alabama* em 1867. Ali se conta a história de um chefe de polícia baiano que, para descobrir o autor de um crime, teria contratado os serviços de um adivinho africano chamado Arabonam — tratava-se de Duarte Soares, contemporâneo de Domingos que morreu dois anos depois dele.[47]

Entre os objetos confiscados na casa de Domingos, o cutelo cego bem que podia representar a espada de Ifá (*ada Òòsa*), um dos emblemas da divindade. Mas havia outras espadas, relacionadas talvez com outras divindades, que podiam ser Ogum, Xangô, Iansã, Oxum ou Oxaguiã, pois todas elas usam-nas. Outros objetos apreendidos eram comumente empregados em rituais de adivinhação, como os búzios, chocalhos e cal da costa. Este último, por exemplo, espalhado sobre a bandeja de Ifá, serviria para o adivinho desenhar as marcas do jogo divinatório em andamento. Talvez lá fossem encontradas sementes ou nozes de palma de dendê, o nosso dendezeiro, que terminaram registradas no auto de busca e apreensão entre os "objetos insignificantes", objetos porém muito significativos para o adivinho. Dezesseis dessas nozes são utilizadas nos jogos de adivinhar pelo sistema de Ifá. Semelhantemente, a "corrente de prata com diversos objetos" lembra o opelê, conhecido no Brasil como rosário de Ifá, considerado instrumento menor comparado às sementes de palma, porém mais frequentemente usado pelo babalaô para olhar o destino. O opelê consiste numa enfiada de oito metades de nozes de palma igualmente separadas umas das outras. Nas extremidades da corrente o sacerdote, segundo Wande Abimbola, "amarra numerosos objetos como pequenas contas, moedas e búzios".[48]

As sementes de palma estão também associadas a um mito em que elas são dadas a Ifá por Exu como instrumentos da adivinhação — o que coloca num lugar ritual específico o tal "diabrete de ferro" encontrado com Domingos. Segundo William Bascom, os vários nomes de Exu são pronunciados diversas vezes durante as invocações iniciais da sessão de adivinhação, e Exu é o grande beneficiado com os sacrifícios ali exigidos, para que possa facilitar a comunicação com outras divindades. Quando um animal é sacrificado, por exemplo, sua cabeça sempre pertence ao senhor das encruzilhadas.[49]

Que o método Ifá de adivinhação fosse utilizado na Bahia no tempo de Domingos é sugerido nos mesmos versos de *O Alabama* há pouco mencionados. Ali, Fá aparece como o próprio objeto de adivinhação, pois o sacerdote teria chegado à chefatura de polícia "Munido de seu Fá e mais preparos". Pouco adiante é dito que ele "semeou" o Fá, permitindo supor que fez o jogo divinatório de Ifá com as sementes sagradas de palma ou outras que porventura as substituíssem no exílio baiano.

Na década de 1890, pouco depois da morte de Domingos, Nina Rodrigues assim descreveu a corrente divinatória que ele viu na Bahia: "Aquele [processo de adivinhação] que aqui atribuem a Ifá é o de uma cadeia de metal em que de espaço a espaço

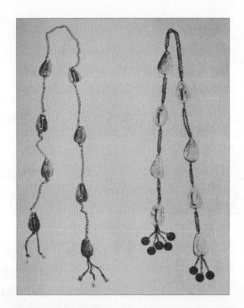

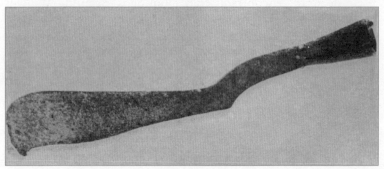

26, 27, 28. *Opelês, a corrente da adivinhação pelo Ifá, chocalhos de Ifá e espada de Ifá* — peças iorubás, apenas sugestivas do que pudessem parecer objetos encontrados na casa de Domingos Sodré.

se enfia uma meia noz de manga seca. O feiticeiro pega a cadeia em certo ponto e a joga de um modo especial. Da posição em que tomam as nozes deduzem o augúrio ou vaticínio".[50] O aspecto sagrado e as narrativas míticas em torno da semente de dendê não impediram que ela fosse substituída pela semente de outro fruto, sem que ficasse prejudicada a função precípua do objeto divinatório. E não consta que uma sacralização semelhante da mangueira tivesse sido inventada no Brasil para acompanhar a mudança, mantendo-se aliás o dendê, e sobretudo o azeite dele derivado, como alimento ritual típico do candomblé, ingrediente indispensável da culinária de muitos deuses. Mas, se uma dimensão simbólica entre cultura material e rito se perdeu, não se perderam os fundamentos rituais da adivinhação, garantidos pelo significado do jogo com o opelê quando feito pelo sacerdote. E em cultura conta o sentido das coisas. Na altura da prisão de Domingos, a substituição do caroço de dendê pelo de manga talvez ainda não tivesse se generalizado ou sequer sido feita. Fosse esse o caso da corrente encontrada pela polícia em 1862, provavelmente seríamos disso informados pelos policiais por sua familiaridade presumível com um caroço de manga. Ao contrário, o auto de busca registrou "diversos objetos", como se eles desconhecessem a que contexto cultural pertenciam. Daí porque, presumo, o opelê de Domingos — se opelê fosse — seria feito de noz de palma importada da África. É pouco provável, ainda, que se tratasse de mais uma joia de Delfina, pois os objetos de prata e ouro foram cuidadosamente arrolados para investigar se tinham sido roubados.

Já foram apresentados nestas páginas alguns sacerdotes de candomblé, e se conhecerão outros, nenhum deles, contudo, referido pelas autoridades policiais como da mesma estatura de Domingos. O subdelegado Pompílio Manoel de Castro parece ter inquirido na cidade sobre Domingos — ou já sabia de sua fama antes do incidente de 1862 —, pois o acusaria de ser em Salvador "o principal da ordem dos sortilégios e feitiços". Entenda-se por *sortilégio*, nas palavras do subdelegado, a arte de manipular objetos de adivinhação. Pompílio provavelmente reproduzia a chamada voz pública, que ele tinha o dever de ouvir e apurar para melhor desempenhar suas funções de autoridade policial. A ampliar a voz pública, o *Diário da Bahia* repetiu com pouco ajuste o relatório do subdelegado e publicou ser o liberto "reputado o venerável da ordem dos sortilégios e feitiços". Não se deve negligenciar os termos com que se definia a posição ritual de Domingos, enquanto líder de uma "ordem", quer dizer, de um grupo, uma organização, uma confraria de adivinhos e feiticeiros. E atente-se para a insistência em relação a seus dotes oraculares. Sobre os objetos com ele confiscados, disse Pompílio serem "próprios, ou usados para malefícios e venturas, que costumava dar este africano às pessoas, que [...] aí iam saber de seu futuro".[51] Um indício de que Pompílio não ignorava totalmente o sentido das coisas que via.

O uso do termo "malefício" denota uma mentalidade policial ainda radicada nos princípios da Inquisição, que designava como tal as artes diabólicas dos então definidos como *feiticeiros*, ou sua capacidade de fazer mal através de meios ocultos, de ervas, rezas, encantações, mau-olhado, imprecações. De fato, todas as formas de paganismo e práticas mágicas, mesmo inofensivas e até benéficas — o curandeirismo inclusive —, seriam reduzidas à categoria de *maleficium* pelos inquisidores.[52] Aqui também se incluía a prática de "dar ventura", como o subdelegado se referiu — e era comum assim fazê-lo na época — à arte de adivinhar. Tal arte seria igualmente competência do feiticeiro.

Ainda segundo Pompílio, "este africano é conhecido pelo [nome de] papai Domingos, e se tem constituído adivinhador e dador de venturas".[53] Deter o título de *papai*, na afro-Bahia daquela época, significava ser alguém com ascendência ritual e liderança no mundo do candomblé, o chefe de uma ordem. Por isso, considerei robustecida a hipótese de que ele fosse um *babalaô*, em iorubá pai (*baba*) do segredo ou do mistério (*awo*). Usa-se também a expressão "baba onifa", pai dos que detêm o Ifá, para designar os ocupantes desse cargo.[54] Descartei que Domingos pudesse ser um típico *babalorixá*, pai de orixá, porque não consta que fosse chefe de terreiro, a não ser que ensaiasse criar um no momento em que foi preso, em 1862. Contudo, o termo "papai" podia ser usado em ambos os casos — adivinho e chefe de terreiro —, ou, aliás, para designar qualquer indivíduo com reputação de feiticeiro na Bahia daquele tempo. Entre os iorubás, *baba* significaria isso e muito mais, inclusive, além de pai biológico e chefe de linhagem, "conotações de prioridade, dominação, liderança, ou eficácia superior em qualquer esfera, humana ou outra".[55] O que também combina com o sagrado princípio de senioridade, tão saliente na ideologia do candomblé, como enfatizou Vivaldo da Costa Lima. No interior da comunidade africana da Bahia, os cerca de 65 anos de Domingos Sodré certamente lhe acrescentavam prestígio e reforçavam a confiança em seus dotes de adivinho.[56]

Os babalaôs, que só podem ser do sexo masculino, formavam uma ordem do sacerdócio considerada a mais importante para a administração da vida cotidiana e a formulação de planos de vida entre os iorubás na África. Seu prestígio social, e mesmo político, em grande parte residia no costume dos iorubás de os consultarem não só para conhecer suas divindades protetoras e os meios de as favorecerem, o que era fundamental para a felicidade do devoto, como também para tomar qualquer decisão importante na vida. Em 1851, nas imediações de Abeokuta, Bowen viu um desses sacerdotes em plena atividade: "Sob um galpão estava um homem consultando seu Ifá, o orixá que prevê acontecimentos futuros". Quanto às respostas das consultas, "os nativos acreditam nelas tão sinceramente quanto um irlandês acredita em St. Patrick", escreveu o missionário protestante sem perder a chance de alfinetar os católicos.[57] Na mesma época, Clarke indicou que as pessoas naquela região da África procuravam o babalaô para consultar sobre quaisquer problemas presentes e projetos futuros, como a cura de doenças e o sucesso matrimonial.[58] Não havia limites para o que Ifá via e patrocinava, conforme observou para tempos mais recentes E. Bolaji Idowu, um estudioso da religião iorubá:

É absolutamente impossível para um iorubá cuja alma continue presa a sua crença tradicional fazer absolutamente qualquer coisa sem consultar o oráculo de Ifá. Tem sido sempre, através da história dos iorubás, uma atitude *sine qua non* diante da vida. Antes do noivado, antes do casamento, antes do nascimento do filho, no nascimento do filho, nos sucessivos estágios da vida de um homem, antes da indicação de um rei, antes da feitura de um chefe, antes da indicação de qualquer pessoa para um cargo, antes de uma viagem ser feita, em tempos de crise, em tempos de doença, em todo e qualquer tempo, Ifá é consultado como guia e garantia.[59]

Esse antigo costume iorubá, verdadeiro sentido de vida de todo um povo, acompanhou os que na Bahia desembarcaram para enfrentar a existência dura de escravos. Pode-se imaginar a importância que teriam os adivinhos, e não só os babalaôs, para a enorme população nagô, a gente iorubá que ali vivia no tempo de Domingos. Assim o sugere o sucesso dos "dadores de ventura" entre os africanos na Bahia do século XIX, na sua maioria nagôs.

Papai Domingos pode nunca ter sido o adivinho-mor dos nagôs na Bahia, cargo que provavelmente nem sequer existisse. Mas a insistência das fontes em que fosse renomado dador de fortuna significa alguma coisa, mesmo que não se tratasse de um especialista de Ifá. Pois é prudente também considerar que ele talvez conhecesse apenas o jogo divinatório mais simples, com dezesseis búzios, o *erindinlogun*, ligado à deusa Oxum. Igualmente usado na tradição divinatória iorubá, é praticado pelo *awolorixá*, que significa "detentor do segredo do orixá" ou "adivinho dos devotos de orixá". Como já vimos, entre os objetos confiscados a Domingos se encontravam búzios soltos, que podiam muito bem servir para tais exercícios de adivinhação. Este sistema divinatório era conhecido na Bahia de meados do Oitocentos. Em dezembro de 1858, foram presos três homens crioulos — um escravo, um forro, outro que "intitula-se forro" — e um africano liberto "por acharem-se em jogos de búzios", escreveu o subdelegado da freguesia do Pilar, Antonio de Góes Tourinho.[60] E em crônica aparecida em janeiro de 1864, *O Alabama* relatou a história de uma mulher que, acometida por doença, consultou-se com um adivinho (teria sido Domingos?) que "deitou seus búzios e dedurou que a senhora sofria de feitiço, que a [sua] escrava era quem o deitava, e que seria mortal se não fosse sem demora atalhado...".[61] Enfim, tanto o jogo do Ifá quanto o *erindinlogun* eram métodos conhecidos de adivinhação na Bahia oitocentista, aliás a serviço não só de escravos, mas de senhores também. Mais tarde, na década de 1940, Edison Carneiro iria se referir ao uso de "oito ou dezesseis búzios, dispostos em rosário ou soltos, atirados pelo adivinho".[62] Ou seja, haveria um opelê manufaturado com búzios, em vez de sementes de dendê, um "perfeito" hibridismo quiçá concebido em terras baianas.

Infelizmente, não sei qual o grau exato de treinamento de Domingos Sodré para exercer essa atividade complexa e prestigiosa do sacerdócio iorubá que era a adivinhação. O treinamento para o ofício de adivinho, sobretudo de babalaô, requeria disciplina contínua, exercitada ao longo de muitos anos de aprendizado, para conseguir memorizar e interpretar os sinais ou odus — configurados pela disposição das sementes de palma ou dos búzios jogados sobre um tabuleiro —, que constituem o jogo divinatório. Os odus remetem a um corpus literário formado por versos que narram problemas enfrentados e solucionados por personagens míticas, que podem ser deuses e homens, ou animais e plantas antropomorfizados. Para fazer a adivinhação de Ifá nos padrões clássicos é preciso conhecer, segundo Bascom, "bem mais de mil desses versos".[63] O mesmo autor lembra que o jogo dos dezesseis búzios também requer a memorização de um significativo número de versos, e aponta esta e diversas outras semelhanças entre os dois sistemas oraculares. Para acentuar a importância do *erindinlogun* e sua patrona, a deusa Oxum, Abimbola sugere que a menor complexidade desse método seria sinal de maior antiguidade em relação ao Ifá, o que busca demonstrar por meio de alguns odus por ele analisados.[64]

O relatório do subdelegado enfatizou que Domingos atuava em sua própria casa como adivinho *e feiticeiro*. Ou seja, além de adivinhar, ele fazia outros trabalhos de monitoramento e manipulação do universo espiritual. Uma atividade estava estreitamente relacionada à outra, pois quem adivinha um problema deve saber adivinhar sua solução. Conforme reza um dos mitos de Ifá, certo Setilu, de origem Nupe, que seria o introdutor desse oráculo no país iorubá, com o avançar dos anos "começou a praticar a feitiçaria e a medicina".[65] Este saber Setilu teria legado a seus discípulos e sucessores, ou assim sugere o mito. É através da adivinhação — e não importa qual o método específico — que se interpreta a vontade dos deuses e se definem os trabalhos e as oferendas por eles exigidos de devotos. "Os babalaôs são herbalistas tanto quanto adivinhos", escreve Bascom, "embora adivinhar seja sua função primeira", completa.[66]

Domingos operava nesse registro ritual, que para a polícia significava feitiçaria. Em suma, além de adivinhar — e através da adivinhação —, ele conheceria quais os sacrifícios ou ebós adequados para satisfazer as divindades e, provavelmente, os preparava para seus clientes. Na função de curandeiro, também preparava garrafadas para serem ingeridas pelos clientes ou pessoas por eles designadas. A adivinhação representava, assim, apenas parte de um sistema ritual mais abrangente e complexo.

É possível que Domingos tivesse feito pelo menos uma parte da formação de adivinho em sua terra natal. Lagos não tinha uma vida religiosa tão opulenta como outros reinos iorubás, com seus concorridos, elaborados e festivos cultos públicos a numerosos orixás. Mas, através de sua inserção no comércio atlântico — leia--se o comércio de escravos — e a consequente prosperidade, sobretudo o enriquecimento de seu rei, "Lagos se tornou uma monarquia divina, adotando assim formas, rituais, instituições e etiquetas dos reinos iorubás", nas palavras de P. D. Cole. Em Lagos existia um grupo importante da elite dominante formado por verdadeiros "chefes espirituais", os *Ogalade*, especialistas nos diversos ramos da medicina local. Também tinham grande popularidade e projeção social os especialistas nos sistemas divinatórios. O adivinho podia alcançar posição de grande destaque nos afazeres políticos do reino. Segundo o historiador A. B. Aderibigbe, o oráculo de Ifá constituía "a peça mais importante da máquina de fazer reis", e acusações de feitiçaria confirmadas por um babalaô facilmente arruinavam a reputação de pessoas poderosas. O adivinho se localizava muito próximo ao círculo do poder e tinha seus serviços regularmente utilizados pelo rei. Ologun Kuture, pai de Adele e Osinlokun, era filho de Alagba, um importante babalaô, e de Erelu Kuti, irmã do rei de Lagos. O próprio Adele tinha fama de ser bom de feitiço, talvez herança do avô.[67]

Trocando em miúdos, uma guerra entre netos de um poderoso adivinho africano teria sido responsável pela escravidão baiana do adivinho Domingos Sodré, que veio ao mundo e cresceu num lugar em que a adivinhação desempenhava papel social e político da maior relevância. Ele pode ter sido ainda jovem preparado — ou ter começado a se preparar — para desempenhar esse papel antes de ser capturado e enviado como cativo ao Brasil.[68]

Desconheço quando, exatamente, Domingos chegou à Bahia, mas, se foi quando penso — entre o final da década de 1810 e o início da seguinte —, ele teria vinte e tantos anos de idade. Isso já o teria feito percorrer bom caminho no aprendizado de Ifá se, por acaso, tivesse iniciado sua formação quando ainda criança, o que Abimbola dizia ser comum na África algumas décadas atrás e talvez já o fosse na África do tráfico.[69]

Mas não devemos ser rígidos na hipótese de que Domingos tivesse percorrido todos os passos na África e reproduzido no Brasil o rigoroso aprendizado dos segredos de Ifá ou de outra arte divinatória. Afinal, as guerras intestinas no país iorubá, o tráfico e a escravidão haviam desbaratado laços comunitários e familiares, normas sociais, hierarquias políticas e religiosas, o que deve ter amolecido alguma coisa a ortodoxia de muitas práticas sacerdotais. Considere-se, ainda, a provável perda de uma parte da memória dos versos divinatórios devido a um uso menos frequente e mais reprimido sob o cativeiro brasileiro.

O que não se pratica se desaprende, pelo menos em parte. O antropólogo Julio Braga lembra, a respeito dos babalaôs, a necessidade de "uma prática constante do saber divinatório para uma revitalização cultural permanente dos conhecimentos aí envolvidos, o que é possível apenas dentro da dinâmica sociocultural da sociedade de onde são originários". Assim explica o antropólogo o desaparecimento, a longo prazo, do babalaô entre nós. Ele mesmo sugere um processo de realinhamento cultural que teria permitido o florescimento de práticas divinatórias híbridas, que simplificassem o jogo de Ifá e/ou o combinassem com o de dezesseis búzios ou com outros métodos ainda menos ortodoxos.[70] É possível que fosse esse o método de papai Domingos, híbrido. Num candomblé jeje denunciado em versos por *O Alabama*, há indício dessa mistura na Bahia de então:

Pediram a papai Dothé
Que fosse Fa consultar;
Mas ele deitando búzios
Nada pôde enxergar.[71]

Ou seja, na Bahia de 1867 se entendia o jogo de búzios como jurisdição de Ifá, decerto porque se considerava essa divindade espécie de sinônimo de adivinhação, além de senhor do destino dos indivíduos, não importassem quais métodos oraculares da tradição oeste-africana fossem usados.

Também indício das transformações verificadas deste lado do Atlântico seria a atuação de babalorixás como adivinhos, sonegando dos babalaôs a exclusividade dessa tarefa na ritualística iorubá. O sacerdote Arabonam, por exemplo, que conhecemos algumas páginas atrás como recrutado pelo chefe de polícia para descobrir o autor de um crime, parece ter sido de fato um sacerdote de Xangô. Segundo *O Alabama*, no ato de adivinhar para a polícia, o africano

> *Passou a mão na testa meditando,*
> *O Xangô invocou;*
> *Meteu na mão do chefe dois obis*
> *E o Fá semeou.*[72]

Em versos que descrevem gestos típicos de uma sessão de Ifá — como "meter na mão do consulente" duas sementes de obi (noz-de-cola) —, Xangô foi transformado em auxiliar da divindade do destino. O adivinho Arabonam decerto teve seu nome derivado de Airá (ou Ará) Igbonan, uma divindade do trovão — como era Xangô — cultuada no reino de Ketu e tido como originária de Savé, ambos na atual República do Benim. Airá não deve ser confundido com Xangô, embora tanto na África como na Bahia com frequência o fosse e são. Na Bahia se transformaria numa "qualidade" de Xangô. O ponto aqui mais relevante, porém, é que o nome do africano confirma ter sido ele sacerdote de Airá/Xangô, e não de Ifá. Ainda assim, ele adivinhava.[73]

Ao mesmo tempo que as inovações e adaptações devam ter inevitavelmente existido, é improvável que prevalecesse frouxidão absoluta das regras consagradas de adivinhar que permitisse sua prática a qualquer um. Por isso, não teria sido à toa que Domingos se fez "papai" na Bahia. Ser-lhe-ia difícil legitimar-se no negócio da adivinhação e da "feitiçaria" sem que sua competência fosse testada e seus conhecimentos avalizados pelos muitos sacerdotes nagôs que ali viviam, conhecedores em várias medidas dos fundamentos típicos de uma religião baseada no segredo ritual. Domingos teria sido testado também pelos próprios clientes, sobretudo se fossem nagôs, acostumados como estavam a consultar constantemente adivinhos em suas próprias terras. Bascom enfatizou a participação ativa do consulente nas sessões divinatórias, tanto de Ifá como de dezesseis búzios, pois é o consulente quem indica, por exemplo, quais partes dos versos recitados pelo adivinho lhes dizem respeito. Daí ser menor a possibilidade de fraude e de exploração dos consulentes — na forma de pedidos de custosas oferendas — por parte dos sacerdotes.[74]

De todo modo, como sugere George Park em relação a qualquer adivinho, é "por meio de diagnóstico competente que ele deverá estabelecer seus poderes extraordinários [...] e isso emprestaria valor a suas curas".[75] Babalaô, awolorixá, ou outra coisa — pois podia também dar ventura com sementes de obi, com água etc. —, Domingos parece ter estabelecido essa competência na Bahia em meados do século XIX.

Não sei se Delfina, a mulher de Domingos, e Maria Ignez, sua escrava, também tinham funções rituais na casa do liberto, conforme alegação do chefe de polícia, com base na denúncia recebida. Ele acusaria duas libertas de terem, ao lado de Domingos, se "constituído adivinhadores e dadores de fortuna", no que foi acompanhado pelo *Diário da Bahia*.[76] Ocupariam elas a função de *apetebi*, a devota de Oxum de cujo auxílio ritual os babalaôs tinham o costume de desfrutar?[77] Difícil saber, e essa talvez seja uma questão ociosa diante da possibilidade de deslocamentos importantes na prática divinatória iorubá na Bahia. Alguma função, mesmo que não fosse olhar o destino, possivelmente cabia a Delfina e a Maria Ignez, se elas viviam na casa de Domingos como as evidências sugerem.

Registre-se, ademais, que, embora o cargo de babalaô fosse privativo dos homens, as mulheres, e não só as apetebis, também podiam adivinhar por outros métodos que não o Ifá. Algumas claramente o fizeram na Bahia do século XIX. Em 1857, por exemplo, uma "preta velha" moradora da rua do João Pereira, na mesma freguesia de São Pedro onde residia Domingos, foi denunciada pelo *Jornal da Bahia* por dar "venturas a quem recorrer ao seu prestígio". No próximo capítulo, apresentarei o leitor à liberta Constança do Nascimento, que atuava no Recôncavo dos engenhos em 1861. Três anos mais tarde, certa mãe Maria das Neves foi acusada pelo jornal *O Alabama* de dar venturas em sua casa na rua do Colégio, no centro da capital. Em nenhum desses casos, todavia, sabe-se qual o método de adivinhação usado.[78]

Mas, seguindo uma tradição africana, os que aparecem nos documentos a adivinhar eram homens na sua maioria, como, aliás, o era a maioria dos acusados de feitiçaria e outras práticas rituais ao longo do Oitocentos na Bahia. Por meio das expressões que denotavam autoridade ritual e da descrição de suas atividades pelas fontes documentais, consegui identificar, não sem uma dúvida aqui e outra acolá, 86 especialistas religiosos, 54 homens e apenas 32 mulheres. Estas, porém, eram mais numerosas, sobretudo na segunda metade do século XIX, entre os que se iniciavam na religião para se tornarem sacerdotisas de suas divindades patronas.[79]

Há mais indícios de que Domingos Sodré não era gente pequena nesse meio. Caso só houvesse um Papai Domingos na Bahia da época, como confio, a fama do acusado terá sido confirmada pelo jornal *O Alabama*. Seu nome apareceu nas páginas do periódico, em 1864, como de um africano que presidia cerimônias de candomblé numa roça no beco do Acu, na freguesia de Brotas. Publicou *O Alabama*, no estilo de um ofício ao subdelegado local: "no sítio denominado becco do Acú, reúnem-se imensas [muitas] mulheres na roça de uma senhora Marocas, sob a direção de um africano de nome Domingos, para praticarem atos torpes, imorais e escandalosos, não só reprovados pela moral como por nossa santa religião, e que ainda neste domingo, entre outras práticas, esfolaram um boi vivo".[80] Bem ao gosto da época, o jornal fazia de Domingos um depravado inimigo da religião hegemônica no país.

Em 1865, de novo, pai Domingos aparece em versos satíricos d'*O Alabama* que dizem:

Já tratou com pae Domingos
Deixar-lhe as velhas cangalhas
Do milho que lá comer
Mandar-lhe trazer as palhas.[81]

O "Cangalheiro", no caso, era um personagem criado pelo versejador — e que aparece em alguns números do periódico — para representar um cidadão acima de qualquer suspeita envolvido em corrupção e nisso protegido por trabalho feito pelo papai a troco de migalhas. Não se trata do registro de um fato, mas da caricatura de uma situação verossímil no contexto cultural baiano da época, envolvendo personagens não claramente identificados mas supostamente reais da sociedade local. Domingos Sodré seria um deles.

Finalmente, em 1870, *O Alabama* publicou que "papai Domingos", junto com mãe Mariquinhas Velludinho — outra figura assídua nas páginas do periódico —, estaria à frente de cerimônias dedicadas à alma de um outro famoso sacerdote africano, Chico Papai, morto "há mais de cinco anos".[82] Talvez a função do adivinho nesse episódio fosse descobrir quais os sacrifícios necessários para cumprir as obrigações fúnebres de sete anos daquele importante defunto, ou verificar através da adivinhação se o morto estava conformado e satisfeito em seu destino final. O historiador vive um pouco de adivinhar o passado.

Essas notícias confirmariam o que disse sobre o papai não fazer grandes funções de candomblé em sua própria casa, mas em terreiros alhures, alguns chefiados por mulheres. Morador em uma densa área urbana, Domingos preferia evitar, no lugar onde morava, certos trabalhos rituais mais chamativos, como o bater de tambores. Ali não foram encontrados atabaques, instrumentos fundamentais de numerosas celebrações em que se verifica a possessão dos iniciados pelas divindades. Como sugeri, em sua casa Domingos parecia limitar-se a dar consultas e a preparar trabalhos, sem deixar muitas pistas. Nos termos de Nicolau Parés, as atividades girariam na órbita do complexo "adivinho-curandeiro", que ele contrapõe ao complexo eclesial dos terreiros, constituídos por grupos iniciáticos dedicados ao culto sistemático das divindades. Aquele autor também sugere que, na Bahia oitocentista, "um mesmo especialista religioso pudesse funcionar alternativamente ora de forma individual, ora inserido numa congregação mais ampla".[83]

Creio ter sido esse o caso de Domingos. Embora não estivesse à frente de um terreiro específico, há aqueles indícios — emblemas e vestes de orixás encontrados em sua casa, além das notícias de jornais dadas acima — de que, com suas habilidades divinatórias, o papai servisse a candomblés estruturados, que eram muitos na Bahia de seu tempo, com hierarquias e grupos iniciáticos constituídos, calendários de festas públicas tocadas a atabaques e movimentadas a cânticos, danças e rituais de possessão espiritual. Nina Rodrigues observou que, enquanto algumas festas solenes podiam reunir sacerdotes de diferentes terreiros hábeis no culto dos orixás celebrados, os mais solicitados nessas ocasiões eram os babalaôs, amiúde africanos idosos, trazidos de "grandes distâncias, às vezes em penosas viagens para os velhinhos".[84] Eles vinham decerto para garantir, por meio da adivinhação, o bom andamento dos processos rituais acionados nessas ocasiões festivas.

Adivinhos como Domingos seriam especialmente respeitados e demandados pelos dirigentes de terreiros porque, através de suas consultas, propiciavam festas, aconselhavam procedimentos rituais e presidiam a sucessão na chefia de terreiros, entre outros afazeres de sua especialidade. Eles também podiam encaminhar seus clientes para esta ou aquela casa de candomblé, para este ou aquele sacerdote, para o culto de tal ou qual divindade.[85] Dessa forma, os terreiros e as devoções específicas dependiam, em alguma medida, de adivinhos respeitados para ajudá-los a crescer, ganhar novos adeptos, que levariam recursos, prestígio e poder para os sacerdotes recomendados, e oferendas para os deuses e casas escolhidos. Da mesma maneira, através do aumento no número de seus devotos, brotavam, floresciam e se fortaleciam os orixás entre os iorubás, da mesma forma que, numa correspondência especular, quanto mais dependentes tinham os chefes locais, mais poder político possuíam.[86]

O sacerdócio de Domingos, se foi como penso, é comparável ao do famoso babalaô baiano Martiniano Eliseu do Bonfim (1859-1943), que na juventude fora contemporâneo de Domingos. O sociólogo norte-americano E. Franklin Frazier, que entrevistou Martiniano no final da década de 1930, quando ele se dizia aposentado do candomblé, escreveu: "Em tempos passados, o babalaô era um homem ligado a candomblés que praticava adivinhação e feitiçaria".[87] Como Martiniano, presumo que Domingos frequentasse terreiros de candomblé, onde adivinhava e talvez desenvolvesse outras tarefas rituais. Mas foi por sua prática privada de adivinhação e alegada feitiçaria antiescravista, em particular pelo que dela colhia, que a polícia o encerrou atrás das grades.

4. Feitiçaria e escravidão

QUE CRIME É SER FEITICEIRO?

Semelhante pergunta foi feita, em 1846, no Recife, pelo advogado de defesa de Agostinho José Pereira, preto brasileiro, crioulo portanto, que liderava um culto cristão próximo do protestantismo em sua rejeição a imagens e em sua afeição à leitura e interpretação individual da Bíblia. Por isso o historiador Marcus Carvalho o chamou de pastor, mas na sua época Agostinho foi conhecido como Divino Mestre, e terminou preso, entre outras alegações, por pregar a revolta escrava, ameaçando fazer no Brasil o que tinham feito os negros no Haiti. Seu defensor achava tratar-se de perseguição religiosa, e interpelou o tribunal: "Que crime é ser cismático?".[1] O cisma religioso, afinal, não constituía crime. A Constituição de 1824, logo no seu artigo 5º, apesar de manter como oficial a "Religião Católica Apostólica Romana", permitia "todas as outras", desde que se limitassem ao "culto doméstico, ou particular em casas para isso destinadas, sem forma alguma exterior de Templo".[2] O legislador, porém, não tinha em mente liberar cultos "cismáticos" encabeçados por negros como Agostinho Pereira, e muito menos o candomblé ou o Islã, religiões tipicamente de africanos no Brasil oitocentista. Se a letra da lei não definia que religião seria tolerada, o espírito da lei protegia apenas os europeus não católicos que aqui residissem, a exemplo dos negociantes anglicanos ingleses. A liberdade religiosa fora concebida com eles em mente.

No Brasil imperial, as práticas religiosas de matriz africana existiam numa espécie de limbo jurídico. Não eram consideradas religião pelas autoridades e portanto passíveis de serem toleradas, conforme rezava a Constituição. O linguajar hegemônico — das autoridades civis e eclesiásticas, e da imprensa, por exemplo — as tinha na conta de superstição ou feitiçaria. Mas essas formas de ver e atuar no mundo tampouco constituíam crime segundo o Código Criminal do Império, ao contrário do que ocorria na antiga colônia sob a legislação inquisitorial e outras leis eclesiásticas e civis. Tinha o código imperial um capítulo que punia "ofensas à religião e aos bons costumes" (mas só "sendo em lugar público") e outro que proibia "ajuntamentos ilícitos", porém não explicitava que cerimônias religiosas de qualquer natureza fossem ofensivas ao catolicismo ou ilícitas, menos ainda as consultas individuais de adivinhação e outros rituais privados. As penas variavam entre prisão de até quarenta dias e multa.[3] De fato não encontrei alguém enquadrado no código por reunir-se em candomblé na Bahia. Assim, quando as autoridades rotulavam os sacerdotes africanos de feiticeiros e promotores de superstições, isso não tinha efeito legal positivo, constituía discurso de desqualificação social, cultural e étnica, embora com consequências para os assim desqualificados. Pois não faltavam meios de punir os negros que desviavam da religião oficial e dos costumes convencionais, sobretudo meios para perseguir a liderança de religiões como o candomblé.

Em tempos passados, ao longo da primeira metade do século XIX, os batuques africanos tinham sido proibidos porque muitas autoridades acreditavam que serviam de antessala para a revolta escrava. Paralelamente a tais preocupações, as posturas municipais, as resoluções e os editais policiais justificavam a proibição pelo incômodo que os tambores causavam aos moradores de cidades e vilas, além de supostamente promoverem comportamentos indecorosos, bebedeiras, desordens e desviarem escravos de seus afazeres. Durante a segunda metade do século, cessado o medo das revoltas escravas, esses outros motivos ganhariam mais espaço no raciocínio que orientava a repressão ao candomblé. Mas, conforme já indiquei no primeiro capítulo, um argumento de ordem mais geral seria usado contra o batuque africano, e o candomblé em particular, que seria apontá-lo como poderoso obstáculo ao processo civilizatório ocidental no qual as elites educadas desejavam encaixar o Brasil. A repressão nesses termos também carecia de base legal nítida, mas se fazia, assim mesmo, através de leis locais. Em Salvador, proibiam-se lundus, batuques e quaisquer outros "divertimentos" noturnos capazes de perturbar a paz. Em 1860, data próxima à prisão de Domingos, a Postura Municipal n. 59 rezava: "são proibidos os batuques, danças e ajuntamentos de escravos em qualquer lugar e a qualquer hora", sob pena de oito dias de prisão. Essas leis foram insistentemente reeditadas, com variações, até o início da década de 1880 pelo menos. O candomblé, embora sem aparecer explicitamente, se encontrava nelas incluído.[4]

O raciocínio legal embutido nesses editais ficava amiúde ao sabor da interpretação das autoridades, e assim abria brechas à negociação da tolerância. Isso é claro num episódio acontecido em dezembro de 1860. À frente de uma diligência que investigava denúncia feita ao chefe de polícia, o subdelegado Miguel de Souza Requião, do primeiro distrito da freguesia de Santo Antônio, invadiu uma casa na Cruz do Pascoal onde "haviam danças proibidas". Além da moradora, a africana liberta Maria Benedita, ele prendeu outra liberta e cinco escravas, e recolheu-as todas na cadeia da Casa de Correção, ali perto.[5] No terreiro, Requião encontrou "os objetos próprios das mesmas danças", que foram confiscados e enviados ao chefe de polícia José Pereira Moraes. Este, no despacho que anotou no mesmo dia sobre o ofício do subdelegado, escreveu: "diga-se que visto não haver fato algum que dê lugar a processo, passadas vinte e quatro horas, mande pô-las em liberdade advertindo-as de que não devem continuar a perturbar o sossego público".[6] Nem os oito dias de prisão estabelecidos em lei seriam aqui cumpridos.

Nos editais da polícia e nas posturas municipais nem sequer se distinguiam os batuques de ordem religiosa dos demais, como os lundus e sambas domésticos ou de rua. Domingos Sodré, porém, não se enquadrava na definição de perturbador do sossego público porque não promovia sessões de batuque de nenhuma ordem em sua casa, pelo que se sabe. Teria, então, que ser investigado e punido por outro delito, e o foi por suspeita de receptação de objetos roubados, ou estelionato, que era crime em geral imputado aos pais de santo quando as autoridades daquele Brasil decidiam tirá-los de circulação.[7] Todavia, essas autoridades podiam discordar de como agir. O chefe de polícia que há pouco despachou sobre o terreiro da Cruz do Pascoal puniu as suas presas com apenas 24 horas de reclusão, por perturbarem o tal sossego público. O chefe de polícia Henriques, como já vimos, considerava os líderes de candomblé todos "especuladores" nocivos à economia do público. E foi sob essa alegação que, inicialmente, pretendeu abrir processo contra nosso Domingos.

Chamaram a atenção da polícia, em particular, os dois relógios de parede e as joias encontrados na casa da ladeira de Santa Tereza. Por que tanto gosto, da parte de um liberto africano, em ver as horas? Em tese, ele não poderia ou não deveria possuir relógio de parede, pelo menos honestamente. Haveria algo errado em estar o africano interessado em objeto tão afim com a civilização moderna. Passo uma vez mais a palavra ao subdelegado Pompílio:

> consta-me que muitas africanas e africanos, aliciados levavam objetos furtados de seus senhores ao mesmo [Domingos], para a título de ofertas, conseguirem sua liberdade, e mesmo com bebidas e mistos empregados, e que lhes dar [sic] a beber conseguirem amansar seus senhores, e outras frioleiras, que impressionam a tais pessoas estúpidas; e assim vão tais especuladores se locupletando com a credibilidade dos incautos, e concorrendo para a perda de muitos africanos que hoje inutilizados vivem sem que seus senhores possam contar com seus serviços.[8]

Bajulador, o subdelegado apenas confirmava, com palavras quase idênticas, as suspeitas a ele comunicadas pelo chefe de polícia João Antonio Henriques de que os frequentadores do papai seriam escravos que trocavam objetos roubados por alívio do cativeiro. José Egídio Nabuco, funcionário da Alfândega, denunciara Domingos Sodré exatamente porque uma de suas escravas, Theodolinda, nagô como o adivinho, tinha "levado para esse covil imensos [quer dizer, muitos] objetos de valor além de dinheiro", segundo relato do chefe de polícia. Nabuco morava na rua da Lapa, também na freguesia de São Pedro Velho, mas a alguma distância da residência do papai. Ainda de acordo com aquela autoridade, Domingos e suas asseclas tinham outros clientes, além da escrava Theodolinda. O grupo do adivinho vivia "aliciando os escravos que da casa de seus senhores furtam quanto podem pilhar, e lhes vão levar, a título de por meio de feitiçarias obterem liberdade".[9] Ao delito de contribuir para amansar senhor e inutilizar escravo para o trabalho, agora se somava o de promover alforria à revelia senhorial.

O chefe de polícia intuía sobre economia política do ebó, a oferenda devida aos deuses em troca dos benefícios desejados. Mas Henriques talvez precisasse saber um pouco mais disso, como, por exemplo, que consultas e oferendas podiam ser custosas, sob pena de fraco resultado, ou fracasso completo, na negociação com os deuses. O sacerdócio africano era, por consenso cultural, ocupação remunerada de acordo com o serviço individualmente prestado. Algo disso vinha da África, onde a cultura da adivinhação e do ebó era, na época, amplamente difundida. Do outro lado do Atlântico circulava, inclusive, mais dinheiro. J. D. Y. Peel observa que no século xix o pagamento de sessões de adivinhação e de cura representava uma das mais importantes fontes de débito entre os iorubás.[10]

Claro, havia na Bahia os papais que exageravam na conta de seus préstimos, ao exigir talvez somas bem maiores do que as sugeridas pelos deuses nos jogos de adivinhação. E denúncias foram feitas nesse sentido à própria polícia, inclusive por africanos que se consideravam lesados. Em 1856, a liberta Maria Romana de Santa Rosa, de nação jeje, alegou ter perdido tudo o que tinha, inclusive uma casa, para um curandeiro africano que prometera sarar seu marido e em vez disso o matara.[11] O chefe de polícia Henriques achava que só havia esse tipo de gente na comunidade religiosa africana. Ele estava convencido de que, em Salvador, pululavam "especuladores" como Domingos e prometia combatê-los para "garantir a propriedade alheia e prevenir tristes consequências". Quando assim escreveu, tinha em mente os interesses de senhores de escravos como o alfandegueiro José Egidio Nabuco, ou de escravistas ainda maiores, e não de africanos libertos como Maria Romana. A ameaça ao negócio da escravidão explicava, em boa medida, a repressão ao candomblé, neste e noutros casos. Estas as "tristes consequências" que se deviam evitar. O chefe de polícia foi taxativo ao comunicar ao subdelegado seu empenho em extirpar "semelhantes superstições, tanto mais nocivas num país em que uma grande parte de sua fortuna está empregada em escravos".[12]

A ARTE DE AMANSAR SENHOR

Era comum na Bahia da época a opinião de que candomblé e escravidão não faziam boa mistura. Acusações dessa ordem abundam em documentos policiais e na imprensa. O subdelegado que prendeu o africano Cipriano José Pinto em 1853 (caso que detalharei no capítulo 6) o considerava perigoso porque a região onde ele montara terreiro, o Recôncavo, era, com seus muitos engenhos, morada de "um grande número de Africanos". Daí se dever precaver "o mau resultado que porventura possa aparecer de semelhantes Clubios [clubes]".[13] A preocupação dessa autoridade era que o candomblé do africano se transformasse numa organização subversiva, num "clubio" que atuasse na promoção da revolta escrava.

Porém, a relação entre candomblé e resistência escrava seguia, sobretudo, outros caminhos. A ideia de lançar mão de recursos rituais para controlar o poder senhorial, para "amansar senhor", por exemplo, tinha uma certa idade, como mostram alguns estudos sobre o período colonial. Um caso de 1646, na capital da Bahia, envolveu um outro Domingos, este, o liberto Domingos Umbata, de origem portanto Mbata, no antigo reino do Congo. Para proteger duas escravas suas clientes do mau humor das respectivas senhoras, ele recomendou banhos com infusão de certas folhas maceradas, um chocalho e dente de onça. Mais tarde, em 1702, um jesuíta noticiou que no Recôncavo baiano escravos angolas usavam de misturas místicas para amolecer o coração de seus senhores. Em meados do Setecentos, nas Minas Gerais, duas escravas chamadas Joana foram acusadas de usar feitiço para "abrandarem e fazerem mansa a sua senhora para que não as castigassem", segundo registrado em devassa investigada por André Nogueira. Em todo o mundo luso-atlântico os escravos lançaram mão de diferentes meios para curar a escravidão. Uns usavam raiz de trigo, outros raspavam a sola do sapato do senhor para prepararem poções adequadas de amansamento, outros ainda usavam pó de caveira de defunto. No mesmo ano em que Domingos Umbata encantava senhoras, uma mulata baiana, Beatriz, encheu o travesseiro de sua dona com pequenos patuás feitos com pedaços de penas e bicos de pássaros e conchas do mar para que ela a tratasse bem, a "amasse". Além de amansar senhores para melhor conviver com eles, os escravos no Brasil colonial cuidavam de se livrar deles através da alforria. Por tê-lo ajudado na rota de fuga, o escravo Manoel de Barros deu ao escravo João da Silva um patuá que o ajudaria a conseguir sua liberdade. Isso aconteceu em Jacobina, sertão da Bahia, em 1742.[14]

Laura de Mello e Souza mostra que tanto os feitiços para amansar senhor quanto aqueles dirigidos a conseguir alforria não eram, ao contrário do que propõe James Sweet, sempre de origem africana. Eram, de fato, amiúde confundidos ou refundidos com tradições mágicas europeias usadas pelos mais fracos, e não apenas os escravos, para controlar a vontade dos mais fortes. Feitiços coloniais como os acima mencionados continuavam a imperar no Brasil do século XIX e faziam parte do repertório de serviços oferecidos por Domingos Sodré. Nesse caso, porém, embora não tenhamos detalhes, a parafernália ritual encontrada pela polícia sugere um componente africano mais denso.

O amansamento de senhores por seus escravos no período imperial chegou a fazer parte do que Flora Süssekind chamou de "imaginário do medo", em estudo sobre o livro de Joaquim Manuel de Macedo, *Vítimas-algozes*, publicado em 1869. Em Macedo, a morte de um senhor por envenenamento constitui o tema central do episódio "Pai Raiol — o feiticeiro".[15] O medo não era destituído de fundamento, como percebera o romancista no Rio de Janeiro. Fiel a seu projeto de alimentar o sentimento de temor ao escravo para melhor convencer seus leitores das vantagens da abolição, Macedo escreveu sobre os mais diversos efeitos dos preparos do "negro herbolário, o botânico prático que conhece as propriedades e a ação infalível de raízes, folhas e frutas". Essas, entre outros resultados, "abatem com as forças físicas a força moral do homem, e [alcançam] ao que eles chamam *amansar* o senhor".[16]

Que se registre o romancista a afirmar que os próprios escravos batizaram a expressão "amansar senhor". O fenômeno e mesmo o vocabulário da feitiçaria de resistência escrava estavam disseminados pelo Brasil afora, tinham dimensão verdadeiramente nacional, embora nunca tivessem alcançado as proporções epidêmicas do Haiti pré-revolucionário. Ali, além de surtos de envenenamento capital de escravos e senhores que antecederam a revolução, na rotina da resistência cotidiana escravos tentavam amansar senhores com doses homeopáticas de veneno, às vezes ao longo de meses. "Se a crueldade senhorial persistisse", escreve Carolyn Fick, "as doses podiam ser aumentadas e finalmente induzir à morte." [17] No Brasil, é conhecido pelo menos um caso em que amansamento senhorial esteve ligado a uma revolta escrava, em 1882, em Campinas. Métodos de "amansar senhores e feitores e torná-los fracos e doentios" foram denunciados em inquérito formado para investigar o episódio, uma vasta conspiração liderada por homens que se diziam detentores do "segredo ou do poder" espiritual.[18]

Na Salvador oitocentista, não era somente Domingos que obrava no ramo de controle da ira dos senhores e de promoção da alforria. Em 1848, por exemplo, um subdelegado da capital denunciou africanos livres da nação nagô que trabalhavam no

Arsenal da Marinha de tentarem induzir outros africanos, estes escravizados, a "fazerem feitiço e tratarem de liberdade".[19] O empregador, no caso a Marinha, devia por lei sustentar, curar, batizar e ensinar a doutrina cristã a seus tutelados, que tinham sido apreendidos de contrabando após a proibição do tráfico, em 1831. Não parecia cumprir pelo menos essa última obrigação. Os próprios africanos "livres" deviam ter interesse no feitiço que recomendavam a seus pares escravos, pois eram sistematicamente tratados como escravos. No Arsenal, eles estavam "sujeitos a um feitor, que à noite lhes passa revista, fecha-os", segundo o intendente da Marinha.[20]

Cinco anos depois, na ilha de Itaparica, uma escrava africana acusada de tentar envenenar toda a família senhorial declarou ter apenas misturado ao café por ela servido pó de búzio ralado e limão, "o que fizera por lhe ter[em] ensinado que era bom para abrandar os senhores".[21] Essa africana decerto sabia que búzios, além de servirem de moeda na Costa da África, talvez até por isso mesmo, como já disse, tinham importantes funções rituais — adornavam emblemas de deuses e eram instrumentos de adivinhação, por exemplo — e, portanto, deveriam servir para os objetivos declarados.

Os casos de envenenamento de senhores por escravos — assim como de escravos que envenenavam outros escravos e até animais — se repetem na documentação policial, embora raramente se informe sobre qual o ingrediente ministrado. Muitas vezes eram ervas e raízes da medicina africana, outras venenos comprados ou roubados a boticários e taberneiros, sendo o rosalgar o mais comumente usado. O conteúdo da poção oferecida à família senhorial pela escrava de Itaparica, por exemplo, foi examinado por médicos da Faculdade de Medicina da Bahia, que concluíram tratar-se de "ácido branco de arsênico, ou rosalgar", segundo o chefe de polícia.[22] Certamente, vômitos e tonturas dos que consumiram aquele café não foram causados por pó de búzio apenas, mas essa pode ter sido a informação passada à escrava por quem lhe forneceu o rosalgar ou outro veneno qualquer. É um caso em que uma nova base material — o rosalgar — se ajusta a um universo mágico-religioso conhecido, através de cujos princípios se explicaria a eficácia da medicina antissenhorial.

A venda de "droga venenosa" a escravos era estritamente proibida, como estabelecia uma postura municipal de Cachoeira em 1847. Em 1859, uma postura de Salvador proibia a venda nas boticas e casas comerciais de "substâncias venenosas, e suspeitas" a quem não se apresentasse com "receita ou guia de Professor competentemente autorizado, na qual se declare a qualidade e quantidade, o nome das pessoas que as pretende comprar e para que fim", sob pena de 30 mil-réis e oito dias de prisão.[23] Mas o uso de plantas não podia ser controlado. Há indícios de que foi por esse método que, em 1860, no distrito de Brotas, periferia de Salvador, o escravo Manuel, crioulo, pedreiro, envenenou seu senhor, Constantino Nunes Mucugê, e duas de suas escravas, Felizarda e Maria, prováveis baixas colaterais que provaram talvez restos da comida senhorial. Mucugê e Felizarda sobreviveram, Maria morreu. Manuel foi enquadrado no artigo do código criminal que punia com a morte escravos que atentassem contra a vida do senhor.[24] Mais perto de Domingos, na vizinha rua do Areal de Cima, em 1879, uma dona Senhorinha de tal, natural da vila de Valença, morreu envenenada por seu escravo Elias, que introduziu certas folhas no vinho que ela costumava beber. É possível que o escravo tivesse administrado, acidentalmente, uma overdose numa senhora que ele pretendia apenas amansar.[25]

Passou por minha cabeça que Domingos pudesse ser o fornecedor das ervas usadas por Elias, mas, se não, sua atuação envolvia, num sentido mais amplo, práticas e crenças como as descritas acima, sobretudo as da escrava de Itaparica. O papai prometia aos cativos trabalhar no sentido de lhes conseguir a liberdade, ou pelo menos de aliviá-los dos rigores da escravidão, amansando seus senhores com fórmulas medicinais. A farmacopeia nagô--iorubá, por exemplo, é riquíssima em folhas tanto para ataque quanto para proteção, para beneficiar e prejudicar, cujo uso deve, em tese, vir acompanhado de encantações pronunciadas pelo babalaô. Dela faz parte a erva-da-guiné ou simplesmente guiné (*Petiveria alliacea*), por exemplo, também conhecida precisamente como "amansa-senhor". Tem propriedades antiespasmódicas, ideal para relaxar músculos senhoriais, portanto. Cristina Wissenbach observa que a erva-da-guiné, usada pelos escravos contra senhores, "caracterizava-se por uma ação insidiosa e lenta, causando estados de letargia que precediam a morte".[26] O botânico Roberto Martins Rodrigues dá mais detalhes sobre os efeitos da erva: "o pó de sua raiz fracionada provoca superexcitação, insônia e alucinações, após o que sobrevém a indiferença e até a imbecilidade, seguindo-se o amolecimento cerebral, convulsões tetaniformes, paralisia da laringe e em seguida a morte, no prazo de, aproximadamente, um ano, dependendo das doses ingeridas".[27] Aqui temos a guiné como poderoso instrumento de ataque.

No sistema medicinal-religioso iorubá, a erva serve, segundo Pierre Verger, "para evitar a agressão de alguém", do senhor por exemplo. Para esse fim, o babalaô ensina como prepará-la, em combinação com o mentrasto (*Ageratum conyzoides*): "Queimar. Desenhar o odu na preparação. Fazer uma incisão na cabeça e esfregar nela a preparação".[28] Nada garante, é claro, que os escravos se utilizassem dessa receita específica na Bahia, que, segundo Verger foi coletada na África, portanto fora do contexto brasileiro. Mas ela pode ter sido criada aqui e levada para lá, por nagôs retornados, como aliás o próprio vegetal foi levado para a Nigéria iorubana, ainda conforme Verger. Afinal, como diz uma canção religiosa colhida na Bahia por Nina Rodrigues no final do século XIX, "todas as folhas são de orixá".[29]

Outras espécies vegetais tinham a finalidade de defender o escravo da violência senhorial, daí serem também conhecidas como amansa-senhor. É o caso do mulungu (*Erythrina speciosa*) que, bem a propósito, possui propriedades soníferas.[30] A lista não para aí. Wissenbach cita o diretor do Museu Nacional do Rio de Janeiro, o notório teórico racialista João Baptista Lacerda, que em publicação de 1909 escreveu a respeito de negros herbolários aos quais entrevistou: "Por mais que inquirisse, nunca me souberam dizer com precisão de que plantas tiravam os escravos o veneno que propinavam aos senhores: apontavam-me a raiz do pipi, da esponjeira, o estramônio, a herva-moira, a taioba ou tajá selvagem — plantas narcotizantes, irritantes e paralysantes". As ervas usadas para amansar senhor faziam parte de um complexo medicinal que não se restringia a um ou dois tipos, e que produziam efeitos variados. Faziam também parte de uma política do segredo que frustrou o cientista Lacerda, cujas teses racistas talvez não fossem desconhecidas dos curandeiros negros.[31]

Não sei se Domingos usou de alguma dessas ervas ou de outras, e, se as usou, onde teria aprendido sobre suas propriedades, no Brasil ou na África. O termo "erva-da-guiné" sugere uma presença antiga no Brasil do tempo em que os africanos eram todos referidos como negros ou gentios da Guiné. Refiro-me, quanto à Bahia, ao século XVI até meados do XVIII, principalmente.[32] Por isso, fica prejudicado determinar sua origem em alguma região específica na África. Já o termo "mulungu" tem óbvia origem banto, e, além de se referir a um conjunto variado de plantas do gênero *Erythrina*, denomina um tipo de tambor "comprido e estreito, de som retumbante", segundo Yeda Castro.[33] Se o mulungu foi usado por curandeiros nagôs na Bahia, eles estariam a lançar mão de recursos farmacopaicos aqui assimilados de africanos de outras origens, provavelmente. Como observou Lacerda, além do mulungu e da erva-da-guiné, muitas outras plantas serviam à resistência escrava e alimentavam a tecnologia de amansar senhor. Além do reino vegetal, outros elementos da natureza decerto se incorporariam a esse conjunto medicinal, a exemplo de certos minerais e animais, como caracóis, lagartos e sapos, animais de sangue frio, peçonhentos muitos, amiúde confiscados pela polícia baiana nas casas dos curandeiros que vasculhava. O arsenal para amansar senhor seria, enfim, vasto e complexo, provavelmente variável segundo a qualidade do inimigo, seu poder social, a cor de sua pele, se brasileiro ou africano, se homem ou mulher — e dependente, além disso, quanto à sua eficácia, da competência e criatividade (da honestidade?) do feiticeiro, curandeiro, papai, sacerdote ou que nome se dê ao domador de senhor.

A escravidão é por natureza um sistema violento de dominação, mas muitos senhores excediam e careciam de ser devidamente controlados em sua cólera, como o coronel João Alves Pitombo. Em 1857, suas escravas Gabriela e Ignez foram remetidas pela polícia ao Hospital de Caridade da Santa Casa porque "se achavam bastante maltratadas". O espancamento de escravos parecia um hábito da família Pitombo. Cinco anos depois, a mesma Gabriela foi esbofeteada até sangrar pela mulher do coronel, dona Maria Rosa Alves Pitombo. A escrava queixou-se à polícia, que a devolveu à senhora por achar a agressão dentro dos limites permitidos pela lei. Mas a escrava revoltou-se contra a lei e recusou-se a permanecer em companhia de dona Pitombo, pelo que foi presa. Sua senhora ficaria sem usá-la e abusá-la durante o tempo em que permanecesse atrás das grades.[34]

Muitas vezes a polícia tinha de intervir em favor do escravo seviciado. O italiano José Macina era senhor da mesma laia do casal Pitombo. Recebida a denúncia de que ele espancava sua escrava, o subdelegado Miguel de Souza Requião se dirigiu à casa dele, onde o encontraria bêbado na sala de jantar, enquanto no quintal jazia a escrava "bastante maltratada por ele". Ela teve que ser internada no hospital da Santa Casa para se curar. O italiano era casado, sua mulher e filhos ainda pequenos tinham conseguido fugir de sua fúria para uma casa vizinha, e sobrou violência para a escrava.

Como esta, muitas outras cativas sofreram sevícias. Em setembro de 1857, o chefe de polícia recolhia a africana Emilia, escrava de Mathias de tal, "contra quem se queixa de maltratos", e devolvia a escrava Maria Antonia a seu senhor, Manoel de Andrade Bastos, mas o advertia que "só pode castigar sua escrava moderadamente". Três meses depois, Veríssimo Joaquim da Silva foi obrigado pelo chefe de polícia a assinar termo de responsabilidade em que se obrigava "a tratar d'ora em diante bem a sua escrava Maximiana, crioula, não castigando-a pela forma por que costuma".[35] Havia até senhor especializado em amansar escravo pela violência. Num inquérito de 1887 para investigar a morte de um cativo brutalmente seviciado pelo senhor, uma testemunha afirmou que este era "sobremodo desumano e carrasco com os escravos, tanto que quem tem escravos valentes e ruins manda para ele ensinar e amansar".[36]

Senhores brasileiros, italianos, mas africanos também podiam ser de uma brutalidade extrema. Jocélio Teles dos Santos escreveu sobre episódio envolvendo a liberta Maria Joaquina de Santana, jeje, e sua escrava Rosa, nagô, em 1832. A senhora, sob alegação de que a escrava fugia com frequência, castigava-a brutalmente. Numa das surras, cortou-lhe fora, com uma faca, um bom pedaço do lábio superior. A vizinhança do povoado pesqueiro do rio Vermelho, nos arrabaldes de Salvador, onde viviam as duas mulheres, acompanhava horrorizada as sessões de sevícia. Numa ocasião, a escrava foi acorrentada a um cepo e levada (com o cepo sobre a cabeça) a um lugar fora da povoação para ser castigada distante da censura pública. No caminho, por um descuido

29. *O pacato povoado do rio Vermelho (c. 1860), onde aconteceram os episódios de sevícia protagonizados pela liberta Maria Joaquina e sua escrava Rosa.*

de Maria Joaquina, Rosa escapou, refugiou-se na igreja de Santana, de onde a senhora tentaria retirá-la à força, no que foi impedida por um soldado que a levou para o juiz de paz. Submetida a exame de corpo de delito, encontraram na escrava cicatrizes velhas e novas por todo o corpo — nádegas, costas, braços, pernas — feitas a chicote, e, "além disso, tem o grande defeito da perda da metade do lábio superior ao lado esquerdo, que deixa aparecer quatro dentes, o que faz aparecer uma feição horrenda". A senhora ficou 25 dias presa e foi obrigada a vender a escrava. Em mais de três décadas de pesquisa nos arquivos baianos, não encontrei caso de processo e muito menos punição de senhor por maltratar seus escravos, exceto inquéritos, que deram em nada, quando resultou morrerem. Como sugeriu Teles dos Santos, fosse Maria Joaquina senhora branca provavelmente não teria sido punida.[37]

Todos esses casos de violência senhorial aconteceram na

Bahia de Domingos e, à exceção do último, a maioria em anos próximos ao da prisão do papai. Numerosos na documentação policial, eles explicam por que os escravos precisavam da atuação dos especialistas em amansar senhores, sobretudo quando nem a polícia conseguia freá-los. De alguma maneira, Domingos Sodré competia com o chefe de polícia quanto a quem melhor desempenharia essa missão, se este com a ajuda de seus agentes e a força da lei, ou aquele com a ajuda dos deuses e a força dos ebós, amuletos e beberagens. Os escravos podiam escolher um e outro, ou ambos, para controlar a violência senhorial.

O escravo que procurava Domingos no mínimo potencializava uma vontade pessoal para desobedecer ao senhor e relaxar no trabalho, e assim se "inutilizar" para o cativeiro. A fuga estava implícita nisso. Muitas vezes, a fuga do escravo se relacionava com o cumprimento de obrigações religiosas específicas. Aqui talvez resida uma importante diferença entre o calundu colonial e o candomblé oitocentista. Os escravos do Oitocentos, e em particular as escravas, escapavam com frequência para participar de celebrações ligadas ao calendário litúrgico que se fixou ao longo daquele século nos terreiros baianos; ou, ainda, para nestes se internar durante dias, às vezes semanas e meses, enfim, enquanto durassem obrigações iniciáticas e outras, os "preceitos", como já se dizia então, que tinham de observar sob pena de punição por sacerdotes e deuses, personagens que também careciam de ser amansados.[38] Os escravos, afinal, não eram nada estúpidos como quiseram crer o subdelegado Pompílio e seu chefe Henriques. Entre servir a senhores e servir aos deuses, muitos optavam por estes, que afinal prometiam protegê-los contra os maus-tratos daqueles e contra outros males, derivados ou não, da vida sob cativeiro.

Os escravos podiam ser desencaminhados do bom serviço por ingerirem eles próprios substâncias preparadas por curandeiros africanos. Por essa razão, dona Carlota Leopoldina de Mello, em 1858, pediu ao chefe de polícia que castigasse Guilhermina, sua escrava ganhadeira. Dona Carlota explicou:

> Tendo saído ontem para vender pão, cujo serviço é cotidiano, sua escrava Guilhermina de nação nagô, ficou-se na rua até o momento de ser hoje presa, e se acha no Aljube [...]. Nenhum motivo houve para semelhante procedimento senão a vadiação da negra, que mal aconselhada por negros malvados toma remédios aplicados por esses mesmos negros fazendo com que a Suplicante tenha despesas extraordinárias como há poucos dias encomendou ao Dr. Cabral para tratar desta mesma escrava, que a traz quase perdida por ter tomado remédios (não sei para quê) de forma tal que inchou desfiguradamente, e a não ser o cuidado do dito Dr. Cabral certamente a perderia.[39]

Em seguida, pedia que o chefe de polícia mandasse castigar a escrava. Conflito entre senhora e escrava, concorrência entre a medicina do branco e a do negro. Dona Carlota não tinha ideia do por que a ganhadeira Guilhermina tomava aqueles remédios africanos, mas eles decerto a deixavam imprestável para o trabalho. A senhora, como a maioria dos de sua classe, não podia reconhecer, sem desmoralizar seu mundo, os "aspectos infinitos de reações humanas às formas de dominação", como escreveu Michel-Rolph Truillot sobre perplexidade semelhante entre os senhores haitianos. Pode-se imaginar, no caso em pauta, que a escrava tomasse remédios com o fim de simular sintomas de doenças, como o inchaço, uma desculpa para não trabalhar, uma maneira de depreciar seu valor numa negociação de alforria ou de venda para um senhor quiçá mais brando. Fora, por assim dizer, uma "doença estratégica", resistência escrava. Ou, ainda, e também resistência, talvez Guilhermina tivesse se submetido a algum procedimento iniciático que envolvesse a ingestão de beberagem que produziu aqueles sintomas colaterais. Em todo caso, não se tratava de drogas destinadas a amansar senhores. As possibilidades eram muitas. A consequência, porém, sabemos.[40]

Dois dias depois, numa outra petição ao chefe de polícia, a mesma senhora alegava ser "esta escrava bastante atrevida, a ponto de ter por algumas vezes desatendido" à queixosa, "deixando de cumprir com os deveres de sua obrigação".[41] A escrava Guilhermina tinha inchado de raiva e rebeldia. Dona Carlota pediu novamente que ela fosse punida e em seguida solta para retornar, com sorte reformada, ao trabalho. O chefe de polícia despachou sobre ambas as petições no mesmo dia. No despacho à primeira, estabeleceu o castigo em duas dúzias de palmatoadas; na segunda, diante das palavras mais aflitas da senhora, resolveu aumentar o castigo para três dúzias. É a história da polícia brasileira.[42]

Domingos Sodré foi acusado de amansar senhores, não de ouriçar escravos. Mas uma coisa leva à outra. Ele também foi acusado de trabalhar em prol da alforria de seus clientes, e esta seria uma das possíveis razões para o inchamento de Guilhermina, como sugeri. Difícil imaginar que Domingos não preparasse garrafadas para serem ingeridas por seus clientes escravizados com a finalidade de ajudá-los a se libertar por vias pacíficas ou de aumentar neles a vontade de resistir ao domínio senhorial mediante outras vias, o corpo mole e a fuga, por exemplo.

CRIME E CASTIGO

Para proteger a escravidão, cabia punição exemplar a candomblezeiros como Domingos Sodré e seu séquito. Em primeiro lugar, era importante destruir os símbolos materiais da religião desses africanos. Os objetos sagrados confiscados a Domingos foram em parte queimados pelo subdelegado, que obedecia a ordens do chefe de polícia para assim agir. João Henriques, porém, instruiu que lhe fossem enviados todos os "objetos de feitiçaria" feitos de metal. Assim que os recebeu, no dia 26 de julho, ele os encaminhou ao coronel diretor do Arsenal de Guerra, para "dar-lhes conveniente destino", e os listou: três espadas curtas e seis chocalhos de metal, 28 aros de latão e sete de chumbo, um diabrete de ferro, além de quinze "diversos objetos insignificantes".[43] É interessante que as peças tivessem como destino o Arsenal de Guerra, onde deveriam receber tratamento semelhante àquele dado pelo subdelegado a outros objetos rituais: foram derretidas nas fornalhas do Arsenal, talvez para se transformarem em outras armas brancas, essas com corte. No fundo, isso fazia sentido: aquela luta contra o candomblé não deixava de ser uma guerra.

Aos prisioneiros dessa guerra foi reservado um tratamento humilhante. Da casa da ladeira de Santa Tereza, Domingos e os demais presos foram levados à Casa de Correção no final da tarde do dia 25 de julho de 1862. Uma caminhada de cerca de quarenta minutos a subir e descer ladeiras, atravessar o movimentado centro da cidade, passando diante do Hotel Paris — que pertencia a seu senhor moço —, do teatro São João, do palácio do governo provincial e da câmara municipal, das igrejas da Santa Casa, da Sé, do Colégio dos Jesuítas, do Rosário dos Pretos das Portas do Carmo (Pelourinho), do convento dos carmelitas, de Nossa Senhora dos Pardos do Boqueirão e, finalmente, da matriz de Santo Antônio, localizada no mesmo largo onde se erguia a Casa de Correção. Em substituição à prisão do Aljube, ali eram agora recolhidos os detidos pelas rondas policiais cotidianas na cidade.

No dia seguinte, o escravo Elesbão, de quase cinquenta anos, foi castigado com doze palmatoadas a pedido de seu senhor, o médico Felipe da Silva Baraúna, morador no beco dos Barbeiros, freguesia de São Pedro. Baraúna era um escravista urbano ligado a barões do Recôncavo. Em 1854, serviu como procurador do senhor do engenho Caboto, Antonio Felix da Cunha Brito, na

30. À esq., entrada da rua de Baixo de São Bento (c. 1880). Seguindo os trilhos acima, logo se chega à esquina da ladeira de Santa Tereza, onde morava Domingos Sodré. Por trás do Café Suisso, o convento de Santa Tereza.

31. Palácio do governo provincial (c. 1860), em frente ao qual Domingos Sodré passou a caminho da prisão.

32. Casa de Correção onde Domingos Sodré ficou preso. Hoje reformado, o prédio abriga grupos de capoeira.

venda do escravo Jorge, de nação nagô, do serviço da lavoura. O comprador do escravo era o próprio pai do médico, João da Silva Baraúna, contador da tesouraria provincial da Bahia. Seu irmão, Elpidio, tinha sido subdelegado de São Pedro no início da década de 1850, e em 1840 assinara como testemunha o documento de compra da escrava Francisca pela primeira mulher de Domingos.[44] O papai importunava gente importante, e até sua conhecida.

Dois dias depois das palmatoadas sofridas por Elesbão, igual castigo recebeu o jovem crioulo João, quinze anos. O castigo, ao contrário do que recebeu Elesbão, fora administrado à revelia de seu senhor, o africano liberto Manoel Joaquim Ricardo, um amigo de Domingos que o leitor conhecerá melhor no capítulo 6. Ricardo não teria razão para castigar o escravo, que decerto se encontrava na casa de Santa Tereza com seu consentimento, talvez para ser curado de uma doença de peito que tinha. Elesbão e João foram libertados imediatamente depois das surras.

Os documentos silenciam sobre o que aconteceu a Tereza, mas deve ter sofrido a mesma pena aplicada aos demais escravos do grupo. Delfina, escrava africana do ferreiro Domingos José Alves, foi castigada também com doze palmatoadas no dia 26. O ferreiro morava na rua da Preguiça, bem próximo à casa de Domingos Sodré — descendo a ladeira de Santa Tereza, virando à

33. Mercado da Preguiça, próximo de onde morava o senhor de Delfina.

direita, e logo em seguida à esquerda, se chega à Preguiça, onde um movimentado mercado a céu aberto existia à beira-mar. Já Ignez, como disse, pode ter sido uma escrava de Domingos. Para protegê-lo e proteger-se, ela se declarou a liberta Ignez, e como tal foi tratada pela polícia. Não foi espancada, embora tivesse que amargar seis noites na cadeia. A escrava pode ter combinado com o senhor um jogo de identidades que a safou da humilhante palmatória.[45]

Quanto a Domingos Sodré, no dia seguinte à sua prisão foi chamado à repartição da polícia, que funcionava no centro da cidade, em sobrado nobre à rua do Bispo, alugado pelo governo a Antônio Pereira Rebouças, o jurista, deputado na Assembleia Geral, conselheiro imperial, pequeno escravista e pai do grande abolicionista André Rebouças.[46] Ali o liberto se entrevistaria com o chefe de polícia João Antonio Henriques, mas não houve registro do teor do interrogatório. Em seguida Domingos foi devolvido à cadeia. Durante os três dias seguintes, a polícia teve tempo suficiente para investigar se ele realmente recebera de escravos que frequentavam sua casa objetos roubados a seus senhores. Não encontrei registro desse inquérito, porém tudo indica que nada se conseguiu provar contra o papai, ou então ele conseguiu convencer a polícia de que ignorava a origem ilícita dos objetos e dinheiros trazidos por seus clientes escravizados.

No dia 30 de julho, após passar cinco noites na Casa de Correção, pai Domingos estava de novo diante de Henriques, no sobrado do conselheiro Rebouças. Agora, sabemos exatamente do que se tratava, pois no final do encontro o africano teve de se comprometer a abandonar a vida de "candomblé e feitiçaria", segundo documento que lhe foi lido:

Termo de obrigação

Aos 30 de julho de mil oitocentos e sessenta e dois, nesta Repartição da Polícia da Bahia, foi vindo da Casa e Cadeia da Correção onde se achava recolhido o Africano liberto Domingos Sudré, morador na ladeira de Santa Tereza, onde fora preso, encontrando-se na casa muitos objetos de candomblé, e feitiçaria, e perante o Sr. Dr. Chefe de Polícia da Província se obrigou pelo presente a tomar um meio de vida honesto, deixando de aliciar escravos, e a título de adivinhador fazer-lhes amplas promessas de liberdade, insinuar-lhes coisas nocivas a seus semelhantes. E de como se obrigou e pelo que obteve ser solto com a condição de no caso de quebrar o presente termo espontaneamente sair para a Costa d'África, assinou a seu rogo Manoel de Abreu Contreiras com o Sr. Chefe de Polícia. Eu Candido Silveira de Faria o escrevi

M. Abreu Contreiras.[47]

Com isso, Domingos foi liberado. O papai aparentemente era réu primário, o que deve tê-lo ajudado. Não encontrei evidência de que tivesse sido anteriormente processado ou investigado por meio de inquérito formal. Há, porém, registro de sua prisão no final de maio de 1853, quando correram boatos insistentes de conspiração africana em Salvador, assunto detalhado no capítulo 6. Domingos fora então detido por uma patrulha "para averiguações policiais", segundo um ofício do chefe de polícia. Outros cinco africanos foram presos no mesmo dia, mas não parece que essas prisões tivessem relação com a dele. Não há indício de que o liberto tivesse ficado muito tempo atrás das grades. O fato de não ter sido deportado, como outros o foram nesse mesmo ano, sugere que escapou de ser enquadrado como suspeito, embora sua prisão indique que a polícia, de início, o tinha como tal, e isso provavelmente devido à liderança que exercia entre outros africanos. Era, pois, nessa época, conforme veremos adiante, chefe de uma junta de alforria e talvez já afamado dador de fortuna. Mesmo assim, a polícia não manchou seu nome na ocasião, decerto porque procuravam suspeitos de conspirar contra a ordem escravista, não contra costumes cristãos. Além disso, Domingos apresentou documentos que provavam ser ele veterano da Guerra da Independência na Bahia, e uma declaração de autoridades policiais de sua freguesia garantindo que ele era pacífico, obediente às leis, bem-comportado, trabalhador, e tudo isso contou em seu favor.[48]

Um outro encontro de Domingos com a polícia se verificaria alguns meses antes de ser preso. Em torno das nove horas da noite de 13 de abril de 1862, aconteceu séria bulha em sua rua, quando uma casa foi cercada por patrulha da polícia comandada pelo irmão de um inspetor de quarteirão. Estavam atrás de um crioulo de nome Bráulio, por motivos que desconheço, morador na loja daquela casa cuja dona tentaria em vão impedir a ação policial para protegê-lo. Ao tentar fugir pelos fundos da casa, Bráulio despencou de uma ribanceira, fraturou a perna, foi preso e arrastado por seus perseguidores, vindo a falecer de tétano poucos dias depois no hospital da Santa Casa devido aos ferimentos sofridos na queda e ao delicado tratamento policial recebido. Domingos foi arrolado para depor como testemunha na investigação que o chefe de polícia mandaria fazer sobre o incidente — testemunha de como se tratava preto na capital da Bahia, mesmo se crioulo e protegido por brancos. Esse inquérito eu não consegui encontrar para verificar o depoimento de Domingos.[49]

Quando preso quatro meses depois por prática de candomblé, Domingos tinha ficha policial limpa, e isso o teria ajudado. Pode tê-lo também ajudado a idade, pois mesmo um linha dura como o chefe de polícia João Henriques talvez achasse muita crueldade submeter a mais vexames um senhor de cerca de 65 anos, uma idade avançada para a expectativa de vida de então. Eu suspeito, ainda, de que uma mão branca lhe tivesse sido estendida. Desconfio que a proteção viesse do dr. Antonio José Pereira de Albuquerque, ninguém menos que o subdelegado titular da freguesia de São Pedro (lembrando que Domingos fora preso pelo subdelegado suplente, Pompílio Manoel de Castro). Penso assim porque, naquele ano de 1862, Albuquerque atuava como advogado do liberto, num caso que já se arrastava havia quase dois anos e que será examinado no próximo capítulo. Albuquerque, solteiro de 55 anos, morador na Rua de São Pedro, n. 7, era cidadão de prestígio, juiz de paz mais votado e presidente da Junta de Qualificação de votantes da sua freguesia, a mesma de Domingos. Se ele de fato intercedeu em favor do liberto, tudo se fez por debaixo do pano, sem que sua ação ficasse registrada nos anais da polícia. Não se tratava, porém, de um clássico caso de clientelismo em que o liberto representasse o dependente desprovido. O subdelegado, afinal, era na época seu advogado e, embora não fosse contratado para defendê-lo da acusação de feiticeiro e receptador de objetos roubados, uma causa podia ter levado a outra, informalmente.⁵⁰

Há também Manoel de Abreu Contreiras a ser considerado. Ele assinou o Termo de Obrigação de Domingos Sodré talvez apenas por estar ao alcance da mão do chefe de polícia e de seu indigitado naquele dia, mas quem sabe ali se encontrasse a pedido de Albuquerque. Contreiras tinha ligações com essa família. Em 1871, o irmão do subdelegado, Francisco Pereira de Albuquerque, escreveu o testamento de Contreiras, por impedimento deste, que se encontrava enfermo. Contreiras era funcionário público, escrivão parece, 62 anos em 1862, homem casado, sem filhos e de poucas posses ao morrer em 1873, quando tinha apenas uma casa muito estragada na Barra, de dois quartos e telha-vã, onde morava, e uma escrava, Benedita. Era mais próspero quando assinou a "obrigação" de Domingos, em vista das escravas que possuía: a parda Laura, alforriada em 1868 sem ônus, ainda recém-nascida; sua mãe Sisislanda, alforriada em data e sob condições ignoradas; e a crioula Isidora, vinte anos, alforriada em 1870 por 300 mil-réis.⁵¹

A POLÍTICA DE DEPORTAÇÃO DE AFRICANOS

Na obrigação imposta a Domingos, o adivinho foi ameaçado de deportação. Não era incomum que africanos envolvidos com candomblé fossem deportados. Era também frequente que fossem protegidos por gente influente e conseguissem permanecer no país. Temos o caso de Rufo, africano liberto que atuava na freguesia da Sé, centro do poder civil e eclesiástico da capital. Em novembro 1855, o subdelegado da Sé, Joaquim Antonio Moutinho, queixou-se ao chefe de polícia de que Rufo seria um dos principais nomes do candomblé em sua jurisdição, e por isso já tinha sido certa vez "preso para ser deportado, e não foi por grandes empenhos que houve".[52] Empenho de quem, especificamente, não informou, mas fora decerto de gente com poder de pressão junto ao governo. Talvez por se sentir imune aos ataques da polícia, Rufo subiu de tom. Devido a uma operação policial provocada por novos rumores de sublevação escrava, muitos africanos de candomblé tiveram suas casas invadidas e vasculhadas. Durante as buscas não se encontraram indícios de ameaça à ordem pública, mas foram presas algumas pessoas e "apreendidos vários objetos de suas crenças religiosas, como figuras, símbolos, sapos mortos e secos, chocalhos, pandeiros e algumas vestimentas, as quais cousas pretendo mandar queimar", escreveu o subdelegado Moutinho.[53]

Rufo teria nessa ocasião incitado outros africanos a resistir à prisão e a protestar contra o baculejo, que considerava abuso de autoridade. Por essa ousadia, estava a ser novamente procurado pela polícia. Sob pressão, Rufo decidiu sumir, e por isso dormia um dia aqui, outro acolá, em casas de pessoas, na maioria africanas, que constituíam sua rede de amizades e clientes. O liberto parecia ter perdido a proteção dos de cima, por ter ido longe demais, mas continuava protegido pelos de baixo na hierarquia social baiana.

Tal como Domingos, Rufo tinha uma clientela de escravos, o que preocupava o chefe de polícia de então, tanto quanto João Henriques em 1862. Francisco Liberato de Matos, o chefe de polícia em 1855, despachou assim o ofício do subdelegado: "Tome nota do Africano Rufo para me ser presente com os nomes dos servis que a ele procuram".[54] Essa história ilustra que, apesar do apoio que pudessem receber, os líderes do candomblé estavam sempre na corda bamba. Um dia protegido, outro corrido da polícia. Domingos sabia que a ameaça de deportação era séria, vira desde 1835 outros africanos serem deportados aos magotes, talvez, afinal, o próprio Rufo. A ameaça de deportação a ele feita por João Henriques não era política nova.[55]

Conheceria Domingos o africano liberto Grato? Grato, cerca de cinquenta anos de idade, se mudara do Resgate, no Cabula, para fugir da perseguição de João de Azevedo Piapitinga, o subdelegado do segundo distrito de Santo Antônio a quem apresentei no capítulo 1. Piapitinga, como já vimos, apregoava que tinha acabado com os candomblés existentes no distrito sob sua jurisdição, mas também constava ser ele suspeito de acobertar alguns deles. Melhor seria dizer que protegia uns e perseguia outros devotos do candomblé. Protegia os de sua clientela. Grato não se incluía nela. O africano continuou no exercício da antiga ocupação, na sua nova morada, à rua Direita de Santo Antônio, ou Rua da Conceição do Boqueirão, devido à igreja da irmandade de pardos com o mesmo nome que domina o sítio, perto do centro da cidade. Para isso tinha conseguido abrigo em um aposento no quintal da casa da parda Carlota. Foi ali preso a dar ventura para duas crioulinhas, segundo relato de Piapitinga. De fato, duas mulheres e uma menina, prováveis consulentes, foram ali encontradas: as crioulas Maria dos Passos, vinte anos, e Luiza da França, trinta, além da "cabrinha" Maria Eufemia, de apenas onze anos de idade. A diligência, acontecida no dia 31 de maio de 1859, foi levada a termo por Miguel de Souza Requião, subdelegado do primeiro distrito de Santo Antônio, que cumpria ordens do chefe de polícia.[56]

Uma notícia aparecida no *Jornal da Bahia* dizia que Grato fora preso "no meio de seu laboratório para prever a sorte". Imagem interessante e talvez justa. O chefe de polícia Agostinho Luis de Figueiredo Rocha fez relato circunstanciado do material encontrado naquele local e, ainda melhor, informou sobre as experiências laboratoriais ali havidas e para que serviam: "Nesse esconderijo também se encontraram diversas drogas, panelas com cozimento de raízes, folhas, répteis etc. Lagartos de grande tamanho criados e acostumados entre as roupas de um baú; e outros mortos, cozidos, e reduzidos a beberagens, que se diz vendia ele a escravos para abrandarem os senhores, e aos néscios para terem felicidade nos negócios e nos amores, tirando de uns e outros o maior lucro que podia arrancar-lhes".[57] Poucas palavras, informação abundante. Grato trabalhava no mesmo ramo de atividades exercidas por Domingos, que incluía a adivinhação e o amansamento de senhores, mas também favorecia aventuras financeiras e consertava desventuras amorosas de uma clientela mais ampla. Infelizmente, não encontrei sobre as práticas de Domingos descrição detalhada como essa, que, apesar do preconceituoso filtro policial, abre uma brecha para perceber o que se passava no local de trabalho de Grato. Ficamos, porém, mais uma vez sem saber os significados específicos desse universo cultural povoado por bichos peçonhentos e repulsivos, conforme a sensibilidade civilizada do policial, e que vamos encontrar repetidamente nas panelas de outros acusados de feitiçaria. E, por se repetirem, imagino que fossem, em combinação com raízes e folhas, elemento consolidado de uma cultura do feitiço africano na Bahia de então.[58]

Como aconteceria com o nagô Domingos mais tarde, na casa de Grato também foram encontrados objetos de culto, que seguem listados tal qual o documento original no quadro adiante. Entre esses objetos, destacam-se os enfeitados com búzios da costa, ou cauris, e contas, que também foram achados soltos ou adornavam roupas e demais aparatos rituais de Domingos. As quartinhas de Grato cheias de "místicos" bem podiam ser parte de assentos de divindades. E os "penachos de cabelo"? Seriam tufos de cabelo de pessoa para quem — ou contra quem — Grato preparava algum trabalho? Ou se tratava de espécie de espanador, feito com pelo de rabo de cavalo e outros animais, emblema de divindades da caça, como Oxóssi? Uma casa que Grato possuía no Cabula — de onde fugira de Piapitinga — foi também varejada e ali "apreendidos outros objetos de feitiçarias", segundo o chefe de polícia, cuja lista, porém, não encontrei.[59]

O chefe de polícia Figueiredo Rocha, em correspondência para o presidente interino da província, o desembargador Messias de Leão, alegou que a política mais branda de controle do candomblé, de detenções curtas e admoestações verbais, não surtia efeito como método de extirpação "de certa superstição que há progredido em grande escala e cujos resultados não é fácil de antever". Ao modo de Henriques três anos depois, ele acusava gente como Grato de se locupletar às custas alheias, além de cevar "paixões libidinosas". E acrescentava: "É este negócio bastantemente sério, e era tempo de usar d'outros meios, que não os de brandura até aqui debalde empregados". Concluía sua missiva sugerindo solução enérgica: "Acha-se pois preso esse Africano liberto, e tornando-se muito perniciosa sua conservação entre a população desta cidade que conta muitos escravos, e muita gente propensa a acreditar estas cousas, peço a V. Exa., como medida necessária, sua deportação pelos meios competentes".[60]

Objetos encontrados na casa do africano Grato em 1859

> Relação dos objetos que foram encontrados em o quarto do Africano Liberto de nome Grato por ocasião da busca, os quais vão conduzidos para a Polícia com cousas de feitiçaria em dois grandes cestos
> 5 Cinco barrotes [barretes?] de palha
> 3 Três cabaças enfeitadas de búzios da Costa
> 1 Uma cinta de pauzinhos como oleado [?] enfeitada de búzios e corais
> 1 Uma saca grande enfeitado [sic] com diversas cousas dentro

> 1 Uma folha de flandres coberta de bexiga de boi, enfeitada de búzios
> 1 Um lenço com diversos pedaços de cacos de panelas, e pratos
> 2 Dois pequenos sacos com diversas cousas
> 1 Uma [sic] varão de ferro enfeitado a laia [de] chapéu de sol
> 1 Uma cabaça maior coberta com búzios
> Diversas quartinhas com certos místicos dentro de algumas
> 1 Um açucareiro com lagartos grandes dentro do mesmo
> Uma porção de conquilherias [quinquilharias] pequenas enfeitadas com búzios e contas,
> Diversos penachos de cabelos, e outras muitas cousas miúdas
> 1 Um baú com roupa pertencente ao mesmo preto Grato
> Bahia, 1º Distrito da subdelegacia da Freguesia de Santo Antônio Além do Carmo, 1º de Junho de 1859. Miguel de Souza Requião Subdelegado

Fonte: APEB, Polícia, maço 6232.

A ideia do chefe de polícia foi bem recebida pelo vice-presidente Messias de Leão, que em dois dias autorizou a deportação. O procedimento foi sumário. Cinco dias após sua prisão, a sorte de Grato tinha sido decidida. A 11 de julho de 1859, pouco mais de um mês depois de ter sua casa invadida e sido preso pela polícia, o curandeiro seria deportado para a Costa da África a bordo do navio *D. Francisca*, de bandeira portuguesa como era típico em embarcações de fato brasileiras empregadas no tráfico ilegal de escravos. A notícia ganhou as páginas do *Jornal da Bahia*, talvez o mais importante periódico em circulação na época. O consignatário do *D. Francisca* era o conhecido traficante de escravos — talvez aposentado da atividade nessa altura — Joaquim Pereira Marinho. A ele o governo pagou 50 mil-réis pelo transporte do liberto africano através do Atlântico. Terá sido num navio de Marinho que Grato veio dar na Bahia como escravo?[61]

Quando tudo parecia decidido a favor do endurecimento, eis que se ouve no palácio da presidência uma voz dissonante. Se Messias de Leão tinha concordado prontamente com a expulsão de Grato, um ano depois a mesma medida não seria bem recebida pelo novo presidente da província, o comendador mineiro Antonio da Costa Pinto, num outro caso recomendado por seu chefe de polícia, Agostinho Luis da Gama. Este quis deportar, sob argumentos semelhantes aos usados contra Grato, o africano liberto Gonçalo Paraíso, com mais de quarenta anos, preso na freguesia do Paço na véspera do Natal de 1859. Com o africano, segundo o chefe de polícia,

> foram encontrados diversos ingredientes e beberagens que aplicava às pessoas ignorantes que o procuravam como curandeiro, e das quais abusava, fazendo sofrer aquelas que não se prestavam às suas exigências libidinosas, e não havendo base segura, e provas para a instauração de um processo regular contra tão perigoso africano, que a voz pública também acusa de ter com tais remédios levado à sepultura algumas pessoas, vou solicitar à V. Exa. a competente autorização para ser ele deportado para um dos portos da Costa d'África.[62]

Para surpresa de Agostinho Luis da Gama, o presidente Antonio da Costa Pinto — homem de sólida formação jurídica, que chegara a desembargador no Tribunal da Relação do Rio de Janeiro — assim despachou o ofício, aliás com alguma impaciência: "já se determinou verbalmente que se respondesse que em vista do art. 1º da Lei n. 9 [de 13 de maio de 1835] a deportação só pode ter lugar em caso de insurreição".[63] Costa Pinto se referia à lei passada no tempo do levante dos malês que previa a expulsão do país de africanos libertos considerados suspeitos de insurreição. Pelo menos três africanos, entre eles um amigo de Domingos que conheceremos adiante no capítulo 6, tinham sido deportados com base nessa lei em 1854. O liberto Gonçalo Paraíso não era rebelde social, como não o era Grato, que tinha, então, sido expulso em procedimento coberto de ilegalidade, seguindo o raciocínio do ex-desembargador. Como vimos ao tratar do caso de Rufo, outros africanos de candomblé já tinham sido expulsos antes de Grato, os quais ainda não pude identificar.[64]

O chefe de polícia Agostinho Luis da Gama renunciou ao cargo cinco dias após o presidente emitir seu parecer. A razão alegada para a renúncia foi doença grave, que o impedia de se expor ao sol, ao sereno e à umidade, exigindo "completo repouso".[65] É claro que passa pela cabeça do crente que Gonçalo Paraíso pudesse ter lançado feitiço contra o chefe de polícia. Porém, seu substituto, José Pereira da Silva Moraes, pensava com maior empenho ainda na ideia de banir feiticeiros africanos. Parece ter sido ele a descobrir uma fórmula para contornar a lei lembrada pelo presidente. Moraes fez com que a decisão quanto à deportação de Paraíso saísse da jurisdição provincial para a do governo imperial, especificamente o Ministério dos Negócios da Justiça. Ocupava a pasta nessa altura João Lustosa da Cunha Paranaguá — piauiense que mais tarde governaria a província da Bahia (1881-82) —, a quem o chefe de polícia baiano escreveu expondo o caso Gonçalo Paraíso um mês após assumir a chefatura da polícia.

Boa parte da missiva de Moraes a Paranaguá tinha sido copiada daquela escrita por seu antecessor ao presidente interino da província solicitando licença para expulsar Grato. O liberto Gonçalo Paraíso foi acusado de especulador da boa-fé de seus clientes, que em troca de polpudas recompensas a ele confiavam "saúde, brios, razão e a própria vida". Contava que Paraíso tinha sido preso com "objetos esquisitos e suspeitos [...], vários líquidos e medicamentos, que por seu estado de fermentação tornavam-se venenosos, segundo declararam os médicos", e que era "voz pública" ser o africano um feiticeiro, tendo já "imolado algumas vítimas à sua ambição, e concupiscência" etc. O chefe de polícia preocupava-se com a imagem da Bahia, pois a atuação de gente como esse dador de fortuna, segundo ele, "depõe contra nossa civilização" — bem representada pelos médicos que examinaram a medicina de Paraíso — e sugeria meios mais severos de punição do que os "até aqui empregados". Terminava pedindo a expulsão do curandeiro para algum porto da costa da África.[66]

O ministro Paranaguá gostou da sugestão do chefe de polícia Moraes e assinou a ordem para deportar Paraíso em outubro de 1860. Em 23 de fevereiro do ano seguinte, encontramos Moraes a escrever ao capitão do porto para que providenciasse um escaler para conduzir Gonçalo Paraíso a bordo do patacho português *Paquete Africano*, que o levaria de volta à África, "conforme autorização do Governo Imperial", escreveu triunfante aquela autoridade. O governo desembolsou 80 mil-réis pelo transporte do curandeiro, 60% a mais do que custara a viagem de Grato.[67] O presidente da província não conseguiu valer sua objeção ao banimento de Gonçalo Paraíso.

O episódio criaria jurisprudência. Com o envolvimento do governo imperial, uma nova estratégia tinha sido concebida pelas autoridades locais adeptas da linha dura para combater a chamada feitiçaria africana na Bahia. A máquina de poder montada para deportar Gonçalo Paraíso seria doravante usada contra outros africanos libertos acusados de feitiçaria. O trâmite era mais prolongado, porém política e juridicamente eficaz, pois a punição dos feiticeiros ganharia uma dimensão nacional. No caso de

Paraíso, entre sua prisão no Natal de 1859 e sua deportação no início de 1861, mais de um ano havia corrido. Nesse ínterim, afastado de seu ganha-pão na prisão do Aljube, o liberto precisou vender a liberdade de uma sua escrava, Isabel, nação nagô, pela quantia de 500 mil-réis, sem esquecer de alegar que seu gesto também respondia a ter ela "prestado com bons desejos aos meus serviços".[68] Ou teria sido com bons serviços aos seus desejos?

O comendador Antonio da Costa Pinto, do Partido Liberal, governou a província entre o final de abril de 1860 e o início de junho de 1861, e deixou o cargo em consequência da formação de um gabinete conservador na Corte que modificaria a distribuição do poder provincial no país. Nos seus últimos meses de governo, o liberal se viu às voltas com um outro pedido de deportação que ele encarou com muito desconforto. A vítima dessa vez seria uma mulher, a liberta Constança do Nascimento, de nação nagô, cujo pedido de deportação se originara de um poderoso senhor de engenho no Recôncavo, João de Araújo Argollo Gomes Ferrão. Em carta enviada do seu Engenho de Baixo para o chefe de polícia, José Pereira da Silva Moraes, ele alegou que Constança, "usando de candomblés e de todos esses meios de que lança mão essa gente idólatra", já tinha causado a morte de diversas pessoas na localidade, inclusive a de "um seu mestre de açúcar e escravo de subido preço e merecimento". Outros escravos seus de menor valor e estima tinham sido mortos, ou "inutilizados" no juízo e na saúde, por provar dos feitiços de Constança. A mulher foi acusada de envenenar o próprio marido, também escravo de Argollo Ferrão, para exercer mais livremente sua excessiva lascívia. Em sua casa foram encontrados "sapos enormes, por ela tratados e seus companheiros inseparáveis, objetos de feitiçaria, líquidos, que bem denotavam sua origem de ervas venenosas". De novo, ao lado do mortal arsenal de feitiçaria, a narrativa policial empurra a curandeira para o reino animal, no destaque dado à sua intimidade com répteis, o que constituiria uma espécie de hábito do ofício de curandeiro africano. Terminava Argollo Ferrão exigindo contra ela "uma medida eficaz como a deportação", pois sua presença, "além de uma desmoralização para essas escravaturas, [era] um perigo constante para aqueles sobre quem recaísse seu ódio e instintos perigosos".[69]

Palavras que transpiram certa preocupação desse senhor com a própria saúde, não apenas com suas perdas materiais e com a corrupção de seus escravos. Claro, não havia como provar nada daquilo. Constança tampouco era rebelde social para ser enquadrada na lei anti-insurrecional de 1835.

Costa Pinto parece ter sido posto contra a parede diante da queixa feita por um Argollo Ferrão, que não apenas escreveu ao chefe de polícia da província como o procurou pessoalmente para reforçar a denúncia contra Constança e pedir — talvez exigir — sua deportação. O presidente foi informado disso e solicitou explicações mais detalhadas ao chefe de polícia. José Pereira Moraes respondeu em ofício cujo preâmbulo tinha sido praticamente copiado de novo da justificativa de seu antecessor para expulsar Grato. Em seguida, Moraes dava a versão do caso a ele apresentada por Argollo Ferrão, a quem assim definia: "cidadão abastado, probo, bem conceituado, e que já serviu por muitos anos de Delegado do 2º Distrito desta Capital". O chefe de polícia baiano quis esclarecer o presidente mineiro sobre hierarquias sociais locais que ele parecia desconhecer. Anexou a seu ofício a correspondência que recebeu sobre a liberta do senhor de engenho. Não satisfeito, talvez até ofendido pela pressão, três dias depois Costa Pinto retrucou ao chefe de polícia que investigasse mais a fundo a denúncia, em busca de provas contra Constança. Recebeu como resposta que, exatamente por não se poder provar as acusações e assim formar um processo, ele recomendava o "meio extraordinário" da deportação. Apesar de contrariado, no dia 21 de fevereiro Costa Pinto encaminhou ao ministro da Justiça no Rio de Janeiro o pedido de deportação da africana. Lavadas as mãos, apenas comunicou ao ministro: "tomando em consideração a referida correspondência [do chefe de polícia], se digne de [resolver] o que julgar mais acertado".[70]

Mais alguns dias e o chefe de polícia precisou dar contas do assunto ao homem que deportara Grato, Messias de Leão, agora presidente do Tribunal da Relação da Bahia. É que Constança havia impetrado junto ao tribunal um pedido de habeas corpus. Moraes repetiu mais uma vez, agora para Leão, a história contada por Argollo Ferrão e aproveitava para dizer que a impunidade "dessa gente" de candomblé resultava de "mal entendida proteção que em seu favor se levanta". Parecia referir-se a seu subordinado, o subdelegado da Conceição da Praia, que teria encaminhado à Relação o pedido de habeas corpus da africana. Mas também podia ter em mente o próprio presidente Costa Pinto, seu superior.[71]

Diante da barreira formada na Bahia contra ela, a brava Constança decidiu apelar para o ministro da Justiça, que pediu a Costa Pinto um parecer sobre sua alegada inocência. Ainda não encontrei a petição da liberta, mas há indícios de que ela acusou o senhor Argollo Ferrão de mentir e parece ter recebido alguma ajuda do subdelegado da Conceição da Praia para instruí-la em sua defesa. Isso fica claro em mais um ofício do chefe de polícia ao presidente, que tinha encaminhado a ele a correspondência do ministro. Moraes respondeu que "o alegado pela Africana Constança é um complexo de falsidades e calúnias irrogadas ao caráter sisudo e circunspecto do referido Doutor [Argollo Ferrão], do qual se quer ela fazer vítima, no intuito de iludir a polícia, e conseguir a impunidade de seus crimes, cujas provas são sempre difíceis pelo modo por que ela, e os de sua classe, quase sempre

34. Vice-presidente Manoel Messias de Leão (1799-1878), que deportou Grato.

35. Presidente Antonio da Costa Pinto (1802-80), que tentou impedir a deportação de Gonçalo Paraíso e Constança Pereira.

os comete". O chefe de polícia também dizia já ter reduzido a seu devido lugar o subdelegado que a havia ajudado e assim exorbitado de suas atribuições num negócio "que se achava afeto à minha jurisdição". O liberal Costa Pinto finalmente desistiu de insistir numa alternativa legal ordinária e encaminhou ao Rio de Janeiro, como resposta à petição de Constança, a "verdade dos fatos" segundo a versão do chefe de polícia. De lá veio a ordem final de deportação, assinada pelo ministro da Justiça Francisco Sayão Lobato, em 25 de maio de 1861.[72]

A doutrina do endurecimento contra o candomblé não teve uma vigência tranquila nas altas esferas do poder da província, mas, tanto no caso de Gonçalo Paraíso quanto no de Constança Nascimento, ela terminou por prevalecer. Às vezes, a postura diante do candomblé não variava somente entre uma autoridade e outra, mas se manifestava nas ações contraditórias de uma mesma autoridade. O próprio chefe de polícia José Pereira Moraes endurecera de uns tempos pra cá. Foi ele quem, no início deste capítulo, mandara soltar duas libertas africanas e cinco escravas presas em candomblé, apenas instruindo o subdelegado a adverti--las para que não continuassem "a perturbar o sossego público". Sua atitude diante de Gonçalo e Constança já seria outra.

No dia 26 de junho de 1861, Constança Nascimento foi embarcada no navio de bandeira portuguesa *Novo Elizeo*, que seguiria para a Costa da África. Nessa ocasião, ela foi assim descrita pelo chefe de polícia: "Nagô, maior de cinquenta anos, estatura e corpo regulares, cor preta, com sinais de sua terra no rosto, e no braço esquerdo, dentes perfeitos, e com o cabelo já bastante pintado", isto é, grisalho.[73] As marcas faciais representavam sua afiliação étnica original, as do braço provavelmente designavam identidade religiosa, senão sinal de alguma dignidade política que desconhecemos. Custou 80 mil-réis o transporte da curandeira nagô — mesmo valor pago para carregar Gonçalo Paraíso —, a ser pago ao capitão do navio no seu retorno à Bahia, tão logo desse ele provas de que Constança havia desembarcado do outro lado do Atlântico. A despesa fora ordenada por um outro Leão, o novo presidente Joaquim Antão Fernandes Leão, e saiu de uma verba secreta do Ministério da Justiça destinada à repressão ao tráfico transatlântico de escravos. Ironia não menor do que ser transportado de volta a África por um negreiro, como o fora Grato.[74]

Em sua justificativa para expulsar Constança, o chefe de polícia José Pereira da Silva Moraes argumentou junto ao presidente Antônio da Costa Pinto que era preciso "ser mais frequente, para exemplo, a deportação de semelhantes feiticeiros e dadores de ventura", sublinhando ele próprio os alvos de sua ira.[75] Tais palavras foram escritas um ano e meio antes da prisão de Domingos, e decerto o chefe de polícia que o mandara prender, João

Henriques, ao assumir o cargo lera esse e outros ofícios de antecessores que tratavam de deportação de feiticeiros. Daí a ideia de obrigar Domingos Sodré a prometer abandonar o candomblé se não quisesse abandonar o país.

Para evitar a deportação, teria o papai cumprido à risca aquela "obrigação" a ele imposta pelo chefe de polícia? Gosto de pensar que não. E nesse sentido há aqueles indícios já apontados nas páginas de *O Alabama* de suas atividades no ramo da crença africana em data posterior. Talvez Domingos tivesse se tornado ainda mais discreto, isto sim, e deixasse de reunir em sua própria casa escravos e libertos africanos para sessões de adivinhação e outros rituais, até evitando ali manter muito da parafernália do culto. Mas podemos imaginar que ele dificilmente resistiria à tentação de participar e até contribuir para celebrações africanas que aconteciam na cidade, inclusive em sua vizinhança.

E O CANDOMBLÉ RESISTE

Os candomblés continuavam a bater com força e a recrutar novos adeptos, enquanto a campanha repressiva prosseguia. Menos de um mês após a prisão de Domingos, foram presas, num candomblé na freguesia de Santana, Maria Francisca da Conceição, crioula, lavadeira, solteira, 26 anos; Luiza Marques de Araújo, cabra, costureira, solteira e livre, vinte anos; e Anna Maria de Jesus, cabra, costureira, também solteira e livre, 29 anos. Nenhuma delas africana, nenhuma delas sem ocupação definida, apenas uma preta. Em toda parte o candomblé se expandia para além das fronteiras africanas. Mais alguns dias e João Henriques mandava Pompílio de Castro investigar denúncia de que, num beco da Rua de Baixo de São Bento, e "para o qual dá entrada uma pequena porta, se reúnem escravos e pessoas de cor, e formam Candomblé e outras imoralidades".[76] A Rua de Baixo, como já disse, fazia esquina com a ladeira de Santa Tereza, onde morava Domingos. No outro extremo, a ladeira formava esquina com a Rua do Sodré.

Naquele mesmo artigo de 1869, em que denunciava os cortiços africanos da Rua do Sodré e os definia como quilombos, *O Alabama* dizia que neles "fervem constantemente os tabaques, as danças e as gritarias que se prolongam até alta noite". O jornal chamava a atenção para o "nauseabundo cheiro" dos animais nessas casas sacrificados em honra a deuses e a ancestrais. O motivo para as festas variava: ora se celebrava ritual fúnebre para uma filha do candomblé; ora se batucava para a realização de um "serviço grande"; ora batia-se atabaque "a pretexto, segundo dizem elles [os africanos], do Santo ter ido à guerra, ora porque voltou da guerra", referência, provavelmente, ao *olorogun*, um ritual que simula conflito entre devotos de Xangô e de Oxalá e que estabelece o fim do calendário ritual, após a quaresma. (Porém, nesse tempo estava também em curso a guerra bem real no Paraguai, para onde milhares de soldados negros foram enviados da Bahia.) Alguns dias mais tarde, *O Alabama* alardeava: "Os candomblés nestes dias estão no seu auge".[77]

Esses locais movimentados da cidade negra, chamados de quilombos em mais de uma ocasião por *O Alabama*, eram também terreiros de candomblé — o que corrobora a conotação então vigente em meios oficiais e senhoriais de religião africana enquanto instrumento da resistência escrava.[78]

A oposição à escravidão, a propósito, rondava outros endereços daquela vizinhança, na mesma Rua do Sodré, aliás. Essas festas africanas foram contemporâneas dos saraus literários que, a partir do final daquele mesmo ano de 1869, após retornar de São Paulo, Castro Alves passou a organizar no solar do Sodré, a casa de sua família que tinha um dia sido a casa da família do senhor de Domingos.[79] As reuniões do poeta abolicionista teriam como fundo musical os tambores africanos acusados de bater durante até oito dias seguidos. Por algum tempo, pelo menos, os cidadãos moradores das redondezas, inclusive a família Alves, pareceram tolerar bem os batuques, o que explicaria terem eles prosperado a ponto de ofender os ouvidos e pruridos da imprensa.

Mas o candomblé não era só instrumento de resistência escrava ou, mais amplamente, africana. Em sua circular de abril aos subdelegados de Salvador — que comentei no capítulo 1 —, o chefe de polícia João Henriques disse ter ciência de "que até pessoas de certa ordem vão às reuniões" de candomblé.[80] Como já vimos, outros chefes de polícia anteriores já tinham chegado à mesma conclusão, com o que concordava a imprensa calorosamente. Aquelas "pessoas de certa ordem" não só toleravam a desordem do candomblé como dela participavam. Era o que acontecia na casa de venturas de Domingos Sodré. No relatório que escreveu para João Henriques, o subdelegado Pompílio Manoel de Castro concentrou-se em atacar o adivinho por suas conexões suspeitas no mundo dos pretos escravos, mas omitiu que ele tinha boas relações no mundo dos livres e brancos. Disso se encarregou o *Diário da Bahia* ao denunciar, com exclamações de surpresa, que frequentavam as sessões naquela casa não apenas escravos africanos, mas "diz-se que compareciam a elas pessoas de gravata e lavadas (!!)".[81] Não é preciso dizer que o jornal se referia a pessoas brancas, definidas em suas páginas preconceituosas como as únicas bem-vestidas e limpas da Cidade da Bahia. Não sei se entre essas pessoas estaria o advogado de Domingos, o dr. Albuquerque, mas era comum que gente branca respeitável se utilizasse dos serviços de sacerdotes africanos para numerosos misteres, principalmente trabalhos relacionados a carências humanas clássicas — saúde, amor, dinheiro —, como também, já na segunda metade do século XIX, investigação policial e política eleitoral.

A circulação ou participação de brancos no candomblé, pela primeira vez descrito na literatura acadêmica por Nina Rodrigues e na literatura ficcional por Xavier Marques, ambos na década de 1890, já tinha um longo percurso na província da Bahia.[82] *O Alabama* e outros jornais falavam disso com insistência nas décadas de 1860 e 1870. Até a imprensa católica militante já havia percebido o fenômeno desde pelo menos 1850. Nesse ano, *O Noticiador Catholico*, em artigo escrito por certo padre Mariano, clamava por uma "ação poderosa e não interrompida da polícia" para extirpar a "feitiçaria entre nós" e detalhava do que se tratava:

> aqui mesmo, no meio da nossa Cidade, onde ninguém dirá que as luzes e conhecimentos se não tenham espalhado, se veem homens correndo à casa de feiticeiros, para que eles lhe digam se a doença que padecem é <u>coisa feita</u>, com que remédio se curarão, se os filhos que estão para ter serão machos ou fêmeas, e outras semelhantes inépcias, cuja relação até aborrecem: não admira quando aqui mesmo, se veem mulheres, que às escondidas de seus maridos vão consultar aos feiticeiros, e inquirir deles se seus esposos têm outros amores, conservam outras ligações, prestando-se muitas vezes a práticas escandalosas, e em todos os casos, abrindo a bolsa à disposição dos tais.
>
> Acham-se pessoas, aliás pertencentes não à classe ínfima da sociedade, que prestam sua crença a tais misérias, e entre o povo, isto é, a classe baixa da sociedade, não há então quem possa dispersuadi-la [*sic*] do poder de um feitiço e feiticeiro.[83]

Delimitada a ampla base social da crença no feitiço, padre Mariano passava a definir o feiticeiro de um modo caricatural: "É quase sempre algum africano velho e inválido que para nada servindo, lança mão de certas artimanhas e delas usa sempre em proveito seu, valendo-se da crença nos feitiços, que sem se saber como, existe derramada no meio da população".[84]

Mesmo se não professavam regularmente a religião africana, se não zelavam por seus deuses como o faziam pelos santos católicos, muitos brancos, inclusive padres, acreditavam na força mística, nos poderes curadores, divinatórios e propiciadores de seus sacerdotes, que nem sempre eram pretos velhos. Essas pessoas — "sem se saber bem como", lamentava o padre Mariano —, simplesmente criam em feitiçaria africana. Gregório de Mattos já falava disso lá atrás, no século XVII, e desde então a crença cresceria entre os engravatados, como constatou com todas as letras aquele chefe de polícia perseguidor de Grato e este outro perseguidor de Domingos.[85] Em 1854, numa casa ao lado do imponente convento do Desterro, uma curandeira africana reunia clientela formada por numerosos negros de além-mar e também brancos locais. Ao ser a casa varejada pelo subdelegado da freguesia de Santana, "encontrou-se um homem branco em [um] dos quartos, doente, e uma Senhora que disse ser sua mulher, e no quarto da preta (mulher já idosa), uma figura enfeitada de penas, salpicada de sangue e ao redor alguma comida". Tratava-se decerto de um altar africano. A curandeira foi apenas admoestada pela autoridade e ameaçada de ser presa se reincidisse na formação de ajuntamentos em sua casa.[86] Em 1868, *O Alabama* fez uma lista de tipos que frequentavam um candomblé na freguesia onde Domingos morava, inclusive "senhoras casadas, que vão procurar [ingredientes] específicos que façam com que seus maridos não se esqueçam dos deveres conjugais; escravos que vão pedir ingredientes para abrandar o ânimo de seus senhores; mulheres que vão buscar meios de fazer felicidade e até negociantes para terem bom andamento em seus negócios!".[87]

O candomblé constituía um território negro, nessa época ainda densamente africano, mas por onde circulavam e até se cruzavam diversas classes sociais, do senhor ao escravo, sobretudo nas casas dos numerosos adivinhos-curandeiros que viviam na área mais urbanizada de Salvador. O candomblé podia, inclusive, ser usado por senhores na guerra doméstica contra escravos. Repito o trecho daquele jornal que já reproduzi anteriormente, sobre uma mulher que caiu doente e, consultado um adivinho, ele "deitou seus búzios e dedurou que a senhora sofria de feitiço, que a [sua] escrava era quem o deitava, e que seria mortal se não fosse sem demora atalhado...".[88] O adivinho, desse modo, complicava consideravelmente a vida da escrava. Semelhante enredo cercou a acusação de feitiçaria lançada no capítulo 1 contra Libânio José de Almeida, que também teria acusado uma escrava de atacar a senhora com feitiçaria.

Na Bahia dessa época, alguns brancos chegaram a integrar terreiros como protetores, médiuns e líderes. Em Água de Meninos, um português, Domingos Miguel, foi preso uma semana depois de Grato, junto com sua amásia, a parda Maria Umbelina, por reunir gente "com danças e objetos de feitiçaria". Embora estrangeiro, como era europeu, não ocorreu ao chefe de polícia pedir sua expulsão do país. Existia também mãe de santo branca, Maria do Couto, nascida no Brasil, acusada em 1873 de "dona ou diretora" de um "grande Candomblé" no Saboeiro, bem distante do centro da cidade, ao contrário do candomblé do português.[89]

Não surpreende, então, que brancos frequentassem a casa de Domingos Sodré. Se seus serviços eram predominantemente oferecidos a escravos às turras com senhores, ele pode ter atuado como adivinho e curandeiro de brancos. A gente engravatada e lavada, que se disse frequentava sua casa, devia colocar diante dele dificuldades de vária natureza, talvez até lhe levasse problemas de enfrentamento com escravos para ele solucionar. Pois muitas vezes, como vimos, os senhores também demandavam ajuda para "amansar" escravos tão insolentes que nem a polícia conseguia corrigi-los. Talvez o papai não fosse insensível às tribulações dessa natureza, só por ser africano e solidário a seus clientes escravos, na maioria africanos como ele. Possivelmente, sua atuação seguia uma lógica típica do curandeiro, segundo a qual cada caso é um caso. Afinal ele próprio era senhor de escravos, assim como o eram alguns de seus colaboradores e amigos. Contarei essa parte de sua história adiante. Seu envolvimento com a gente engravatada, no entanto, deve ser visto como uma conquista naquela sociedade que marginalizava sua crença. Ao assistir os "civilizados" na resolução de seus problemas, Domingos, de algum modo, escravizava suas mentes aos valores africanos.

Contudo, não seria por ser senhor de escravo, nem colaborador de senhores, que Domingos Sodré acabou preso em julho de 1862. Sua atuação foi vista como favorável à resistência escrava, daninha à economia escravista e à hegemonia senhorial, além de estorvo à ordem civilizada que a elite educada desejava cultivar em terras baianas.

5. Feitiçaria e alforria

No momento em que foi preso, Domingos Sodré brigava na justiça contra o africano liberto Elias Francisco de Seixas. Elias tinha sido acusado de assassinar um outro africano liberto e de se apropriar do dinheiro de uma caixa de crédito chefiada por Domingos. Com presumíveis 74 anos de idade em 1862, Elias era pai de quatro filhos nascidos no Brasil, lavrador e senhor de vários escravos, morador na Mata Escura, nas imediações do atual bairro de São Gonçalo do Retiro, dentro dos limites do segundo distrito da freguesia de Santo Antônio, onde mandava o nosso já conhecido subdelegado João de Azevedo Piapitinga. Conheçamos melhor a Elias, mais um personagem que atravessou a vida de Domingos. A disputa entre Pai Domingos e Elias lança luz sobre vários aspectos da vida africana na Bahia, que incluía tanto a solidariedade quanto o conflito, a formação de clientelas em torno de figuras poderosas, o uso pelos africanos do sistema de justiça dos brancos em combinação com o deles próprios e, finalmente, permite observar, por um outro ângulo, a superação do cativeiro por meio da alforria e o papel desempenhado por Domingos nesse processo.

ELIAS FRANCISCO DE SEIXAS

Elias tinha sido escravo de Maria Dorothea da Silveira Seixas, que o deixou alforriado em testamento quando morreu, em 21 de fevereiro de 1838, em Itapoã, onde se refugiara de uma Salvador naqueles dias sitiada pelas forças legais que derrotariam com banho de sangue a revolta da Sabinada.[1] Essa senhora era viúva em primeiras núpcias do capitão de mar e guerra Álvaro Sanches de Brito e, em segundas núpcias, do comendador José Venâncio de Seixas. Assim como Domingos, o liberto fora escravo de senhores poderosos. Desse último senhor, Elias herdaria o nome, ao qual às vezes ainda acrescentava Venâncio, como o fez em pelo menos três documentos registrados em cartório. Sem filhos como herdeiros diretos, a viúva Maria Dorothea já tinha alforriado em vida diversas escravas e crias, pelos bons serviços a ela prestados, cujas liberdades foram reiteradas em verba testamentária. Para essas escravas e seus filhos, legou casa em regime de usufruto, algum dinheiro, joias e até um escravo. A Elias, ela alforriou antes de fazer seu testamento, com a condição de que lhe pagasse 40 mil-réis, mas num codicilo escrito posteriormente àquele documento a viúva mudaria de ideia, conforme registrou: "O preto Elias, que eu havia libertado com a cláusula de dar quarenta mil-réis, fica desde já livre, sem dependência daquela cláusula".[2] Único homem a ser alforriado incondicionalmente por Maria Dorothea, ela assim o fizera decerto em recompensa à sua lealdade e bons serviços. Nessa época o africano teria em torno de cinquenta anos.

Elias progrediu após receber sua alforria. Há registro de diversas transações de compra e venda de propriedades que ele fez, desde o início da década de 1840. Em 1842, apenas quatro anos após conquistar a liberdade, comprou por 400 mil-réis uma escrava de nação tapa, Felicidade, que trabalhava como lavadeira e passadeira. No ano seguinte, comprou por 200 mil-réis uma escrava nagô, Leopoldina.[3] No final da década, tinha pelo menos mais duas escravas, Benvinda, nagô, e Delfina, de nação desconhecida. Alguns anos mais tarde, tem-se notícia de Ludovina, também nagô. Elias ainda possuía crias. Um filho de Delfina foi alforriado por Elias e sua mulher, Maria da Luz, em outubro de 1849. O crioulinho Aniceto, de quatro anos, ganhou sua liberdade "pelo muito amor que lhe temos pelo havermos criado como filho". Elias e Maria da Luz, que não tinham filhos, impunham a condição de que o menino os deveria acompanhar até que ambos morressem. Pelo menos algumas das africanas escravizadas por Elias teriam sido compradas por ele próprio na costa da África. É o que sugere uma suspeita viagem que fez para lá em 1844, registrada pelo *Correio Mercantil*. Viagens nessa rota eram regularmente feitas por muitos libertos africanos dedicados ao tráfico de gente.[4]

O casamento entre Elias Seixas e Maria da Luz, também africana liberta, aconteceu em setembro de 1840, dois anos após a alforria dele, na igreja matriz da freguesia de Santana, onde naquela altura provavelmente moravam. Para seu casamento, Elias recrutou testemunhas de prestígio, membros da família de sua antiga senhora. Foram eles Ignacio Carlos Freire de Carvalho, advogado e futuro juiz de direito, morador na freguesia de São Pedro, e o alferes Domingos José Freire de Carvalho, futuro comandante-geral do corpo policial da província, um dos responsáveis pela diligência que prendeu Domingos Sodré em 1862. O primeiro era sobrinho, afilhado e legatário de d. Maria Dorothea. Velho protetor do liberto, em 1842 Ignácio assinaria, a rogo de Elias, a escritura de compra da escrava Felicidade, acima mencionada. Já o alferes Domingos era provavelmente filho de um outro sobrinho e testamenteiro da senhora de Elias, o tenente-coronel Manoel José Freire de Carvalho. Comportamento muito comum entre os libertos, Elias manteve laços de dependência com a poderosa e influente família senhorial. Além de seus membros atuarem em profissões de prestígio, como médicos, por exemplo, e ocuparem altos cargos públicos — de delegado, chefe de polícia, deputado, entre outros —, eles possuíam engenhos no Recôncavo e traficavam negros da África, como esse mencionado Manoel José. É possível que Elias tivesse iniciado sua carreira de traficante — se é que teve uma — pelas mãos de algum Freire de Carvalho.[5]

Em 1850, Elias alforriou gratuitamente um crioulinho de dois anos, Christovão, filho de sua escrava Benvinda, de nação nagô. Quatro anos depois ele libertou, também gratuitamente, uma crioulinha de três meses, Thomazia, filha da mesma escrava. No caso de Christovão, justificou a alforria "pelo muito amor que lhe tenho pelo haver criado e por desencargo de minha consciência, e bons serviços que sua mãe me tem prestado", contudo obrigava o menino a acompanhá-lo até a morte. No caso de Thomazia, também declarou que o fazia "por desencargo de minha consciência e bons serviços que sua mãe me tem prestado", mas não impunha condições.[6] Uma das razões dadas para conceder a liberdade dessas crianças, a consciência pesada, me fez desconfiar que fossem ambas filhas de Elias com Benvinda. E eram. Elias teve com a mesma africana outra filha, Francisca, que foi batizada na freguesia da Sé no dia de Natal de 1859. No registro de batismo, a mãe aparece como Benvinda de Seixas, que provavelmente já tinha sido alforriada pelo seu senhor e pai de seus filhos. Mas foi só em março de 1862, em meio à disputa judicial que teve com Domingos, que os dois se casaram oficialmente. Porque ele era viúvo, a cerimônia nupcial não seria realizada na igreja, mas no oratório da casa do cônego Pedro Antonio de Campos, vigário da freguesia de Santo Antônio.[7]

O africano Elias transitou de senhor a pai dos filhos, e de senhor a marido legítimo de Benvinda, a mãe de seus filhos. Isso diferenciava suas relações amorosas daquelas havidas entre senhores brancos e escravas. Neste último caso, em geral, a transição não era tão completa como no caso de Elias. Senhores brancos com frequência alforriavam e às vezes até reconheciam filhos tidos com suas escravas, como o fez o senhor moço de Domingos, mas raramente as alforriavam ou constituíam família legítima com elas. Estudo detalhado e comparativo, porém, deve ser feito para se chegar a conclusão abalizada sobre o assunto.

Outro comentário pode ser tentado a respeito da vida familiar de Elias. A sua relação com Benvinda começou, e dela nasceu pelo menos Christovão, quando ainda vivia sua primeira mulher, Maria da Luz, que aparentemente não lhe deu filhos. Essa conclusão vem de um cálculo simples: em 1849, Maria da Luz e Elias Seixas alforriaram juntos sua cria, Aniceto, e no ano seguinte ele sozinho alforriaria seu filho Christovão, *já com dois anos de idade*. É capaz que também Aniceto fosse filho de Elias com sua outra escrava, Delfina. Resta saber se Maria da Luz, a esposa legítima — ou podemos chamá-la, como na África, primeira esposa? —, estava a par e de acordo com a conduta poligâmica do marido. Ou seja, Elias e Benvinda não seriam meros amantes. Se eram mais do que isso, estariam todos os envolvidos reencenando algo das tradições familiais africanas, ou melhor, combinando-as com formas brasileiras, uma vez que o casamento católico também entrava no jogo da mistura conjugal, quero dizer, cultural. Porém, é bom abrir uma dúvida sobre a exclusividade africana em tais arranjos conjugais, à vista do comportamento dos senhores de Domingos, o coronel Francisco Maria Sodré e seu filho Jerônimo, ambos diligentes polígamos, e publicamente, conforme observado no capítulo 2. Não consta, entretanto, que o coronel vivesse com esposa e amásia sob o mesmo teto, como provavelmente viviam Elias, Maria da Luz e Benvinda. Quero com isso dizer que há indícios de que este último triângulo amoroso fosse consensual, africanamente consensual.[8]

Parece que Elias pouco a pouco se afastaria da clientela dos Freire de Carvalho, que não compareceram como testemunha a seu segundo casamento. Nesse papel estavam o subdelegado do segundo distrito da freguesia de Santo Antônio, nosso conhecido tenente-coronel João de Azevedo Piapitinga, e dona Anna Ribeiro de Mello, uma viúva branca. Aqui talvez se descortine uma dinâmica diferenciada do paternalismo que enredava a vida dos libertos: enquanto uns permaneciam por toda a vida na órbita de seus ex-senhores, outros, quanto mais distantes estavam da experiência da escravidão, mais se afastavam das redes de dependência dos antigos senhores. A esse afastamento social muitas vezes também equivalia um geográfico. O subdelegado Piapitinga era a maior autoridade policial do distrito onde Elias passou a residir e estava ao alcance da mão para protegê-lo quando precisasse. Como veremos daqui a pouco, Piapitinga testemunhará em seu favor contra Domingos Sodré, que aliás também tinha defensores fora da órbita da família de seus ex-senhores.[9]

Pequeno escravista, Elias não era um senhor gentil. Em 1855, sua escrava Ludovina, de nação nagô, cometeu suicídio lançando-se no tanque de uma fábrica de pólvora em Mata Escura, onde Elias residia num local chamado Lagoa da Vovó, ainda hoje existente e com esse adorável nome, no populoso bairro de São Gonçalo do Retiro, próximo a onde se instalou, no início do século XX, o terreiro do Axé Opô Afonjá. A polícia, como de praxe, examinou o cadáver de Ludovina e não encontrou vestígios de sevícia senhorial, o que, se comprovado, constituiria crime. No entanto, feitas as investigações, o subdelegado descobriu que "por um furto de galinhas, que fizera do senhor, e ameaça deste de castigá-la, se continuasse, [isto a levou] à determinação de fugir de casa, e depois ao suicídio".[10] Esses são indícios de que Elias não alimentava bem a sua escrava, daí ela "roubar" suas galinhas para comer, e de que ele castigava seus escravos com um rigor tal que, atemorizada, Ludovina fugiu em desespero e deu cabo da própria vida. A explicação dada pelo senhor ao subdelegado de que o castigo só viria caso ela reincidisse — ou "se continuasse"— não parecia sincera, ou pelo menos não foi levada a sério por Ludovina, que devia conhecer bem os métodos de controle de seu senhor. Enfim, ela se matou para fugir de maus-tratos. Isso nada diz sobre a questão entre Domingos e Elias, mas dá uma ideia da personalidade talvez estourada deste.

ELIAS E A MORTE DE JOÃO

Foi para representá-lo na demanda contra Elias Seixas que Domingos Sodré contratou o advogado Antonio José Pereira de Albuquerque, subdelegado da freguesia de São Pedro.[11] O caso correu na justiça baiana entre outubro de 1860 e novembro de 1863, o que coloca a invasão da casa do adivinho e sua prisão no meio da pendenga judicial. Domingos acusou Elias de ter despachado para o além o também africano João. No dia 5 de outubro de 1860, bem cedo, João teria ido procurar Elias em sua roça, a mando de Domingos, para reaver um conto de réis por este confiado a Elias. O acusado nunca admitiu qualquer responsabilidade pela morte de João, cujo corpo aparecera boiando no lago do Dique do Tororó dois dias após o encontro entre os dois. Elias também negou que guardasse qualquer valor a ele entregue por Domingos. Esse processo, aberto por Domingos na Terceira Vara Municipal, correu paralelo a um inquérito policial da subdelegacia do primeiro distrito da freguesia de Santo Antônio, que investigou, especificamente, as circunstâncias da morte de João por ter seu cadáver sido encontrado nessa jurisdição policial. Neste último processo, o assunto do dinheiro roubado aparece como pano de fundo, enquanto no primeiro, o cível, é o tema central da causa judicial.[12]

A resposta dos ganhadores africanos à morte de João esclarece vários aspectos da micropolítica no interior da comunidade africana, a revelar solidariedade grupal, hierarquia social, liderança política, redes familiares e de amizades. Escondida sob a teia dos acontecimentos, emerge de repente uma complexa malha de intrigas envolvendo acusação de assassinato, roubo de dinheiro e, de maneira mais silenciosa, ataques de feitiçaria. Vamos por partes.

No quadro a seguir Jugurta Caldas Pereira, sapateiro, liberto nagô de cerca de quarenta anos de idade, dá sua detalhada versão dos acontecimentos que se seguiram ao desaparecimento de João. Suas palavras foram repetidas quase na íntegra em ambos os inquéritos contra Elias, a quem Jugurta conhecia havia cerca de oito anos. Ele figurava como o principal acusador de Elias no processo-crime, enquanto Domingos foi o autor da causa cível. Alguns depoimentos também o dizem sobrinho do morto, coisa que ele próprio não declarou ser.

Depoimento de Jugurta Pereira sobre a morte de João

Estando [Jugurta] no canto do Mocambinho, Freguesia de São Pedro Velho, ouviu dizer por outros Africanos digo parceiros, que João estava morto, e atirado no Dique, encaminhou-se [...] à casa da residência de João e lá estava o acusado [Elias] que lhe disse que se achava morto no Dique o Africano João, que tinha participado ao inspetor e este lhe dissera que o enterrasse, ao que disse ele interrogado que ele não podia ser enterrado sem que se fizesse corpo de delito no cadáver, pelo que encaminhou-se, não só ele interrogado, como o acusado, a amasia do morto, e mais outros africanos para a casa do subdelegado, que no trânsito da casa de João para a do subdelegado, dizia o Africano Elias que tinha dinheiro bastante para se defender, chegando à casa do subdelegado da Freguesia de São Pedro, este não tomou conhecimento do ocorrido, porquanto não pertencia à sua freguesia, então encaminharam-se para o Quartel da Polícia e falaram com o Comandante da guarda, que perguntando este qual o motivo daquele ajuntamento, ao que contaram-lhe o ocorrido, mandando o dito Comandante da Guarda conduzir o acusado por dois guardas policiais para o Aljube. Do Aljube seguiram depois de lá largarem o acusado para a casa do Doutor Chefe de Polícia, com eles falando o mesmo Doutor Chefe, mandou que eles fossem ao subdelegado de Santana, que não o encontrando foram ao Inspetor, que seguindo-os foram ao Inspetor da Fonte das Pedras, foram ao Dique e lá tiraram o morto comparecendo nesta ocasião também mais o Inspetor da rua da Poeira, tirado o corpo do Dique, foi ele interrogado, com os Guardas Policiais acompanhado de um ofício do Inspetor para lhes ser entregue o Banguê na Casa de Misericórdia, a fim de conduzir o morto, não lhe quiseram entregar o banguê, sem autorização do Doutor Chefe de Polícia, que sendo-lhe dado esta, de novo seguiram para o Hospital [da Santa Casa], donde conduziram o banguê, e levaram para o lugar onde se achava o morto, que sendo posto dentro, em presença das pessoas, que lá se achavam, e conduzido para o hospital, acompanhando também os Guardas Policiais.

 Perguntado qual o interesse que o levou a dar estes passos? Respondeu que unicamente por achar muito duro, que sendo [João] seu companheiro, o enterrassem sem se dar parte, ou proceder-se como fosse de justiça.

 Perguntado quais as relações de amizade que tinha com

> João? Respondeu que tanta amizade tinha a este como ao acusado Elias.
>
> Perguntado se sabe se Elias também veio procurar a João? Respondeu que sabia por boca da amásia de João que quando ela fora à casa de Elias, perguntou por João, e que quando voltara daí algum tempo, lhe aparecera em casa Elias, perguntando se já tinha aparecido João, e nessa ocasião também lhe disse a amásia de João, que Elias lhe pedira agasalho em sua casa, ao que lhe respondeu ela que ele acusado não podia dormir em sua casa, porquanto João não tinha aparecido.
>
> Perguntado qual a razão que o levara a denunciar ao acusado? Respondeu que por lhe dizer o filho de João, que indo seu pai à roça de Elias, e de lá não voltando, apareceu depois no Dique morto.
>
> Perguntado se acha que Elias matasse a João? Respondeu que não sabe se foi Elias porque não o viu matar.

Fonte: Libelo Cível de Domingos Sodré contra Elias Francisco de Seixas, APEB, *Judiciária*, n. 26/921/16, fls. 19v-22.

Jugurta tinha um nome arriscado para ser dado a um escravo, pois assim se chamava o herói berbere e rei da Numídia que venceu os invasores romanos no século II a.C. Sabe-se lá o que pretendia seu senhor ao batizá-lo com nome não cristão de um nobre guerreiro norte-africano.[13] Esse liberto com nome de rei era do círculo de relações e provavelmente da clientela ritual de Domingos. Tinha sido alforriado recentemente, pois ainda figurava como escravo em janeiro de 1860, ano em que batizou Carlota, crioula, filha natural de Maria, africana, escravos de certa dona Clara Efigenia. Talvez tivesse conquistado a liberdade com a ajuda de uma junta de alforria chefiada por Domingos — sobre o que tratarei adiante — e de suas mesinhas antissenhoriais, sobre o que já tratei.[14]

36, 37 e 38. Ganhadores africanos, típicos trabalhadores que se reuniam em cantos como o do Mocambinho.

Jugurta trabalhava como ganhador e se reunia com outros africanos no canto do Mocambinho, pequeno largo que ficava na rua de Baixo de São Bento, bem próximo da residência de Domingos. *Cantos* era como se denominavam os grupos de negros de ganho que se organizavam de acordo com suas nações para oferecer serviços, como carregadores principalmente, em locais específicos da geografia da cidade — esquinas, praças, becos, cais, que davam os nomes desses agrupamentos. Daí canto do Mocambinho. O nome desse lugar vem do termo mocambo, mesmo que quilombo. Neste caso mocambo se tornou, ironicamente, uma referência a lugar de trabalho africano, trabalho escravo principalmente. A noção de resistência escrava, porém, se manifestava quando os africanos pronunciavam a palavra Mocambinho. Afinal, os cantos de trabalho militavam em prol do companheirismo, da autonomia e da identidade étnica e de classe. Sobretudo étnica, pois nagôs, haussás, jejes, congos, angolas etc. deviam ter, em separado, seus próprios cantos, a depender do tamanho de suas nações na Bahia urbana.

A maioria dos trabalhadores dos cantos dedicava-se a carregar mercadorias e pessoas (estas levadas em cadeiras de arruar), mas africanos que tinham outras ocupações também se juntavam nos cantos. Jugurta, por exemplo, podia confeccionar e consertar sapatos enquanto aguardava algum serviço de carrego. Domingos decerto não se dedicava a essa ocupação — algum escravo seu talvez sim —, mas devia circular pelo canto do Mocambinho e, talvez, por outros de sua vizinhança. Havia um que se reunia no pé da ladeira de São Bento, também a alguns passos de sua casa. O canto era um lugar propício para o papai recrutar clientes e acólitos, para encontrar amigos e instruir discípulos, conversar e saber das novidades locais, nacionais e de lá da África, conversas atlânticas em língua africana.[15]

O finado João provavelmente participava do canto do Mocambinho, senão tinha ali amigos e patrícios que se preocuparam, solidariamente, em investigar o seu desaparecimento e a sua morte. Jugurta disse ser ele seu "parente", a significar que pertenciam à mesma nação africana, provavelmente nagôs como Domingos. Certamente ele falava pelo grupo quando disse achar "muito duro, que sendo [João] seu companheiro, o enterrassem sem se dar parte, ou proceder-se como fosse de justiça", dando a entender que entendia das leis. Seu depoimento denuncia o desinteresse das autoridades policiais e a insistência dos africanos do Mocambinho em que fossem investigadas as circunstâncias da morte de João.

Jugurta esclareceu ter havido uma pequena comoção entre um grupo de patrícios e parceiros que acreditavam ter sido Elias o autor do crime. Elias não era um desconhecido; ele fazia parte do círculo de relações de Jugurta — "que tanta amizade tinha a este [João] como ao acusado Elias" —, o mesmo círculo de Domingos. Talvez Elias também frequentasse o canto do Mocambinho quando vinha de sua roça para a cidade. Mas não se considerava no mesmo nível dos ganhadores de rua, ele que era um lavrador bem-sucedido.[16]

O depoimento de Jugurta é em grande parte confirmado por uma correspondência escrita a seu superior pelo soldado de polícia Macário de Araújo Sacramento. Ele disse que Jugurta Caldas chegara ao quartel da polícia, na Mouraria, às quatro horas da tarde do dia 7 de outubro de 1860, com um grupo de africanos que levava com eles Elias, por todos acusado da morte de João. O soldado Sacramento foi mandado por seu superior recolher Elias ao Aljube, o que fez, e em seguida dirigiu-se ao Dique, de onde retirou o cadáver de João com a ajuda de um outro soldado e de algumas pessoas. O cadáver foi posto na beira da estrada, examinado e, segundo Sacramento, "achei somente bordoadas em redor do pescoço", o que sugere ter sido João espancado antes de morrer.

Depois do exame, Sacramento chamou um inspetor da freguesia de Santana para que escrevesse ofício dirigido ao hospital da Santa Casa, solicitando o resgate do morto, um tipo de caridade, entre outros, a que se dedicava a instituição. O administrador do hospital negou-se a acatar a solicitação do soldado e exigiu que a ordem viesse diretamente do chefe de polícia. Com a ordem deste, foi finalmente enviada uma padiola, ou banguê, para o transporte do cadáver. Entre a chegada do grupo liderado por Jugurta e o retorno de Sacramento ao quartel, às onze da noite, sete horas tinham se passado. O soldado, que acreditou na culpa de Elias, também enviou ao chefe de polícia um chapéu de sol do acusado, por ter notado que estava "com nódoas do sangue do morto".[17]

A situação de Elias piorou aos olhos dos amigos de João devido a alguns arroubos de arrogância de sua parte, muita dela derivada de sua posição economicamente privilegiada diante da maioria dos libertos africanos com quem convivia. Antes de ser encontrado o cadáver de João, por exemplo, Elias adiantou a Jugurta e a outros africanos que ele mesmo pagaria o enterro, como se já soubesse de sua morte. Ao ser levado para a prisão, disse-lhes que tinha dinheiro suficiente para gastar com sua defesa e por isso seria logo inocentado. Uma vez preso, foram ouvidas dele palavras como estas: "pois vosmicês dizem que fui eu que matei, matei se querem".[18] Palavras que pareciam confirmar sua culpa, porém, mais provável que fossem apenas soberba de um homem de meios e boas conexões diante de africanos sem eira nem beira.

Os acusadores de Elias conseguiram no primeiro momento convencer as autoridades de que ele era culpado. Em ofício do chefe de polícia para o presidente da província, onde listava as prisões efetuadas no dia 7 de outubro, estava registrado: "o Africano Elias, liberto, de sessenta anos, roceiro, indigitado como autor do assassinato do também liberto de nome João, cujo cadáver foi lançado no Dique público, donde se tirou para proceder-se ao competente corpo de delito".[19] Elias acabou encarcerado na cadeia do Aljube, junto a escravos que fugiam, desobedeciam a seus senhores, infringiam posturas municipais, entre outros atos de resistência. No mesmo dia em que Elias foi recolhido à prisão, também o foram Isaltino de Santana, pardo, sapateiro, apenas dez anos, "por proferir palavras obscenas"; Anselmo Machado, 29, cabra, marinheiro, "por embriaguez e insultos"; João Antonio, trinta, branco, português, também marinheiro, "por suspeito"; Epiphanio, catorze, escravo crioulo, padeiro, por infração de postura municipal; Balbina, 35, escrava africana, ganhadeira, a pedido do senhor para ser castigada; Phelippe, trinta, escravo africano, cavouqueiro, também a pedido do senhor; Bernardo, 48, escravo africano, marítimo, por ser encontrado na rua "fora de horas"; Damião Lopes, dezenove, crioulo, marítimo, por ser encontrado em casa alheia em atitude suspeita; e Isidoro Rocha, dezoito, crioulo, pedreiro, pelo mesmo motivo. Durante cerca de quatro meses, tempo que durou a investigação do crime, essas seriam as companhias típicas de Elias, um raro africano que nunca antes conhecera o interior de uma cadeia baiana, segundo alegaria durante o inquérito.[20]

João deixou vivos pelo menos dois filhos e a mulher, com quem não era casado na Igreja e por isso foi referida como sua "amásia" e às vezes sua "camarada" em ambos os processos. Ela se chamava Felicidade Francisca, era africana liberta com mais de sessenta anos, vivia de negociar e morava com João em São Raimundo, na freguesia de São Pedro, a menos de dez minutos do canto do Mocambinho. Felicidade se apresentou como testemunha de acusação. Disse que Elias recentemente procurara por três vezes a João, e este, aconselhado por Domingos, tinha ido à roça daquele "buscar uma cousa", que ela não sabia o quê, e desde então sumira. A africana chegou a ir à casa de Elias procurar seu homem, uma caminhada de três léguas. Elias lhe disse que João tinha saído de sua casa na tarde do mesmo dia em que lá aparecera e que ele próprio o acompanhara "até o meio do caminho". Domingos sugeriu a Felicidade que desse parte à polícia do desaparecimento de João, o que ela fez. Ao retornar para casa encontraria Elias, e "tratou este de pedir a entrega da caixa do referido João, perguntando-lhe se nela havia dinheiro, no que não anuindo ela [...], teve o dito Elias de retirar-se por não querer ela [...] dar-lhe hospitalidade".[21] Felicidade deu a entender que, já então, suspeitava de que o acusado tivesse assassinado seu marido, e de qualquer modo agiu com a modéstia de mulher casada que não podia receber homem em sua casa na ausência do marido. Jugurta sabia dessa história, pois declarou que Felicidade não dera "agasalho" a Elias porque "não podia dormir em sua casa porquanto João não tinha aparecido".[22]

Um dos filhos de João chamava-se Salustiano, e ele esteve no Dique a ajudar na remoção do cadáver do pai. Felicidade tinha de outro homem um filho, Felippe Neves, crioulo, pedreiro, 25 anos, que morava na rua do Sodré, vizinho portanto de Domingos. Felippe confirmaria todas as acusações feitas contra Elias, e disse inclusive que o vira convidar seu padrasto repetidas vezes a ir encontrá-lo para entregar o tal conto de réis, mas que João respondia "que não ia sem ter ordem do Autor [da denúncia, Domingos], e que comunicando o dito João esse convite, fora pelo Autor autorizado a ir à roça do réu na sexta-feira para o referido fim de trazer o dinheiro, o qual João não voltaria nem num dia, nem no outro". Fica evidente nesse depoimento a ascensão que Domingos tinha sobre João, e também sobre o enteado deste, Felippe. O enteado ainda jurou ter visto diversas vezes porções de dinheiro serem entregues a Elias. É interessante que a viagem de João à roça de Elias tivesse acontecido numa sexta-feira, dia de reunião de candomblé na casa de pai Domingos.[23]

Elias Seixas deu uma outra versão à visita que João lhe fez. Disse que o convidara à sua casa para discutir o pagamento de um empréstimo a ele tomado por João, e que deste se despedira no final da tarde daquela sexta-feira fatídica. Antes o convidara a pernoitar em sua casa, por já ser quase noite, convite recusado sob alegação de não ter João avisado à mulher que dormiria fora. Elias afirmou que não o acompanhara à cidade porque tinha negócios de sua lavoura a tratar, mas o teria escoltado parte do caminho. Alegou não fazer sentido que ele matasse João e carregasse seu cadáver a uma grande distância de sua casa para depositá-lo no Dique. Além de Elias, um escravo dele viu João naquele final de tarde. Ele confirmou o depoimento do senhor. Este escravo chamava-se Aniceto, aquele menino alforriado em 1849 sob condição de acompanhá-lo até a morte. Era liberto condicionalmente, mas declarou-se "escravo da lavoura" durante seu depoimento.

A única evidência material de que João tivesse sido morto por Elias, a mancha vermelha encontrada no guarda-sol deste, que seria sangue da vítima, foi investigada pelos "doutores em medicina", que concluíram ser outra coisa. Já o corpo de delito, anexado à investigação criminal, é ambíguo. O cadáver, encontrado cerca de três dias após o óbito, estava em avançado estado de decomposição, mas ainda foi possível aos médicos nele perceberem muitos estragos. Concluíram que a morte resultara de "asfixia por estrangulamento ou por submersão", quer dizer, podia ter sido estrangulado e lançado ao Dique, ou ali se afogado. Que instrumento fora usado para causar a morte?, perguntou a polícia. A resposta decepciona pela imprecisão: "Instrumento constringente produzindo estrangulamento, ou água produzindo a submersão". Sinais de bordoadas, porém, foram também encontrados.[24]

Como os médicos daquele tempo, continuo sem saber exatamente o que se passou. A morte de João pode ter sido apenas acidental, ou mesmo um suicídio. O lago do Dique era, na Cidade da Bahia, um dos locais preferidos por africanos que bus-

39 e 40. O lago do Dique, c. 1870.

cavam acabar com a vida, talvez por razões até religiosas. Desde o início do século XIX, há notícias de que ali havia uma nascente chamada Mãe-d'Água, objeto de devoção e celebração. Em meados desse século, é provável que já tivesse se instalado no lago o culto de Oxum, deusa iorubá da água doce, ainda hoje ali vigente. Em visita ao Dique, no mesmo ano em que João foi morto, o príncipe Maximiliano de Habsburgo descobriu o que seriam elementos da religiosidade africana:

> Nos campos próximos, cultivados pelos negros, vi, não sem admiração, caveiras de touro, fincadas em altas estacas. Podem ter sido espantalhos. Creio, porém, que ainda são tradições do fetiche transatlântico que perdura, estranhamente, com os negros importados, mantendo tacitamente uma espécie de laço misterioso entre eles. Na África, encontram-se, igualmente, tais cabeças de touros. Lá, elas são consideradas uma proteção contra o mau-olhado e contra a influência dos maus espíritos.[25]

Em 1902 um jornal citado por Nina Rodrigues constatava que nas "imediações do Dique [...] funcionavam muitos terreiros, dia e noite [...]". Na década de 1930, quando Donald Pierson fez suas pesquisas na Bahia, o local era tido como "lago sagrado", em torno ou próximo do qual diversos terreiros tinham sido instalados, alguns desde o século anterior, como o ativíssimo Moinho, hoje conhecido como Gantois.[26]

O Dique era, no tempo de Domingos, verdadeiro sumidouro de negros. No curso de um ano, entre 1849 e 1850, pelo menos três africanos apareceram ali mortos, além de uma crioula livre e uma parda escravizada.[27] Em 21 e 22 de maio de 1860 dois africanos foram encontrados mortos no lago, um homem e uma mulher. Ela foi retirada num dia, no dia seguinte ele. A africana, com o cadáver em avançado estado de decomposição, não foi descrita; o homem era um senhor de barba cerrada e cabelos brancos, aparentando mais de cinquenta anos.[28]

Elias pode ter matado (ou, mais provavelmente, mandado matar) João e jogado (ou mandado jogar) o cadáver no Dique, bem longe de sua casa, exatamente para simular um suicídio ou afogamento acidental. Os sinais de bordoadas no pescoço, identificados pelo soldado e confirmados no exame de corpo de delito, sugerem que João teria levado uma surra antes de morrer. Quem sabe Elias quisesse apenas intimidar para obrigá-lo a pagar a dívida, mas um golpe mais forte... e deu no que deu. Trata-se de conjectura, hipótese. De todo modo, Elias não se tornou suspeito sem razão, embora em ambos os processos acusasse Domingos Sodré de armar um complô contra ele.

A JUNTA DE ALFORRIA

Elias nem chegou a ser pronunciado réu no caso da morte de João, foi absolvido de culpa em 25 de janeiro de 1861. Domingos Sodré, porém, continuou a acusá-lo do crime no processo cível que moveu contra ele para reaver aquele conto de réis que lhe teria sido confiado. O dinheiro pertenceria a uma junta de alforria, instituição de crédito dedicada a libertar africanos escravizados. As juntas, como os cantos, eram organizadas segundo a filiação étnica, ou seja, cada nação africana — nagôs, haussás, jejes, congos, angolas etc. — formava uma ou mais juntas, a depender do tamanho de cada nação representada na cidade. As juntas dos nagôs, a maior nação africana da Bahia em meados do século XIX, provavelmente se inspiravam na *eṣuṣu*, instituição de crédito iorubá que, segundo o historiador iorubá Samuel Johnson, era assim organizada: "Uma soma fixa, previamente acordada, e dada por cada um, numa periodicidade (geralmente cada semana) e local determinados, sob administração de um presidente; a quantia total é paga a cada membro rotativamente".[29] Por causa do processo movido por Domingos contra Elias aprendi um pouco mais sobre o funcionamento das juntas de alforria na Bahia, um assunto carente de fonte documental, embora comentado por diversos autores no trânsito do século XIX para o XX.

Cada junta se reunia, de acordo com Manoel Querino, "sob a chefia de um deles, o de mais respeito e confiança".[30] Seria o caso de Domingos. De fato, no inquérito sobre a morte de João, o liberto africano Jorge Francisco Manoel de Castro, que vivia de ser ganhador, declarou que, no dia do desaparecimento do parceiro, estava reunido com outros, inclusive Jugurta, na casa de Domingos. A reunião seria "para repartir certa quantia", referência ao conto de réis que João deveria recolher das mãos de Elias a mando de Domingos.[31]

A direção da junta revela novo aspecto da capacidade de liderança do liberto que, seguramente, não estava dissociada de suas atividades religiosas. Lembremos que aquela reunião da junta acontecera numa sexta-feira, mesmo dia da semana indicado pela polícia como de ajuntamento de candomblé na casa de Santa Tereza. Embora não se conheça detalhes da dinâmica de poder na junta, esse é um indício de que a liderança de Domingos estava de algum modo assentada em sua ascensão ritual sobre os demais membros. Não parecia haver eleição regular para a chefia da instituição de crédito. Há notícia de que Domingos dirigia a organização desde 1852, pelo menos. Já na *eṣuṣu* iorubana não existia líder fixo, mas um escolhido em sistema de rodízio. Somente mais tarde, na Nigéria colonial, surgiu a figura do *alajo*, um coletor das contribuições em dinheiro que recebia comissão pela função exercida.[32]

A junta de alforria presidida por Domingos reunia valores depositados semanalmente por africanos escravos e libertos que, ao final de um ano, ou mais precisamente 52 semanas, eram repartidos entre seus membros "na proporção da entrada de cada um".[33] Aqui parece haver outro distanciamento do modelo iorubá, uma vez que não se previa o depósito de uma "soma fixa", conforme apontou Johnson para a *eṣuṣu*, pois na Bahia cada um contribuía com o que pudesse, e retirava na mesma proporção. Por outro lado, nessa época, não consta que a junta estivesse organizada exclusivamente de acordo com a filiação étnica de seus membros, mas por freguesia. Assim, segundo o libelo de Domingos, "os africanos moradores na Freguesia de São Pedro, como praticam os de outras freguesias", tinham organizado a sua junta.[34] Domingos seria então figura importante entre os africanos de várias origens da populosa freguesia, não apenas entre os de sua nação. Porém, nessa altura do século XIX, quase 80% dos escravos africanos de Salvador seriam nagôs, de maneira que a maioria das organizações africanas teria necessariamente esse perfil étnico.[35] Por isso o crioulo Felippe Neves chegou a declarar que a "caixa" presidida por Domingos era etnicamente circunscrita, pois teria "por fim libertar os seus compatriotas".[36] Ora, os compatriotas de Domingos eram os nagôs. Suponho, assim, que à base territorial da freguesia se superpunha, em larga medida, embora não só, a afiliação étnica. Por mais que circulasse entre outros grupos, que ultrapassasse suas fronteiras étnicas, o papai permanecia nagô. As fronteiras identitárias servem para circunscrever "comunidades culturais", como eram as nações africanas na Bahia, não para levantar "barreiras ao trânsito de pessoas, bens ou ideias", bem o disse Marshall Sahlins.[37]

De outra parte, aparentemente, essa junta de alforria em particular só reunia homens. A negociante Felicidade, mulher do João assassinado, declarou que não sabia das transações dele com Domingos e Elias "por ser negócios de homem".[38] À semelhança dos cantos de trabalho, as juntas constituíam organizações predominante, quando não exclusivamente, masculinas. Segundo os estudos feitos sobre Salvador oitocentista, os homens, que eram maioria na população escrava, tinham mais dificuldade para se alforriar do que as mulheres, uma vez que essas, por sua maior presença nos serviços domésticos e consequente proximidade com a família senhorial, podiam melhor negociar os termos de suas alforrias, mesmo se tivessem de pagar por elas. Mas não só isso. As mulheres escravizadas tinham, em geral, valor de mercado menor do que os homens, apesar de grande número delas conseguir ocupações, particularmente de ganhadeira, que facilitavam a formação de poupança com vistas à compra da liberdade.[39] É então compreensível que, no esforço para conquistar a alforria e até por serem maioria na população escravizada, os homens estivessem mais bem representados nas juntas. Sejam quais forem as razões, essas caixas de crédito constituíam um circuito de sociabilidade sobretudo masculino, conforme ensinou a viúva de João.

A junta consistia, para alguns, numa caixa de poupança da qual cada membro escravizado retirava, num sistema rotativo, geralmente apenas uma parte, a que faltava, do valor de sua alforria. O sacador continuava a pagar ao fundo para saldar o principal, mais juros que, de acordo com Silva Campos, chegavam a altíssimos 20%. Eis aqui outra diferença com a *eṣuṣu* iorubá, que, conforme Toyin Falola, não implicava a cobrança "nem de juros ou dedução de taxas".[40] No caso da Bahia, Silva Campos observou:

> Existiam nesta cidade empresas bancárias africanas, destinadas a fazer empréstimos para aquisição de alforria. Ajustada a quantia, e levantado o empréstimo, forro, o devedor passava a trabalhar por sua conta para solver o débito. Amortização e juros eram semanais. Isto é, convencionava-se com o devedor pagar ele todos os sábados 5$000 [cinco mil-réis], sendo 4$000 da amortização do capital e 1$000 de juros.[41]

Uma vez paga a dívida, o liberto podia permanecer membro da junta, agora como credor. Mesmo um liberto que não fizera parte da junta quando ainda escravo poderia, teoricamente, a ela se associar. Os juros pagos pelos devedores permitiam um bom retorno dessas aplicações e, ao mesmo tempo, promoviam o crescimento do capital disponível para empréstimos a membros escravizados, visando à compra da alforria. Era um sistema engenhoso de financiamento da liberdade, que constituía sua finalidade precípua.

Uma testemunha de Domingos, o pardo alfaiate Dionizio Maximiliano de Albuquerque, 37 anos, definiu a junta, enfaticamente, como "associação de Africanos, com o fim de libertar os seus companheiros".[42] Na acusação contra Elias, se confirma que a junta realmente funcionava como um mecanismo de solidariedade africana, mas também como um negócio em que libertos emprestavam a escravos dinheiro a juros:

> Provará que essas contribuições semanárias eram entregues ao Réu [Elias] como um depositário com ciência dos contribuintes, e dele recebia o Autor [Domingos] o resultado total no fim das 52 semanas para ter lugar a divisão, sendo tudo isto feito camararia-mente [i. e., em assembleia] entre todos por serem todos africanos, que nem sabem ler, e por ser um *meio para adjuntório* [sic] *da liberdade de outros mediante algum lucro.*[43]

"Mediante algum lucro"... Não se tratava de filantropia pura ou solidariedade coletiva apenas, como observou Maria Inês Oliveira.[44] Era um sistema de empréstimo, em muitos aspectos semelhante a outros, pois quem tomava pagava juros, e quem cedia queria lucro. O chefe do grupo ganhava algo mais que os outros membros pela função de gerenciamento do sistema, sobre o que Domingos se calou, mas o confirmam Manuel Querino e Braz do Amaral, testemunhas do funcionamento dessas instituições no final do século xix.[45] O liberto Jorge de Castro, ganhador de cinquenta anos e único contribuinte declarado da junta a depor no processo, disse que o "amigo" Domingos era "cabeça deles africanos" e que ele "vive de junta".[46] Dessa forma, em 1862, Domingos tirava sua sobrevivência da direção remunerada da junta, da adivinhação e outros serviços rituais, além do trabalho no ganho de uma ou duas escravas que possuía.

Uma passagem do documento há pouco citado mostra perfeitamente diferentes territórios culturais por onde circulava nosso protagonista: o mundo oral da junta e o mundo da escrita, representado pelos cartórios e juizados. Por um lado, tinha alguma razão a defesa de Elias ao alegar que "os africanos não confiam dinheiro sem clareza [recibo], o que chamam 'papel', como é público e constante".[47] De fato encontramos numerosas transações de propriedade registradas por eles em cartório, mas, por outro lado, muitos de seus negócios rolavam sem papel, na base da confiança, da palavra empenhada, e por isso mais difíceis de constatar. Era o caso de escravos que confiavam suas economias à guarda de libertos, assim como o assunto das juntas de alforria. Alguns senhores podiam ser tomados de surpresa de que seus escravos tivessem conseguido acumular pecúlio à sua revelia para comprar a liberdade.[48]

Tanto Manoel Querino como seu contemporâneo Braz do Amaral destacaram a lisura que em geral caracterizava os envolvidos nos contratos verbais das caixas de empréstimo africanas. Braz do Amaral se estendeu sobre o assunto: "Imagine-se a dose de perseverança, de energia, de esforço oculto e honrado que era preciso para isto, e a retidão indispensável entre todos, prestamistas, depositários e devedores, para que cumprissem a fé dos seus contratos, feitos verbalmente, sob palavra, sem o menor auxílio ou proteção das leis". E arrematava: "E note-se que em alguns casos era forçoso tudo conservar secreto, por causa daquela oposição que faziam os senhores a tudo que importava na liberdade de seus servos".[49] Ubiratan Castro de Araújo recolheu tradição oral que fala, de maneira divertida, do embate entre senhor e escravo em torno do dinheiro da alforria. Na história o cativo africano, fingindo-se de tolo, impede com astúcia ladina a tentativa de apropriação de sua poupança secreta pelo senhor, fazendo-o de tolo de maneira humilhante.[50] A defesa do pecúlio não era preocupação a ser esquecida, e explica o papel relevante desempenhado por Domingos junto aos escravos, fosse como adivinho-curandeiro, fosse como gerente de junta de alforria.

De acordo com Domingos Sodré, os membros da junta, por não saberem ler, reuniam-se — se "ajuntavam" — em assembleia para tomar decisões. E ali a palavra acordada por todos tinha foro de contrato coletivo equivalente a um escrito e registrado em cartório. Numa outra passagem do processo, para justificar a inexistência de documento escrito que desse conta da guarda do dinheiro da junta por Elias, Domingos alegou, por intermédio de seu procurador, que "este dinheiro e este negócio [eram] pertencentes e tratados entre Africanos, que por este modo fazem negócios tais na melhor boa fé".[51] Há, contudo, uma outra razão para que fosse assim, além da inexperiência africana com a escrita ocidental: os escravos não podiam contratar legalmente por si próprios, daí serem sempre representados por curadores em questões judiciais. Essa era a lei do branco. Na lei dos pretos a palavra do africano valia, e assim se faziam, oralmente, os negócios da junta. Havia interesse dos africanos em que os dois universos legais se mantivessem separados porque isso impedia que os senhores metessem o vigilante nariz nos assuntos relacionados com a conquista da liberdade por seus escravos, como já tinha observado Braz do Amaral. Aliás, o mesmo pode ser dito do sistema de justiça e sanção do mundo do candomblé, que existia apartado do sistema legal oficial, apesar de, assim como a junta, se cruzarem às vezes nos inquéritos policiais e nas sessões de tribunais. Também a política do segredo ritual do candomblé se manifestava nos negócios da junta. À semelhança da eṣuṣu na África, provavelmente "os membros juravam não trair uns aos outros".[52] O candomblé e a junta tinham muito em comum, e não estavam separados na vida de Domingos.

As testemunhas arroladas por Domingos esclareceram outros aspectos do funcionamento da junta e de sua liderança, inclusive que, para algumas decisões, se contratava a ajuda de gente versada na escrita e na contabilidade. Isso adiciona complexidade ao universo cultural e institucional dos africanos na Bahia, que incluía a cooperação de pessoas de fora da comunidade. O oficial de justiça da Sé e despachante Manoel Francisco de Paula, pardo de 57 anos, solteiro, disse ter testemunhado em três ocasiões a contagem das quantias recebidas por Domingos. Mas quem de fato contava e fazia a divisão do dinheiro com os membros da junta não era o liberto. Provavelmente para explicitar a lisura das contas, chamava-se para esse fim o oficial de justiça da subdelegacia de São Pedro, Joaquim Francisco de Oliveira, pardo de 46 anos, recrutado por Domingos como sua testemunha no processo contra Elias. Joaquim Francisco declarou que "cada um entravam [sic] para no fim do ano repartir e aplicar a sua totalidade em libertar os seus companheiros, divisão que essa testemunha fazia pelo que recebia um pagamento".[53] Então a junta contratava uma espécie de contador para assessorá-la, alguém da confiança do adivinho, aliás presente como sua testemunha em pelo menos uma outra transação registrada em cartório pelo liberto sete anos antes.[54]

Em ambos os processos movidos contra ele, o criminal e o

cível, Elias Seixas defendeu-se da acusação de assassinato dizendo ter sido tudo armação de Domingos, que não tinha dado certo porque ele, Elias, fora inocentado ainda durante a fase do inquérito policial. Seus advogados sustentaram que a morte de João teria dado ocasião ao acusador de urdir uma trama para arrancar dinheiro do acusado, um lavrador próspero, com família e escravos. No inquérito policial, o advogado de Elias chamou a atenção do subdelegado para seu comportamento exemplar durante os quase quarenta anos que vivia na Bahia, "sendo preto honesto que vive de seu probo trabalho para sustentar seus filhos legítimos e sua mulher enquanto viva".[55] Mulher que tinha sido sua escrava e, portanto, ajudado — e decerto continuava a ajudar — a sustentar Elias. Disso não falou o advogado de defesa, pois perfilar Elias como patriarca provedor ajudava a melhor promover sua imagem de homem de bem.

Elias alegou em ambos os processos que, ao contrário do que dizia a acusação, de fato fora ele quem chamara João a sua casa para dele cobrar dívida de 120 mil-réis, dinheiro de que precisava imediatamente para completar o pagamento de dois sítios no valor de 300 mil-réis (ver quadro a seguir). A vendedora era a africana liberta Leonarda Thereza de Jesus, comadre de Elias, que vinte anos antes lhe batizara o filho com sua mulher Maria da Luz.[56] Para juntar esse valor, disse ter também pedido um empréstimo de 100 mil-réis a seu amigo Manoel Joaquim Ricardo, que confirmou o pedido, mas afirmou não tê-lo atendido por falta de dinheiro, uma inverdade à vista do que falarei adiante sobre seus bens. Esse Manoel Joaquim, o leitor e a leitora podem ter esquecido, era dono do jovem crioulo encontrado pela polícia na casa de Domingos Sodré, com quem também mantinha relações de amizade.[57] Reparem na rede que se tece: Elias era amigo de Ricardo, que era amigo de Domingos, que um dia fora amigo de Elias. Dificilmente este não estava ligado, de alguma forma, ao mesmo circuito religioso, nem que fosse como devoto ou cliente apenas. Daí desconfiar-se que o apelo de Domingos à justiça dos brancos estava sendo feito por falha da justiça africana, a divina inclusive. Voltarei ao assunto.

Compra da roça do Batefolha por Christovão Seixas, filho de Elias, em 1864

A confirmar as declarações de Elias Seixas feitas dois anos antes, em 10 de maio de 1864 o marceneiro Christovão Elias Seixas, filho do rival de Domingos, aparece como comprador, por 300 mil-réis — já pagos por ocasião do registro da escritura de venda à africana liberta Leonarda Thereza de Jesus —, de "um terreno ao lado do São Gonçalo, segundo Distrito de Santo Antônio Além do Carmo, denominado sítio da Fazenda do Batefolha, do domínio direto de Dona Feliciana Pereira de Jesus." Esta dona Feliciana tinha sido, provavelmente, senhora de Leonarda, mas, curiosamente, a fazenda São Gonçalo pertencera ao casal Luiz José de Oliveira, senador do Império, e dona Maria José de Seixas, esta, filha de dona Maria Dorothea Seixas, senhora de Elias. A transação entre Christovão Seixas e Leonarda Thereza de Jesus teve como testemunha o nosso já conhecido subdelegado João de Azevedo Piapitinga. Cumpre registrar que neste sítio do Batefolha existia, em 1838, uma "casa de candomblé", conforme indica um mapa feito pelas forças legais que combateram os rebeldes da Sabinada naquele ano. Seis anos depois uma força da polícia invadiu uma casa no local, prendeu seus ocupantes e confiscou objetos de culto. Nessa mesma vizinhança, em 1848, Elias Seixas havia adquirido, do também africano Vicente Luciano, uma casa de taipa e várias plantações, como fossem 27 coqueiros, sete laranjeiras brutas, dois limoeiros e duas mangueiras. O terreno pertencia à fazenda São Gonçalo, mas era posse do frei José de Santa Escolástica e Oliveira, que pagava 6 mil-réis de foro anualmente. Nessa época Elias já possuía uma roça no mesmo local, colada àquela agora adquirida. Ou seja, ele estava pouco a pouco incorporando a seu domínio terrenos vizinhos uns dos outros, comprados a africanos libertos. Por fim, em 1916, o fundador do atual Batefolha, Manoel Bernardino da Paixão, compraria a gleba onde assentaria seu terreiro ao lado das terras pertencentes a Christovão Elias Seixas.

Fonte: APEB, *LNT*, n. 285, fl. 173v, nº 375, fl. 79v, e n. 1279, fls. 32v-33v. Menção a candomblé no Batefolha no século XIX em Souza, *A Sabinada*, p. 101; em Abreu, *Capoeiras*, p. 84; e em Reis e Silva, *Negociação e conflito*, p. 61.

Para melhor defender seu cliente, o advogado de Elias Seixas no processo cível descreveu-o como um homem "Católico Apostólico Romano, que teme a Deus" e por isso incapaz de negar suas dívidas, menos ainda cometer assassinato. O advogado do inquérito policial foi ainda mais longe ao desqualificar uma testemunha de acusação do círculo de Domingos, o liberto Jorge de Castro: "a testemunha é falsa e que não o podia deixar de ser porque não tem Religião, como os africanos não a têm, e portanto não podendo respeitar a santidade do juramento", feito com a mão direita sobre o Evangelho, como de praxe faziam todas as testemunhas.[58] A religião referida, e com maiúscula, obviamente, era a católica. O advogado, talvez num momento de destempero, fizera uma generalização arriscada para seu próprio cliente, também ele africano. O defensor de Elias no processo cível foi mais cuidadoso, e apenas valorizou o catolicismo de seu cliente. Nas entrelinhas, quis insinuar que Elias não era candomblezeiro como Domingos. Os advogados com certeza sabiam das condenáveis atividades rituais de pai Domingos, e não duvido que o soubessem da boca de Elias.

É muito suspeito que a prisão de Domingos como feiticeiro acontecesse quando a causa cível ainda corria. Desconfio que o episódio pudesse ter sido tramado pelo próprio Elias e seus aliados, apesar de nada a esse respeito vazar para as páginas do processo ou para a correspondência policial sobre o caso. A prisão do adivinho, fato escandaloso noticiado nas folhas da cidade, não veio à tona no tribunal. Houve, sim, insinuações sutis e indiretas nos argumentos finais do advogado de defesa de Elias. Depois de definir Domingos como "atilado sujeitinho, a quem não passa camarão por malha", acusou-o de ter embolsado o dinheiro da junta, pois vivia, "há muito, de alicantinas", um termo que significa ao mesmo tempo trapaça e meio de atrapalhar o andamento de um processo judicial. Um pouco mais diretamente relacionado ao episódio de sua prisão foi esse advogado chamar Domingos de "figurão dessa mesma Freguesia [de São Pedro Velho]".[59]

De fato, a polícia e mesmo a imprensa haviam se encarregado de divulgar que Domingos era o grande adivinhador e feiticeiro da cidade. Tanto mais figurão que conseguira ter como sua testemunha, no caso contra Elias, o oficial de justiça do mesmo subdelegado interino que o prendera, além de ter como seu advogado o próprio subdelegado titular de São Pedro. A defesa não arriscou atacar o subdelegado, um respeitável bacharel de direito. Já o oficial de justiça, o pardo Joaquim Francisco de Oliveira, foi acusado de viver "noite e dia ensopado no álcool e quase sempre encostado à mesa" do liberto.[60] Para quem tinha acompanhado os acontecimentos policiais recentes na freguesia, ficava implícito que o oficial de justiça, morador ali perto, no Areal de Cima, era cliente assíduo de pai Domingos, além de sua fiel testemunha. Tanto que, no processo em que Elias foi acusado de assassinato, Oliveira jurou "em sua consciência crer que o acusado é inocente", mas na vara cível o acusava de roubar a junta. Aliás, Domingos vivia cercado de aliados que serviam na burocracia policial. Manoel Francisco de Paula, o pardo oficial de justiça do Curato da Sé, declarou que, "costumando ir à casa de Domingos Sodré", soubera do ocorrido a João através do papai.[61] Provavelmente não procurava Domingos apenas para contar dinheiro de junta, o que também fazia, como vimos. É claro que ambos os funcionários públicos conheciam as habilidades de adivinho-curandeiro de Domingos e provavelmente se utilizavam delas.

Elias Seixas escolheu melhor as testemunhas para defendê-lo da acusação de apropriação dos fundos da junta de alforria. As de Domingos eram duas nascidas na África, uma delas a mulher do falecido João; dois crioulos, um deles o enteado do mesmo João; e três pardos, entre eles o oficial de justiça. Nenhum branco. Do lado de Elias encontravam-se três brancos, um pardo, um crioulo e dois africanos libertos. Entre os brancos, destacava-se o subdelegado do distrito onde o africano morava, tenente-coronel João de Azevedo Piapitinga, que encontramos diversas vezes neste livro, inclusive como testemunha do casamento de Elias. Como já disse, este liberto compunha a clientela africana do subdelegado, que afirmou "ter ciência certa de que o Réu não fazia parte de junta alguma, não tendo jamais reunião na sua casa de espécie alguma, vivendo ao contrário só no meio de sua família". Sobre a guarda do dinheiro, disse que o africano "nunca lhe comunicou" o fato, e gabou-se que o saberia, "mesmo porque todos os africanos quando têm algum negócio procuram a ele testemunha". Seria o grande patrono dos libertos da freguesia de Santo Antônio. Finalmente, Piapitinga garantiu — aliás, em ambos os processos — ter presenciado a compra dos sítios de Leonarda por Elias e assegurou a honestidade e probidade do africano, do que sabia por exercer "constante vistoria e vigilância sobre todos os moradores do seu Distrito, principalmente sobre os africanos".[62] Como já se viu, alguns meses antes Piapitinga jactava-se junto ao chefe de polícia de ter acabado com os candomblés em sua freguesia, do que seu superior, aliás, duvidava.[63]

Elias confiava os seus negócios a outras pessoas socialmente superiores, todas elas residentes na freguesia da Sé, centro da cidade, onde ele vivera como escravo da família Seixas. Ricardo de Abreu Fialho Jr., branco de 25 anos, escrevente de cartório, e compadre de Elias — era padrinho de sua filha Francisca —, afirmou que o africano o buscava sempre para consultá-lo sobre seus negócios, mas nunca o fizera em relação a dinheiro de junta. Se guardasse dinheiro alheio, concluiu, "escrupuloso como é, lhe comunicaria". O pardo Bernardino Andrade e Almeida, sapateiro, declarou que Elias nada fazia sem consultar a um oficial de sua sapataria e a Francisco Ribeiro de Mello Nabuco, músico de 25 anos, branco, que também testemunhou a favor de Elias. O depoimento do músico foi o mais prejudicial à causa de Domingos. Ele declarou ter intermediado uma proposta a Domingos visando sua desistência da demanda contra Elias, e que aquele em troca exigira 500 mil-réis inicialmente, depois se contentou com reles 250 mil-réis. Esse incidente convencera Nabuco de que Elias nada devia à junta, pois, se verdadeira a acusação, Domingos "não abriria mão de três quartos de seu débito".[64]

Elias acabou absolvido em 30 de novembro de 1863, passados mais de três anos do início do processo em que era acusado de se apropriar do dinheiro da junta. A Domingos restou pagar 37$800 réis (trinta e sete mil e oitocentos réis) das custas do processo, além dos honorários de seu advogado, cujo valor desconheço.

ADIVINHANDO A LIBERDADE

Não nos cabe, obviamente, julgar de novo o caso, mas é estranho que dez anos antes, em 1852, história semelhante tivesse sido contada por Domingos a respeito de um alegado empréstimo feito ao liberto Cipriano José Pinto, um comerciante haussá e chefe de candomblé que apresentarei com mais vagar no próximo capítulo. Nessa demanda, Domingos disse o seguinte sobre o suposto empréstimo: "e sabendo que o mesmo [Domingos] guardava dinheiros de outros Africanos libertos, pedira-lhe [Cipriano] emprestada a quantia de Réis dous contos e quinhentos mil para comprar objetos com que pudesse negociar". Aqui também se tratava de dinheiro de junta de alforria. Domingos teria recebido como garantia um baú fechado que conteria misterioso "objeto de grande valor", mas desonrada a dívida e aberto o baú só teriam sido lá encontradas "algumas taboas de pinho".[65] Um relato deveras mirabolante, negado com veemência por Cipriano.

Até colocar essas duas histórias lado a lado, cheguei a imaginar que Domingos acreditasse ter visto no jogo de adivinhação que Elias matara João devido à dívida deste com aquele, o que teria levado o adivinho a acusá-lo junto à polícia. Ainda acho que, por esse ou outros métodos, Domingos estivesse convencido de que Elias matara ou mandara matar seu amigo, companheiro de junta e, provavelmente, parente de nação. Os depoimentos no processo — o de Felippe Neves, por exemplo — evidenciam que João fazia parte da rede social de Domingos, assim como sua mulher, Jugurta e os ganhadores do canto do Mocambinho, que prenderam Elias naquele dia de outubro de 1860. Domingos tinha ascendência sobre eles todos. Cabia-lhe vingar a morte de seu amigo, aliado ou dependente — o que fosse — e assim justificar o papel de liderança que tinha no grupo. A relação entre Domingos e Elias seria de igual para igual e era boa até a morte de João. Uma testemunha de defesa no processo cível, perguntada pelo advogado de Sodré por que este "imputaria a morte de João a Elias", respondeu que "talvez por indisposição, porque antes da morte de João eles se davam".[66] Indisposição provocada por ter sido Elias responsabilizado pela morte de gente do pai Domingos.

Domingos investiu-se do papel de vingador. Ele decidira processar Elias por roubo do dinheiro da junta, punindo-o com a moeda que o teria levado a tirar a vida de João, eliminado, talvez acidentalmente, por uma questão de dívida. Elias pagaria pelo crime em dinheiro. Esse foi o plano que sobrou, uma vez que o inquérito criminal tinha dado em nada. Domingos conduziu seu advogado na construção de uma narrativa de estelionato, que correu paralela e se imbricou à de assassinato. Esse enredo, por outro lado, se transformou em obra coletiva, uma vez que o liberto arregimentara testemunhas que juraram de maneira coordenada contra Elias. A falha desse enredo é sua semelhança com a acusação de estelionato feita a Cipriano dez anos antes e que, aparentemente, os defensores de Elias desconheciam.

Teria Domingos se inspirado numa história real — a de Cipriano — para atacar Elias, ou as histórias teriam sido ambas criadas por ele para se locupletar? Pois não é crível que Domingos, esperto como era, pudesse ser roubado tão facilmente, e duas vezes, do dinheiro da junta. Que hipóteses levantaria um bom detetive sobre o caso? O adivinho era irremediavelmente ingênuo ou um completo velhaco? Consideremos, porém, uma terceira hipótese, a de que de fato não existiu roubo porque não existia dinheiro de junta a ser repartido naquele momento. Domingos teria agido segundo um código cultural em que métodos de confronto tais fizessem talvez parte do jogo da vida. Ou seja, o vingador Domingos convenceu-se — e convenceu seus aliados e subordinados — de que a acusação de roubo do dinheiro da junta seria uma punição, não a mais justa, mas a possível para o assassinato de João. O papai pode ter sentido que a estratégia funcionaria. Sobre o uso que seria dado ao conto de réis se Domingos vencesse Elias, nem quero especular.

Como sacerdote africano, Domingos estava bem treinado em demandas e negociações complicadas no campo do sagrado, as quais devem ter contribuído, ou pelo menos o inspirado, para reproduzi-las no terreno secular. O jogo da adivinhação consiste num leque de possibilidades que vão do sucesso absoluto ao fracasso total, a depender do desempenho do adivinho na interpretação dos símbolos, da consequente identificação das histórias exemplares que eles representam e dos sacrifícios equivalentes. Através de oferendas, preces e encantações, trata-se de advogar junto aos deuses a solução de uma demanda. Num processo judicial também se constrói uma narrativa exemplar para convencer juiz e jurados da justeza da causa, como Natalie Davis já observou no caso dos pedidos de perdão por condenados à pena capital na França do século XVI.[67]

Entre nós, Yvonne Maggie sugeriu um paralelismo entre a liturgia dos tribunais — revelada em termos como "abertura de trabalhos", "despacho" etc. — e a das "religiões mediúnicas", como ela definiu as religiões de possessão espiritual existentes no Rio de Janeiro do início da República que estudou.[68] Por essa lógica, nosso Domingos estaria em seu elemento quando dava entrada a seus papéis no foro. O jogo divinatório e a chamada feitiçaria tinham algo do procedimento judicial, inclusive uma moralidade muitas vezes esquisita para os leigos. E, como leigo, me escapam os sentidos culturais mais profundos dos processos abertos por Domingos e seus associados contra Elias em torno do dinheiro da junta.

Não é que os negócios das juntas fossem sempre lisos. Talvez por isso Domingos fosse capaz de convencer alguns com sua história. Negociatas, velhacarias e até feitiçarias envolvendo as juntas de alforria talvez fossem facilitadas pela precariedade de registros que, nem sempre, pelo menos, se baseavam apenas na memória de seus membros. Havia códigos que, se não eram secretos, não se davam a decifrar por qualquer um. Silva Campos mencionou que o controle dos depósitos e das retiradas dos dinheiros das juntas era feito com riscos de lápis ou carvão sobre uma parede, enquanto Querino e Amaral descreveram um método mais razoável, segundo o qual as contribuições eram marcadas com incisões sobre um bastonete que cada membro possuía. Amaral deu uma notícia mais detalhada sobre este método contábil:

Pelo fato de não conhecerem bem os algarismos, nem terem livros ou papéis, faziam incisões em um pedaço de madeira ou numa vara, ordinariamente uma taboca, correspondentes às entradas dos associados, tendo o banqueiro uma varinha para cada um dos seus clientes, causando admiração o fato de não se enganarem e poderem fazer contas e ajustá-las, por processos de contabilidade rudimentares.[69]

Não convence que os africanos usassem esse código de controle de suas finanças, em vez da escrita, apenas por falta de familiaridade com "os algarismos" e por não "terem livros e papéis". Nem se tratava de "contabilidade rudimentar", tampouco. Muitos dos membros da junta seriam ganhadores e comerciantes que bem sabiam fazer suas contas, e além disso tinham como comprar livros e papéis, cujos preços estavam perfeitamente ao alcance de negros ganhadores. Se um Domingos Sodré podia abrir processos e pagar advogados, por que não poderia comprar papéis? Fazer as contas com marcas sobre o bambu ou outra madeira era, segundo Toyin Falola, um método iorubá de contabilidade e talvez tivesse sido replicado pelos nagôs da Bahia.[70] Ao mesmo tempo, seria mais uma maneira de os africanos manterem sigilo sobre seus negócios. É ainda possível que diferentes grupos usassem métodos diferentes de controle das contas, uns mais, outros menos garantidos. Mas a feitura desses registros, quaisquer que fossem, devia ser testemunhada pela junta reunida.

Querino e Silva Campos ouviram de seus informantes, entre o final do século xix e o início do xx, histórias de disputas envolvendo fundos de juntas de alforria. Silva Campos relatou o caso de uma negra aguadeira ludibriada pelos organizadores de uma delas. Desconfiada, a liberta pedira aos estudantes de uma república a quem fornecia água que a ajudassem a calcular suas contribuições, e eles concluíram que ela já tinha pago muito além do devido. A prejudicada abriu demanda na justiça contra a junta. Já Querino foi mais vago em seus comentários. Apenas admitiu serem muitas as brigas na hora da divisão do capital e dos dividendos, mas, no final, garantiu o autor condescendente, tudo se resolvia sem necessidade de "intervenção policial".[71] Como temos visto, nem sempre era assim.

As juntas africanas de alforria representavam, ao mesmo tempo, um esforço de solidariedade coletiva para muitos, uma oportunidade de negócio para alguns e uma chance de marretagem para outros. Domingos talvez fizesse um pouco de tudo, segundo sugere o confronto que teve com Elias e com Cipriano. Sua trajetória de vida, como a de muitos africanos que vieram para o Brasil escravizados, provavelmente não foi isenta de deslizes morais. Para ascender individualmente, deixar a condição de escravos, e uma vez libertos se estabelecer no mundo dos livres, nele sobreviver e prosperar, muitos africanos tiveram, de alguma forma, de pisar sobre uns, ao mesmo tempo que davam a mão a outros.

Porém, ao contrário da maioria dos africanos, a posição de líder religioso deve ter facilitado a vida de Domingos, uma vez que ele podia fazer-se mais respeitado, temido, obedecido e servido. Essa mesma posição não o teria levado muito longe se desapontasse sistematicamente seus parceiros, associados, correligionários e clientes, entre eles, sobretudo, os escravos que o buscavam como parte de suas estratégias para alcançar a liberdade e resistir aos senhores. Ele tinha sido acusado de receber escravos que lhe pediam ajuda para conquistar a liberdade através de seu conhecimento de ervas e seu poder de comunicação com os deuses. Alforria e feitiço pareciam estreitamente ligados nas transações entre as partes.

Fosse como adivinho-curandeiro ou chefe de junta, as atividades de Domingos interferiam num domínio em que os senhores não desejavam concorrentes. A alforria era um expediente fundamental da política de controle paternalista, e o Brasil foi a sociedade escravista nas Américas que mais lançou mão dela.[72] Alforriava-se muito por aqui. Muitos escravos acreditavam que bons serviços e lealdade pudessem redundar em alforrias, sobretudo na hora em que os senhores, preparando-se para uma boa morte, escreviam seus testamentos e buscavam pagar seus pecados com esse tipo de caridade. No entanto, a maioria das cartas de liberdade era vendida, e para isso os escravos sabiam ser preciso formar um pecúlio antes de pensar com mais esperança na liberdade. E qual o tamanho do pecúlio suficiente para a alforria? A esse respeito, Kátia Mattoso observou muito bem que o preço da alforria variava de acordo com a estima conseguida pelo escravo junto ao senhor. Ela escreve:

> Trata-se do grau de intimidade que o cativo goza junto a seu senhor, de sentimentos impossíveis de contabilizar, nos quais entram nuances de amizade ou de indiferença. É possível falar de um mercado paralelo, onde o valor do escravo é cotado em baixa se o senhor está decidido a favorecer a alforria, em alta se é hostil à alforria. As cartas de liberdade outorgadas a um preço baseado na estima entre proprietário e escravo subestimam o escravo, enquanto o preço dos demais é próximo do preço de mercado da mão de obra servil.[73]

Ou seja, inclusive a carta paga passava pela malha do paternalismo. Por isso era tão comum que, mesmo tendo recebido dinheiro com uma mão, o senhor costumava escrever com a outra que alforriava o escravo pelos bons serviços prestados, a lealdade, a obediência. A posse mesma de dinheiro pelo cativo devia ser consentida pelo senhor e era este quem também estabelecia o preço da liberdade, pelo menos até a lei de 28 de setembro de 1871 assegurar o direito do escravo a seu pecúlio e ordenar que caberia a um juiz definir o preço "justo" da alforria sempre que as partes discordassem. Antes dessa lei, ficava o escravo à mercê da vontade do senhor quanto ao direito a pecúlio, ao valor da alforria e à concessão mesma da liberdade. Aqui entrava Domingos Sodré.

Suponho que o jogo divinatório orientava o escravo a buscar sua liberdade através da junta, ao passo que as mezinhas preparadas pelo papai serviriam, como já disse, para amolecer o ânimo do senhor no momento de negociar os termos da alforria, não só concedendo-a, mas fazendo-o sob condições favoráveis, por um bom preço, se não chegasse a ser de graça. A atividade religiosa de Domingos — ou se quiserem sua capacidade de manipulação do universo mágico — atraía escravos para a junta de alforria que liderava, cuja caixa seria abastecida, pelo menos em parte, com objetos e dinheiro surrupiados de senhores. A polícia não percebeu essa ligação, embora o subdelegado interino Pompílio Manoel de Castro tivesse escrito que os escravos entregavam a Domingos objetos roubados "para a título de ofertas, conseguirem sua liberdade". As "ofertas" podiam ser ao mesmo tempo oferendas votivas, remuneração do adivinho-curandeiro e também depósitos no caixa da junta. Naquele termo de obrigação por ele assinado, Domingos prometia deixar "de aliciar escravos, [e] a título de adivinhador fazer-lhes amplas promessas de liberdade".[74] As promessas de liberdade passavam pela junta, insisto. A polícia se fechou na chave da feitiçaria, ou melhor, do estelionato encapado em feitiçaria. Não conseguiu juntar como devia as duas coisas — feitiçaria e alforria. O processo contra Elias — que Pompílio não podia desconhecer — e a prisão de Domingos não foram então interpretados como parte do mesmo esquema africano de negociação da liberdade. Mas eram.

6. Uns amigos de Domingos

Duas pessoas foram acusadas pela polícia, em 1862, de se relacionarem com Domingos Sodré em torno do candomblé. Eram os libertos africanos Manoel Joaquim Ricardo e Antão Pereira Teixeira. Remexendo os arquivos encontrei mais um liberto que privou da amizade de Domingos e também foi preso, cerca de dez anos antes, por dirigir um pequeno terreiro no Recôncavo. Chamava-se Cipriano José Pinto. Um resumo das biografias desses três personagens coadjuvantes, de suas estratégias de sobrevivência e circulação no mundo dos brancos, de suas vitórias e derrotas, nos permite perceber melhor o setor da comunidade africana a que Domingos pertencia e por onde se movimentava. Falo dos africanos libertos.

Relações escravizado/escravizador, família, trabalho, propriedade (inclusive a posse de escravos), argúcia para os negócios (até o tráfico negreiro), convergências, tensões e conflitos internos à comunidade africana, cooperação e confronto com autoridades do Estado, em especial a polícia, aflições espirituais e afiliações religiosas — eis alguns dos temas investigados na vida dos três indivíduos aqui retratados.

MANOEL JOAQUIM RICARDO

O moleque João, preso na casa de Domingos em 1862, pertencia a um bem-sucedido comerciante transatlântico, o africano liberto Manoel Joaquim Ricardo, então morador da Cruz do Cosme, o bairro rural onde reinava o subdelegado João de Azevedo Piapitinga, já nosso conhecido, onde também residiam Libânio José de Almeida e outros acusados de feitiçaria e adesão ao candomblé. Manoel se relacionava com alguns deles. Libânio, por exemplo. Em setembro de 1862, eles se reuniram em torno da pia batismal da igreja matriz da freguesia de Santo Antônio para juntos batizarem uma criança crioula. Libânio serviu como padrinho e Ricardo "tocou na Coroa de Nossa Senhora", significando que a santa seria a madrinha. Ricardo também era, além de amigo e vizinho, compadre de Elias Seixas, que o escolhera para padrinho de sua filha, e à mulher dele para madrinha. Por ocasião da prisão de Domingos, Manoel Joaquim Ricardo seria acusado pelo subdelegado Pompílio Manoel de Castro de ter "casa para estas reuniões" de candomblé na Cruz do Cosme, e ajuntava que o papai entretinha "relações íntimas" com ele.[1] Os dois seriam bons amigos, então. O subdelegado devia conhecer bem Manoel Joaquim, por ele ter sido escravo do "protetor" (e talvez mais que isso) de sua cunhada, Umbelina Julia de Carvalho, de quem Pompílio seria, por morte dela, testamenteiro. Embora morasse em 1873 no Bonfim, então periferia de Salvador, Umbelina tinha uma casa na Rua do Sodré, portanto na vizinhança de Domingos. Essa casa, desconfio, pertencera ao ex-senhor de Manoel Joaquim Ricardo, que se chamava Manoel José Ricardo, o protetor de Umbelina.

Nessa mesma rua este último adquirira um terreno em 1836.² Os dois amigos africanos podem ter se conhecido nessas redondezas. Em 1845, quando ainda morava na freguesia portuária da Conceição da Praia, Manoel Joaquim Ricardo havia comprado na Cruz do Cosme, por 195 mil-réis (preço aproximado de um escravo), dois pequenos terrenos, colados um ao outro. Um deles media seis braças de frente e quatro braças e três palmos de fundo, e fora adquirido a Florência Maria de Jesus por 90 mil-réis; outro, com seis braças de frente e seis braças e meia de comprimento, ele comprara de Simiana de Souza por 105 mil e quinhentos réis. Pelos fundos, os terrenos faziam limite com um rio. Mediam apenas cerca de 314 metros quadrados ambas as propriedades, uma roça pequena, mas que cresceria ao longo dos anos, depois que Ricardo transferiu sua morada da cidade para a Cruz do Cosme. Em setembro de 1862, por exemplo, ele comprou por 1 conto e 200 mil-réis e registrou no nome de seus dois filhos, Damazio e Olavo Joaquim Ricardo, um terreno bem maior, com setenta braças (154 metros) de frente e fundo, colado aos anteriormente adquiridos.³

As roças compradas por Manoel Joaquim Ricardo na Cruz do Cosme eram ideais para a montagem de um candomblé, já que vegetação e água não só tinham função relevante no culto de certas divindades africanas, como serviam para o plantio de árvores, ervas e raízes necessárias a rituais de cura, oferendas e a outros fins.⁴

Conheci melhor Manoel Joaquim Ricardo numa volumosa ação judicial, iniciada em 1847, na qual ele disputava com outro africano, Joaquim Antonio da Silva, a posse de duas escravas.⁵

O senhor de Manoel Joaquim, Manoel José Ricardo, negociava com a Europa e com a África; nesta, traficava cativos. Era pernambucano, mas prosperou na Bahia, onde morreu em 1841, deixando quinze escravos seus alforriados, gratuitamente, "em

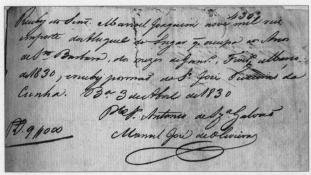

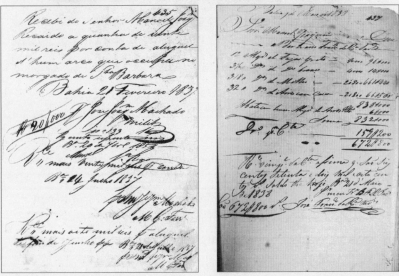

41, 42 e 43. Recibos passados a Manoel Joaquim Ricardo que se referem a ele, escravo, como "senhor", 1830, 1837 e 1838.

remuneração aos bons serviços prestados". Entre os libertos estava o amigo de Domingos. Manoel Joaquim foi provavelmente trazido da África no porão do *Ceres*, navio de seu senhor, na primeira década do Oitocentos.[6] Quando era ainda cativo, Manoel Joaquim Ricardo já vivia como liberto, com loja alugada onde negociava cereais — farinha de mandioca, feijão, arroz e milho — no importante mercado de Santa Bárbara, na Cidade

44. Mercado de Santa Bárbara, na Cidade Baixa, onde Manoel Joaquim Ricardo negociava.

Baixa, desde pelo menos 1830, onde ele então morava. Nos recibos relacionados com compra de mercadorias e pagamento de aluguéis da loja — pedaços de papel que se incorporaram ao processo —, ele, escravo, era tratado por seus credores e locadores como "Senhor Manoel Joaquim". Conforme afirmou Manoel Joaquim, além de ter "ampla licença" para negociar e viver fora da casa senhorial, seu proprietário permitia que ele fosse senhor num outro sentido, pois o escravo possuía uma escrava africana, Thomazia, comprada em 1833 por 150 mil-réis, quando ela tinha doze anos. Dois anos depois, ele a batizou na freguesia da Sé, onde ela seria registrada como de nação tapa. Um escravo africano possuía uma escrava africana, eis a situação. Com esse depoimento, Manoel Joaquim quis provar em juízo que, ao contrário do que argumentavam os advogados de seu opositor, as escravas em litígio podiam também ter sido compradas *antes* de ter ele obtido sua alforria, em vista daquela relação muito especial que mantinha com seu senhor. É possível que uma outra escrava, de nome Feliciana, nação nagô, também já fosse dele no momento em que Ricardo adquiriu sua alforria. Essa escrava, o liberto venderia por 400 mil-réis a dona Anna Joaquina de Faria, em maio de 1842, um ano apenas após se libertar.[7]

Quando ainda escravizado, Manoel Joaquim Ricardo se tornara um comerciante transatlântico, seguindo os passos de seu senhor. Desde pelo menos 1839, ele estenderia seus negócios à Costa da África, em sociedade com Joaquim Antonio da Silva, agora seu litigante. Talvez porque fosse já liberto, era Joaquim Antonio da Silva, e não o escravo Manoel, quem atravessava o oceano de tempos em tempos para, tudo indica, contrabandear escravos sob a capa do comércio legítimo. Não é que não existisse nessa época outro tipo de comércio com a África que não fosse o de gente. A importação de azeite de dendê era um desses negócios, conforme se lê num anúncio do *Correio Mercantil*, em abril de 1838: "Vende-se por preço cômodo azeite de palma ultimamente chegado de Ajudá no Brigue Espadarte: quem quiser comprar dirija-se ao Armazém de Francisco de Souza nas casas novas do Cais, que saberá com quem tratar".[8] Ajudá (ou Uidá) era uma das bases de negócio de Manoel Ricardo e Joaquim Antonio. Se Manoel Ricardo e seu sócio também comercializavam produtos como azeite de dendê, há indícios de que não faziam só isso. Tinham negócios, por exemplo, com Joaquim Alves da Cruz Rios, que, ao lado do pai José, está na lista de importantes traficantes baianos coligida por Pierre Verger, e aparece como o principal traficante numa investigação feita pelo cônsul francês na Bahia em 1846. Era também grande senhor de engenho.[9]

Eis então outra situação singular: o escravizado Manoel Joaquim Ricardo era, além de senhor, traficante de escravos. Diversos estudos já detectaram a existência de africanos libertos que atuavam no pequeno tráfico transatlântico de gente, feito à sombra do comércio de produtos como pano da costa, azeite de dendê, esteiras, balaios, cuias, sabão, noz-de-cola, goma e outros consumidos na Bahia principalmente pelos próprios africanos, alguns para fins rituais.[10] Já falei disso aqui em relação a Elias Seixas. Menos comum — embora não exatamente raros — seriam os escravos, como Ricardo, que atuavam nesse negócio, em geral coadjuvando seus senhores e/ou capitães de tumbeiros. Há registro dos artigos que ele despachou da Bahia para a África em 1839 e 1840, entre eles louças, contas corais (as contas, de novo), fazendas, fumo e aguardente, todos, à exceção das louças, produtos típicos, sobretudo o fumo, do trato de escravos nos portos negreiros do golfo do Benim. Faltaram os fuzis e a pólvora, mas estas eram mercadoria de grandes traficantes. As contas e fazendas também eram produtos em alta demanda naqueles portos, as primeiras usadas como objetos de adorno pessoal e rituais, na forma de colares, braceletes e coroas. Se documentou o que exportava para a África, Manoel Ricardo, suspeitosamente, silenciou sobre o que de lá trazia. O tráfico era ilegal, repito, e o motivo da briga entre os sócios não podia por isso ser esclarecido por inteiro diante da justiça.[11]

Ouçamos os argumentos das partes. Joaquim Antonio da Silva alegou que deixara duas escravas de ganho, Francisca e Constança, ambas jejes, sob a "administração" de um terceiro personagem da trama, Manoel José d'Etra. Esse outro Manoel era crioulo de 44 anos, filho de escrava africana e cria (ou nascido em casa) de José Antonio d'Etra, também africano, que morreu sem filhos, em 1828, deixando três escravos, entre outros bens menores, para Manoel.[12] Desde então, Manoel d'Etra prosperara: era barbeiro-sangrador (praticava a flebotomia), dono de uma competente banda de música de barbeiros escravizados e emprestava dinheiro a juros para escravos comprarem alforria. Seu prestígio o levaria à liderança da Sociedade Protetora dos Desvalidos, instituição de ajuda mútua, originalmente irmandade católica fundada em 1832 por negros libertos. Em meados da década de 1840, ali serviu como primeiro-secretário — na importante função de escrivão —, o segundo homem na hierarquia daquela instituição. Etra era gente de confiança de Manoel Ricardo, seu compadre — batizara dois de seus filhos —, e presença constante em seus negócios. Por exemplo, em 1842, Etra assinaria como testemunha de Ricardo o documento de venda da escrava Feliciana há pouco mencionada, e mais tarde, em 1845, também testemunharia a compra dos terrenos na Cruz do Cosme. Manoel d'Etra certamente conhecia o adivinho Domingos, pois morava bem próximo a ele, na rua do Sodré. E como Domingos, tinha um pé no candomblé, tendo relações, herdadas do senhor, com o pessoal do célebre terreiro do Gantois.[13]

De acordo com Joaquim Antonio da Silva, suposto senhor das escravas em litígio, durante sua estadia na África, elas deviam ganhar para o próprio sustento e apelar para o sócio Manoel Ricardo somente em caso de necessidade. E teria sido assim até quando, ao saber que Joaquim Antonio estava gravemente enfermo em Ajudá (Uidá) e, contando que ele morresse por lá, os compadres Manoel José d'Etra e Manoel Ricardo teriam tramado um golpe para este último se apossar das escravas. O golpe consistiu em Joaquim Ricardo matricular e batizar as africanas como se fossem suas escravas. Isto se deu entre 1845 e 1846. Do registro de batismo de Constança e Francisca, na igreja da Conceição da Praia, constam os nomes de outras quatro escravas de Ricardo, todas apadrinhadas por Manoel de Oliveira Nogueira, outro africano liberto, cerca de 48 anos de idade, que vivia de aparelhar couros e morava no mesmo sobrado que Manoel Ricardo possuía na rua das Grades de Ferro, n. 99, freguesia da Conceição da Praia.[14]

Esse batizado, feito catorze anos após a primeira proibição do tráfico, em 1831, aumenta a suspeita de que Constança e Francisca tivessem sido ilegalmente importadas. Daí porque nenhuma das partes litigantes pudesse produzir documentos relativos à compra delas. A matrícula tardia das escravas também assinala a participação de Manoel Ricardo no tráfico ilegal. O amigo de Domingos, além das escravas sob litígio, registrou como seus mais quinze cativos, todos africanos como ele — quatro homens e onze mulheres, entre elas Thomazia, sua primeira cativa, agora com 24 anos. A maioria tinha entre dezoito e 25 anos de idade, faixa etária típica dos africanos recém-importados.[15] À exceção de dois homens — um marinheiro, outro doméstico —, todo(a)s foram vagamente declarado(a)s como a trabalhar "no ganho". Se nessa altura Manoel Ricardo não mais se dedicava ao tráfico transatlântico, ele atuava no tráfico interno, que era legal: três de suas escravas — Maria Antônia, de catorze anos, Delfina, vinte, e Maria, quarenta — foram vendidas para o Rio de Janeiro naquele mesmo ano de 1846.[16]

A versão de Manoel Ricardo para o litígio era outra. Ele confirmava ter sido amigo e sócio de Joaquim Antonio da Silva, tanto que, após o retorno deste da África, o havia durante algum tempo acolhido como "seu protegido", em sua casa na rua das Grades de Ferro. Posteriormente, Joaquim Antonio montara sua própria morada e, como ainda se encontrasse enfermo, Manoel Ricardo, "em consequência da grande amizade que então tinham", lhe teria emprestado Felicidade e Constança para dele cuidarem.[17] Depois disso, teriam acertado a compra delas por Joaquim Antonio pelo valor nunca pago de um conto de réis.

Alegou ainda Manoel Ricardo que seu ex-sócio tinha apenas dois escravos, Maria Roza e Jacinto Antonio da Silva, mãe e filho, quando deixou a Bahia para ir à África, os quais ficaram sob a guarda dele, Ricardo.[18] Reparem que Joaquim Antonio tinha uma relação especial com Jacinto, ao qual já havia dado seu nome, embora não fosse seu filho. Precavido, o senhor escreveu uma carta de alforria, que deveria entrar em vigor caso viesse a morrer naquele outro lado do Atlântico. Essa interessante carta de alforria condicional, também assinada por Manoel d'Etra como procurador, está transcrita no próximo quadro. Ela foi anexada ao processo por Manoel Ricardo, que assim pretendia provar sua lisura, uma vez que nunca contestara ser do seu contendor os escravos ali mencionados. Nessa época, 1838, Ricardo ainda era ele próprio escravo, aliás.

Joaquim Antonio morreu, em 1849, em meio à disputa judicial com seu ex-sócio Manoel Ricardo. A pendenga continuaria por intermédio de seu neto (por parte de mãe) e herdeiro, Manoel Antônio da Silva, que, por ser menor, seria representado legalmente pelo pai, Manoel Francisco Duarte (são muitos os Manoéis nesta história), um típico personagem atlântico. Recém--retornado ao Brasil de uma estadia na Ilha de Príncipe, na costa da África, Duarte antes vivera no Recife, onde tinha nascido o filho agora litigante. Para complicar o enredo do imbróglio, dois anos mais tarde entraria na disputa pela herança de Joaquim Antonio sua filha Ângela Custodia do Reino, que morava no Recife e fez questão de ser citada como co-herdeira e parte interessada no processo em que eram disputadas as escravas Constança e Felicidade. Entre outros documentos produzidos por sua entrada na briga está uma procuração que ela passou para ser representada numa causa paralela contra o traficante Joaquim Alves da Cruz Rios, acusado de devedor inadimplente do falecido pai de Ângela do Reino.[19]

Alforria concedida por Joaquim Antonio da Silva
a Jacinto Antonio da Silva, 1838

> Carta de liberdade condicional. Digo eu Joaquim Antonio da Silva legítimo senhor de uma escrava de nome Maria Roza, a qual deixo entregue ao senhor Manoel Joaquim Ricardo enquanto vou à Costa d'África tratar dos meus negócios; e no regresso tomar conta da dita Escrava juntamente com seu filho menor de cinco anos de nome Jacinto Antonio da Silva, que igualmente fica entregue ao supra dito Senhor para os administrá-los [sic], zelá-los, tanto no estado de saúde, como de moléstia, e do que for ganhando a dita escrava será para seu alimento, e de seu filho, e havendo algum inconveniente, que a prive de trabalhar, suprirá o supra dito Senhor Ricardo com tudo até a minha chegada, que levam em conta. Caso Deus me chame desta vida presente, a dita escrava, e seu filho ficarão forros, e libertos com a condição da dita liberta pagar toda a dívida feita com ela, e seu filho, para então gozar de sua plena liberdade, sendo verificado por pessoa idônea a certeza do meu falecimento para então lhe ser entregue este papel, obrando o contrário ficará sem efeito, e por sua validade e clareza pedi ao Senhor Manoel José d'Etra, que este por mim passasse, e então somente me assinei perante as testemunhas abaixo assinadas. Bahia 3 de novembro de mil oitocentos e trinta e oito.

Fonte: APEB, *Judiciária*, n. 51/1821/04, fls. 43-45v.

Em nenhum momento, vale ressaltar, foi tomado o depoimento das escravas, que poderiam melhor esclarecer o caso. Seus testemunhos não teriam validade jurídica, daí terem sido silenciadas. Sobre elas, sabemos que tinham 35 anos, Constança, e quarenta anos, Francisca, em 1846. Eram ambas jejes e trabalhavam no ganho. Francisca mercadejava cuias da costa "muito tempo depois da Guerra do Sabino", contou a forra africana Henriqueta da Silva Pimentel em seu depoimento, marcando a passagem do tempo com um acontecimento notável, no caso a Revolta da Sabinada (1837-38), como costumavam fazer os africanos. Mas consta que ambas também vendiam "gêneros comestíveis".[20]

Sobre o que pensavam as escravas disputadas, apenas algumas testemunhas disseram ter delas ouvido serem propriedade deste ou daquele senhor. Paulino dos Santos Machado, cabra forro, negociante casado de sessenta anos, que era vizinho de Manoel Ricardo, declarou que Constança "lhe dissera que estava no poder daquele finado pelo mandar do Embargante [Ricardo] seu senhor, a fim de ali servir ao mesmo finado". Outra testemunha contrariou. Henriqueta Pimentel, acima mencionada, senhora de cinquenta anos, que também vivia de negociar, disse ter encontrado Constança e Francisca no dia do batizado delas na igreja da Conceição da Praia e "que estas lhe disseram que sabendo o embargado [Ricardo] que o dito Joaquim Antonio da Silva, seu senhor, estava mui doente na Costa d'África, o mesmo embargado em seu nome se apressara a batizar com outras do seu domínio". E mais um depoente, o crioulo Isidoro José Marques, barbeiro e comerciante transatlântico, de 42 ou 43 anos, afirmou que, além de conhecer as escravas ainda meninas no porto de Uidá sob domínio de Joaquim Antonio da Silva, em 1827, vinte anos depois, "encontrando a escrava Francisca perguntou-lhe se seu senhor já tinha se mudado [da casa de Ricardo] e ela disse que sim e morava agora no beco do Calafate".[21]

Enquanto acontecia a disputa entre os senhores africanos, as escravas tocavam a vida, a vida íntima inclusive. Constança pariu uma criança e Francisca duas filhas. Aumentava, assim, a recompensa para quem vencesse a causa.[22]

Em resumo, a leitura dos autos oferece panos para ambas as mangas e estabelece apenas a certeza de que, ao desfazerem a sociedade comercial que tinham por desavenças em torno de prestações de contas — e há vários documentos a esse respeito no processo —, restara entre os dois comerciantes, além de outras, a pendência das escravas. Em abril de 1852, cinco anos depois de iniciado, o processo subiu para julgamento no Tribunal da Relação e aí desapareceu de nossas vistas. Há, contudo, indícios de que Ricardo levou a melhor. No inventário de seus bens, feito treze anos mais tarde, consta uma escrava Constança, registrada como "já velha" — teria em torno de 65 anos agora —, ocupada no ganho e avaliada em 400 mil-réis. Constam também dois de seus filhos — o outro teria morrido ou fora vendido —, inclusive um rapaz crioulo de catorze anos, João, a criança nascida de Constança em 1850. Este o João preso na casa de Domingos em 1862, apesar das contas incertas de sua idade.

Como outros senhores, Manoel Joaquim Ricardo tinha dificuldade em manter seus escravos na linha. No mesmo mês e ano em que o processo contra seu ex-sócio subia para a Relação, sumiu das vistas de Ricardo seu escravo Geraldo, que, segundo a descrição do senhor para a polícia, era um crioulo "de vinte e tantos anos de idade, com o sinal particular de um lombinho em uma das pálpebras dos olhos". Quando fez a denúncia, em julho de 1852, já havia passado pelo menos três meses que Geraldo tinha desaparecido. Ricardo agora sabia que ele se encontrava acoitado na fazenda Oiteiro, freguesia de Cotegipe, nos limites já plenamente rurais do município de Salvador. Ricardo explicou que os coiteiros de seu escravo eram a crioula Maria Eugênia da Encarnação e um filho dela, contra os quais prometia mover um processo por lhe constar que "desta Cidade levaram o referido escravo seduzido de uma roça do Suplicante sita à Cruz do Cosme". O senhor africano pediu à autoridade que ordenasse ao subdelegado local a captura de Geraldo, em nome da "garantia dos direitos de propriedade".[23] O chefe de polícia sugeriu que Manoel Joaquim solicitasse providências diretamente àquele subdelegado. No mesmo dia, o liberto voltou à carga e argumentou que seria mais eficiente se o chefe de polícia ordenasse ele próprio a captura do escravo ao subdelegado Justiniano Pires de Almeida, que por acaso era senhor de um engenho situado em frente à fazenda Oiteiro, onde Geraldo se encontrava. Ricardo se dispôs a fazer chegar a ordem de captura às mãos do subdelegado o mais rápido possível para evitar que o tempo jogasse em favor do fugitivo. O chefe acedeu, mas Geraldo não seria ainda capturado.

Somente em meados de setembro, após quase seis meses de fuga, o crioulo foi finalmente preso, na freguesia de Matoim, também nos limites de Salvador. Nessa ocasião, Ricardo pediu ao chefe de polícia que mantivesse seu escravo na Casa de Correção "até lhe dar destino". Se o senhor quisesse voltar a usar os serviços do escravo, pediria sua devolução imediata, após, talvez, solicitar que fosse punido com chibatadas ou palmatoadas pela polícia, como era a praxe. Mas a punição seria mais severa. Ao pedir que o mantivesse preso, o liberto significou que o escravo seria vendido. Era esse um expediente costumeiro para punir escravos desobedientes, vadios e dados à fuga, rebeldes enfim. De outro modo, é também possível que Geraldo fugisse precisamente para evitar que fosse vendido para fora da província. Não esqueçamos que seu senhor, afinal de contas, além de lavrador e negociante, era um traficante de longa data. Dito e feito: no dia 15 de outubro de 1852, o compadre Manoel José d'Etra (ele de novo), por procuração de Manoel Joaquim Ricardo, embarcaria Geraldo para o Rio de Janeiro.[24]

Outro escravo de Manoel Joaquim Ricardo andou a lhe dar trabalho no início de 1858. Em correspondência para o chefe de polícia, o liberto solicitaria a soltura do africano José, que ele, o senhor, mandara recolher dois dias antes à prisão do Aljube, especializada na correção de escravos. Manoel Ricardo tinha recolhido o escravo "por desobediente, a fim de dispô-lo, por não querer corrigir-se para continuá-lo [sic] a servir-lhe". Como Geraldo seis anos antes, José seria agora vendido, e para isso Ricardo já havia contratado um corretor para "dispô-lo". Este, a pedido de Ricardo, fora ao Aljube buscar as roupas lá deixadas pelo escravo apenas para descobrir que o mesmo se encontrava de novo atrás das grades. Ricardo então pediu sua soltura, visto não haver "motivo algum" para sua prisão, conforme supunha em petição para o chefe de polícia. Mas havia motivo. Consultado, o carcereiro informaria a seu superior que o escravo José fora outra vez recolhido por tentar introduzir uma garrafa de aguardente na prisão dos escravos. O chefe de polícia ordenou ao carcereiro que o mandasse para a prisão do Barbalho, onde lhe seriam aplicadas duas dúzias de bolo pelo delito, e em seguida o devolvesse a seu senhor.[25]

Talvez devido à sua fama de insubordinado, José não foi comprado, ou pelo menos não o tinha sido até o dia 25 de junho daquele mesmo ano de 1858, seis meses depois de tentar introduzir cachaça na prisão. Ele fora mais uma vez preso, sob acusação de furto, pelo subdelegado da freguesia do Pilar, um bairro portuário da Cidade Baixa onde Ricardo tinha lojas alugadas e uma taverna. Ao dar entrada na prisão, José foi registrado como de nação nagô, ganhador, 28 anos de idade, e "pertencente a Manoel Joaquim Ricardo".[26] José parecia um desses escravos incorrigíveis, cujos senhores, fossem africanos ou brasileiros, cedo ou tarde desistiam de tentar "amansar". É provável que José estivesse sob domínio do liberto africano havia muitos anos, pois em 1846, por ocasião daquela matrícula de escravos que incluía Constança e Francisca, lá estava um escravo José, africano. Não conferem, contudo, a idade ali registrada, 23 anos, e a ocupação, serviço doméstico. O José da matrícula teria que ter 36 e não 28 anos em 1858, e ser ganhador. Sabe-se, no entanto, que atribuição de idade aos africanos era especulativa, sobretudo quando feita pela polícia, e que escravos domésticos podiam também trabalhar no ganho de rua. O africano José não consta da lista de escravos de Ricardo inventariados sete anos mais tarde. Decerto acabou também vendido.

As histórias dos escravos Geraldo e José se assemelham às de muitos outros cotidianamente enviados por seus senhores ao Aljube para ser castigados. Muitos deles, quando considerados incorrigíveis, eram em seguida vendidos, com frequência para fora da província, punição dura que os afastava de redes sociais e amiúde de parentesco que mantinham na Bahia. Anúncios de venda de escravos frequentemente exigiam que os compradores os enviassem para fora da província. A venda punitiva era um método de controle senhorial consagrado. O escravo que não se enquadrasse sabia que podia ser exportado para longe de amigos e parentes, transferido de um ambiente que controlava para um destino desconhecido, uma escravidão imprevisível, talvez mais dura. Sidney Chalhoub comenta que esse tipo de punição devia ser pior do que o chicote, pois este provocava cicatrizes que saravam com o tempo, enquanto a venda não. Concordo. O crioulo Geraldo podia ter mãe e irmãos entre os demais escravos de Ricardo. Tanto Geraldo quanto José foram retirados do convívio de uma escravaria que, não sendo das maiores, se compunha de quase trinta pessoas, como veremos daqui a pouco. Também por isso, Manoel Ricardo se sentia obrigado a castigar seus cativos exemplarmente, e assim evitar o contágio da insubordinação para outros membros da senzala. O liberto africano parece ter sido um escravista exemplar. Há mais evidências disso.[27]

Em dezembro de 1861, Manoel Joaquim Ricardo alforriou uma escrava nagô de nome Esperança, que lhe pagaria dois contos de réis por sua liberdade.[28] Essa escrava, provavelmente, era a mesma Esperança que, quinze anos antes, juntamente com Constança, Francisca e José, fora por ele batizada e matriculada. Ela tinha então cerca de 35 anos e trabalhava no ganho, em cuja atividade parece ter prosperado o suficiente para pagar um valor duas vezes superior ao preço médio de uma escrava por volta de 1860, aliás momento de mais alto pico no preço das alforrias no século XIX.[29] E Esperança não era mais, quando alforriada, escrava jovem, em pleno viço de sua força produtiva, mas uma senhora de estimados cinquenta anos. Joaquim Ricardo permitiu que ela ganhasse e poupasse enquanto escravizada por ele, mas cobrou caro para libertá-la, e talvez tenha se apropriado da maior parte do pecúlio que a africana conseguira amealhar ao longo da vida. Foi mesquinho. Nem sequer levou em conta ter sua fortuna acrescida por cinco crianças que ela pariu.

No mesmo ano em que Domingos foi preso, poucos meses antes, o nome de Manoel Joaquim Ricardo apareceu na correspondência do subdelegado João de Azevedo Piapitinga. Lembro que o subdelegado fora acusado pelo chefe de polícia João Henriques de tolerar candomblés no distrito sob sua guarda, que incluía o bairro rural da Cruz do Cosme, exatamente onde morava Ricardo. Manoel Joaquim Ricardo não consta no ofício de Piapitinga como candomblezeiro, mas figura como grande festeiro. O liberto teria solicitado e conseguido de um chefe de polícia anterior — e através de recomendação do próprio subdelegado Piapitinga — "licença para dançar", com a qual promoveu uma festa que duraria três dias. Prodigalidade típica de africano bem de vida, Manoel Ricardo celebrava na ocasião, segundo alegou, seu casamento com Rosa Maria da Conceição.[30] Que fosse essa a razão do festejo, não duvido, embora a cerimônia na igreja tivesse sido dois anos antes. O próprio Piapitinga mencionou o episódio como exemplo de divertimento africano que ele de fato tolerava, por inofensivo à moral e à ordem públicas, ao mesmo tempo que afirmava ter acabado com os candomblés no local, que antes eram muitos e constituíam "um modo de vida dos africanos". Agora os africanos teriam encontrado outro meio de vida: o trabalho da lavoura. Ricardo era também lavrador, além de comerciante, locador de imóveis e dono de escravos de ganho.[31]

Piapitinga dava como outro exemplo de festa africana tolerada uma que anualmente celebrava a colheita dos lavradores da Cruz do Cosme, sem desconfiar, supõe-se, que as danças então verificadas pudessem compor rituais agrícolas de fertilidade. Seriam manifestações religiosas pagãs, enfim. Esse é o caso da festa do Inhame Novo, que homenageava o orixá Oxalá (talvez também o orixá Airá) e abria o calendário das cerimônias públicas de alguns candomblés baianos. Cuidadoso observador da religião africana na Bahia, O *Alabama* noticiou, em 1870, que essa festa consistia "na consagração dos primeiros frutos da colheita de cada ano às divindades africanas. Antes da celebração dessa cerimônia é vedado aos prosélitos das seitas africanas comer dele".[32]

A lavoura de inhames, como já disse no primeiro capítulo, era uma das principais atividades dos africanos na periferia de Salvador, a Cruz do Cosme em particular. De permeio com a atividade agrícola e o hábito alimentar, subsistia a religião dos africanos. Por ocasião da festa da colheita — além de outras ocasiões —, afirmou o subdelegado Piapitinga a seu chefe, vinham da cidade "famílias e rapazes de diversas classes para as roças se divertirem" com os africanos. Se juntarmos essas informações à fama que tinha Manoel Ricardo de candomblezeiro coligado com Domingos, podemos imaginar que o subdelegado embromava o chefe de polícia, e de fato tolerava candomblés em seu distrito; ou estava ele sendo embromado pelos africanos — talvez o próprio Ricardo —, que celebravam rituais religiosos, a exemplo do Inhame Novo, sob pretexto de danças isentas de "desmoralização", como as julgava aquela autoridade policial.[33]

Um ano antes da invasão do candomblé de Domingos, um

incidente acontecido na roça de Manoel Joaquim Ricardo aumenta a suspeita de que o candomblé fizesse parte de sua vida. Eis o relato de Piapitinga ao então chefe de polícia, José Pereira da Silva Moraes, que nesse mesmo ano deportara para a África Gonçalo Paraíso e Constança Nascimento:

> Ontem pelas 8 horas da manhã foi encontrada na roça do africano Manoel Joaquim Ricardo, nesta Cruz do Cosme, uma africana Nagô, idade de 45 anos pelo que representava, enforcada em um cajueiro; alta, fula, com 4 lanhos em cada face, cabelos pintando de branco, tendo no pescoço 5 fios de contas de diversas qualidades, vestida com camisa de pano de linho lavada, saia de chita cabocla, pano da costa azul, um lenço roxo de quadrinhos; tanto o pano da costa como o lenço estavam atados na cintura, e no braço esquerdo um fio de contas verdes com 4 corais; ao lado do corpo achava-se um balaio contendo roupas, uma garrafa com cachaça, e uma tigela com açúcar, e um aberém cheio de bolos, conforme tudo consta do corpo de delito a que procedi; e foi sepultada na Quinta dos Lázaros.[34]

Difícil saber do que se tratava exatamente. Não localizei os documentos relativos à investigação mandada fazer por um desconfiado chefe de polícia, "a fim de verificar se a morte foi um verdadeiro suicídio ou se praticada por alguém".[35] Não lhe teria ocorrido, nem ao subdelegado, que os objetos usados pela mulher nagô — sobretudo o colar e o bracelete de contas — tivessem um significado ritual no universo do candomblé, talvez símbolos de sua divindade protetora, assim como aquilo que ela trazia no balaio. Quiçá Piapitinga não conhecesse tão bem os africanos como alegava, daí sua confusão ao descrever os aberens, pois eles não contêm bolos, são eles próprios bolos de milho branco, que eram vendidos envoltos em folha de bananeira pelas ganhadeiras nas ruas da Cidade da Bahia oitocentista. A africana enforcada possivelmente mercadejava aberens. Mas por que sair para vendê-los se pretendia suicidar-se? Supondo, contudo, que tivesse sido esse o caso, cabe perguntar por que o fizera na roça de Ricardo. Seria ela uma sua escrava a protestar com a morte contra maus-tratos? Seria ela uma filha no santo em conflito com o papai? Uma cliente desesperada por não ter um grave problema resolvido?

Da vida familiar e afetiva de Manoel Ricardo temos algumas poucas informações. A festa de casamento há pouco mencionada, acontecida em 1862, celebrava uma antiga relação conjugal com Rosa Maria da Conceição. Ricardo tinha nessa altura mais de setenta anos de idade, pois se disse "maior de sessenta anos" num depoimento de 1850 relacionado ao processo contra o herdeiro de Antonio Joaquim da Silva. Ali também ele declarou ser solteiro. Nessa mesma época, uma testemunha naquele processo disse que, em torno de 1847, ele vivia na casa das Grades de Ferro, e vivia bem, com uma mulher que o ajudava a administrar seus escravos de ganho. Já se tratava de Rosa Maria.[36] Ricardo teve com Rosa três filhos e uma filha que sobreviveram. A primeira foi Benta, nascida em 1834, o segundo, Martinho, de 1840, os demais, Damazio e Olavo, vieram em 1843 e 1845, nessa ordem. Todos sabiam ler e escrever, dois dos quais eram carpinteiros e um negociante. A filha, Benta, casou-se com o professor Manoel Florêncio do Espírito Santo, que se tornaria famoso educador.[37]

Dois filhos de Manoel Ricardo e Rosa Maria da Conceição aparecem com frequência na documentação, os já mencionados Damazio e Olavo Joaquim Ricardo. A carta de liberdade da escrava Esperança, em 1861, foi assinada por Damazio. No final de agosto desse mesmo ano, Manoel Joaquim Ricardo comprou em nome deles, como já adiantei, "uma pequena rocinha com setenta braças de terreno de frente, e uma casinha de taipa coberta de telha, sita à Cruz do Cosme". Mas na escritura registrada pelo tabelião o pai declarou que os filhos não poderiam

> dispor da propriedade, nem sobre ela [...] fazer com pessoa alguma qualquer contrato oneroso enquanto forem vivos seu Pai Manoel Joaquim Ricardo, e sua mulher Rosa Maria da Conceição, os quais pelo fato da quantia emprestada [aos filhos] ficam de posse, e usufruto da propriedade adquirida, e os filhos sem direito de exercerem o menor domínio enquanto viverem seus ditos Pais, e assim como estes sem o direito de cobrarem de seus filhos a quantia emprestada, salvo se em qualquer tempo seus referidos filhos pretendam esbulhar-lhes da posse da predita propriedade, porque então não será efetuada sem que eles de pronto paguem, não só o preço como todas as despesas, e benfeitorias, que os mesmos seus Pais houverem feito em valimento da propriedade.[38]

O casal assim se precavia de uma futura rebelião filial. Mas por que Manoel Ricardo e sua mulher simplesmente não compraram a propriedade no próprio nome? Apesar de já ser proprietário de bens de raiz, a exemplo das roças adquiridas em 1845, ele o era ilegalmente, pois, como já disse no capítulo 2, a Lei Provincial n. 9, passada após o levante dos malês, em 1835, proibia os africanos de adquirirem bens de raiz. Essa lei não parece ter sido cumprida com rigor, daí Ricardo ter comprado impunemente aquelas roças e outros bens. Em 1847, contudo, a Assembleia Provincial baiana reafirmou a vigência da lei "depois de caloroso debate", noticiou o *Correio Mercantil*. Ao registrar sua não tão "pequena rocinha", em 1861, no nome dos filhos, com as cláusulas suspensivas que introduziu na escritura, Ricardo buscava contornar a legislação e ao mesmo tempo gozar com sua mulher do bem adquirido, e com tranquilidade. Foi, aliás, o que ele próprio confessou na verba de n. 7 de seu testamento, escrito naquele mesmo ano de 1861: "Declaro que antes de ser casado, e mesmo depois disso comprei algumas propriedades e outros bens de raiz em nome de meus filhos em consequência de me ser proibido comprar em meu nome em virtude da Lei Provincial nº 9 de 13 de Maio de 1835 [...]".[39]

Um aspecto da vida de Manoel Ricardo, importante, sobre o qual ainda não comentei, diz respeito a sua filiação étnica na Bahia. Ao alforriá-lo, seu senhor apenas mencionou que era "africano", e a partir daí é como tal que ele se autodefinia e que aparece mencionado nos diversos documentos sobre ele encontrados. Mas Manoel Ricardo consta como haussá em dois registros de batismo, ambos feitos em 1830, na freguesia da Conceição da Praia, onde mantinha negócios. Em março daquele ano, batizou dois nagôs, escravos de um senhor branco. Quatro meses depois, batizou uma escrava nagô de uma liberta jeje. Em ambos os registros, além de ter sua nação definida como haussá, ele passou por forro, a confirmar que como tal vivia, apesar de escravo que era.[40] Mais tarde, numa petição de 1850 ao juiz municipal durante aquele longo litígio judicial, Manoel Francisco Duarte afirmou ser Ricardo de "Nação Aussá".[41] Trata-se da única referência étnica atribuída a Manoel Ricardo num processo com mais de quinhentas folhas, porém confirma a informação dos registros de batismo. O fato de que Manoel Ricardo deixasse de se apresentar como haussá podia decorrer de um cuidado para não ser identificado como muçulmano após o levante de 1835, quando muitos dos libertos de sua nação foram presos e processados, apesar de terem sido os malês — nagôs islamizados — a força hegemônica no movimento. O fato é que sua origem africana terminou por desvanecer pelo menos para os estranhos à comunidade africana por onde ele circulava. Quase três décadas depois, por exemplo, o negociante Antonio dos Santos Coimbra, de 53 anos, testemunha de um inquérito policial, se referiu a Olavo Ricardo como "filho de Manoel Joaquim, preto gêge falecido [...]".[42] Ele não tinha nada de jeje.

Manoel Joaquim Ricardo morreu "de moléstia interna", no dia 20 de junho de 1865, com "idade presumível de noventa anos", registrou o vigário da freguesia de Santo Antônio Além do Carmo. Seu cadáver foi vestido com o hábito preto dos franciscanos, uma mortalha muito popular entre os libertos, e no dia seguinte seguiu para enterro no cemitério da Quinta dos Lázaros. Aqui, após encomendação por um sacerdote católico, foi sepultado nos carneiros da Ordem Terceira de São Francisco, antigamente irmandade só de brancos. Morreu com estilo, portanto.[43]

Ele era um homem rico ao morrer: possuía 27 escravos, que valiam 19 contos e 100 mil-réis, equivalentes a metade de seus bens; um sobrado de três andares na rua das Grades de Ferro, onde morara e depois alugara, avaliado em doze contos; uma casa na rua do Coqueiro, em Água de Meninos, avaliada em 1 conto e 500 mil-réis; outra casa na rua dos Perdões, freguesia de Santo Antônio, avaliada em dois contos; mais uma casa, bem simples, na mesma freguesia, no beco do Padre Bento, avaliada em apenas 400 mil-réis; uma roça chamada Massaranduba, no caminho que vai do Cabula para o Saboeiro, no valor de um conto de réis; a casa avarandada onde o finado morava com a família, na Cruz do Cosme, de três quartos, erguida ao lado de uma "grande senzala coberta de telha e dividida para cômodo dos escravos", e ao fundo uma roça repleta de árvores frutíferas — laranjeiras, jaqueiras e mangueiras —, tudo estimado em quatro contos de réis. Somados estes com outros bens, sua fortuna inventariada alcançou exatos 42:302$740 (quarenta e dois contos, trezentos e dois mil, setecentos e quarenta réis). Pagas as dívidas que tinha com a Caixa Econômica e a Caixa Comercial, mais impostos, despesas com o enterro e o inventário, sobraram gordos 36:101$823, que foram divididos metade para os quatro filhos e metade para a viúva, como obrigava a lei. Cada filho teve direito a três contos de réis. Além da herança, três tinham ocupação definida: Damazio era negociante, Olavo e Martinho marceneiros. Como muitos outros pretos brasileiros, Martinho servia na Guerra do Paraguai quando morreu seu pai.

A escravaria de Manoel Ricardo se compunha de quinze africanos e doze crioulos. Os africanos eram cinco homens e dez mulheres — todas listadas como do serviço do ganho de rua, mesmo as duas descritas como "velhas". Os homens foram quatro listados como do serviço da lavoura — um dos quais também carregava cadeira — e um como oficial de barbeiro, talvez treinado por Manoel d'Etra. Os escravos crioulos eram, na sua maioria, crias de Manoel Ricardo, ou seja, filhos de suas escravas africanas. O mais velho, José, tinha dezenove para vinte anos e não teve ocupação declarada; o mais moço contava ano e meio de idade. As ocupações foram dadas para cinco deles: dois moços de doze e catorze anos, aprendizes de carapina; um de dez anos, aprendiz de pedreiro; e duas moças de catorze e dezessete anos, do serviço doméstico. Apenas três foram listados sem ocupação e como doentes "do peito", inclusive João, aquele preso na casa de Domingos Sodré em 1862. O trabalho no ganho executado por sua escravaria era sem dúvida a mais importante fonte de renda de Manoel Ricardo, seu principal meio de acumulação de capital.

Manoel Ricardo não alforriou um escravo sequer em testamento. Pelo contrário, seus herdeiros quiseram bloquear a alforria já parcialmente paga de um escravo, também chamado Manoel, descrito como "velho e quebrado" e por isso avaliado em apenas 400 mil-réis no inventário. Ocorreu que o escravo já tinha dado a seu senhor, ainda vivo, a quantia de 600 mil-réis de um total de um conto por que tinham contratado o preço da alforria. Quando o escravo descobriu ter sido avaliado em apenas 400 mil-réis, recusou-se a pagar mais do que já tinha feito, embora não pedisse de volta os 200 mil-réis dados em excesso. Os herdeiros exigiram que ele completasse o conto acertado com o finado senhor, mas o juiz decidiu em favor do escravo.

Além da acusação feita pelo subdelegado Pompílio de Castro, em 1862, de que Manoel Joaquim Ricardo era chefe de candomblé, há pouca e pálida evidência a esse respeito: aquela africana morta em sua roça e a festa permitida por Piapitinga. Poderia acrescentar uma possível relação de amizade sua com Marcelina da Silva, a Obatossi, mãe de santo do terreiro Iya Omi Axé Airá Intilê, hoje mais conhecido como Casa Branca. Em junho de 1861, o chefe de polícia mandou soltar a africana Delfina, que era escrava de Marcelina mas dizia sê-lo de Manoel Ricardo. A situação sugere que Manoel e Marcelina no mínimo se conheciam.[44] Outra coisa: se ele era de candomblé, a qual linha pertencia? Seria seguidor do *bori*, a religião pagã dos haussás, bastante sincretizada com o Islã? Aderiu ele a uma linha diferente? Ou misturou as crenças e práticas de sua terra com aquelas de africanos de outras origens com quem convivera?[45]

Se era alguém no candomblé da Bahia, Manoel Ricardo talvez não fosse perseguido porque tinha dinheiro suficiente para comprar o silêncio da polícia, inclusive do subdelegado Piapitinga. Não se deve descartar essa hipótese. As casas, os terrenos, o casamento e os filhos legítimos, os muitos escravos que tinha faziam dele um africano liberto dos mais bem-sucedidos na Bahia de seu tempo. Em estudo baseado nos testamentos de 482 libertos, Inês Oliveira encontrou apenas um que tivesse mais de 25 escravos na primeira metade do século XIX e nenhum na segunda; dos poucos que tinham filho, apenas 21 possuíam mais de três em todo o período.⁴⁶ Outros amigos de Domingos não tiveram a mesma sorte de Manoel Joaquim Ricardo.

CIPRIANO JOSÉ PINTO

Também haussá era um outro amigo de Domingos Sodré, o liberto Cipriano José Pinto, este candomblezeiro confesso. Domingos, como foi dito no capítulo anterior, acusou Cipriano de não lhe pagar uma vultosa dívida contraída para tocar seus negócios.

Pequeno comerciante com loja na Ladeira do Carmo, Cipriano ali vendia pano da costa, roupa feita, sapato, balaio da costa, berimbau, rosário, carapuça, ratoeira, capela de defunto, caneta, tinteiro, anzol, escova de dentes e miudezas em geral, como botão, linha e alfinete, entre outras mercadorias de um estoque variadíssimo, em termos culturais inclusive. Alguns dos objetos podiam ser usados em rituais africanos, como panos e balaios da costa, berimbaus e carapuças, estas muito populares entre pretos malês. Nas mãos dos malês, caneta e tinteiro também se transformavam em instrumentos de religião, com os quais copiavam passagens do Corão e escreviam amuletos. O próprio Cipriano, um haussá — nação predominantemente islamizada e relativamente letrada —, podia confeccionar amuletos para vendê-los por detrás do balcão de sua loja. E tinha também os rosários e capelas mortuárias para consumo de africanos, brasileiros, portugueses e outros europeus adeptos de algum jeito da religião católica.

Em outubro de 1852, Cipriano foi recolhido à cadeia do Aljube por dívida de 25 mil-réis relativa a oito meses de aluguéis atrasados de sua loja, contados até o final de julho. Suas mercadorias, avaliadas em pouco mais de 500 mil-réis, foram confiscadas para saldar essa dívida e outras bem maiores que apareceram no decorrer do processo. Um ano antes, ele tinha tomado 600 mil-réis de empréstimo a um seu vizinho, Florêncio da Silva e Oliveira. No documento que celebrava a transação, Cipriano dizia que o dinheiro, a ser pago no prazo (já vencido) de seis meses, serviria "para eu negociar nas minhas quitandas que botei na Ladeira do Carmo". Mas constava que a maior dívida de Cipriano era com nosso Domingos Sodré, que alegava ter emprestado ao comerciante haussá uma pequena fortuna de 2 contos e 500 mil-réis, aproximadamente cinco vezes o valor das mercadorias confiscadas em sua loja. De acordo com Domingos, credor e devedor tinham "relações de amizade", o que facilitara a transação, também feita para investimento no negócio da quitanda. Cipriano contestou essa dívida e disse ser ela "uma invenção" de Domingos. Essa demanda o papai Domingos venceu, embora só viesse a receber 128 mil-réis — dos 2,5 milhões reivindicados — porque os bens do devedor, resumidos ao estoque de sua loja, simplesmente não cabiam nessa fantástica dívida.[47]

A amizade entre os dois africanos libertos provavelmente passava alguma coisa pelo campo religioso. Cipriano não era apenas comerciante, pois vamos encontrá-lo, no ano seguinte, de novo nas malhas da polícia, dessa vez sob acusação de dirigir um candomblé. Enquanto os credores brigavam pelo espólio de sua loja, o liberto resolveu abandonar Salvador para remontar a vida no Recôncavo, com algum dinheiro que sonegara à justiça na declaração de seus bens. Lá, criou um terreiro de candomblé em terras de um engenho e iniciou pequeno negócio na povoação de Paramirim, localizada no termo da importante vila açucareira de São Francisco do Conde.[48]

O empreendimento teve vida curta. Em meados de março de 1853, a polícia invadiu o candomblé de pai Cipriano, onde descobriu, segundo relatório do delegado local, "um quarto ricamente armado com fazendas pelas paredes, ornadas de búzios, contas, corais, e mais enfeites e outros ingredientes próprios da Costa da Mina, um trono, bancos e outros feitos que não sabemos como intitule [...]". Foram encontradas oferendas de dendê, vinhos, aguardente, pés e sangue de galinha, entre outras. Havia também pedras, ossos e "um saco com papéis escritos com letras malês", ou seja, amuletos escritos em árabe a indicar a influência mussulmi (muçulmana) do pai de santo haussá. Esses papéis podem ter sido obra do próprio africano. Mas ele não professava a religião de Maomé, pelo menos exclusivamente. Cipriano talvez fosse um sacerdote do *bori* haussá. De fato, sob interrogatório, declarou que montara a casa "para seu santo de sua terra", que decerto não seria Alá. Seu *bori* adotaria na Bahia ingredientes desconhecidos em sua terra, como as oferendas de dendê e aguardente. Mais um caso de ladinização cultural.

Além da obrigação de cultuar a divindade por ele trazida da África, Cipriano tinha o terreiro "para seu brinquedo e para vender a outros pretos e assim negociar", ou seja, ele atraía através do ritual religioso — "seu brinquedo" — clientes para negócio, digamos, legítimo. Se isso era verdade, seu estoque de mercadorias, comparado com o que tivera em Salvador, mostrava-se ainda modesto, pois contava apenas alguns panos da costa encontrados na casa de candomblé, louças e farinha dispostas sobre prateleiras na casa da povoação. Os aluguéis dessa casa, declarou ele sem que lhe fosse perguntado, tinham sido pagos antecipadamente. Era um aviso de que não continuava a calotear senhorios.

A polícia confiscou os objetos ritualísticos e prendeu Cipriano, sua companheira, Sofia da Matta — de nação efon, um subgrupo de língua iorubá —, e um preto já idoso, Venceslao Marinho, cuja nação não consegui descobrir. Um despacho do chefe de polícia de 30 de abril, escrito à margem do ofício do delegado de São Francisco do Conde que encaminhava o africano preso para Salvador, se referiu à acusação a ele feita por Domingos e outros

45 e 46. *O Forte do Mar, onde Cipriano foi mantido preso durante alguns meses.*

credores: "O Cipriano já respondeu a sumário por estelionato". Era quase uma sentença condenatória, mas suspeitas ainda mais graves viriam a pesar sobre ele.

Juntamente com Venceslao e Sofia, Cipriano foi recolhido à cadeia do Aljube em 30 de março de 1853. O velho Venceslao seria liberado pouco depois, no dia 6 de abril.[49] Sofia, eu ainda não sei quando. Cipriano permaneceu recolhido. Ele dera azar de ter sido preso pouco antes de começarem em Salvador rumores de que os africanos planejavam uma revolta. O alarme fora dado no início de abril, quando um subdelegado de Salvador confiscou papéis malês com um africano, e a apreensão das autoridades cresceu nas semanas seguintes.[50] Em meados de maio, a polícia começou a prender suspeitos, recolhendo-os ao Aljube. No dia 21 de maio, 22 africanos, com Cipriano na cabeça da lista, foram de lá transferidos, em escaleres da Marinha, para o Forte do Mar, a mesma prisão usada em 1835 para os presos da Revolta dos Malês, considerada segura pois cercada de água, encravada que estava ao largo do porto de Salvador.[51]

Temos um relato do medo da revolta africana nesse ano pela pena do cônsul inglês John Morgan Jr., que situa o clímax dos rumores no início da segunda semana de maio. Os habitantes de Salvador ficaram alarmados pela mobilização de tropas em armas. A imprensa governista silenciou-se para não alarmá-los ainda mais. Contudo, era impossível esconder o grande contingente de cavalaria que ocupava as ruas durante a noite, enquanto a infantaria se mantinha em estado de alerta em seus quartéis. Correu a notícia de que armas tinham sido confiscadas em casas de libertos nagôs, o povo de Domingos. Também teriam sido confiscadas bandeiras e vestimentas semelhantes àquelas usadas pelos rebeldes muçulmanos em 1835. A polícia vasculhou casas de maneira "deplorável", conforme o cônsul, e encheu as prisões com africanos suspeitos. Segundo um correspondente baiano do carioca *Jornal do*

Commercio, as casas remexidas "tinham sintomas de templos e escolas, com seus emblemas, ídolos e escrituras arábicas". Também teriam sido encontradas "algumas dúzias de barretes vermelhos, sem que o dono da casa fosse lojista ou alfaiate". Os barretes daquela cor podiam ser símbolo de formação no Islã, mas a presença de "ídolos" não combinava com essa religião. Mas o cônsul julgou que os fatos colhidos não justificavam o comportamento arbitrário das autoridades, que aproveitariam a oportunidade para expulsar do país muitos libertos, sob alegação de que eram suspeitos, tal como haviam feito em 1835. Um importante líder da comunidade afro--muçulmana seria expulso sob protesto de correligionários que pediram a legalização do Islã, conforme rezava a Constituição no artigo que tratava da liberdade religiosa.[52]

O próprio Domingos Sodré, como já vimos, seria preso no final de maio, mas não chegou a ser internado na Fortaleza do Mar, onde poderia ter reencontrado seu ex-amigo Cipriano. Em junho, o liberto Roberto Argolo, nagô, que também não fora encarcerado nessa prisão, implorava ser solto, visto não ter sido encontrado em sua casa "qualquer objeto que pudesse concorrer para insurreição ou mesmo indícios para essa", o que foi confirmado pelo inspetor de seu quarteirão, responsável pela varredura.[53] Já Cipriano era um suspeito perfeito por ter sido preso em São Francisco do Conde com papéis escritos em árabe, os quais, aparentemente, usava apenas em seus rituais de candomblé ou como amuletos, mas que aos olhos das autoridades representavam indício de alta conspiração africana. Daí ter sido ele transferido do Aljube para o Forte do Mar.

Além de papéis malês, outro tipo de escrito, apesar de conter considerável dose de pieguice cristã, preocupou as autoridades baianas naqueles dias de 1853. Em julho, os livreiros J. Baptistas Martin e Carlos Pogetti foram intimados a recolher à secretaria da polícia, o primeiro 82, e o segundo 36 exemplares de

A cabana do Pai Tomaz, ou a vida dos pretos na América. Tratava-se da tradução para o português, publicada em Paris com enorme rapidez, do romance abolicionista de Harriet Beecher Stowe. O livro tinha sido lançado nos Estados Unidos no ano anterior para se tornar um impressionante best-seller, batido em vendas naquele país apenas pela Bíblia, que certamente era a leitura predileta de sua devota autora. Não obstante a passividade dos escravos ali retratados — Pai Tomás tornar-se-ia nos Estados Unidos o símbolo do negro fiel e cordato —, o romance denunciava abertamente o sofrimento a eles infligido por seus senhores, condenava portanto a escravidão, o que pareceu suficientemente perigoso aos olhos das nervosas autoridades baianas, pelo menos naqueles dias de tensão e de aparente ameaça da ordem pública. Vai que a obra caísse nas mãos de um escravo letrado... Melhor não arriscar.[54]

Num relatório ao presidente da província sobre o temor de revolta, o chefe de polícia João Mauricio Wanderley (futuro barão de Cotegipe) justificava suas ações: "Sabe V. Exa. que em maio do corrente ano graves apreensões tivemos de que Africanos libertos e escravos tentavam insurgir-se: medidas de cautela se tomaram, sendo a principal a prisão dos mais suspeitos Africanos libertos para serem deportados; e de fato foram capturados não poucos, e recolhidos à fortaleza do mar, onde ainda se acham para aquele fim".[55] A tensão perdurou até meados de setembro. Nessa oportunidade, o chefe de polícia escreveu de novo ao presidente, para dar explicações sobre um liberto cuja prisão fora denunciada como arbitrária pelo cônsul do Uruguai: "tendo se evanescido os receios de insurreição que deram lugar à prisão do referido Africano e de outros, que se acham no Forte do Mar, acho conveniente que sejam todos removidos para a prisão do Aljube, a fim de serem examinados e soltos aqueles que não forem suspeitos, sendo os outros deportados na primeira oportunidade".[56]

Isso foi escrito em 12 de setembro de 1853. Quatro dias depois Cipriano seria devolvido ao Aljube, após 128 dias no Forte do Mar. O liberto haussá foi ocupar a cela de número 4 daquela prisão. Dez anos antes, João José Barbosa, o pai de Rui Barbosa, descreveu em sua tese de conclusão do curso de Medicina ser essa cela 4 "a pior" do Aljube, "de tijolo, muito mal-limpa, escura; umidade; algum calor; só 2 janelas".[57] Naquela época, estavam ali recolhidas entre vinte e 25 pessoas. No período em que Cipriano esteve preso o número era menor, variou entre treze, em fevereiro, e sete, em junho de 1854. Em fevereiro, dividiam a cela um africano escravizado e oito libertos, um que dizia sê-lo mas a polícia suspeitava ser cativo fugido, além de quatro crioulos — dois escravos, um liberto e um que afirmava ser livre. Em toda a prisão, o número de detidos variou em torno de noventa nesse tempo. Os presos eram, principalmente, pretos e pardos, mas também alguns brancos, aliás contra o regulamento daquele cárcere, que rezava ser ele reservado a escravos.

Tinha gente presa por todo tipo de delito. Uma parte aguardava a formação de culpa por crimes graves, inclusive de morte; a maioria estava recolhida por desordem, desobediência de posturas, brigas, jogos proibidos, suspeita de fuga. Manoel Damião de Jesus, cabra livre, fora preso por andar pelas ruas da cidade com uma cobra enrolada ao pescoço e seguido por uma multidão de meninos que lhe faziam festa, a perturbarem a ordem. O *Jornal da Bahia* achou que o encantador de cobra usava desse artifício para arrancar "dinheiro de africanos ignorantes". Muitos escravos eram detidos no Aljube por uns dias ou por algumas horas, apenas para serem surrados, geralmente a pedido de seus senhores ou, independente destes, por ordem do chefe de polícia. Dia após dia, Cipriano, que talvez já tivesse sido assim punido, acordava com os gritos de dor dos escravos recolhidos para receberem chibatadas e palmatoadas, administradas, segundo o regulamento, entre cinco e sete horas da manhã. À noite, antes do toque de silêncio, os presos deviam recitar de joelhos "reza da doutrina Cristã", para depois se recolherem.[58]

O Aljube seria a última morada de Cipriano no Brasil. Em 11 de janeiro de 1854, foi publicada uma portaria do chefe de polícia que ordenava a sua deportação para a Costa da África. Mas sua viagem não seria para logo, talvez porque tivesse de aguardar lugar num navio que o transportasse, e a fila dos deportados parecia grande. Em 19 de setembro do ano anterior, por exemplo, o liberto Miguel Viana, preso durante o medo de conspiração em 1853 e transferido na mesma leva que Cipriano para o Forte do Mar, foi solto do Aljube e comprometeu-se junto à polícia a embarcar para a Costa da África dentro de seis meses. Esse prazo lhe foi concedido para "cuidar uns negócios [antes] de sua viagem". A expulsão foi justificada pela polícia "por se tornar ele suspeito".[59] A suspeita devia ser de pouca monta, já que ficaria solto durante seis meses até embarcar. No início de fevereiro de 1854, seria a vez de um suspeito mais importante daquela suposta conspiração sair do Aljube para ser extraditado. O liberto Thomé Dourado, que também estivera preso com Cipriano na Fortaleza do Mar, foi levado diretamente da prisão para o patacho português *Cezar*, que seguiria para a África.[60] Miguel Viana, Thomé Dourado e o próprio Cipriano seriam deportados por suspeita não confirmada de conspiração, punição prevista na Lei n. 9 de 1835, legislação do tempo da Revolta dos Malês comentada no capítulo 4.

Enquanto aguardava sua deportação, Cipriano deixou o Aljube uma só vez, em meados de fevereiro de 1854, quando foi levado com outros dois ocupantes da cela 4 e mais cinco de outras celas para a prisão do Barbalho, onde realizaram diversos serviços de manutenção e limpeza. Nove dias depois, os libertos retornaram. Finalmente, em 8 de agosto, Cipriano foi transferido para o brigue *Dois Irmãos*, que o levaria de volta à África, sem que tivesse sido dado a ele nenhum prazo para arrumar sua vida na Bahia antes de partir.[61]

Numa correspondência para Londres em que protestava contra o governo baiano de querer obrigar o capitão de um navio holandês a transportar para a África libertos suspeitos, o cônsul inglês foi ainda mais enfático na sua crítica à perseguição contra os africanos em 1853: "Estava [o chefe de polícia baiano] pronto a fazer das bandeiras estrangeiras de partida para a Costa da África os instrumentos de uma tal injustiça, que é transportar uma classe de pessoas cuja liberdade constituía o maior de todos os crimes, liberdade que haviam comprado após anos de privação e de economia". E arrematava: "Estes africanos são agora arrancados de suas mulheres e de seus filhos com a mesma barbárie dos infames ladrões de homens que os haviam anteriormente arrancado de seu país natal".[62] O cônsul, obviamente, tinha sua própria agenda política enquanto representante de uma nação agora em campanha abolicionista, mas suas palavras não eram por isso menos apropriadas para a situação enfrentada pelos libertos africanos naquela quadra.

ANTÃO PEREIRA TEIXEIRA

O subdelegado Pompílio Manoel de Castro escreveu sobre Domingos Sodré por ocasião de sua prisão: "Sou informado que este africano há muito vive desse mister [candomblé], e tem sociedade com um Africano de nome Antão também liberto, que me consta morar nesta Freguesia, mas que ainda não me foi possível saber dele, e nesta diligência estou para melhor entrar no fio desta meada". Antão Pereira Teixeira morava na ladeira de Santa

Tereza nessa época, era vizinho de Domingos, portanto. Mas parece que Pompílio não correu atrás de Antão nessa ocasião.[63] Antão era um liberto relativamente bem-sucedido, embora longe de ser um Joaquim Ricardo. Não consta que tivesse escravos, mas poderia. Encontraria, porém, um outro meio de prosperar com a escravidão dos outros. Em 1852, emprestou 815 mil-réis a Sebastião, escravo de nação jeje, para que ele comprasse sua alforria, em troca de prestações de serviços e juros consideráveis de 2% ao mês. Aparentemente um ótimo negócio para Antão. Isso se deu em junho de 1856. Sebastião, contudo, não honraria o contrato, devidamente registrado em escritura pública de "débito, obrigação e sujeição". Em meados de 1857, o devedor tentaria deixar a cidade, mas, antes que conseguisse, o credor arranjou para que ele fosse preso na cadeia do Aljube. Num precatório dirigido ao chefe de polícia pelo juiz de paz da freguesia de São Pedro se lê que Sebastião deveria ser remetido do Aljube ao chefe de polícia, "a fim de tratar do processo por obrigação a que se havia sujeitado de locação de serviços [...] em consequência da qual se libertara do cativeiro, e se ausentara sem que tivesse satisfeito a importância emprestada". Antão conseguiria, por enquanto, sujeitar Sebastião com a ajuda da lei dos brancos.[64]

Três anos depois, encontramos Antão novamente a escrever ao chefe de polícia para que este frustrasse novos planos de fuga do liberto jeje. Antão alegou que Sebastião, "se algumas ocasiões tem prestado serviços [...] muitas e repetidas vezes tem procurado meios para fugir desta cidade, como já sucedeu em 1857". E denunciou: "Agora chega ao conhecimento do Suplicante que o dito Sebastião está a sair de hoje até amanhã para lugares do Rio Grande do Sul, ou como passageiro, ou matriculado marinheiro em algum navio".[65] Aquela província do extremo sul do Brasil era, ao lado do Rio de Janeiro, o destino de muitos africanos residentes na Bahia, tanto aqueles transportados pelo tráfico interno de escravos quanto libertos que decidiam tentar a sorte noutras regiões do país. Tanto o Rio Grande como o Rio de Janeiro tinham ambos comunidades numerosas de negros minas, sob cujo guarda-chuva étnico se abrigavam naquelas províncias os nagôs, jejes, haussás e outros grupos importados dos portos do golfo do Benim, na costa africana, e que na Bahia assumiam etnônimos mais específicos.[66] Sebastião devia saber disso tudo, talvez até tivesse conhecidos que o apoiariam quando chegasse a seu destino, o mais distante possível de seu credor.

Antão pediu à polícia providências para impedir a viagem de Sebastião, alegando que não podia ficar "prejudicado no favor que fez para o dito ter liberdade, e nem ele triunfe de menoscabar as leis que nos regem". O chefe de polícia acatou mais uma vez o pedido de Antão e avisou à capitania dos portos que impedisse o embarque do liberto em fuga. Desconheço se desta feita Sebastião conseguiria escapar de sua sujeição.[67]

Não se pense que Antão e Sebastião fossem originais no contrato de liberdade e dívida que celebraram. A africana Arcangela, nação tapa, de sessenta anos, ficou por morte de sua senhora, Leonor Argolo Peró, avaliada em 50 mil-réis, dos quais o filho e herdeiro desta não quis abrir mão. Arcangela, que era escrava no engenho Pitanga, então tomou o valor de sua alforria emprestado ao liberto Ezequiel, tapa também, morador na capital, a quem prestou serviços durante três anos, no final dos quais protestou já considerar paga sua dívida. Não era esse o pensamento de Ezequiel, porém, que se negou a entregar sua carta de liberdade, guardada por ele como garantia de que a liberta cumpriria o contrato. E foi além: jogou a solidariedade étnica pela janela e vendeu a compatriota "à falsa fé" para a cidade de Caravelas, no sul da província da Bahia. A ocorrência foi parar na mesa do chefe de polícia, em dezembro de 1857, por queixa da africana, mas desconheço seu desfecho.[68]

Conto mais um episódio de africano que se libertou pelo mesmo método, Gervásio, cuja nação desconheço. Ele contratou com o liberto Antonio Gomes um empréstimo de 400 mil-réis, parte dos quais usaria para sua liberdade. Eis as condições do contrato, registrado em cartório aos 29 de maio de 1877, que transcrevo longamente para mostrar a complexidade das relações que se teceram entre devedor e credor:

> Pelo primeiro outorgante dito Gervásio me foi dito que precisando da quantia de quatrocentos mil-réis para promover a sua liberdade e outras despesas pediu ao segundo outorgante locatário [Antonio Gomes] para lhe emprestar, e sendo feito o empréstimo libertou-se o primeiro outorgante como consta de carta judicial que obteve, e para pagamento da referida quantia [...] subloca seus serviços, por espaço de três anos, ou no serviço do locatário meramente à quantia de quinhentos réis diários, em vista de sua avançada idade, e moléstia, ou em outra qualquer parte que o locatário entender botar o locador por trabalhador, recebendo a importância desse trabalho para ser levado em conta da dívida. E obrigado o locatário se quiser a ter o locador em sua companhia, quer de uma, quer de outra forma, a tratá-lo de qualquer moléstia e qualquer despesa que fizer [...] e o locatário prescinde dos juros a que tenha direito pelo empréstimo; no caso do locador não cumprir o presente Contrato, ficará sujeito às penas da lei em tais casos, podendo igualmente o locatário ceder os serviços do locador a outra qualquer pessoa; pelo locatário me foi dito que aceitava a presente escritura, pela forma declarada. Finalmente por ambos me foi dito que se obrigavam a ter, manter, cumprir e guardar a presente Escritura como nela se contém [...][69]

Destaca-se nesse contrato que Gervásio, o devedor, tomara o empréstimo não só para comprar sua liberdade, mas também para outras despesas não mencionadas, talvez para ajudá-lo a começar a vida em liberdade; foi especificado que o ganho diário que o credor esperava receber seria bem baixo — a diária normal girava entre 3 mil-réis e 4 mil-réis[70] e Gervásio só pagaria quinhentos réis — porque o devedor era um homem idoso; enfim, o credor se comprometeu a cuidar da saúde, alimentação e moradia do devedor caso decidisse mantê-lo em sua companhia, mas poderia alugá-lo fora de casa ou permitir que ele vivesse por conta própria. Não sei se Gervásio e Antonio Gomes cumpriram o acordado até o fim, ou se entraram em conflito como acontecera com Arcangela e Ezequiel, com Antão e Sebastião.[71]

Esses contratos, embora não devam ser diretamente atribuídos a costumes trazidos da costa da África, se assemelham em muitos aspectos à penhora de pessoas, ali bastante disseminada. Para descrever o sistema de penhora humana, os iorubás usavam o termo *iwofa* (pronuncia-se aproximadamente *iuofa*); os ewe, *awubame*; os fon, *gbanu*; os ga, *awoba*; os edo ou benins, *iyoha*; e os akan, *awowa*, todos povos representados entre os escravos baianos. A penhora implicava a prestação obrigatória de serviços ao credor, quer pelo próprio devedor ou por um seu dependente, comumente filhos, outros parentes e escravos. Chefes políticos empenhavam súditos também. E. Adeniyi Oroge associou esse costume à formação de uma economia monetária, vinculada à introdução do cauri como moeda pelo menos desde o século XVI, o que por sua vez se articulava com o desenvolvimento do tráfico transatlântico e do concomitante crescimento da escravidão naquela região. No país iorubá oitocentista, conflagrado por guerras que geraram milhares de cativos, as famílias contraíam dívidas para resgatar seus membros da escravidão e entregavam outros membros a credores como penhora. Constituía-se assim mais um esquema de recrutamento de trabalho forçado, pois a penhora humana de algum modo significava escravidão temporária. Outra modalidade diretamente relacionada com o negócio do tráfico implicava em mercadores europeus exigirem o "depósito" de pessoas contra o adiantamento de mercadorias que os negociantes da costa usariam para adquirir cativos no interior. Com frequência, em desobediência às regras contratuais, os credores vendiam para o tráfico os penhorados, inclusive membros da elite mercantil e política.[72]

É possível sugerir que o princípio da penhora humana existisse em estreita conexão e constituísse um aspecto da cultura comercial do tráfico e da escravidão nos dois lados do Atlântico. O liberto Antão e o escravo Sebastião, que contrataram prestação de serviço como método de pagar dívida, talvez reconhecessem na Bahia alguma coisa que conheceram na África. Uma diferença, porém, se destaca entre a penhora africana e o contrato de serviço baiano: lá, a penhora podia redundar em escravidão, mas o pagamento da dívida devolvia à liberdade um indivíduo livre; aqui, o contrato de serviço ensaiava a transição para o trabalho livre, embora significasse de fato um adiamento do exercício da liberdade pelo alforriado, como se tratasse de uma alforria sob condição, no caso a condição de ressarcimento da dívida. Entrementes, a liberdade obtida através do empréstimo era precária, tanto que Arcangela pôde ser vendida por Ezequiel — ilegalmente, é verdade — e Sebastião denunciado por Antão e preso — dentro da lei, aliás — como se fosse um escravo qualquer em fuga.

Talvez Sebastião fugisse não apenas de uma dívida, mas de um credor temperamental. Em dezembro de 1857, seis meses após mandá-lo para a cadeia, o próprio Antão terminaria atrás das grades por invadir a casa de um vizinho, o guarda urbano Pimentel. Ele buscava "sua companheira", ali refugiada para proteger-se da ira do africano que, embriagado, queria obrigá-la a voltar para casa debaixo de tapa. Em mais uma petição ao chefe de polícia,

Antão alegou que agira sob efeito do álcool, se disse arrependido e pediu para ser solto, no que foi atendido.[73]

A companheira perseguida por Antão podia ser Rita Mamede ou Gertrudes da Silva Friandes, ambas africanas libertas com quem ele se relacionou amorosamente. Em agosto de 1856, foi batizado na freguesia de São Pedro o crioulinho Manoel, de sete meses, filho natural de Antão e Rita. Detalhe: consta como padrinho da criança o nosso já conhecido Manoel José d'Etra, compadre também de Manoel Joaquim Ricardo — mais uma ponta da rede social formada por nossos personagens. Alguns meses depois, no início de 1857, Antão e Gertrudes compareceram à freguesia da Sé como padrinho e madrinha do crioulo Cirillo, seis meses, filho de Senhorinha, escrava também africana de Rosendo dos Reis Gomes.[74] Se ainda não tinham relacionamento amoroso nessa época, mais tarde Antão e Gertrudes se casariam.

Em 1869, quando já morava na Cruz do Cosme — onde vivera Manoel Joaquim Ricardo —, encontramos Antão envolvido numa demanda em torno de um testamento mandado fazer pela mulher. Gertrudes Friandes, agora falecida, havia deixado uma casa de quatro janelas coberta de telhas e mais dois casebres cobertos de palha para Antão, seu marido de papel passado. Do produto da venda dessas propriedades, o liberto, também testamenteiro da finada, deveria retirar uma parte para pagar legado de 400 mil-réis a Josefa Carolina Xavier de Jesus, afilhada de Gertrudes, de cinco anos, filha de uma ex-escrava sua, talvez Maria, que alforriara nalguma data entre 1863 e 1865. Contudo, Antão questionou a validade do testamento, sob alegação de que ninguém o havia assinado a rogo da testadora, que não sabia escrever. Além disso, contestou a legitimidade do tutor (indicado pelo juiz) e padrinho da menina, Antonio Xavier de Jesus — que aliás dera a ela seu nome de família —, responsável por gerenciar a pequena herança. Antão alegou que a criança tinha mãe viva, não carecia de tutor. Mas era o tutor que não precisava daquele dinheiro.

Antonio Xavier era um dos libertos mais prósperos da comunidade africana de Salvador na época, tinha sido traficante de escravos, era dono de bem sortidos armazém e taverna, senhor de oito escravos e proprietário de diversos imóveis que alugava, quase tudo herança recebida de um ex-senhor também africano, também negreiro, expulso do Brasil no rastro da Revolta dos Malês. Ao morrer em 1872, a fortuna de Antonio Xavier foi calculada em mais de 66 contos de réis — quase o dobro da herança líquida deixada por Manoel Ricardo —, que ficaram para sete filhos tidos com a mulher, a africana liberta Felicidade Francisca Friandes. Vê-se pelo sobrenome que esta tinha sido escrava do mesmo senhor da mulher de Antão. Eram amigas. Em 1838 Felicidade deu o nome de Gertrudes a uma filha. Decerto referindo-se a ela, Gertrudes Friandes deixara em testamento, delicadamente, um pano da costa para "minha amiga Felicidade, de nação Gêge [...]".[75]

Após três anos de batalha legal, que perdeu na vara do juizado municipal, Antão apelou para o Superior Tribunal da Relação. Não encontrei documentos relativos a essa última etapa da ação, iniciada em outubro de 1871. Um ano depois, morreria o tutor Antonio Xavier. Seu inventário não menciona a disputa com Antão, nem se refere a sua afilhada, tutelada e pivô da disputa. Teve Antão alguma coisa a ver com a morte de Antonio Xavier? Estamos diante de uma guerra em que a feitiçaria desempenhou algum papel? Há indícios de que, tal como Manoel Joaquim Ricardo, Antonio Xavier fosse ligado à mãe de santo Marcelina da Silva, a Obatossi, cuja filha, Maria Magdalena, era comadre do rico liberto, que batizou sua filha, Maria Vitória, em 1865.[76] Não creio que Xavier entrasse em conflito com Antão sem buscar alguma proteção de gente poderosa no meio místico africano, como o eram Magdalena e sobretudo Marcelina, sua mãe, pois

Antão tinha fama de feiticeiro, e daqueles que envenenavam. É o que se narra a seguir.

Antão foi preso no final de 1872, acusado pela parda Maria Isabel da Conceição, moça pobre com mais de 24 anos, de deixá-la sem sentidos com uma bebida que lhe oferecera "a título de refresco", e naquele estado a deflorara com muita violência. Eis o que contou a vítima em sua denúncia ao chefe de polícia:

> Residindo a suplicante, que é de bons costumes, na companhia de seu primo casado e bem conhecido nesta cidade Manoel Zacarias de Santa Isabel, fora em 14 de novembro do ano findo passar o dia em um pequeno terreno que ali [na Cruz do Cosme] possui o mesmo seu primo, e, tendo, por passeio, se dirigido a roça do dito Antão com quem mantinham relações ali se demorou. Aproveitando-se esse bárbaro de uma hora em que se achava a sós com a suplicante, ofereceu-lhe ele a título de refresco uma beberagem que mal pôs a suplicante na boca privou-a dos sentidos. Então, atirando-a para um quarto em que trancou-se ali violou-a, produzindo-lhe as ofensas, de que dá notícias o corpo de delito junto.[77]

Já vimos que Antão podia ser violento, fora antes preso por tentar espancar sua mulher. Agora, o corpo de delito confirmaria as acusações feitas pela moça parda. Dois médicos examinaram Maria Isabel na casa dela à ladeira da Praça e "notaram em várias partes da vagina indícios de contusão, e a doente acusava dores intensas nas coxas, avivadas pelo movimento e pela introdução do speculum [espéculo], pelo que coligem que as lesões acima referidas são resultado da violência praticada por contundência de corpo ou órgão desproporcional [...]".[78] Concluíram, porém, não ter havido defloramento, "só" estupro. Ou seja, Maria Isabel já não seria virgem, sendo este o principal objeto da investigação policial.

Naquela mesma petição, Maria Isabel lamentou que não tivesse recursos para processar o africano, além de sua causa ser prejudicada pela inexistência de testemunhas ao crime. E mencionou que outros crimes semelhantes cometidos por Antão já tinham sido denunciados, mas que ele continuava solto e impune. Devia ter protetores. A vítima (ou quem a seu rogo escrevera a petição) afirmava que não devia ficar "a sociedade exposta à lubricidade brutal e artificiosa desse perverso cuja profissão é fazer feitiços e malefícios com dano da saúde e perversão da razão dos parvos que nele têm a infelicidade de confiar". E arrematava que Antão fosse punido com a extradição para a costa da África, "como medida de segurança pública".[79]

O chefe de polícia imediatamente fez subir ao presidente da província a denúncia de Maria Isabel, acompanhada de um ofício no qual dizia já conhecer a fama de Antão, tendo sido "continuadas [...] as queixas contra tal africano". Ele seria conhecido "agente de um candomblé, na Quinta das Beatas, onde diz ter uma roça, e do qual vive quase exclusivamente a usurpar dos incautos, por meio de artifícios e feitiçarias, dinheiro, joias, até de senhoras". Vê-se por aí que o homem já era conhecido por atividades muito semelhantes às que levaram Domingos à prisão, fora a grave acusação de estupro, claro. O chefe de polícia, porém, acrescentou um elemento dissonante à história contada pela parda Maria Isabel, que disse ter ido à roça do africano desavisada, "por passeio"; a autoridade escreveu que, apesar de "moça honesta", ela ali se dirigira justamente para uma sessão de adivinhação. Ou seja, a jovem participava do mesmo sistema de crença de Antão, sabia de sua ocupação e o procurara em busca de seus serviços rituais. O chefe de polícia, contudo, não se interessou por esse detalhe — ou por expor a versão de Antão sobre o episódio — e recomendou ao presidente que o liberto fosse expulso do país.[80] O presidente da província concordou com a medida e encaminhou solicitação nesse sentido ao ministro da Justiça, à qual juntou cópias do corpo de delito e da petição de Maria Isabel, além de cópia do ofício a ele dirigido pelo chefe de polícia.[81]

No longo despacho que exarou sobre o caso, o ministro da Justiça concordaria com as autoridades baianas, embora lamentasse não ter meios para processar Antão no Brasil mesmo, para que fosse castigado "o criminoso em presença de suas vítimas e da principal delas — a sociedade da qual zomba impune". Tratava-se da velha queixa de que esses africanos não costumavam deixar pista de seus supostos crimes, além da velha acusação de que o candomblé seria antro de desregramento sexual. O ministro também aproveitou para comparar Antão a um conhecido pai de santo carioca, Juca Rosa, a quem as autoridades da Corte, pouco tempo antes, em 1870, tinham processado sob acusação de estelionato:

> O africano, de que se trata, procede na Bahia como aqui na corte procedia o impostor e libertino preto crioulo conhecido por "Juca Rosa". Devia pois ser processado e punido para desafronta da moral e escarmento de outros "doadores de fortuna", que aquela província há de ter como ainda infelizmente os tem a Capital do Império, mas sem tanta audácia e tanta impudência.[82]

Concluía, então, pela expulsão — ou a "remessa", como expressou em linguagem de traficante o presidente da Bahia — do liberto para a África, "de cujos sertões nunca devera ter saído". Bem, o africano não pedira para ser retirado de seus sertões para o Brasil...

Estes papéis confirmam o que já vimos no capítulo 4: o combate aos africanos acusados de feitiçaria no Brasil imperial podia ganhar os gabinetes da Corte, com ministros a fazer reflexões sobre um fenômeno verdadeiramente nacional. Reflexões e comparações nas quais a Bahia aparecia como terra, por excelência, de feiticeiros audaciosos. E competentes. O próprio Juca Rosa fizera pelo menos uma viagem à província do norte, presumivelmente em busca de conhecimento esotérico (junto a Antão?), além de peregrinar à igreja do Senhor do Bonfim, uma de suas devoções católicas. Pouco depois de retornar para o Rio, Juca Rosa, crioulo filho de mãe africana, seria denunciado por escândalos sexuais que envolviam mulheres pretas, pardas e brancas, de prostitutas a chiques, componentes de seu séquito de quem tomava dinheiro. Mas, tendo se enxerido com a amante de um carioca poderoso, terminaria por se dar mal. Não pôde ser expulso do país, por ser negro brasileiro, nem incriminado por feitiçaria ou curandeirismo, crimes não codificados em lei, então foi processado e condenado por estelionato.[83]

Enquanto as altas autoridades da província e da Corte decidiam sua sorte, Antão Teixeira aguardava recolhido à prisão. No dia 16 de maio de 1873, ele conseguiu licença do chefe de polícia para sair da cadeia da Correção a fim de tratar de seus negócios, talvez de sua demanda com a pequena herdeira de sua mulher. Acompanhado de uma escolta da guarda urbana, saiu às dez horas da manhã e retornou ao meio-dia, conforme relatório do carcereiro.[84]

Uma notícia de 1875, publicada no jornal católico *Chronica Religiosa*, daria conta de que, somente nesse ano, Antão Teixeira teria sido expulso do país. O folclorista João da Silva Campos, que nos fornece essa informação, referiu-se a ele como "um dos mais afamados feiticeiros da capital" e disse ter conhecimento, por um contemporâneo do africano, de que ele tinha dado um grande passo em falso para merecer a deportação: "se meteu a enfeitiçar certo figurão".[85] Parecia, por essa versão, que as autoridades policiais e judiciais do Estado tinham obrado com base na crença em feitiçaria, no caso retaliando o ataque feiticeiresco a um poderoso brasileiro por um pai de santo africano aparentemente sem muito poder.[86] Mas agora sabemos que a expulsão de Antão nada tinha a ver com um Estado que temesse o feitiço enquanto crença. É sempre possível que o africano tivesse lançado feitiço contra um figurão, porém deve-se considerar que a tradição oral chegada ao folclorista talvez representasse uma tentativa de reabilitar o pai de santo substituindo o vilão que violentara uma mulher do povo pelo herói popular que combatera um homem da elite. Essa história mais edificante seria uma espécie de contranarrativa em defesa dos valores de uma religião perseguida, cujos sacerdotes deviam ser, na sua maioria, gente de bem.

Silva Campos — citando o jornal católico — errou a data da deportação de Antão. Ele foi expulso do país um mês depois de o ministro da Justiça ter tomado sua decisão. O africano obteve permissão do chefe de polícia para deixar a cadeia e pôr sua vida em ordem antes de viajar, o que pode ter incluído tratar da disputa com a jovem herdeira de sua falecida mulher. Escoltado pela Guarda Urbana, ele deixou a cadeia em 16 de maio de 1873, às dez horas da manhã, e retornou ao meio-dia, de acordo com o cuidadoso relatório do carcereiro. Cinco dias depois Antão estava a bordo da escuna brasileira *Tejo*. Naquela ocasião o capitão do navio descreveu o liberto nos seguintes termos: "sessenta anos, cheio de corpo, alto, cor um pouco fula, barba serrada[sic], rosto comprido, olhos pretos, sinais de sua nação, dentes bons, entradas altas, que vai deportado para a Costa d'África...". Uma figura impressionante, o deportado. O *Tejo* depositou Antão em Lagos, em 8 de julho de 1873, mas um oficial da alfândega daquele porto agora britânico o despacharia para Porto Novo, mais a oeste da Costa da Mina, alegando que ele "não pôde ser recebido neste assentamento". Não fica esclarecida a razão por que o exilado não pôde permanecer na terra de Domingos.[87]

As relações de Domingos Sodré com Manoel Joaquim Ricardo, Cipriano José Pinto, Antão Teixeira, Mãe Mariquinhas — mencionada no capítulo 3 — e outros acusados de feitiçaria sugerem a sua participação numa ampla rede social e religiosa africana. É interessante que não era uma rede etnicamente exclusiva, apesar de a filiação étnica formar uma parte importante da constituição cultural da cidade que gravitava em torno das nações africanas. Embora todos os correligionários de Domingos que consegui identificar fossem africanos, nem todos eram nagôs, a mais numerosa nação preta na Bahia da época. O nagô Domingos se relacionava com os haussás Manoel Ricardo e Cipriano José, e com a jeje Mãe Mariquinhas.[88]

Não se fechando nas fronteiras de sua própria nação, Domingos talvez seguisse um hábito trazido de sua terra, pois o reino portuário de Lagos era bastante cosmopolita, um cadinho de nativos e estrangeiros atraídos pelo dinamismo comercial articulado ao comércio transatlântico de escravos. Esse cosmopolitismo, comparável ao encontrado em Salvador, que também o devia ao tráfico, tinha uma dimensão igualmente religiosa. Embora sem o fausto típico de outros reinos iorubás, em Lagos se reuniam muitas devoções da religião dos orixás e outros deuses da costa oeste da África, semelhantemente à Bahia. Se havia competição por espaço ritual e talvez hostilidade mútua, as lideranças religiosas não estavam segregadas umas das outras, como a experiência de Domingos sugere. A circulação de pais e mães de santo, de adivinhos e curandeiros, no universo do candomblé, de sua ou de outras nações, e seu envolvimento em diferentes rituais faziam parte da vida religiosa baiana no século XIX. Esses homens e mulheres provavelmente tanto guardavam como trocavam experiências e saberes ritualísticos, uns a complementar e enriquecer as experiências de outros. Do ponto de vista étnico, as relações entre jejes e nagôs são as mais conhecidas, segundo testemunho de Nina Rodrigues na virada do século XX.[89] No mundo do candomblé oitocentista baiano, mandavam os libertos. O perfil dos amigos de Domingos, assim como seu próprio, o confirma. Os libertos tinham os recursos materiais e a mobilidade social necessárias para organizar e usufruir a experiência ritual com maior autonomia, apesar das pressões que sofriam das autoridades e da sociedade. Todavia, eles não representavam um grupo uniforme na hierarquia social. Raros foram aqueles que alcançaram o sucesso de um Manoel Joaquim Ricardo, por exemplo. Cipriano José Pinto chegou a ser um pequeno negociante, próspero o suficiente para obter empréstimos avultados, os quais, no entanto, não conseguiu honrar e por isso acabou atrás das grades. Por outro motivo, um crime sexual, Antão Teixeira, que parece ter controlado um pouco mais de recursos materiais, também seria preso. Tanto Cipriano quanto Antão terminaram banidos de volta à África, como resultado de uma sucessão de eventos a que não faltou a prática da religião africana. É sintomático que apenas o rico Manoel Joaquim, dono de muitos escravos e imóveis, fosse o único da turma a não sofrer, que se saiba, qualquer encontro indesejável com a polícia, apesar de suspeito de feitiçaria.

7. Domingos Sodré, africano ladino e homem de bens

"Ladino": no tempo da escravidão esse termo identificava o africano e a africana familiarizados com os valores, usos e costumes brasileiros, a começar pela língua. Domingos Sodré, como muitos outros africanos ladinos, fossem escravos ou libertos, não professava apenas o candomblé. Era também católico. Com os brancos e outros ladinos e crioulos ele aprendera maneiras locais de prosperar e ascender socialmente. Não que esses valores inexistissem na África que deixara para trás. Mas, uma vez na Bahia, Domingos passaria a controlar novos modos de manipular, inovar e transcender suas circunstâncias. Comecemos por religião.

ENTRE SANTOS E ORIXÁS

Ao ditar seu segundo testamento, em 1882, Domingos disse logo de saída que ele era "verdadeiro Cristão", com ênfase que já não era praxe em tais documentos no final do Oitocentos. E lembrou-se de ter sido batizado no engenho catolicamente denominado Trindade, de seu ex-senhor, em Santo Amaro da Purificação. Também recordou seu casamento, em 1871, no oratório de sua casa, celebrado por padre importante, que legitimara perante a Igreja a "união ilícita" em que vivia com a mulher Maria Delfina da Conceição "há alguns anos", conforme escreveu o cônego dr. Raymundo José de Mattos, vigário da freguesia de São Pedro, examinador sinodal e professor de História Eclesiástica do Seminário Arquiepiscopal, situado no Convento de Santa Tereza, vizinho da casa de Domingos.[1]

Era o segundo casamento de Domingos. Sua primeira mulher se chamava Maria das Mercês Rodrigues de Souza, com quem também vivera antes de se casar na igreja, em 9 de junho de 1850. Gravemente enferma na ocasião, ela faleceria cerca de um mês depois, sendo enterrada na igreja da Irmandade do Rosário dos Pretos de sua freguesia, a de São Pedro Velho, acompanhada dos irmãos vestidos a caráter, um sacristão e dois padres. Ditou testamento, que infelizmente não encontrei, deixando o marido como seu executor.[2] Possuía ao morrer pelo menos uma escrava, Ana, alforriada em 1853 por Domingos por 300 mil-réis, valor provavelmente estabelecido em verba testamentária pela falecida. Mas consta ter Maria das Mercês adquirido por 460 mil-réis outra escrava, a nagô Francisca, em 1840.[3]

Domingos Sodré compareceu à Igreja para muitos rituais de batismo, como se pode verificar no quadro das pp. 283-285. Os primeiros registros do liberto como padrinho são de 1845, um ano após ter comprado sua liberdade, e prosseguem até 1878, quando ele tinha cerca de oitenta anos de idade. Esses batismos, catorze ao todo — e possivelmente existem outros cujos registros ainda estão por ser encontrados —, foram na sua maioria de escravos africanos adultos e de crianças também escravizadas nascidas no Brasil de mães africanas, principalmente.

Uma pergunta que sempre se faz quando se trata de batismo de escravos é quem escolhia o padrinho. Para começar, desconfio que Domingos, como outros libertos africanos, pudessem ser frequentemente escolhidos para padrinhos de modo aleatório pelos senhores dos batizandos. Em três ocasiões, por exemplo, ele batizou escravos de diferentes proprietários no mesmo dia, em 1845, 1847 e 1854. É possível que, estando ele na igreja para determinado batizado fosse ali mesmo recrutado por um senhor em busca de alguém para batizar seu escravo. Num cenário hipotético, Domingos teria se dirigido no dia 16 de novembro de 1845 à matriz da Conceição da Praia para tornar-se padrinho de Cosma e Damiana, tendo para isso antes tratado com o senhor, a mãe e talvez o pai (sujeito quase sempre oculto) delas — ou apenas com um desses personagens —, e lá chegando foi convidado a batizar Domingos pela mãe, pelo pai ou, mais provavelmente, pelo senhor. Enquanto o batismo de Cosma e Damiana refletiria a existência de laços sociais e talvez afetivos anteriores com os envolvidos, o de Domingos seria apenas o cumprimento de uma formalidade, mesmo que não se tratasse de batismos coletivos, tipicamente formais, de escravos adultos recém-chegados da África. Alternativamente, teríamos de admitir o acerto prévio, e improvável, da data e local por dois senhores, que em geral acompanhavam seus escravos à pia batismal.

Os batismos apenas formais de que porventura Domingos tivesse participado, contudo, não envolviam africanos, exceto talvez a escrava Henriqueta, batizada em 1854. Mas nem ela nem os outros quatro africanos adultos batizados por Domingos em 1848, 1854 e 1857 eram recém-chegados da África, dado o final definitivo do tráfico alguns anos antes. É possível que tivessem chegado na época da primeira proibição do tráfico, após 1831. Fosse antes ou depois dessa data, nem sempre os senhores cuidavam de batizar seus cativos logo após o desembarque no Brasil. Aliás, há numerosos casos nos registros paroquiais de escravos africanos e crioulos, mas também de gente livre, inclusive brancos, que foram batizados muitos anos após serem importados ou nascerem.

Tudo isso para dizer que Maria, Rachel, Christovão e Henriqueta, como ladinos que viviam havia algum tempo na Bahia, podem ter conhecido Domingos antes de com ele se encontrarem na fonte batismal, e portanto podem ter participado da sua escolha como padrinho. O batismo, nesse caso, podia funcionar como um mecanismo de reafirmação, quando não de criação, da solidariedade africana. Dessa rede de solidariedade também faziam parte os pais, e sobretudo as mães africanas dos afilhados crioulos. Não se deve igualmente deixar de fora dessa rede as comadres crioulas de Domingos, pois através dele passavam elas também a fazer parte do círculo africano, se não já o fizessem de outra forma, o candomblé inclusive.[4]

Independentemente de ser padrinho acidental ou não, Domingos teria, em princípio, os mesmos compromissos de proteção e promoção com todos os seus afilhados. No caso dos seus nove afilhados escravizados (cinco crioulos, quatro africanos), por exemplo, cabia-lhe esforçar-se para ajudá-los na conquista de suas alforrias. Essa era uma regra de ouro daquele período, compromisso moral, além de expressão de caridade cristã, que vinha dos tempos coloniais. Daí por que os senhores não batizavam eles próprios seus escravos e os que o faziam geralmente planejavam alforriá-los. Haveria, pois, uma contradição entre ser senhor e ser padrinho de escravo ao mesmo tempo, conforme sugerem Gudeman e Schwartz.[5] Naturalmente não terá sido viável para Domingos pagar pela alforria de tantos afilhados, mas ele pode tê-los ajudado a conquistar a liberdade de outras formas, pois, afinal, era especialista no assunto.

Infelizmente não foi possível identificar a condição social

de todos os senhores dos escravos que Domingos batizou para verificar a proporção das alianças verticais e horizontais que construía. É provável que alguns fossem africanos libertos como ele. Três desses senhores, porém, foram positivamente identificados nos registros de batismo como brancos. Domingos de Oliveira Pinto era português, negociante com loja de fazendas na rua das Grades de Ferro — vizinho portanto do liberto Manoel Joaquim Ricardo, apresentado no capítulo anterior —, possuía três escravas e cinco crias ao morrer, em 1849. Dele, Domingos batizou as gêmeas Cosma e Damiana, em 1845, e Paulina, em 1847, filhas da escrava nagô Maria. A mãe decerto tinha desenvolvido laços especiais de amizade ou espirituais com Domingos, já que lhe entregara três filhas para ele batizar. Outro branco que teve escrava batizada por Domingos foi o dr. Thomaz de Aquino Gaspar, médico e construtor, morador no Areal de Cima (na vizinhança de Domingos), casado, senhor de pelo menos seis escravas e três crias e ligado por laços de compadrio a duas poderosas figuras do Império, o conselheiro Manoel Pinto de Souza Dantas e ao barão de Cotegipe. A escrava Rachel, de Gaspar, era africana e adulta. No mesmo dia Domingos tornou-se padrinho de Henriqueta, também africana adulta de Hermenegildo José do Valle, sobre quem nada consegui apurar. Atuou ao lado de Domingos, como madrinha, a escrava africana Rosa, provavelmente do mesmo senhor.[6]

Os afilhados de Domingos Sodré, 1845-78

> 1. Cosma, quatro meses, crioula, filha de Maria, nagô, escravas de Domingos de Oliveira Pinto, branco casado. Freguesia da Conceição da Praia, 16 de novembro de 1845.
> 2. Damiana, irmã gêmea de Cosma acima.

3. Domingos, dois meses, crioulo, filho de Maria, crioula, escravos de Manoel Vargas, branco, casado. Freguesia da Conceição da Praia, 16 de novembro de 1845.

4. Ventura, dez meses, filho de Lucia da Silva, madrinha Francisca Maria da Pureza, africana liberta. Freguesia da Sé, 16 de maio de 1846.

5. Paulina, crioula, dois meses, filha de Maria, nagô, escravas de Domingos de Oliveira Pinto, branco, casado. Freguesia da Conceição da Praia, 15 de agosto de 1847.

6. Sabino, crioulo, um mês, filho de Maria, crioula, escravos de João José da Rocha. Freguesia da Conceição da Praia, 15 de agosto de 1847.

7. Maria, adulta, africana, escrava de Benedicto José de Araújo. Freguesia da Sé, 12 de março de 1848.

8. João, dois anos, crioulo, livre, filho de Gertrudes, africana liberta, madrinha Joana Maria da Cruz. Freguesia da Conceição da Praia, 1º de setembro de 1848.

9. Rachel, adulta, africana, escrava de dr. Thomaz de Aquino Gaspar, branco, casado, madrinha Nossa Senhora. Freguesia de São Pedro, 13 de junho de 1854.

10. Henriqueta, adulta, africana, escrava de Hermenegildo José do Valle, madrinha Rosa, escrava africana provavelmente do mesmo senhor. Freguesia de São Pedro, 13 de junho de 1854.

11. Christovão, maior de trinta anos, africano, escravo de Agostinho Moreira de Souza. Freguesia da Sé, 21 de julho de 1857.

12. Filomena, crioula, filha de Febrônia, africana liberta, madrinha Esperança, africana liberta. Freguesia da Sé, 9 de dezembro de 1860.

13. Fausto, três anos, cabra, filho legítimo de José Martins Rosendo dos Santos Moreira e Silvéria Maria da Rocha, segundo

padrinho Miguel Domingos José Martins. Freguesia de São Pedro, 23 de setembro de 1866.

14. Amélia Maria, quatro meses, parda, filha de Adrelina Maria da Conceição, solteira, madrinha Maria Delfina da Conceição. Freguesia de São Pedro, 15 de agosto de 1878.

Fonte: ACMS, *Livros de registro de batismos. Freguesia da Conceição da Praia, 1844-1889*, fl. 11v (Cosma e Damiana), fl. 12 (Domingos), fl. 37 (Paulina e Sabino), fl. 53 (João); *Freguesia da Sé, 1829-1861*, fl. 201v (Ventura), fl. 249 (Maria), fl. 392v (Christovão), fl. 461 (Filomena); *Freguesia de São Pedro, 1853- -1851*, fl. 44 (Rachel e Henriqueta); *Freguesia de São Pedro, 1865-1872*, fl. 21v (Fausto); *Freguesia de São Pedro, 1872-1881*, fl. 139v (Amélia Maria).

Dois afilhados destoam dos crioulos e africanos, na sua maioria escravizados, que Domingos costumava batizar. Fausto e Amélia Maria eram crianças livres e de pele mais clara — o primeiro cabra, um mestiço de pele escura, e a outra registrada como parda, portanto mestiça de pele clara. Fausto, além do mais, era filho legítimo. Ao tornar-se padrinho deles, Domingos ascendia na hierarquia social do sistema de compadrio — um preto africano a batizar mestiços baianos, independentemente da posição dos pais na hierarquia social. Quem sabe os pais de Fausto e a mãe de Amélia Maria o tivessem convidado para padrinho dos filhos em reconhecimento por algum serviço ritual prestado a eles ou às próprias crianças, a cura de uma doença com jeito de feitiço, por exemplo. Note-se que a cerimônia de batismo de Fausto, em setembro de 1866, aconteceu apenas quatro anos depois da escandalosa prisão de Domingos por prática de candomblé, fato que teria sido conhecido pelos compadres, moradores que eram na mesma freguesia de São Pedro onde viviam o liberto africano e sua mulher. Isso não os impediu de escolher Domingos para padrinho de Fausto.

Já a mãe da pardinha Amélia Maria incluiu Delfina no jogo do compadrio. Esta a única vez em que Domingos e sua mulher, agora casados, compareceram lado a lado num ritual de batismo, sendo provável que fosse Delfina a principal referência junto à mãe da menina. O nome desta, Adrelina Maria da Conceição, me faz desconfiar de alguma relação especial, que podia envolver algum tipo de parceria devocional, entre ela e Maria Delfina da Conceição.

O batismo produzia parentes simbólicos que podiam tornar-se dependentes e/ou futuros apoiadores de Domingos Sodré. Se era um ato solidário, também significava um compromisso hierárquico que ao mesmo tempo refletia e reafirmava o prestígio do adivinho na comunidade africana, e também fora dela.[7] Mas, através dos rituais de compadrio, o liberto não só ampliava alianças sociais com mães, pais e senhores dos afilhados, além dos laços de proteção com estes, como também estendia de alguma maneira seu compromisso com a religião hegemônica. Ao mesmo tempo, como já sugeri, as redes de compadrio formadas por Domingos poderiam derivar em alguma medida, ou em alguns casos, de sua atuação como adivinho-curandeiro, ou seja, suas habilidades nesse ramo do conhecimento ritual responderiam por seu envolvimento com um rito de iniciação fundamental do catolicismo, o batismo. Da mesma forma, o compadrio na Igreja podia ser usado para recrutar futuros clientes para sua mesa de adivinhação, não só entre os afilhados, mas também seus pais, senão senhores.

Nada do que foi dito neste último parágrafo, porém, pôde ser confirmado por meio de documentos que demonstrem a real importância do compadrio na vida de Domingos. Ainda não encontrei o liberto a vivenciar experiências em comum com afilhados, compadres e comadres, ou mesmo seus senhores. Construção de laços de solidariedade, expansão de redes sociais, formação de clientela, tudo isso permanece por enquanto no campo das possibilidades numa sociedade em que o compadrio, sabe-se, servia para essas e outras coisas mais, inclusive para promover o catolicismo.

Além de dois casamentos e de vários batismos, outros elementos apontam Domingos como parte do grêmio católico. O africano declarou-se, em 1882, membro da Irmandade do Rosário dos Pretos da Rua de João Pereira, da qual também fizeram parte suas duas esposas. A confraria foi fundada em 1689 na matriz de São Pedro e transferida para igreja própria erigida, provavelmente em meados do século XVIII, em terreno foreiro ao mosteiro de São Bento, que se erguia nos limites daquela freguesia. Nossa Senhora do Rosário era a mais popular devoção católica entre os pretos no Brasil desde os primeiros tempos coloniais. Em Salvador, existiam diversas irmandades dedicadas a essa santa, e a de João Pereira era uma das mais importantes. No final do século XVIII, controlavam sua direção negros benguelas e jejes, mas, com o passar do tempo, africanos de outras nações e crioulos decerto vieram a integrar sua liderança.[8]

No final do século XIX, as antigas barreiras étnicas por certo haviam cedido, e um nagô como Domingos poderia fazer parte da liderança da irmandade. Mas parece que se limitou a ser um simples membro. Nesse tempo, a irmandade, em cujo altar reluzia uma imagem de são Domingos, embora não fosse das mais prósperas, tinha bens o suficiente — inclusive uma casinha à rua do Sodré — para permitir que seus dirigentes fossem várias vezes acusados de desviá-los em benefício próprio.[9] A confraria superou essas crises, continuou a cumprir o secular papel de enterrar seus membros, e Domingos o sabia. Em seu testamento, ele pediu que queria ser "carregado e sepultado" pelos irmãos do

47. *No canto dir., entrada gradeada da igreja da Irmandade do Rosário dos Pretos da rua de João Pereira, em fins do século XIX.*

Rosário, mais uma evidência de apego ao protocolo barroco de morrer, aprendido na Bahia católica. E manifestou esse piedoso desejo numa época, aliás, em que quase 100% dos libertos africanos tinham deixado de pertencer a confrarias religiosas.[10]

Vinte anos antes, quando a polícia invadiu a casa de Domingos, foram encontrados um rosário de ouro, retratos emoldurados de santos católicos a cobrir as paredes da sala, além de um bem cuidado oratório. As molduras, em número de trinta, uma delas banhada em ouro, e o oratório com seus santos paramentados, ainda existiam em 1887, quando foi feito um inventário de seus bens. Na ocasião de sua prisão, em 1862, o subdelegado Pompílio Manoel de Castro relatou que os retratos da sala seriam de "nossos santos", exclusividade brasileira, mas naquela altura certamente eram santos que também povoavam o universo espiritual daqueles africanos que, como Domingos, tivessem se abrasileirado e escolhido experimentar uma dupla inserção religiosa, uma vez que sua religião original não exigia exclusivismo devocional. Seu catolicismo, porém, povoado desses intercessores celestes, era tipicamente popular, gravitava em torno de uma "economia religiosa do toma lá dá cá" entre devoto e devoção, como a caracterizou Laura de Mello e Souza. Um catolicismo, enfim, que se aproximava da economia do sacrifício típica do candomblé: o orixá é empoderado pelas oferendas do devoto, que em troca é empoderado pela proteção do orixá.[11]

Enquanto os santos católicos ocupavam a sala de Domingos e Delfina, as divindades africanas ocupavam os quartos. Nas exatas palavras do subdelegado Pompílio: "encontram-se na sala [...] diversos retratos dos nossos santos, e mesmo um oratório, entretanto que nos quartos é que ele tinha os mistos [místicos?], roupas e emblemas do seu tráfico supersticioso". Ou seja, seu panteão devocional estava espacial e, parece, ritualmente separado. Haverá quem alegue — a própria polícia insinuou-o — que na sala ficava a religião de fachada do liberto, a religião para o branco ver e gostar, enquanto no quarto guardava ele sua verdadeira crença, o candomblé. Que uma fosse exposta e outra secreta tinha óbvia razão estratégica, mas não significa que Domingos apenas se fingisse católico. Ele foi batizado, batizou, casou duas vezes e morreu no seio da Igreja, viveu como católico, embora não somente. Que não misturasse santo com orixá, por outro lado, indicava que, em vez de sincretista, tinha com ambas as religiões uma relação de complementaridade. Embora não concorde com Nina Rodrigues, quando escreveu que "as crenças e prácticas fetichistas" dos africanos "em nada se modificaram" em contato com o catolicismo, concordo que eles concebiam orixás e santos como "perfeitamente distinctos". Não houve de fato a conversão do africano ao catolicismo da maneira que Nina e outros depois dele buscaram encontrar, mas incorporação de dois sistemas religiosos à complexa religiosidade africana, cujo protocolo incluía a acumulação de saber esotérico, não importasse a origem. Dessa forma, ser devoto de candomblé não significava rejeitar o catolicismo, significava rejeitar o modelo de catolicismo convencional que Nina tinha em mente.[12]

A FARDA DA INDEPENDÊNCIA E AS REDES DE DEPENDÊNCIA

Além do aspecto religioso, outros indícios da adesão de Domingos à sociedade e à cultura locais abundam na documentação a seu respeito, ao lado de evidências de seu vínculo indiscutível com a vida e os valores da comunidade africana na Bahia. Comecemos por um detalhe: aqueles vasos de flores nas janelas de sua casa denotavam abrasileiramento, pois o uso decorativo de flores não fazia então parte da cultura iorubá e de outras do oeste africano.[13] Mais que um detalhe apenas, quando ali foi preso em 1862, enquanto a polícia vasculhava sua casa, Domingos vestiu sua farda de veterano da independência e com ela atravessou, escoltado por policiais, o movimentado centro da Cidade Alta até a Casa de Correção. O feito, já algo modificado e romanceado pela tradição oral, chegou aos ouvidos de Manoel Querino, abolicionista negro, professor de desenho no Liceu local e estudioso da história e da cultura africanas na Bahia: "Conta-se que o africano Domingos de tal, morador à ladeira de Santa Teresa, costumava aí dar funções de *candomblés* e, numa dessas ocasiões, foi-lhe cercada a casa pela polícia. Exibindo a sua patente de tenente de milícias, teve que ser recolhido à sala livre do Aljube".[14] Não se tratava de patente de tenente, mas farda de veterano da Guerra da Independência na Bahia; nem foi o africano encaminhado à privilegiada "sala livre" dessa prisão. O Aljube, a propósito, cadeia que já mencionei várias vezes neste livro, tinha sido desativada no ano anterior à prisão de Domingos por ficar "no centro da cidade, em rua estreita, contra todos os preceitos higiênicos e de moralidade pública".[15]

O valor do relato de Querino não está, pois, em reproduzir a verdade dos fatos, mas em atestar a permanência na memória baiana de um aspecto impactante da prisão de Domingos. Ou seja, a desafiadora atitude do papai de vestir aquele uniforme verde — a contrastar com a farda azul e branca dos guardas que o prenderam — rendeu-lhe dividendos simbólicos duradouros e talvez apoios políticos imediatos, já que não ficaria na prisão por muito tempo.[16]

O subdelegado Pompílio Manoel de Castro definiu o incidente da farda como "esperteza" de Domingos, que daquele modo procurava constranger uma autoridade policial que ousara prender um defensor da pátria contra o odiado exército colonial. Seu relato do fato: "Consta-me também que este africano Domingos fora liberto pelo finado Sudré em 1836, entretanto que tem a esperteza de se cobrir com a farda de veterano da Independência e usar de hábito de campanha, como se vestiu na ocasião de ser recolhido à casa de Correção, quando na época de nossa Independência era ele escravo e se achava muito depois no Engenho do mesmo finado Sudré". Tenho de concordar com o subdelegado sobre a esperteza do liberto africano. Segundo Pompílio, Domingos não poderia ser veterano da guerra de Independência porque, na época das campanhas de 1822-23, ele ainda era escravo, pois conseguiria sua alforria somente anos depois, em 1836. Mas já sabemos que o subdelegado errava em vários pontos. Em primeiro lugar, a alforria de Domingos foi adquirida em data bem posterior à morte do coronel Sodré. Mais importante, sabemos que Domingos Sodré de fato lutou naquela guerra, tendo sido, inclusive, ferido no campo de batalha. A respeito desses guerreiros negros, o comandante em chefe do Exército Pacificador, José Joaquim de Lima e Silva, escreveu, em carta a José Bonifácio: "sempre lhes observei provas de valor e intrepidez, e um decidido entusiasmo pela causa da Independência do Brasil". Em seguida, solicitava que o recém-fundado Império do Brasil pagasse pela alforria daqueles bravos soldados, e muitos foram assim favorecidos, Domingos não.[17]

O comportamento de Domingos refletia sabedoria e sensibilidade em relação à cultura patriótica baiana. Anualmente, milhares de baianos — o cônsul inglês calculou cerca de 50 mil na época — saíam às ruas para celebrar, no desfile de Dois de Julho, uma guerra que já se tinha transformado em verdadeiro mito fundador da identidade local.[18] Naquela mesma data cívica de 1862, pouco antes da prisão de Domingos, fora criada a Sociedade dos Veteranos da Independência, o que não deve ter passado despercebido ao inteligente liberto, que talvez fizesse ele próprio parte dela, se os veteranos da África não foram discriminados pelos patriotas baianos.[19] Treinado para decodificar e manipular os símbolos africanos, ele aplicou esse saber ao universo simbólico baiano. O uso daquele uniforme também significava, como sugere Rachel Harding, que o liberto quis "lembrar às autoridades que o prendiam, à sociedade em volta e a si próprio que ele reclamava (na verdade lhe era devido) um lugar na emergente nação independente".[20]

Nesse sentido, temos um sacerdote da nação nagô que pelejava para legitimar-se membro da nação brasileira, da qual se encontrava marginalizado num lugar de não cidadão e, portanto, entre outros dissabores, passível de ser expulso do país a qualquer momento, por algum deslize de comportamento. Como já disse, tratava-se de uma guerra, e Domingos vestiu-se para ela com a farda da independência baiana, e talvez tenha invocado, ao mesmo tempo, deuses guerreiros nagôs, os donos daquelas espadas confiscadas na casa de Santa Tereza pela polícia.

Para além de flores e fardas, há outros sinais de que Domingos buscou e conquistou algum espaço nesse Brasil legítimo. Sua casa era frequentada por pessoas bem-vestidas e engravatadas, representantes de suas redes sociais extra-africanas. Mas elas não iam ali apenas para cerimônias de ventura e cura. Seu casamento com Delfina, celebrado diante do oratório de sua casa, teve por testemunhas Antonio Clemente de Moura Florence e Miguel Gehagen Champloni. Florence era, na época da prisão de Domingos, um pequeno comerciante, listado no *Almanak* de 1859-60 como dono de uma "banca de miudezas" localizada no Coberto Grande, um mercado da Cidade Baixa.

Já Miguel Champloni, casado, era filho de homem com mesmo nome, que se suicidara em 1838, em cujos negócios se incluía o tráfico de escravos no período ilegal. Nascido na Bahia, o padrinho do casamento de Domingos com Delfina viveu com a família em Porto Alegre, onde servira na Guarda Nacional e de onde retornaria no início da década de 1850.[21] No ano em que Domingos foi preso, Champloni, filho, servia como inspetor de quarteirão nos Barris, bairro do distrito de São Pedro, onde vivia com sua mãe numa confortável casa, com seis janelas de frente, dois pavimentos, "fechada com muros e porteira de ferro sobre pilastras". Champloni também trabalhou como escrivão da freguesia de São Pedro entre 1872 e 1891, pelo menos, provavelmente indicado por Antonio José Pereira de Albuquerque, o subdelegado de São Pedro e advogado de Domingos na demanda contra Elias Seixas. A rede se estende.[22]

Champloni, de fato, nos introduz a uma outra malha da rede de relações extra-africanas de Domingos. Após a morte do marido, a mãe de Champloni casou-se com Francisco José Pereira de Albuquerque, que era irmão e compadre pelo menos duas vezes do subdelegado Antonio José Pereira de Albuquerque, um solteirão que batizou dois sobrinhos. Estamos próximos de um núcleo de pessoas da mesma família que se relacionavam de várias maneiras com o nosso liberto africano. Já declarei em capítulo anterior minha desconfiança de que o subdelegado Antonio José tivesse interferido em favor de Domingos para aliviar sua prisão e evitar sua deportação. Agora, encontramos o escrivão do subdelegado, enteado de seu irmão e meio-irmão de seus sobrinhos e afilhados, como testemunha do casamento de Domingos com Delfina. Não é tão complicado.[23]

Se não eram nata da sociedade, as testemunhas do casamento de Domingos e Delfina representavam cidadãos remediados e respeitáveis de sua freguesia, sobretudo Champloni. O próprio casório, uma cerimônia custosa devido às taxas pagas à Igreja, demonstrava o esforço do casal de libertos em buscar respeitabilidade — não acomodação, repito — no mundo dos brancos. A isso se associavam questões mais práticas, relativas a direitos de herança, que não devem ser descartadas dos planos deles: a legalização de uniões conjugais entre africanos garantia que ambos os cônjuges figurassem como herdeiros legítimos dos bens do casal. Essa talvez tivesse sido a razão mais forte para o casamento *in articulo mortis* de Domingos com a primeira mulher.[24]

Apesar de ser analfabeto e de sofrer as limitações legais enfrentadas como africano liberto, Domingos frequentava assiduamente os cartórios de Salvador, em particular o de sua freguesia. Ele sempre se fazia acompanhar de alguém para assinar a seu rogo, além das duas testemunhas de praxe, todos decerto gente respeitável e de sua confiança. Entre essas pessoas, não encontrei seu ex-senhor ou membros de sua família, a indicar que, ao contrário de Elias Seixas, ele conseguiu de alguma maneira libertar-se dos laços de dependência que frequentemente ligavam forros a patronos. Isso diz algo sobre sua capacidade de circular com pernas próprias no universo urbano que conquistou, apesar de egresso da escravidão rural. A desenvoltura com que se locomovia na sociedade baiana, e em particular no ambiente das subdelegacias, dos cartórios e juizados, se expressa na sua adesão a uma cultura de demanda judicial muito comum na época. Aliás, já conhecemos, no capítulo 5, dois oficiais de justiça que eram íntimos seus. Nesse aspecto de sua experiência de vida fica mais uma vez demonstrado que seu círculo de relações não se limitava a africanos como ele, mas incluía cidadãos da terra. Porém, Domingos conhecia seus limites. Nunca chegou, parece, a demandar na justiça contra brancos. Seus contendores eram africanos como ele. Também nesse aspecto ele compreendeu a sociedade em que vivia.

DOMINGOS ESCRAVISTA

Se Domingos participou do negócio da liberdade como adivinho-curandeiro e chefe de junta de alforria, também compareceu ao negócio da escravidão no papel de senhor. Há vários registros de que possuiu escravos. Ainda não sei quando comprou seu primeiro cativo, mas, no curto espaço de um ano, entre 1849 e 1850, ele adquiriu pelo menos duas escravas, uma delas com um filho de quase três anos. Em meados de outubro de 1849, Domingos Sodré comprou a africana Lucrécia, de nação nagô como ele, escrava de dona Emilia Fontes. A escrava mudava de dono "com todos os seus achaques novos e velhos", segundo registrado na escritura de compra e venda por tabelião estabelecido na freguesia da Conceição da Praia. O comprador então sabia estar a escrava doente e não poder devolvê-la à vendedora por esse motivo. Talvez por essa razão ele tivesse desembolsado por Lucrécia apenas 350 mil-réis, valor abaixo do preço médio de uma escrava naquele ano, que girava em torno de 400 mil--réis. E ainda levaria de quebra o filho da escrava.[25]

Essa mesma escrava aparece numa outra escritura lavrada quase dois meses depois. Sem mencionar o primeiro, esse novo documento pretendia corrigir em alguns aspectos o anterior. Em primeiro lugar, Lucrécia fora vendida a Domingos Sodré pelo mesmo preço, mas só agora se registrava que acompanhada do "seu filho menor de três anos, o criulinho de nome Theodoro". Segundo, o dono da escrava não consta ser mais Emilia Fontes, mas seu pai, Francisco Fontes, que explicou na nova escritura: "cuja escrava ele a tem matriculada em nome de sua filha menor Emilia Fontes". Não se esclarece por que o proprietário não fizera a matrícula em seu próprio nome, ou por que não figurou como seu responsável legal na primeira transação, pois, como menor, Emilia não podia constar como outorgante numa transação de compra e venda. Daí, provavelmente, a necessidade do novo documento, também registrado por tabelião da freguesia da Conceição da Praia, na Cidade Baixa. Nessa mesma freguesia, em setembro do ano seguinte, Domingos fez batizar mãe e filho, Lucrécia apadrinhada por Manoel Pereira, um crioulo liberto, Theodoro por Gonçalo e Doroteia, africanos libertos. Com esse gesto o papai provou ser melhor católico do que os ex-senhores dos escravos, presumivelmente brancos, que até vendê-los ainda não os tinham batizado.[26]

Poucos meses depois de introduzir Lucrécia e Theodoro no catolicismo, Domingos adquiriu Esperança. De acordo com um contrato de compra e venda, lavrado em dezembro de 1850 junto ao cartório de Trajano Gomes de Castro — que tinha escritório na

Cidade Alta —, ele pagou 300 mil-réis pela escrava Esperança, também nagô, com 32 anos de idade e "sofrendo de inflamação de fígado". Teria o que chamamos hoje de hepatite, talvez. O vendedor era um certo Domingos Cardoso, talvez também ele africano liberto. Para servir como sua testemunha nesse contrato, Domingos convocou o oficial de justiça Joaquim Francisco — apresentado no capítulo 5 a testemunhar em seu favor contra Elias, em 1862, o que indica ser antiga a relação entre os dois. Mas quem assinou o documento a rogo de Domingos foi o negociante Francisco Estanislao da Costa, 28 anos, morador na freguesia de Santana. A compra, por Domingos, de duas escravas doentes sugere que ele atuasse no mercado de escravos baratos. Esperança foi comprada por um preço ainda mais baixo do que fora Lucrécia um ano antes, apesar do fim definitivo do tráfico transatlântico, exatamente em 1850. Num e noutro caso, ele terminou por fazer bom negócio, visto que os preços de escravos iriam disparar a partir de então.[27]

Infelizmente, ainda não sei como Domingos conseguiu juntar dinheiro para comprar as duas escravas. Teria sido com o produto de seus serviços rituais? Teria sido com o lucro do ganho de outros escravos que já possuísse? Herança da mulher Maria das Mercês, pelo menos no caso da compra de Esperança? Ou uma combinação dessas fontes de renda?

Tanto Lucrécia quanto Esperança eram provavelmente negras de ganho que, além de pagar a semana ao senhor africano, podiam poupar algum dinheiro para si. Lucrécia fez bom proveito desse esquema. Em julho de 1851, menos de dois anos depois de ter sido comprada por Domingos, ela conquistou dele sua alforria por 400 mil-réis, entregues no ato da compra. É provável que parte desse valor ela tivesse amealhado antes de se tornar escrava do liberto, que fez constar no documento de liberdade que, ademais do valor recebido, a alforriava em consideração aos "bons serviços que me tem prestado", sem especificar quais. Além de usá-la como escrava durante quase dois anos, Domingos acrescentara 50 mil-réis ao preço que tinha pago por ela. Com mais um detalhe: ele não alforriou seu filho junto com ela.[28]

Theodoro só seria alforriado quatro anos mais tarde, no dia 5 de junho de 1855, quando já tinha nove anos. A alforria fora concedida "em atenção à amizade de criação", era gratuita, porém condicional. Com toda amizade que lhe tinha, pai Domingos só libertou o crioulinho "com expressa condição de me acompanhar, servir, respeitar enquanto vivo for".[29] No mesmo dia em que alforriou Theodoro, o africano passou carta de liberdade para Esperança, gratuitamente, "atendendo os bons serviços que me tem prestado", segundo ponderou.[30]

Tanto no caso de Esperança como no de Theodoro, a liberdade seguiu um protocolo de sentimentos e expectativas muito difundido no Brasil, que não fazia de Domingos senhor original, mas, como outros, reconhecido a seus escravos ou afetivamente apegado a eles. O liberto foi senhor paternalista, não especialmente benevolente. Pelo contrário, ele quis garantir, até sua morte, a lealdade, a obediência e os bons serviços de Theodoro, como muitos senhores costumavam fazê-lo. A concessão da alforria, como bem diz Mattoso, muitas vezes envolvia "sentimentos difíceis de serem contabilizados", mas nesse caso talvez sobrevivesse a Domingos um sentimento comum em sua terra natal, verdadeiro imperativo cultural, que era ter filhos, muitos filhos. Tê-los poucos significava infelicidade, e não tê-los, uma desgraça. Filhos faziam parte da lista mínima de dádivas solicitadas aos deuses, significavam riqueza, poder e prestígio, dependentes para o trabalho e para a barganha de posições políticas. A poligamia estava em grande parte associada à formação de uma numerosa descendência. E Domingos não tinha um filho sequer.[31]

Domingos possuiu pelo menos mais três escravos, cujas alforrias foram registradas em diferentes ocasiões. Em relação a uma de suas escravas, Umbelina, não consegui descobrir documento de compra e venda nem carta de liberdade, por isso desconheço quando foi adquirida e sob que condições foi alforriada, se pagou ou não pela liberdade, se se tornou liberta condicionalmente ou sem impedimento algum. Sei dela porque seu nome se encontra ao lado do nome do ex-senhor, Domingos Sodré, no índice de cartas de alforrias concedidas entre 1854 e 1858.[32] Portanto, é provável que o liberto a tivesse alforriado no mesmo ano em que alforriara seus outros dois escravos, 1855.

Como entender o gesto pródigo de Domingos em 1855? Seria sua atitude sintoma de uma crise moral, por não poder conciliar sua condição de senhor de escravo com a de chefe de junta de alforria? Uma outra possibilidade é que atravessasse um tipo diverso de crise, não moral, mas espiritual. Domingos era idoso para a época, teria em torno de sessenta anos, e a concessão das alforrias poderia representar uma preparação tipicamente católica para a boa morte, que previa atitudes caridosas dessa natureza. Desconfio que ele ditou na mesma época aquele testamento encontrado em sua casa pela polícia, em 1862, o que seria um sinal ainda mais forte de que, em 1855, esperava a morte para breve. Como já disse, não consegui achar esse testamento. Um indício de que essas medidas foram todas combinadas é que o mesmo tabelião a registrar as cartas de alforria, Manoel Lopes da Costa, também reconheceu seu testamento.[33]

Infelizmente, nada consegui apurar sobre Lucrécia, Esperança, Theodoro e Umbelina após se tornarem libertos. Será que conseguiram todos sobreviver à terrível epidemia de cólera que assolaria a Bahia poucas semanas depois de terem recebido a alforria? A peste, que se prolongou por vários meses até fins de abril de 1856, apavorou a Cidade da Bahia e o Recôncavo. Os mortos foram tantos que não se conseguia enterrá-los com decência baiana ou africana, cristã ou pagã, sendo muitos coletados pelo governo, empilhados e jogados em covas comuns, às vezes incinerados. Morreram cerca de 10 mil pessoas só em Salvador, talvez 18% de sua população.[34] Aliás, minha curiosidade é enorme sobre o que fez Domingos durante a crise epidêmica, pois decerto participou, como outros sacerdotes africanos, do esforço de cura e profilaxia espiritual e física. Gente como Anacleto da Natividade, por exemplo, um curandeiro nagô, sacerdote de Omolu (a divindade curandeira), em São Felix, no Recôncavo. Segundo a tradição oral, ele se destacaria no combate ao cólera, protegeu e curou com sua medicina alternativa inclusive a família de seu senhor, em cujo engenho era feitor. Como recompensa lhe foi permitido levantar uma casa de candomblé em terras do engenho, ou assim conta a tradição oral.[35]

Conseguira Domingos proteger seu Theodoro da epidemia? Se este resistiu, possivelmente cresceu e, na prática, emancipou-se do velho, ou então negociou uma saída da liberdade condicional sem cumprir seus termos. Não foi encontrado na casa de Santa Tereza em 1862, quando teria dezesseis anos. Tampouco estava no segundo testamento de Domingos, aquele escrito em 1882, quando faria 36 anos. Se ficasse com o africano até a morte deste, só seria finalmente libertado aos 41 anos, em 1887, nas vésperas da abolição definitiva da escravatura. Talvez muito antes dessa data, Domingos já achasse inviável controlar escravos ou dependentes, pela idade avançada que tinha, combinada com a insubordinação dos cativos e libertos sob condição que acompanhou a desagregação galopante do escravismo nas suas últimas décadas, sobretudo em cidades como Salvador.[36] Seu aparente desaparecimento da vida

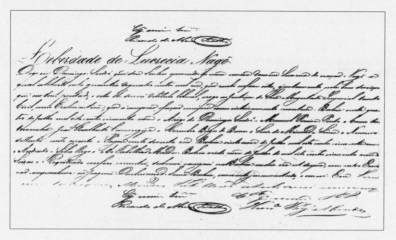

48. Alforria de Lucrécia, nagô, 1851.

de Domingos sugere que Theodoro não cumpriria a função plausível de substituto do filho que o papai não teve.

Independentemente dos sentimentos envolvidos, aquela alforria concedida a Theodoro, condicional como fora, sinalizava que Domingos mantinha um compromisso com a escravidão. É possível que Lucrécia, Esperança, Umbelina e Theodoro não fossem, afinal, os únicos escravos que possuía nessa época.[37] Se eram, veio posteriormente a adquirir pelo menos mais dois. Em fevereiro de 1859, ele comprou Maria Ignez ou Maria Archanja, também nagô, maior de quarenta anos, escrava de Sancho Bittencourt Berenguer Cezar, sujeito de família aristocrática de senhores de engenho, comendador da Ordem de Cristo e coronel honorário do Exército, morador na Rua do Fogo, freguesia de São Pedro. Por ela, Domingos pagou 800 mil-réis, um preço abaixo da média em 180 mil-réis naquele ano, talvez por se tratar de uma escrava mais velha. Maria Ignez, ou Maria Archanja, conforme já indiquei, seria presa junto com Domingos e Delfina em 1862, quando se fingiu de forra.[38]

Provavelmente, em 1859, Domingos já era também senhor do africano Ozório, cujo contrato de compra não consegui localizar. Encontrei, porém, o registro de sua alforria. No dia 4 de março de 1862, quatro meses antes de ser preso, Domingos outorgou liberdade a Ozório "por dele ter recebido quinhentos e vinte e oito mil-réis", e feita a transação "poderá gozar d'ora em diante de sua liberdade".[39] Quinze anos depois, a 12 de maio de 1877, provavelmente já afastado — talvez devido à idade — da chefia da junta de alforria, encontramo-lo a conceder outra liberdade, agora em benefício de Maria (decerto a Maria Ignez do último parágrafo), de quem ele se dizia "possuidor e senhor". Do mesmo modo que se expressou em relação a Ozório, Domingos não manifestaria gratidão ou outros sentimentos. A liberdade de Maria, registrou ele secamente, fora concedida "por ter dela recebido a quantia de quinhentos mil-réis".[40] E só, um negócio apenas.

Ambos os escravos eram com certeza ganhadores. Ela talvez tirasse um tanto do ganho ritual no candomblé, do que fora acusada pela polícia e pela imprensa. Dessa forma, Ozório e Maria juntaram o suficiente para comprar a liberdade. Os preços que pagaram por suas alforrias estavam bem abaixo da média de mercado para cativos adultos. Ozório pagou, talvez, menos da metade. Pode ter sido assim, não por camaradagem senhorial, mas porque se tratava de escravos mais velhos. Nesse caso, Ozório teria, de fato, pago pouco acima de seu valor de mercado. Maria teria agora pelo menos sessenta anos e obteve sua liberdade por um preço apenas pouco abaixo do valor de mercado, após ter servido a Domingos por quase vinte anos. Nesse ínterim, o senhor já teria recuperado muitas vezes seu investimento inicial. Ele vivia, em boa medida, do trabalho dela.[41]

Se o leitor acompanhou atentamente a vida senhorial de Domingos, observou que suas escravas — não consegui identificar a nação de Ozório — eram todas nagôs como ele. Na Bahia, o liberto não estava sozinho nesse hábito de escravizar a própria gente.[42] Mas quem ele considerava sua própria gente? Não podemos saber se Domingos escravizou pessoas de Lagos, por exemplo, lembrando que a noção de nagô cobria os escravos oriundos de um vasto território na África, habitado por diversos grupos de língua iorubá, que ainda não se reconheciam como um só povo, e que viviam às turras, inclusive a escravizar uns aos outros. Mesmo assim, os nagôs consideravam-se todos "parentes" na Bahia, como resultado de um complexo processo de etnogênese que já discuti alhures.[43] Se estou certo, isso significa que as regras africanas de escravização foram nesse aspecto abandonadas na Bahia. Inês Oliveira chega a argumentar que a compra de escravos da mesma nação por senhores africanos seria uma estratégia para usar de seu trabalho imediatamente após o desembarque, pois a língua comum facilitaria o aprendizado da escravidão e, especificamente, a comunicação imediata das ordens de serviço.[44] Creio que não se tratava apenas disso, mas de quem o mercado oferecia à venda. A partir da década de 1820, como já observei, a grande maioria dos cativos desembarcados na Bahia era nagô, como em meados do século também seria nagô a maioria dos libertos, potenciais compradores. Domingos Sodré, de qualquer jeito, não participava ativamente do mercado de escravos novos, conforme também já observei. Seus escravos eram ladinos de segunda mão, já amadurecidos na escravidão, porém mais velhos e por isso mais baratos. Seriam de fato menos estranhos a ele do que escravos recém-chegados. Mas eram, como estes, na sua maioria nagôs. Enfim, à semelhança de outros libertos africanos, Domingos escravizava os seus parentes de nação.

Pude apurar que pelo menos seis escravos passaram pelo domínio de Domingos Sodré, o que não significa que ele chegasse a possuir em algum momento de sua vida esse número de cativos. Seu comportamento nesse aspecto, verdadeira estratégia de investimento, parece ter sido comprar, usar e alforriar seus escravos, gratuita ou onerosamente. Acabo de escrever estratégia de investimento, mas era também estratégia política, de controle, uma vez que seus escravos sabiam que o liberto, como outros senhores, estaria disposto a recompensar bons serviços prestados com a concessão da alforria em termos mais favoráveis. Em 1855, tinha pelo menos quatro escravos; em 1862, apenas dois.

Enquanto senhor de escravos, Domingos não era um liberto africano excepcional, embora fosse minoria. Já vimos que amigos e inimigos da mesma condição social dele também eram donos de escravos, a exemplo de Manoel Joaquim Ricardo e Elias Seixas. Numa amostragem que coligi de 395 pessoas, cujos bens foram inventariados após morrerem entre 1800 e 1850 em Salvador, 25 eram africanos. Desses, apenas quatro não possuíam escravos entre seus bens, os demais tinham entre um e vinte escravos, a grande maioria apenas um. Numa amostra maior, coletada por Inês Oliveira, dos 259 libertos africanos cujos bens foram inventariados post mortem entre 1790 e 1850, 78,4% possuíam escravos; a confirmar esse resultado, Mieko Nishida encontrou, para o mesmo período, 77,8%, de 261 libertos pesquisados, como senhores de escravos.[45]

Sabe-se que outros notáveis do candomblé na Bahia oitocentista foram escravistas ainda mais prósperos do que pai Domingos, e não falo de Manoel Joaquim Ricardo. A liberta nagô Francisca da Silva, lendária Iyá Nassô, fundadora do candomblé da Casa Branca, possuiu pelo menos quinze cativos no curto período entre 1832 e 1837. Ela alforriou uns onerosa, outros gratuitamente, estes últimos, na sua maioria, sob a condição de acompanhá-la na viagem que empreendeu de retorno à África, em 1837, para fugir à perseguição antiafricana após o levante dos malês. Sua sucessora à frente dessa venerável instituição, a também africana nagô Marcelina da Silva, Obatossi, era escrava de

Francisca da Silva e seu marido, de quem comprou sua alforria por 500 mil-réis naquele mesmo ano. Uma vez liberta, Obatossi tornar-se-ia proprietária de dezoito escravos entre 1844 e 1878.[46] Como aconteceu com Marcelina da Silva e com outras escravas de Francisca da Silva, é possível que os escravos de Domingos também fossem por ele iniciados na religião dos orixás e o auxiliassem em seus afazeres rituais. Ou seja, trabalhariam no secular ganho da rua e no sagrado ganho da casa. Seria o caso de Maria Ignez, já observado.

Porém, quão representativos dos libertos africanos foram Francisca da Silva, Marcelina da Silva, o próprio Domingos Sodré e os libertos inventariados em geral? Quanto à proporção de africanos libertos que possuíam escravos em Salvador, melhor indicador que os inventários é um censo da freguesia de Santana, feito em 1849, data próxima à que surpreendemos Domingos a comprar escravos e conceder alforrias. Foram ali listados 304 libertos e libertas, os primeiros ocupados principalmente no ganho — sobretudo carregadores de fardos e cadeiras de arruar — e nos ofícios mecânicos; a maioria das mulheres se ocupava no pequeno comércio. Pois bem, ao contrário dos dados encontrados em inventários, apenas 67, ou 22%, dos homens e mulheres libertos possuíam escravos. A maioria deles, 48, era proprietária de apenas um ou dois escravos, e só quatro tinham entre seis e oito escravos. Nesse universo de pequenos escravistas, podemos dizer que se encontra uma elite africana, elite porém diferenciada pelo tamanho da propriedade em escravos. Se os dados da freguesia de Santana forem representativos do conjunto de libertos em Salvador, Domingos participaria dos estratos superiores dessa elite, caso fosse proprietário de todos aqueles seis escravos ao mesmo tempo. Não era. É possível que nunca tivessem passado de quatro os escravos simultaneamente sob seu domínio, talvez cinco com Ozório, e então estaria entre os cerca de 10% dos libertos escravistas que possuíam apenas esse número de cativos. Bem distante, portanto, das libertas que lideraram a Casa Branca ou de Manoel Joaquim Ricardo, também acusado, não esqueçamos, de ser chefe de candomblé.[47]

Deixem-me finalmente apresentar uma pessoa que talvez fosse mais representativa dos africanos libertos. Seu nome era Esperança, morava espremida, com outros africanos, no quarto de uma loja — um socavão — de um sobrado no largo Dois de Julho, perto de onde residia Domingos. Quando morreu, em 1872, Esperança não tinha sobrenome ou herdeiros obrigatórios, nem fez testamento que favorecesse a terceiros. Por isso, seus bens foram leiloados em benefício dos cofres públicos. O anúncio do leilão com a relação desses bens foi publicado na imprensa pelo Juízo dos Órfãos e Ausentes: "O espólio da intestada Esperança, contendo uma caixa com dois pacotes de paninho, três retalhos de chita, 8 panos da Costa, 14 fios de coral vermelho, e alguma roupa de uso da falecida, outra caixa com igual roupa, 2 caixas com louça ordinária e bastante usada". O lote foi arrematado por 65 mil-réis. Pagos as custas com o processo, remuneração do leiloeiro, anúncio na imprensa etc., restou o valor líquido de 29$484 para o governo. Entre os objetos deixados por Esperança, um grosso colar de contas vermelhas. Seria este símbolo um de devoção a alguma divindade africana?[48]

NOVOS INVESTIMENTOS

Com o fim do tráfico transatlântico no início da década de 1850 e o aumento do preço dos escravos, o investimento nesse setor tornou-se pouco a pouco inacessível para os pequenos investidores, como era a maioria dos libertos. Nesse sentido, Marcelina da Silva e Manoel Joaquim Ricardo seriam exceções.

Muitos pequenos escravistas, brancos e negros, aproveitaram a nova situação de mercado para se desfazerem com bom lucro de seus cativos, em demanda tanto nos engenhos do Recôncavo baiano quanto, sobretudo, nos cafezais do Sudeste do Brasil, principal cliente de um tráfico interno agora aquecido. Oliveira observou que, entre 1850 e 1890, a proporção de libertos inventariados que possuíam escravos foi reduzida de quase 80% para 45%. Domingos fazia parte desse grupo, mas também ele se desfez aos poucos de seus escravos, principal ou talvez exclusivamente através da alforria gratuita ou paga. Enfim, foi só enquanto o tráfico transatlântico durou que o investimento escravista esteve mais largamente ao alcance dos libertos africanos, alguns dos quais se envolveram eles próprios com o comércio de gente na África, como vimos no caso de Manoel Joaquim Ricardo e seu sócio. Ricardo, aliás, já participava do tráfico interprovincial desde pelo menos meados da década de 1840.[49]

Domingos, todavia, não investiu apenas em escravos. Três anos antes de conceder alforria a Maria, encontramo-lo a negociar com imóveis, um investimento que havia se tornado mais acessível para pessoas com seu padrão de vida. A essa altura, a lei que proibia os africanos de possuírem bens de raiz tinha caducado. Em setembro de 1874, ele e sua mulher, Delfina, compraram uma casa, com duas janelas de frente, salas de visita e de jantar, dois quartos pequenos e uma cozinha, localizada no largo Dois de Julho. Não descobri quanto pagaram pela propriedade, mas dois anos depois a revenderiam por 1:850$000 (um conto, oitocentos e cinquenta mil-réis). Em dezembro do mesmo ano de 1876, Domingos consta sozinho (sem a mulher) como comprador, por 1:200$000 (um conto e duzentos mil-réis), de uma outra casa, mais modesta, de porta e janela apenas, salas de visita e de jantar, dois quartos, cozinha, sótão e pátio murado, situada na ladeira da Ordem Terceira de São Francisco, n. 56, na freguesia da Sé. O documento de compra e venda traz um detalhe relevante: a casa, comprada do casal Elpidio Lopes da Silva e "dona" Maria do Carmo de Almeida, africanos libertos, tinha até dois anos antes pertencido a Duarte Soares, o famoso pai de santo de Xangô, mais conhecido como Arabonam, a quem apresentei no capítulo 3. Que coincidência![50]

O saldo entre as duas transações imobiliárias foi de 650 mil--réis, dinheiro de que talvez o casal precisasse para sobreviver ou para outras despesas mais urgentes. A venda da alforria de Maria, alguns meses depois, sugere que o casal precisava realmente reforçar o caixa doméstico nessa época, numa altura em que Domingos já beirava os oitenta anos e talvez não mais pudesse trabalhar, nem como líder de junta de alforria.

Em estudo sobre a cidade do Rio de Janeiro, Zephyr Frank mostra que a compra de escravos era, na primeira metade do século XIX — época de tráfico transatlântico aberto, inclusive em sua fase ilegal —, o investimento que proporcionava maior retorno para o pequeno investidor urbano. Depois da proibição do tráfico, em 1850, o investimento nesse setor foi aos poucos reduzido aos grandes negociantes e sobretudo fazendeiros de café, devido ao aumento considerável do preço da mão de obra escrava. Ocorreria, enfim, maior concentração da propriedade em escravos. Na segunda metade desse século, os pequenos e médios investidores passariam então a aplicar seus capitais em imóveis, e deixariam de viver do ganho de escravos para viver de aluguel. Esse novo padrão de investimento, contudo, não era tão lucrativo quanto o primeiro, o que resultou num empobrecimento daqueles que formavam o que Frank chamou de "agrupamentos médios" da sociedade carioca. Ou seja, o tráfico transatlântico, um dos aspectos mais cruéis da escravidão moderna, havia permitido um regime mais distributivo da propriedade escravista, que beneficiava inclusive ex-escravos escravistas, como o cirurgião--barbeiro e músico africano Antonio José Dutra, nação congo, personagem central do livro de Frank, que ao morrer, em 1849, possuía treze cativos.[51]

O fenômeno estudado por Frank já tinha sido apontado, em linhas gerais, para a Bahia, por outros autores, como Kátia Mattoso e Maria Inês Oliveira, mas sem o formidável aparato estatístico mobilizado pelo historiador norte-americano. Mattoso indica um processo de concentração da riqueza em geral, além da propriedade em escravos, entre a primeira e a segunda metade do Oitocentos. Também observa que, neste último período, entre os baianos que exerciam atividades urbanas e deixaram bens inventariados, os escravos tinham deixado de contar tanto, e "as casas e os haveres em banco ou em ações/apólices constituíam [...] o essencial da fortuna".[52] Domingos aí se incluía. Seria interessante, num estudo comparativo, tentar verificar diferenças no ritmo da mudança entre as várias regiões do Brasil. Mas ao estudo macro-histórico caberia descortinar a dinâmica micro-histórica em trajetórias individuais, que nos interessa mais de perto neste momento. Já observei que na Bahia alguns libertos africanos permaneceram, na segunda metade do século XIX, grandes investidores na escravidão urbana, como Manoel Joaquim Ricardo e Marcelina da Silva. Ricardo, de fato, ao morrer, em 1865, tinha seus investimentos distribuídos equilibradamente entre escravos e imóveis, o que sugere que talvez a morte o surpreendesse num momento de transição em termos de estratégia de investimento. Tanto ele quanto, mais ainda, Domingos, fogem ao padrão encontrado no Rio de Janeiro, pelo menos no que diz respeito à cronologia do movimento de mudança. Somente na década de 1870, Domingos deixaria a vida de senhor de escravo pela de senhorio de casa de aluguel.

Nem na nova casa, comprada em dezembro de 1876, nem na que vendera cinco meses antes, Domingos e Delfina jamais residiram, preferindo, por certo, alugá-las, pois continuariam a morar de aluguel no velho endereço da ladeira de Santa Tereza.

Seria coisa de santo essa fixação residencial? Teriam eles implantado seus deuses africanos naquela casa? Capaz. Havia ainda a ampla rede social tecida por ele, e também Delfina, ao longo de muitos anos, na freguesia de São Pedro. Como temos visto, suas principais referências, tanto entre os africanos quanto entre os brancos, estavam ali. Seus antigos camaradas de junta, seus afilhados e a clientela de sua banca de venturas viviam em São Pedro. Mas é também possível que o mais amplo sobrado onde residiam servisse melhor à sublocação de quartos. Talvez por se dedicarem ao negócio de alugar, na escritura de compra e venda da casa do largo Dois de Julho está registrado que ele e sua mulher "vivem de negócio". Ela, de fato, era ganhadeira em 1862 e talvez continuasse ganhadeira doze anos depois. Ele, diz a correspondência policial, se empregava apenas no feitiço, daí ter se obrigado diante do chefe de polícia a procurar ocupação legítima. Não veio à tona que na época atuava como chefe de junta de alforria ao mesmo tempo que era proprietário de negros de ganho. Mas já se passara muito tempo desde então.

 Chegada a década de 1880, o idoso casal de libertos parecia precisar de dinheiro para sobreviver sem trabalhar, quem sabe devido a seus achaques. A casa da rua da Ordem Terceira foi vendida em algum momento entre 1882 e 1887. Em 1886, aposto, que foi um ano de grave crise econômica na província. No dia 3 de setembro desse ano, com a mulher doente de um derrame que lhe paralisou um lado do corpo e comprometeu sua locomoção, Domingos depositou cerca de um conto de réis, em nome dela, na Caixa Econômica. Como cliente da casa bancária ela aparece como Maria da Conceição Sodré Pereira pela primeira vez em documento por mim localizado.[53] Decerto aquele era o dinheiro da venda da casa.

 A Caixa Econômica, instituição financeira privada que então funcionava nas dependências do palácio do governo provincial, fora fundada em 1834 para, entre outros fins, servir como banco de crédito. Muitos clientes ali guardavam suas economias por segurança e para renderem juros. Eles podiam ser gente de poucos bens como Domingos, ou gente muito pobre, e até escravos, que ali aplicavam o pecúlio com o qual planejavam um dia comprar suas alforrias. Até as confrarias católicas negras passaram a se utilizar dos novos serviços bancários, inclusive investiram em apólices da dívida pública, a exemplo da Irmandade do Rosário da qual pai Domingos fazia parte.[54]

A Caixa Econômica e outras instituições de crédito criadas ao longo do século se tornariam concorrentes das juntas africanas de alforria, e quem sabe as tivessem até sufocado. É por isso uma ironia que no fim de sua vida Domingos, um dia dirigente de junta, optasse por esse tipo de investimento. O homem sabia combinar tradição com novidade. É preciso então relativizar um pouco a afirmação peremptória de Nina Rodrigues de que os africanos de seu tempo "afinam as vibrações das suas almas em notas diferentes das dos brancos".[55] Nem sempre, nem sempre. O problema é que Nina, bom racialista que era, gostava de isolar os africanos do resto da sociedade baiana como método para estudá-los como população peculiar, um "estoque" racial a caminho da extinção na Bahia.

Podemos ir um pouco mais além. Investindo na Caixa Econômica, Domingos se iniciava no circuito do capital financeiro, dinamizado com o fim do comércio transatlântico de pessoas. A Caixa Econômica e outros bancos cresceram com o término do tráfico, porque parte dos grandes e pequenos capitais negreiros agora ociosos migraria para o setor financeiro. Ao analisar a fortuna dos baianos, Mattoso constatou que o número das pessoas com aplicações nas casas bancárias aumentou consideravelmente depois de 1850.⁵⁶ Nomes como do ex-negreiro Joaquim Pereira Marinho compunham o quadro de acionistas em instituições financeiras que prosperaram ao longo da segunda metade do século XIX.⁵⁷ Os homens que haviam lucrado com o trato de gente agora lucravam com depósitos de quem eles tinham traficado para o Brasil, ou lhes emprestavam dinheiro a juros. Já vimos que o liberto Manoel Joaquim Ricardo, por exemplo, morreu com dívidas junto à Caixa Econômica e à Caixa Comercial.

Não apenas as novas instituições bancárias passaram a competir com as juntas de alforria como depositárias do pecúlio de escravos. As sociedades abolicionistas que se constituíram ao longo da segunda metade do Oitocentos cumpriram a mesma função, além de atuarem na compra direta da alforria, sem ônus para os escravos, ou de emprestarem dinheiro a estes, sem juros, para a mesma finalidade. Manoel de Abreu Contreiras — o homem que em 1862 assinou a rogo de Domingos Sodré o documento em que este se obrigava a abandonar o candomblé — recebeu da Sociedade Libertadora Sete de Setembro 300 mil-réis pela alforria de sua escrava crioula Izidora. O documento foi lavrado no dia 1º de julho de 1871, certamente para desse modo celebrar o aniversário da Independência da Bahia, no dia seguinte.⁵⁸

A carreira de Domingos Sodré como chefe de junta é representativa da trajetória dessas instituições africanas, que se formaram como instrumento para superação da escravidão e declinaram com ela. Esse movimento provavelmente estava também associado ao declínio da população africana escravizada, que constituía o principal sustentáculo das juntas de alforria. Nesse sentido, o envelhecimento, empobrecimento e a morte do africano Domingos Sodré são quase a metáfora de todo um processo histórico.

MORTE

Domingos Sodré morreu oito meses depois de ter investido na Caixa Econômica, no dia 3 de maio de 1887. Vivesse apenas mais um ano e teria visto a abolição acontecer, mas chegou a testemunhar o crescente sentimento coletivo contra a escravidão em Salvador. Muitos dos espetáculos abolicionistas, com grande concorrência de público, aconteciam próximo à casa do liberto, no Teatro São João. No mínimo, de sua residência, ele ouviria o pipocar dos foguetes que acompanhavam aquelas manifestações. Teria ele já se convertido ao abolicionismo por ocasião de sua morte? Se não tinha, pelo menos havia muito deixara para trás seu compromisso com a escravidão.

Em seu registro de óbito consta que Domingos morreu com estimados noventa anos, de "apoplexia cerebral", doença hoje conhecida como acidente vascular cerebral.[59] Nessa ocasião, ele continuava a morar na mesma casa invadida pela polícia 25 anos antes, pela qual agora pagava 35 mil-réis mensais de aluguel a dona Maria Fernanda Pires de Teive e Argolo, filha de família tradicional, e das mais antigas, da aristocracia escravocrata e açucareira baiana.[60] Naquela sala de paredes forradas com retratos de santos, o corpo de Domingos foi velado num luxuoso caixão, disposto sobre uma mesa e guarnecido por quatro tochas, "acesas durante horas em que o corpo ficara em casa". A sala foi "armada" — como se dizia da decoração fúnebre — para o velório com panos pretos e duas capelas de flores. Em seguida, o corpo foi levado em procissão para ser enterrado, como ele pedira, no distante cemitério de Quinta dos Lázaros, onde uma nova armação fúnebre foi arranjada para o ritual de enterramento no carneiro n. 22 da Irmandade do Rosário dos Pretos da rua de João Pereira. Do cortejo certamente participaram membros dessa confraria, conforme Domingos tinha direito

49. Página inicial do testamento de Domingos Sodré, 1882.

e pedira explicitamente em testamento. Uma missa solene foi celebrada por sua alma na magnífica igreja do convento de São Francisco. Foi um enterro pomposo, assim o quis sua viúva, embora o morto tivesse desejado funeral "sem ostentação alguma", expressão pouco africana de humildade cristã.[61]

Infelizmente, desconheço que ritos fúnebres africanos, se algum, foram celebrados em sua honra e serventia. Há, porém, nas contas de seu inventário, alguns excessos suspeitos de despesas com o enterro feitas por Leopoldina Sodré. Não consegui apurar quem teria sido essa mulher. Provavelmente tratava-se de uma liberta agregada da casa do idoso casal de libertos. O mesmo sobrenome de Domingos sugere ter ela sido sua escrava, mais uma, ou talvez ex-escrava de alguém da família dos antigos senhores do africano. Importa que ela era pessoa de confiança do casal. Mas o curador responsável pela herança de Delfina contestou pedido de reembolso encaminhado por Leopoldina Sodré de 324 mil-réis por ela pagos ao agente funerário — ou *armador* como se dizia então — João da Maceno Ferreira. O curador achou excessivo o preço do caixão, 80 mil-réis, e duvidou sobretudo das contas com a armação em casa e no cemitério, 100 mil-réis e 50 mil-réis, respectivamente, que considerou falsas. Leopoldina protestou, mas não convenceu o homem, que só quis ressarcir o valor do caixão.[62] Em outros casos de morte de gente de candomblé, as despesas com as cerimônias africanas foram também contestadas. Acontecera dois anos antes, em 1885, por ocasião da morte de Marcelina da Silva, cuja filha biológica, Maria Magdalena da Silva, acusou explicitamente seu padrasto de haver feito gastos excessivos com os rituais funerários africanos da mãe de santo. Da mesma forma, o testamenteiro do pai de santo Duarte Soares, o Arabonam, seria acusado de ter vendido uma casa do espólio do finado para fazer certas despesas que este teria secretamente ordenado e que acredito estarem relacionadas com seu funeral.[63] Esses dois exemplos dão a entender que na hora de prestar as contas do inventário, o que era legalmente obrigatório, os gastos não conferiam porque não podiam ser claramente declarados, com recibo passado, aqueles relacionados com a parte africana do funeral. O mesmo pode ter acontecido com as exéquias de pai Domingos organizadas por Leopoldina Sodré.

Além da apólice da Caixa Econômica, os bens do casal eram modestos no momento da morte de Domingos. Não mais encontramos inventariados os colares, as joias e os balangandãs de Delfina, provavelmente vendidos desde 1862. Os seus móveis incluíam um sofá, de bom jacarandá mas já estragado, duas mesas, duas arcas de vinhático, um quartinheiro, duas cadeiras de braços de vinhático e empalhadas, duas revestidas em lona e duas "sem lastro de madeira". Tudo bastante usado. Ainda estava lá um daqueles relógios de parede que despertara tanto interesse à polícia 25 anos antes, e que agora já tinham parado de marcar a passagem do tempo. Foram também arrolados um espelho, três candeeiros com mangas, um par de jarras e o nicho de jacarandá ocupado por imagens de santos esculpidas em madeira e "aparelhados de prata". O nicho representava o bem mais valioso, 50 mil-réis. Os demais bens foram todos juntos avaliados em 70 mil--réis. Ficou então para a viúva um conto e 110 mil-réis, cem vezes menos — não resisto à comparação — do que, seis anos antes, deixara para seus herdeiros Jerônimo Sodré, o antigo senhor moço de Domingos, aquele que lhe vendera sua liberdade.

As contas do finado Domingos incluem um item que representa mais uma evidência de seu trânsito cultural. Ele que fora acusado de curandeiro, entre outras coisas, lançava mão dos serviços de médicos. O dr. Horácio César lhe cobrou 4 mil-réis por uma consulta feita poucos dias antes de morrer. Outros 1800 réis seriam gastos na botica com a compra dos remédios receitados. É provável que o recurso ao dr. César viesse após tentativas de aliviar seus males com remédios caseiros, folhas de seu quintal e mesmo a medicina de outros curandeiros africanos como ele. O fato é que, pelo menos no fim da vida, Domingos recorreu à medicina convencional, que concorria e agora combinava com a sua.

O pagamento do funeral e de uma dívida, despesas com inventário, inclusive impostos, contas atrasadas de aluguel e fornecimento de água, além daquela consulta médica e de remédios para Domingos, e um exame médico de Delfina reduziriam a herança a exatos 336$779 réis, menos de um terço do que fora legado. Não sei por que a leitura dos documentos me deu a impressão de que a viúva foi saqueada por todo lado, com conivência e talvez benefício de seu curador, Francisco Pinheiro de Souza.[64] Parecia um costume baiano assaltar os africanos, mesmo depois de mortos. Conforme se lê num jornal alguns anos mais tarde, havia espertalhões que choravam a morte deles com o intuito de se apropriarem de seus bens. Até testamentos eram feitos "depois dos donos já estarem no outro mundo", denunciou *A Coisa*.[65] Não quero com isso dizer que o curador de Delfina pertencesse necessariamente a essa laia, apenas talvez pertencesse.

Mas por que curador? Delfina foi considerada incapaz de presidir o inventário de seu marido pelos médicos que a examinaram, pelo alto preço de 84$200 réis — compare-se com o cobrado pelo médico que cuidou de Domingos —, e em seguida a declararam mentalmente comprometida. Paulino Pires da Costa Chastinet e Christovão Francisco de Andrade diagnosticaram que ela sofria "de uma paralisia incompleta dos membros do lado esquerdo, devido a uma hemorragia cerebral que teve lugar há oito anos", e demonstrava também "enfraquecimento da memória". Não adiantou Delfina contestar esse diagnóstico, numa petição feita por seu advogado ao juiz na qual se dizia "surpresa" por ter sido nomeado um curador para responder por ela. Disse que "não se acha demente", e que "a paralisia de um lado não sequestrou a sua mentalidade". Delfina pediu uma audiência ao juiz para provar, cara a cara, que não era "desavisada, imbecil ou desmemoriada".[66] Mas que valor podia ter a palavra de uma velha africana diante dos peritos da "sciencia medica"? O juiz indeferiu sua petição sem se dignar a vê-la. Domingos tinha alguma culpa disso. Tendo nomeado sua mulher primeira testamenteira, ele se atrapalhou na nomeação do segundo — ou se confundiu o redator de seu testamento, um homem de oitenta anos[67] — e declarou como tal o seu falecido pai. Daí a justiça ter indicado Francisco Pinheiro testamenteiro dativo e curador de Delfina.

Com o que lhe restou, Delfina empobreceu de uma hora para outra. Por sorte, teve Leopoldina Sodré para dela cuidar. Além de organizar o funeral de Domingos, Leopoldina apresentou contas de despesas médicas, aluguel de casa e suprimento de água pela Companhia do Queimado, do que submeteu recibos

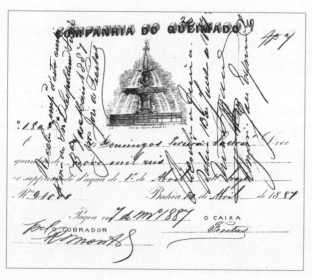

50. *Recibo de 9 mil-réis pagos à Companhia do Queimado pelo fornecimento de água à residência de Domingos Sodré durante o mês de abril de 1887.*

ao curador. Depois, passou a receber deste mesada de 21 mil-réis, sacados da conta da viúva na Caixa Econômica. O dinheiro seria usado apenas para o sustento de Delfina, como esclareceu Leopoldina, que fez questão de registrar que não levava "em conta seus serviços a ela [Delfina] prestados porque os faz por caridade".[68] Essas palavras, se sinceras, sugerem as relações especiais de solidariedade que ela mantinha com o casal.

Em setembro de 1887, mudaram-se ambas as mulheres para uma casa mais modesta, ali perto no Areal de Cima, alugada por

23 mil-réis mensais — valor acima da mesada —, e nessa ocasião foram vendidos os móveis para ajudar nas despesas. Em data ainda incerta, Delfina mudou-se de novo, agora sem Leopoldina,

51 e 52. *Rua do Tingui, à dir. da igreja matriz de Santana, em foto tirada no ano da morte de Maria Delfina da Conceição, 1888.*

para o Tingui, uma rua estreita que ladeia a matriz da freguesia de Santana. Longe da vizinhança onde morara durante cerca de três décadas, pelo menos, ela passou a viver na casa de Joana Maria do Amor Divino. Sobre essa mulher nada consegui apurar ainda. De fato, localizei diversas Joanas do Amor Divino — sobretudo em registros de batismo e de alforria —, e nome tão comum não ajuda investigação desse tipo.[69]

Naquela casa Maria Delfina da Conceição faleceu em 20 de agosto de 1888, pouco mais de um ano depois do marido. Cerca de três meses antes, o regime de trabalho que provocara seu exílio no Brasil tinha sido abolido. O evento foi comemorado pela população negra da Bahia com enorme entusiasmo, com batuques, passeatas, concentrações, missas solenes em Salvador, no Recôncavo e outros lugares, tanto barulho e mobilização que chegou a preocupar senhores e autoridades de que a festa virasse revolução. O povo de candomblé esteve presente a essas manifestações, como sugere tradição ainda viva da cidade de Santo Amaro, a Festa do Bembé. Enquanto isso, segundo Silva Campos, a abolição teria sido celebrada apenas discretamente pelos últimos africanos de Salvador, talvez por serem quase todos velhos demais para grandes esforços festivos, ou porque não puderam esquecer nem perdoar que suas energias tivessem sido consumidas durante a juventude pela escravidão brasileira. Mas em Lagos, a terra natal de Domingos Sodré, na comunidade dos africanos retornados, as celebrações foram exultantes como na Bahia.[70]

Nessa ocasião Delfina provavelmente estava presa à cama. A doença que a consumiu, na altura de estimados 83 anos de idade, foi vagamente descrita em seu registro de óbito como "congestão". Não teve caixão de luxo, nem missa solene como o marido. Morreu na miséria, "nada absolutamente nada deixou", declarou seu curador, salvo míseros 9 mil-réis depositados na Caixa Econômica que não bastaram para pagar uma dívida de 18 mil-réis por seis visitas médicas do dr. Luiz Joaquim de Oliveira Santos. Essas despesas e as de seu funeral foram divididas entre o curador e dona Joana do Amor Divino. Delfina foi enterrada no cemitério de Quinta dos Lázaros, como tinha sido Domingos, e quem sabe ao seu lado.[71]

Maria Delfina da Conceição foi a companheira de Domingos Sodré durante vinte e muitos anos, tempo em que, por certo, contribuiu para que ele não fosse apenas mais um liberto africano na Bahia oitocentista. Foram presos juntos por prática de candomblé, consolidaram sua união na Igreja católica, adquiriram propriedade como casal, um cuidou do outro durante a doença, ele abriu uma poupança para que ela tivesse um fim de vida protegido, o que não deu certo, ela o ajudou a bem morrer, o que conseguiu, e em breve se reuniriam no mesmo cemitério. Os poucos rastros que ela deixou na documentação sugerem que foi uma mulher decidida e talvez decisiva na vida de Domingos. Mas, apesar de já contar com importantes lideranças femininas, Delfina viveu numa época em que os homens predominavam à frente da religião africana, e não apenas no ramo da adivinhação. Por enquanto Delfina consta apenas como assistente de Domingos nos negócios de candomblé, mas, quem sabe, os arquivos guardem segredos que façam mudar esse enredo.

Epílogo

Estudos biográficos de indivíduos que experimentaram a escravidão — e mais ainda daqueles que conseguiram superá-la — representam um gênero narrativo de crescente interesse. Esses estudos se referem, sobretudo, ao complexo escravista do Atlântico norte. As biografias de africanos e de seus descendentes permitiram perceber sob um novo ângulo, e de maneira mais humana, o movimento amplo da história, seja do tráfico de escravos, da ascensão e queda da escravidão no Novo Mundo, da reconfiguração do Velho Mundo pela colonização e pelo trabalho escravo, enfim da formação de sociedades, economias e culturas atlânticas. É possível fazer dessas histórias pessoais uma estratégia para entender o processo histórico que constituiu o mundo moderno no sentido mais amplo e, em particular, as sociedades plantadas na escravidão que dele brotaram.[1]

Prospera, também no Brasil, o interesse por estudos biográficos desse tipo. Não me refiro a biografias de grandes personagens, abolicionistas negros, por exemplo, mas do sujeito que viveu na sombra do anonimato, de quem não se tem memória constituída, ou cuja memória pertence mais ao mito do que à história. Os nomes desses biografados têm se multiplicado na historiografia brasileira nos últimos anos e carecem de ser pronunciados, a exemplo de Rosa Egipcíaca, Dom Obá II d'África, Chica da Silva, Antônio Dutra, Tito de Camargo, Juca Rosa, Caetana, Liberata, o alufá Rufino, Domingos Álvares e outros. A vida deles pode em alguns casos ser documentada do nascimento à morte, mas na maioria das vezes dela apenas se percebem "momentos dramáticos", para depois desaparecer dos arquivos sem deixar pistas. Independentemente de serem umas mais, outras menos documentadas, essas histórias pessoais, além de relevantes em sua singularidade, servem para melhor perceber experiências coletivas e iluminar contextos e processos históricos mais amplos e complexos. Foi o que se quis oferecer neste livro com a história de Domingos Sodré.[2]

Muitos autores definiriam a história de vida de Domingos como um processo típico de *crioulização*. Nesse sentido, o liberto seria um candidato a "crioulo atlântico", para usar expressão hoje bastante difundida na bibliografia especializada, ou simplesmente "crioulo". Para me manter mais próximo do personagem, prefiro chamá-lo *ladino*, e à sua experiência de vida, um processo de *ladinização*. No Brasil, sobretudo, o termo "crioulização" está carregado de significado sociológico e demográfico muito forte, porque associado ao preto — e enfatizo o termo "preto" — aqui nascido, o então chamado *crioulo*. O vocábulo "crioulo" é encontrado por toda parte na documentação para o distinguir do africano escravizado ou liberto — que na Bahia era chamado de preto —, mas também para diferençar dos mestiços: mulatos, pardos, cabras. Desse modo, busco fidelidade à classificação racial praticada no Brasil daquela época. Trata-se de um exercício elementar do historiador. O imperativo sociodemográfico tem implicações culturais, uma vez que o crioulo, nascido ou não sob cativeiro, seguiu um curso completo de socialização e formação cultural locais, mesmo quando nascido de mãe e pai africanos ou quando vivia em comunidades africanas, que em geral não eram hermeticamente fechadas.

Não disputo que o crioulo assimilasse numerosos valores africanos de seus pais e parceiros de trabalho, de lazer ou de religião, mas a sua experiência era diferente daquela do africano ladino, que fora outrora negro "boçal" ou "novo", isto é, recém-chegado da África. Mas também contraponto, e ainda mais radical, ao negro aqui nascido. O termo "ladinização", aliás, foi sugerido por Emilia Viotti da Costa para situar os africanos após o final do tráfico, que encerrou a permanente reafricanização cultural por este ensejado através das levas de cativos desembarcados no Brasil. Mas, ao contrário dessa autora, sugiro que a expressão seja entendida quase em seu sentido nativo, válida para todas as gerações de africanos natos que, mesmo na época de vigência plena do tráfico, tiveram com o tempo de adaptar, reinventar e criar de novo seus valores e práticas culturais, além de assimilar muitos dos costumes locais — bem como os de outras nações africanas —, sob as novas circunstâncias e sob a pressão da escravidão deste lado do Atlântico. Os ladinos, no entanto, se adaptaram sem descartar tudo que haviam aprendido e vivido do lado de lá do Atlântico. Assim, indivíduos nascidos na África nunca se tornavam crioulos no Brasil, fosse no sentido sociológico, demográfico ou cultural. Por isso prefiro chamar de ladinização à dinâmica cultural e, mais amplamente, a experiência de vida protagonizada pelo adivinho Domingos Sodré na Bahia, um africano ladino.[3]

Domingos se destacou da maioria dos africanos de sua época em diversas medidas, ao mesmo tempo que foi representativo de seu grupo. Ele fez parte de uma elite de libertos que gozavam de alguma medrança e prestígio no Brasil oitocentista, gente como alguns de seus amigos e adversários que conhecemos nestas páginas. No final da vida, seguindo uma tendência entre a maioria dos africanos libertos, sua prosperidade minguou, é verdade, e a mulher dele herdou pobreza. Infelizmente, não sei o que foi feito de sua vida no candomblé com o passar dos anos, se continuou ativo ou manteve apenas uma prática privada, doméstica, sem contato regular, ou qualquer contato, com uma clientela ritual e com outros sacerdotes africanos. Se não parou de vez com suas atividades nesse ramo, e quero crer que não, é possível que elas também minguassem no mesmo ritmo em que envelhecia e empobrecia.

Não é que faltasse à memória coletiva alguma impressão de Domingos, como transparece em Manuel Querino ao referir-se, muitos anos depois, ao episódio da farda de veterano, mas aparentemente essa memória teve vida curta. Tivesse tido filhos ou formado uma família sacerdotal, seus descendentes de sangue ou de santo talvez pudessem nos socorrer agora com a tradição oral, como o fizeram em relação às fundadoras e primeiras sacerdotisas-mores de tradicionais terreiros baianos, como Francisca da Silva, a Iyá Nassô, e Marcelina da Silva, a Obatossi, líderes da Casa Branca. Domingos, porém, deva ser quiçá contado entre aqueles sacerdotes que contribuíram para o processo de constituição da hegemonia ritual nagô ao longo da segunda metade do século xix.[4] Mas, se tal ocorreu, não se beneficiou desse processo. O desamparo em que esteve Delfina no fim da vida sugere que ela não foi cuidada por uma comunidade de candomblé na qual figurassem, ela e o marido, como membros destacados. Do lado católico, tampouco encontrei evidência de que os muitos afilhados e compadres de Domingos tivessem estendido a mão a ele ou a Delfina. Fica porém a dúvida sobre se Leopoldina Sodré e Joana do Amor Divino não seriam parte de seu parentesco simbólico no candomblé ou na Igreja. Não fosse por elas, no fim da vida Domingos e Delfina estariam completamente sós, tem-se a impressão; até porque a maioria de seus amigos e correligionários, velhos africanos como eles, já teria morrido ou retornado à África.

Em determinado momento de sua vida, porém, por efêmero que fosse, Domingos destacou-se como importante liderança religiosa na Bahia, era um papai, "o principal da ordem dos sortilégios e feitiços" em 1862. Ademais, sua capacidade de dirigir e organizar não se limitou ao campo da crença e da cura. Atuara como chefe de junta de alforria durante mais de uma década. Os indícios das conexões que fazia entre essa atividade e a prática religiosa sugerem ter ele sido um personagem arisco, capaz de interpretar com perspicácia os códigos do mundo em que vivia, inclusive seus vínculos com o universo espiritual. Para isso, aprendeu a negociar posições e a cultivar relações dentro e fora da comunidade africana. Era um mediador cultural, um perfeito ladino.

Suas práticas rituais serviram, principalmente, a pretos africanos e nacionais, sobretudo aos primeiros, a quem ajudava nos combates cotidianos com seus senhores. Embora não tivesse aderido a um projeto de rebeldia coletiva, Domingos trabalhou pela liberdade individual de escravos através do controle da vontade de seus senhores. Sua religião foi nesse sentido um instrumento da resistência escrava. Ao mesmo tempo, ele serviu, ainda como especialista ritual, a gente branca e mestiça baiana. Muita dessa gente circulou por sua vida em outras circunstâncias que não a ritual, como fica esclarecido nos documentos cartoriais, judiciais e eclesiásticos em que Domingos compareceu. Com os brancos, não se pode dizer que tivesse uma relação clientelista de mão única, na qual fosse ele sempre o dependente. Domingos pode ter funcionado como cliente de um ou outro branco, mas também tinha sua própria clientela, inclusive entre brancos. Afinal, quem era o cliente diante da mesa de adivinhação do papai? Domingos foi, a seu modo, "um figurão", como foi uma vez chamado.

Sua desenvoltura social, Domingos reproduziria no âmbito da religião, uma vez que se movia entre o candomblé e o catolicismo aparentemente sem grande embaraço, embora com cuidado para não misturar santo católico com divindade africana, nem em sua mente ou em sua casa. Circulou também entre a medicina ocidental e a africana, juntas de crédito e bancos modernos. Nesses aspectos, não diferiu de muitos outros africanos seus contemporâneos. Como também não diferiu deles, inclusive de muita gente de candomblé, quando o encontramos na condição de proprietário de escravos, o que representava medida de sucesso em seu tempo. Original talvez tivesse sido sua decisão de, num momento de crise moral ou espiritual, alforriar, sem compensação pecuniária, talvez todos os escravos que possuía. Mas, recuperado da crise, voltaria a ter dois ou três escravos pelo menos, numa época em que, velho e necessitado, já não podia alforriar de graça. Vem-me aqui a lembrança daquele "diabrete de ferro" encontrado em sua casa. Precisamente na confluência entre escravidão e liberdade é, quem sabe, onde melhor se revela a experiência de vida desse arisco devoto de Exu, o senhor das encruzilhadas, patrono da contradição.

Cronologia da vida de Domingos Sodré

c. 1797: nasce em Onim, mesma Lagos, a grande metrópole da atual Nigéria, então reino iorubá e ponto de tráfico transatlântico de escravos.

c. 1815-*c.* 1820: desembarca na Bahia como escravo.

1822-23: participa da Guerra da Independência na Bahia, no Batalhão do Imperador, é ferido no campo de batalha e hospitalizado.

c. 1816-*c.* 1835: escravo do coronel Francisco Maria Sodré Pereira no engenho Trindade, em Santo Amaro, Recôncavo da Bahia, e talvez em outras propriedades do mesmo senhor. Período de intensa rebeldia escrava na região.

1835: morre o coronel Francisco Maria Sodré Pereira, senhor de Domingos. É o ano da Revolta dos Malês, em janeiro.

1844: Domingos compra por 550 mil-réis sua alforria de Jerônimo

Pereira Sodré, filho primogênito do coronel Francisco Maria Sodré Pereira.

1845 (novembro): primeiro registro do nome de Domingos Sodré num livro de batismo, como padrinho de meninas gêmeas, filhas de uma escrava africana. Depois desse, haverá vários outros batismos em que participa como padrinho.

1849 (dezembro): compra a escrava Lucrécia e seu filho Theodoro.

1850 (junho): casa-se com a africana liberta Maria das Mercês Rodrigues de Souza, que morre poucos dias depois. Ano da proibição definitiva do tráfico transatlântico para o Brasil.

1850 (dezembro): compra a escrava Esperança.

1851 (julho): alforria a escrava Lucrécia.

1853 (fevereiro): cobra judicialmente dívida do africano liberto Cipriano José Pinto.

1853 (maio): é preso durante rumores de conspiração africana em Salvador.

1855 (junho): alforria a escrava Esperança, o escravo Theodoro, de nove anos de idade e, provavelmente, Umbelina. Ano de epidemia de cólera, que se alastrou por diversas regiões do país.

1859 (fevereiro): compra a escrava Maria Ignez, ou Maria Archanja.

1860 (outubro): inicia processo, que duraria três anos, contra o africano liberto Elias Seixas, a quem acusa de matar um amigo e se apropriar de dinheiro da junta de alforria dirigida por Domingos.

1862 (março): alforria o escravo Ozório.

1862 (25 de julho): é preso sob acusação de adivinhação, feitiçaria e receptação de dinheiro e objetos roubados por escravos a seus senhores.

1871 (fevereiro): casa-se com Maria Delfina da Conceição. Promulgada em 28 de setembro a legislação que ficou conhecida como Lei do Ventre Livre.

1876 (julho): vende casa no largo Dois de Julho.

1876 (dezembro): compra casa na rua da Ordem Terceira de São Francisco.

1877 (maio): alforria a escrava Maria.

1882 (maio): dita testamento deixando seus bens para a mulher, Maria Delfina da Conceição.

c. 1886: vende casa da rua da Ordem Terceira de São Francisco.

1886 (setembro): abre conta na Caixa Econômica.

1887 (3 de maio): morre com estimados noventa anos de idade.

1888 (20 de agosto): morre Maria Delfina da Conceição com estimados 83 anos de idade. Em 13 de maio, abolição da escravidão.

ANEXOS

Anexo 1

A PRESENÇA DE IFÁ (OU FÁ) NA BAHIA

Estando a polícia em aperto
Para um crime horroroso descobrir,
Como meninos dá por paus e pedras
E por fim nada pode conseguir

E tendo ella
Burlado os passos,
Ficou perplexa,
Cruzou os braços.

De repente, uma ideia luminosa
Na mente lhe passou;
De consultar um papae de terreiro
O chefe se lembrou

E tocando a sineta apressurado
Pelo Adão chamou;

Que fosse ver um preto afamado
O homem ordenou

O delegado então falou assim:
Isso de preto cheira a barbarismo,
Se há de vir um negro bruto
Vamos consultar o spiritismo.

— Ora qual! Sr. Amaral;
Creio lá em spiritismo!
V. com suas ideias
Vai direto ao idiotismo.

Vamos mandar vir o preto
Que é um meio mais seguro;
Eu bem que acredito nelles
Estando em algum apuro.

Em três pulos e meio os degraus
Da escada já o Adão galgou...
E dobrando para a Rua das Preces
O preto Arabonam logo encontrou.

Chamou-o de parte,
E deu-lhe o recado,
Que o chefe mandava;
Respondeu o preto
Que esperasse enquanto
Elle se aprontava.

....

Munido de seu Fá e mais preparos,
Ei-lo transplantando o limiar da salla;
Logo que o chefe o vê, se levantando,
Com o respeitoso accento assim lhe falla:

Mandei-o chamar papae,
Para você adivinhar,
Quem acção tão desumana
Foi capaz de praticar

O preto revestiu-se de ar grave,
A pele de carneiro estendeu,
Tomou seu ojá e o mocan,
E um pouco de eipon bebeu.

Passou a mão na testa meditando,
O Changô invocou;
Metteu na mão do chefe dois obis
E o Fá semeou.

Depois de bem cumprida meia hora
De milongas disse o preto
Que declara quem era,
Porém em lugar secreto

E o que lá se passou entre os dous
Ninguém poude saber;
O caso é que logo
A três homens mandou elle prender.

Fonte: *O Alabama*, 3 de setembro de 1867, p. 7. Mantive a grafia original dos versos.

Anexo 2

O TESTAMENTO DE DOMINGOS PEREIRA SODRÉ — 1882

Em nome de Deus, Amém

Eu, Domingos Pereira Sudré, como verdadeiro Cristão que sou, porém temendo a morte, deliberei fazer este meu testamento e disposição de última e derradeira vontade pela forma seguinte.

1

Sou natural da Costa d'África, nascido em Onim e batizado no Engenho denominado Trindade, no Município de Santo Amaro da Purificação, que foi de seu antigo Senhor Jerônimo Sudré.

2

Sou filho legítimo dos africanos Porfírio Araújo de Argollo e sua mulher Bárbara de Tal, ambos falecidos.

3

Sou casado há mais de onze anos com a africana liberta de nome Maria Delfina da Conceição, de cujo consórcio não tenho filho algum.

4

Sou irmão da Irmandade de Nossa Senhora do Rosário de João Pereira, e quero ser pelos irmãos da mesma carregado, e sepultado em um dos carneiros da dita Irmandade.

5

O meu enterro será feito à vontade de minha mulher, porém sem ostentação alguma.

6

Para os meus testamenteiros nomeio em primeiro lugar a dita minha mulher Maria Delfina da Conceição e em segundo lugar o Sr. Porfírio Araújo Argollo, aos quais peço queiram aceitar esta minha testamentária.

7

Declaro que os bens que possuo são uma casa térrea sita à Ordem Terceira de São Francisco, comprada a Elpidio Lopes da Silva e sua mulher, por escritura na nota do Tabelião Rodrigues da Costa em 14 de Dezembro de 1876, e móveis de minha casa, inclusive um nicho com suas imagens preparadas.

8

Declaro que nada devo a pessoa alguma.

9

Instituo, visto não ter parentes chegados, por minha universal herdeira a dita minha mulher Maria Delfina da Conceição.

E por esta forma tenho concluído este meu testamento, disposição de última e derradeira vontade, e quero que este tenha inteira validade, e se faltar alguma cláusula ou cláusulas em direito necessárias, peço às justiças de Sua Majestade Imperial as queira suprir, e fazer executado como neste se contém e declara.

Este pedi ao Senhor Feliciano José Falcão que depois de feito e o achando em tudo e por tudo conforme lhe havia dito, assinei de meu próprio punho. Bahia, 20 de Maio, digo conforme como lhe havia dito, e por não saber também ler nem escrever, pedi ao dito Senhor que a meu rogo assinasse. Bahia 20 de Maio de 1882.

A pedido do testador Domingos Pereira Sudré, por não saber ler nem escrever, e como testemunha que este fiz

Feliciano José Falcão

APROVAÇÃO

Saibam quantos este público instrumento de aprovação de testamento virem, que sendo no ano do Nascimento de Nosso Senhor Jesus Cristo de mil oitocentos e oitenta e dois aos trinta e um dias do mês de Maio, nesta Cidade da Bahia a meu cartório compareceu o Testador Domingos Pereira Sodré, reconhecido pelo próprio das testemunhas abaixo nomeadas e assinadas e estas de mim Tabelião de saúde em seu perfeito juízo e entendimento segundo o meu parecer e das referidas testemunhas à vista das respostas que deu às perguntas, que lhe fiz e das suas para as minhas mãos me foi entregue este papel escrito em duas laudas, que findas na em que esta aprovação principia, deferido ser seu testamento, disposições de última e derradeira vontade que manda escrever pelo Senhor Feliciano José Falcão em consequência de não saber ler nem escrever e depois de escrito lhe foi lido, e por achar em tudo conforme a sua vontade e pela forma que o havia ditado, pediu ao mesmo Senhor que também pela mesma razão a seu rogo o assinasse, pedindo outrossim a mim

Tabelião que para sua inteira validade o aprovasse, que ele da sua parte o aprova e ratifica e o há por bom, firme e valioso, revogando por este qualquer outro testamento ou codicilo anteriormente feito. Em seguida eu Tabelião recebendo o testamento e passando-o pela vista o achei limpo sem vício algum, e por isso o rubriquei com a rubrica de que uso A. L. Silva e o aprovo e hei por aprovado tanto quanto posso e devo e a Lei permite, sendo a tudo testemunhas presentes o Capitão Espiridião Aniceto Gonçalves de Souza Gouvêa, Liberato Barroso de Oliveira, Franquilino Silvério dos Santos, e Feliciano José Falcão, todas residentes nesta Cidade, e que assinaram esta aprovação com o Testador, sendo a rogo deste por declarar não saber ler nem escrever a testemunha Feliciano José Falcão depois de lido este instrumento perante todos por mim Álvaro Lopes da Silva Tabelião escrevi.

    A. L. S.
    Em testemunho
    Álvaro Lopes da Silva
    A rogo do Testador Domingos
    Pereira Sudré por não saber ler nem
    escrever
    Feliciano José Falcão
    Espiridião Aniceto Gonçalves
    de Souza
    Luiz Antonio de Souza Gouvêa
    Liberato Barroso de Oliveira
    Franquilino Silvério dos Santos

Abri: cumpra-se e registre-se. Bahia 10 de Maio de 1887.
                Vaz Ferreira

ABERTURA

Aos dez dias do mês de Maio de mil oitocentos e oitenta e sete, nesta Cidade da Bahia e escritório do Juiz Doutor de Direito da Provedoria, Estevão Vaz Ferreira, onde eu Escrivão interino do seu cargo vim, e sendo aí presente Francisco Pinheiro de Souza, e por ele foi apresentado para ser aberto este testamento que se achava fechado e com o qual falecera no dia três do corrente em sua casa de morada à ladeira de Santa Tereza o africano liberto Domingos Pereira Sodré. Aberto pelo juiz, foi logo por mim examinado, e não achando em todo ele cousa que dúvida pudesse causar, dei fé, e então deu o Juiz o seu despacho in fronte mandando cumprir e registrar. E para constar lavro este termo em que assinam o Juiz e o presentante. Eu Fortunato Dormud Escrivão interino o escrevi.

Vaz Ferreira
Francisco Pinheiro de Souza

Fonte: APEB, *Judiciária. Inventários*, n. 07/3257/01.

Anexo 3

ESCRITURAS DE COMPRA DE ESCRAVOS POR DOMINGOS

Lucrécia

Escritura de venda paga e quitação que faz D. Emilia Fontes a Domingos Sudré de uma escrava nagô de nome Lucrécia, pela quantia de trezentos e cinquenta mil reis. Pagando o comprador a sisa como abaixo se declara.

Saibam quanto este público instrumento de escritura de venda paga e quitação, ou como em direito melhor nome e lugar haja virem, que sendo no ano de nascimento de Nosso Senhor Jesus Cristo de mil e oitocentos e quarenta e nove aos dezesseis dias do mês de outubro do dito ano nesta cidade da Bahia e Freguesia de Nossa Senhora da Conceição da Praia em meu cartório comparecerão partes outorgantes havidos e contratados a saber como vendedor D. Emilia Fontes, e comprador Domingos Sudré pessoas estas que as testemunhas adiante nomeadas, e abaixo assinadas me certificaram serem os próprios de que faço menção, e estas reconhecidas de mim Escrivão de que dou fé, em presença das quais pela primeira outorgante me foi dito que era legítima Senhora e possuidora de uma escrava nagô de nome Lucrécia, a qual com todos os seus achaques novos e velhos, vende como de fato vendido tem por este público instrumento ao segundo outorgante Domingos Sudré pelo preço e quantia de trezentos e cinquenta mil reis pagando o dito comprador a sisa, e que por haver recebido do mesmo comprador a referida quantia dela dava por geral e irrevogável quitação e que para segurança da presente venda se submetia a todos os encargos que como vendedor lhe eram inerentes, a vista do que pelo primeiro outorgante me foi dito que aceitava a presente escritura com todas as cláusulas e condições. Finalmente por ambas estas partes me foi dito que se obrigavam a ter e manter a presente escritura como nela se contém, e declara, e de como assim o disseram, e outorgarão dou fé, e lhes fiz este instrumento em que assinarão com as mencionadas testemunhas Henrique Pereira da Cruz, Manoel Correia de Sá que são responsáveis por esta venda na forma da Lei Provincial, e incorporo o bilhete da sisa, taxa, e selo proporcional que tudo se segue. Sisa. Receita Provincial número dois mil quatrocentos setenta e nove Semestre adicional de mil oitocentos e quarenta e nove reis dezessete mil e quinhentos a folha nove do livro de receita suplementar Provincial da capital fica lançada em débito ao atual recebedor a quantia de dezessete e quinhentos reis que pagou Domingos Sudré proveniente de meia sisa correspondente à quantia de trezentos e cinquenta mil reis preço por que comprou a Dona Emilia Fontes a escrava Lucrécia de nação e de como recebeu e recolheu ao cofre a referida quantia assinou o presente conhecimento. Bahia quinze de outubro de mil oitocentos e quarenta e nove. O recebedor A. F. Maia Bitencourt. O Escrivão interino José Antonio Chaves. Ducarregado (?) Florence. Taxa. Número duzentos vinte e dois Recebedoria de Rendas internas. Ano financeiro A folha dezenove do livro treze fica lançada em débito ao atual tesoureiro a quantia de dois mil que pagou Emília digo de dois mil reis que pagou Emilia Fontes do dito ano de Imposto da taxa de sua escrava Lucrécia nagô ao Beco dos Calafates pertencente ao corrente ano financeiro. Bahia dezesseis de outubro de mil oitocentos e quarenta e nove. Pelo tesoureiro Salustiano Dias de Andrade. O escrivão Francisco Germano Cordeiro de Castro Selo proporcional número sessenta e um quatrocentos reis. Pagou quatrocentos reis. Bahia dezesseis de outubro de mil oitocentos e quarenta e nove. Escrivão. Martins Velasques. E nada mais se continha em os ditos teores que a que os copiei sem coisa que duvide faça, e assinaram a rogo da vendedora por não saber ler nem escrever Antonio Pereira da Silva Paranhos, e rogo do comprador pela mesma razão Manoel Pereira Pinto depois de lido perante todos, e testemunhas, e eu Joaquim Manoel da Paixão Ribeiro Escrivão o escrevi e assinei.

                                              Joaquim Manoel da Paixão Ribeiro
Henrique Pereira da Cruz   Antonio Pereira da Silva Paranhos
Manoel C. de Sá
Manoel Pereira Pinto

Fonte: AHMS, *Escrituras de escravos. Freguesia de Conceição da Praia 1843-63*, v. 66.5, fl. 40.

Lucrécia e Theodoro

Escritura de venda paga e quitação que faz Francisco Fontes a Domingos Sudré de uma escrava africana nagô de nome Lucrécia e seu filho menor de três anos crioulinho de nome Theodoro pelo preço e quantia de trezentos e cinquenta mil reis. Pagando o comprador a sisa como abaixo se declara.

Saibam quanto este público instrumento de escritura de venda paga e quitação virem que sendo no ano de nascimento de Nosso Senhor Jesus Cristo de mil e oitocentos e quarenta e nove, aos cinco dias do mês de dezembro do dito ano, nesta cidade da Bahia e Freguesia de Nossa Senhora da Conceição da Praia em meu cartório compareceram partes a estes outorgantes havidos e contratados a saber como vendedor Francisco Fontes, e como comprador Domingos Sudré aquele reconhecido próprio por mim Escrivão de que dou fé e este das testemunhas adiante nomeados, e abaixo assinados que tão bem de mim são reconhecidos em presença das quais pelo primeiro outorgante vendedor me foi dito que ele era legítimo Senhor e possuidor de uma escrava nagô de nome Lucrécia e de seu filho menor de três anos crioulinho de nome Theodoro, cuja escrava ele a tem matriculado em nome de sua filha menor Emilia Fontes porém que presentemente com todos os seus achaques novos e velhos e com o seu respectivo filho os vende ao segundo outorgante comprador pelo preço e quantia de trezentos e cinquenta mil reis pagando este a sisa e que por haver recebido a referida quantia dela dava por geral e irrevogável quitação e que para segurança da presente venda se submetia a todos os encargos que como vendedor lhe sejam inerentes a vista do que pelo segundo outorgante me foi dito que aceitava a presente escritura com todas as cláusulas nela expressas. Finalmente por ambas as partes me foi mais dito que aceitavam a presente escritura assim e da maneira que nela se contém e declara e de como assim o disseram e outorgarão dou fé e lhes fiz este instrumento nesta nota em que assinarão com as mencionadas testemunhas Antonio Pereira Silva Paranhos e Henrique Pereira da Cruz, responsáveis a esta venda na forma da Lei Provincial e incorporo o conhecimento da sisa e taxa selo proporcional que tudo se segue. Sisa. Receita Provincial número três mil trinta e dois semestre adicional de mil oitocentos e quarenta e nove reis dezessete mil e quinhentos a folha 23 do livro suplementar de receita Provincial da capital fica lançada em débito ao atual recebedor a quantia de dezessete e quinhentos reis que pagou Domingos Sudré proveniente de meia sisa correspondente à quantia de trezentos e cinquenta mil reis preço por quanto comprou a Francisco Fontes a escrava Lucrécia nagô com um filho menor de nome Theodoro com três anos de idade e de como recebeu e recolheu ao cofre a referida quantia assinou o presente conhecimento. Bahia cinco de dezembro de mil oitocentos e quarenta e nove. O recebedor interino José Antonio Chaves. O Escrivão J. E. da Silva Castro. Ducarregado (?) Moreira Sampaio. Taxa. Número duzentos vinte dois Recebedoria de Rendas internas. Ano financeiro Reis dois mil. A folha dezenove verso do livro treze de receita fica lançada em débito ao atual tesoureiro a quantia de dois mil reis que pagou Emilia Fontes do dito ano de Imposto da taxa de sua escrava Lucrécia nagô ao Beco dos Calafates pertencente ao corrente ano financeiro. Bahia dezeseis de outubro de mil oitocentos e quarenta e nove. Pelo tesoureiro Salustiano Dias de Andrade. O escrivão Francisco Germano Cordeiro de Castro Selo proporcional numa só quarenta e um e quatrocentos reis. Bahia cinco de dezembro de mil oitocentos e quarenta e nove. O Tesoureiro J. Vieira, Machado. E nada mais se continha em os ditos documentos que a que os copiei sem coisa que duvide faça, e assinaram os outorgantes e testemunha depois de lido, e por não saber ler nem escrever o comprador assinou a seu rogo Manoel Pereira Pinto, e eu Joaquim Manoel da Paixão Ribeiro Escrivão o escrevi e assinei.

Antonio Pereira da Silva Paranhos	Joaquim Manoel da Paixão Ribeiro
Henrique Pereira da Cruz	Francisco Fontes

Fonte: AHMS, *Escrituras de escravos. Freguesia de Conceição da Praia, 1843-63*, v. 66.5, fls. 53v-54.

Maria Ignez ou Maria Archanja

Escritura de venda paga e quitação que faz o Comendador Sancho de Bittencourt Berenguer Cezar por seu procurador José Joaquim Seabra a Domingos Sudré de uma escrava africana de nome Maria, pela quantia de oitocentos mil reis, pagando o comprador a sisa como abaixo se declara.

Saibam quanto este público instrumento de escritura de venda paga e quitação, ou como em direito melhor nome e lugar haja virem, que sendo no ano de nascimento de Nosso Senhor Jesus Cristo de mil e oitocentos e cinquenta e nove, aos vinte dois dias do mês de fevereiro do dito ano, nesta cidade da Bahia, e Freguesia de Nossa Senhora da Conceição da Praia em meu cartório a rua das grades de ferro, compareceram presentes partes a esta Outorgantes havidos e contratados, a saber como vendedor o Comendador Sancho de Bittencourt Berenguer Cezar por seu procurador José Joaquim Seabra, que o mostrou ser pela procuração que apresentou, e adiante vem transcrito e como comprador Domingos Sudré aqueles de mim escrivão reconhecido como próprios de que trato e dou fé, e ambas as testemunhas abaixo assinadas também reconhecidos como próprios, em presença das quais pelo procurador do primeiro Outorgante vendedor me foi dito, que seu constituinte era legítimo senhor e possuidor de uma escrava africana de nome Maria, a qual livre e desembargada com os seus achaques novos e velhos vende como de fato vendido tem ao comprador pela quantia de oitocentos mil-réis, pagando o mesmo comprador a sisa, e que por ter recebido a referida quantia preço desta venda em nome de seu constituinte dava-lhe pura, geral e irrevogável quitação e se submetia a todos os encargos que como vendedor lhe são inerentes, a vista do que pelo vendedor me foi dito que aceitava a presente Escritura a ele feita com todas as cláusulas e condições nela expressas. Finalmente por ambos me foi mais dito que o vendedor na pessoa de seu procurador e o comprador por si, que cada um na parte que lhes toca se obrigavam a cumprir e guardar a presente Escritura, assim como nela se contém e declara e de como o disseram e outorgaram dou fé, e lhe fiz este instrumento nesta nota em que assinarão os outorgantes e as mencionadas testemunhas Instuito José Alberto, e Clemente Xavier Haster os próprios que neste ato se responsabilizaram na forma da Lei Provincial e incorporo os conhecimentos da sisa, taxa, e verba do selo proporcional e no final a procuração que tudo se segue. Sisa. Receita Provincial número mil quinhentos setenta e dois ano financeiro de mil oitocentos cinquenta e nove. Reis quatro mil aliás Reis quarenta mil reis. A folhas vinte nove do livro de Receita Provincial da capital fica lançada em débito ao atual recebedor a quantia de quarenta mil-réis, que pagou Domingos Sudré proveniente de meia sisa sobre a quantia de oitocentos mil-réis, preço por que comprou a José Joaquim Seabra a escrava de nome Maria africana maior de 40 anos, e de como recebeu, e recolheu ao cofre a referida quantia assinou o presente conhecimento. Bahia e Mesa de Rendas Provinciais dezesseis de fevereiro de mil oitocentos cinquenta e nove. O Fiel A. F. Pessoa de Barros, O escrivão João Bernardino Franco Lima. Taxa. Ilustríssimo Senhor Administrador das Rendas Internas Diz Sancho Bittencourt Berenguer Cezar precisa que Vossa Senhoria lhe mande passar por certidão o teor da matrícula de sua escrava africana de nome Maria, a qual foi matriculada em dezesseis do corrente, e por isso pede a Vossa Senhoria deferimento e receberá justiça Sebastião Lino de Carvalho, Agente. Passe do que constar. Bahia dezoito de fevereiro de mil oitocentos cinquenta e nove. Ferraz. Certidão. Em cumprimento do despacho retro, Certifico que revendo o livro quinto de matrícula geral de escravos desta cidade à folha 35 do dito livro encontrei a matrícula de que trata a presente petição a qual é do teor seguinte. Matrícula número trinta e seis. Sancho de Bittencourt Berenguer Cezar morador à Freguesia de São Pedro rua do Fogo, casa número três. Escrava Maria Ignez africana com quarenta anos de idade, preta do serviço doméstico matriculada por despacho do Sr. Administrador de dezesseis de fevereiro de mil oitocentos cinquenta nove. Nada mais constando da dita matrícula se passou a presente na forma requerida. Recebedoria de Rendas internas da Bahia dezoito de fevereiro de mil oitocentos cinquenta e nove. Fiz escrever e o assinei, Francisco Germano Cordeiro de Castro. Número mil oitocentos setenta cinco. Feitio trezentos e vinte. Bahia dezoito de fevereiro de mil oitocentos cinquenta nove, Ribeiro Guimarães, selo número cento vinte seis cento sessenta. Pagou cento sessenta réis. Bahia dezoito de Fevereiro de mil oitocentos cinquenta nove. Nogueira. Silva Rego. Procuração Sancho de Bittencourt Berenguer Cezar, Coronel Honorário de primeira linha do Exército, Comendador da Ordem de Cristo et cetera. Pela presente procuração por mim feita e firmada constituo por meu procurador ao senhor José Joaquim Seabra para que possa vender a minha escrava Maria Archanja, e por esta lhe concedo todos os poderes que me são permitidos por Lei. Bahia dez de fevereiro de mil oitocentos cinquenta e nove. Sancho de Bittencourt Berenguer Cezar. Reconheço a firma supra. Bahia dezessete de fevereiro de mil oitocentos cinquenta e nove. Sancho de Bittencout Berenguer Cezar. Em testemunho de verdade estava o sinal público do tabelião Manoel Jorge Ferreira. Sello número cento e oito cento e sessenta. Pagou cento sessenta réis. Bahia dezessete de fevereiro de mil oitocentos cinquenta e nove. Nogueira. Galeão. E nada mais se continha em os ditos documentos que aqui os lancei, conferi, e assinei com os outorgantes e as respectivas testemunhas, assinando a rogo do comprador por não saber ler nem escrever Sebastião Lino Coelho e isto depois de lido por mim perante todos, e eu Joaquim

Manoel da Paixão Ribeiro, Escrivão o escrevi, e o assinei. (abaixo está a taxa)

Instuito José Alberto
Clemente Xavier Haster

Joaquim Manoel da Paixão
José Joaquim Seabra
Sebastião Lima Coelho

Declaro que não foi escrito o pagamento da taxa que passo a transcrevê-lo. Petição. Ilustríssimo Senhor Administrador das Rendas internas, Sancho de Bittencourt Berenguer Cezar precisa por certidão o teor do assento da taxa de sua escrava Africana de nome Maria do corrente ano de mil oitocentos cinquenta e oito, a mil oitocentos cinquenta e nove que se acha pago para o que, Pede a Vossa Senhoria despacho e Receberá mercê. Agente Reginaldo José Falcão. Despacho passado que consta. Bahia vinte dois de Fevereiro de mil oitocentos cinquenta e nove. Ferraz. Em cumprimento ao despacho supra, Certifico que revendo o livro vinte dois dezessete da taxa de escravos do corrente exercício encontrei lançado a folha trinta e três verso do dito livro a partida de que trato a presente petição aquele do teor seguinte dia dezesseis de fevereiro de mil oitocentos cinquenta e nove. Dia dezesseis de fevereiro de mil oitocentos cinquenta e nove Partida número quatrocentos trinta e quatro que pagou Sancho de Bittencourt Berenguer Cezar quatro mil-réis da taxa de sua escrava Maria Ignez, Africana, à rua do Fogo número três. Nada mais constando do dito livro a que me reporto se passou a presente na forma requerida. Bahia e Recebedoria de Rendas internas vinte dois de fevereiro de mil oitocentos cinquenta e nove Fiz escrever e assinei Francisco Germano Cardoso de Castro. Número mil oitocentos noventa e oito. Pagou trezentos e vinte réis de emolumentos. Bahia, vinte dois de fevereiro de mil oitocentos cinquenta e nove.

Nabuco Machado. Selo número cento e vinte cento e sessenta. Pagou cento e sessenta réis. Bahia, vinte dois de fevereiro de mil oitocentos cinquenta e nove. Nogueira Galeão. E nada mais se continha em o dito documento da taxa que aqui lancei, e eu Joaquim Manoel da Paixão Ribeiro, Escrivão, o escrevi e declarei, e assinei.

Joaquim Manoel da Paixão Ribeiro

Fonte: AHMS, *Escritura de escravos. Freguesia de Conceição da Praia, 1855--1859*, n. 66.7, fls. 105-7.

Esperança
Escritura de venda, paga, e quitação que faz Domingos Cardoso a Domingos Sudré, de uma escrava de nome Esperança, Nação Nagô, pela quantia de Réis 300$000, como abaixo se declara.

Saibam quantos este público instrumento de escritura de venda, paga, e quitação, ou como em direito melhor nome, e lugar haja virem, que no ano do nascimento de Nosso Senhor Jesus Cristo de mil oitocentos e cinquenta, aos treze dias do mês de dezembro, nesta Leal e Valorosa Cidade de São Salvador Bahia de Todos os Santos, em meu cartório compareceram havidas, e contratadas partes, a esta outorgantes, a saber como vendedor Domingos Cardoso, e comprador Domingos Sudré, pessoas reconhecidas pelas próprias das testemunhas abaixo nomeadas, e assinadas, e estas de mim tabelião, do que dou fé, e em presença das ditas Testemunhas pelo primeiro Outorgante foi dito, que ele vende, como de fato vendido tem por esta escritura, ao segundo Outorgante, uma escrava de nome Esperança, Nação Nagô, pela quantia de trezentos mil-réis em moeda legal, que recebeu do comprador no ato de assinar esta escritura, e do que dá ao mesmo pura, geral, e irrevogável quitação, obrigando-se o comprador ao pagamento de sisa, e ele vendedor a fazer em todo tempo esta venda boa, pelo que se submete a todos os encargos de que como vendedor em direito lhe são instrumento. À vista do que pelo segundo Outorgante foi dito que aceitava esta escritura com todas as suas cláusulas, e condições. Finalmente por todas estas partes foi mais dito, que se obrigarão a ler, manter, cumprir e guardar a presente escritura como nela se contém, e declara, e de como assim o disseram, e outorgaram, do que dou fé, lhes fiz este instrumento, que outorguei, estipulei, e aceitei, em nome dos ausentes, ou de quem tocar possa o direito dele, ao qual incorporo o conhecimento de sisa, e verba do selo proporcional = Receita Provincial = Número seis mil seiscentos e oitenta = Ano Financeiro de mil oitocentos e cinquenta = Réis quinze mil-réis = A folha cinquenta e se do livro de Receita Provincial da Capital fixa lançada em débito ao atual recebedor a quantia de quinze mil-réis, que pagou Domingos Sodré proveniente da meia sisa sobre trezentos mil-réis por que comprou à Domingos Cardoso, a escrava Nagô de nome Esperança, padecendo de inflamação no fígado, com idade de trinta e dois anos, e de como recebeu, e recolheu ao cofre a referida quantia, assinou o presente conhecimento. Bahia onze de dezembro de mil oitocentos e cinquenta. = O Recebedor A. F. Maia Bittencourt = O Escrivão J. E. da Silva Castro = Número cento e quarenta e oito = Cento e sessenta = Pagou cento e sessenta réis. Bahia onze de dezembro de mil oitocentos cinquenta = Andrade = Pereira Junior = Mostrou-se a referida escrava estar paga da taxa. E depois de lido este instrumento por mim perante todos, abaixo assinou a rogo do vendedor Trajano Gomes de Castro e a rogo do comprador Francisco Estanislao da Costa, por ambos não saberem escrever, com as testemunhas João Augusto de Mattos, e Joaquim Francisco de Oliveira, que se responsabilizaram por esta venda na forma da Lei Provincial. Manoel Lopes da Costa, Tabelião, que o escreveu.

João Augusto de Mattos   Trajano Gomes de Castro
Joaquim Francisco de Oliveira Francisco Estanislao da Costa

Fonte: APEB, *LNT*, n. 295, fls. 134-134v.

Anexo 4

ALFORRIAS CONCEDIDAS POR DOMINGOS

Esperança

Liberdade da preta Nagô de nome Esperança.

Eu Domingos Sodré, sou senhor e possuidor de uma escrava Nagô de nome Esperança, e atendendo aos bons serviços que ela me tem prestado, a forro gratuitamente. E para que possa assim gozar de sua liberdade, e por não saber ler, nem escrever, pedi ao Senhor Manoel José de Freitas Paço, que esta por mim passasse, e a seu rogo assinasse, sendo presentes as testemunhas abaixo declaradas. Bahia cinco de junho de mil oitocentos e cinquenta e cinco = A rogo do Senhor Domingos Sodré, Manoel José de Freitas Paço = Como testemunhas Pedro de Salles Ferreira Guimarães = João Gomes de Oliveira. Reconheço a firma supra. Bahia cinco de junho de mil oitocentos e cinquenta e cinco = Em testemunho da verdade = Estava o sinal público = Feliciano José Falcão Junior = trezentos e cinquenta (sinal do selo) cento e sessenta = Pagou cento sessenta réis. Bahia cinco de junho de mil oitocentos cinquenta e cinco = Fernandes Junior = Silva Rego = Ao Tabelião Amado = Bahia doze de junho de mil oitocentos cinquenta e cinco = Seixas = E transladada da própria consertei, e assinei com outro companheiro aos treze de junho de mil oitocentos cinquenta e cinco. Eu Manoel Jorge Ferreira Tabelião interino que o escrevi e assinei.

E por mim Como testemunha por mim [...]

Manoel Roque da Costa Manoel Jorge Ferreira

Fonte: APEB, *LNT*, n. 319, fls. 165v-66.

Theodoro

Liberdade do crioulinho Theodoro, com idade de nove anos.
Eu Domingos Sudré, sou Senhor, e possuidor de um crioulinho de nome Theodoro, com idade de nove anos, e em atenção à amizade de criação lhe confiro liberdade com expressa condição de me acompanhar, servir, respeitar enquanto vivo for. E para assim constar, e por não saber ler, nem escrever pedi ao Senhor Manoel José de Freitas Paço, que esta passasse, e a meu rogo assinasse presentes as testemunhas abaixo declaradas. Bahia cinco de junho de mil oitocentos e cinquenta e cinco = A rogo do Senhor Domingos Sodré = Manoel José de Freitas Paço = Como testemunhas = Pedro de Salles Ferreira Guimarães = João Gomes de Oliveira = Reconheço as firmas supras. Bahia cinco de junho de mil oitocentos cinquenta e cinco = Seixas = Número = Trezentos quarenta e nove = Lugar do selo = Cento sessenta = Pagou cento sessenta réis. Bahia cinco de junho de mil oitocentos cinquenta e

cinco = Fernandes Junior = Silva Rego = É trasladada da própria = Escrevi, conferi, concertei com outro oficial companheiro, subscrevi e assinei na Bahia aos doze de junho de mil oitocentos cinquenta e cinco. Eu Manoel Lopes da Costa Tabelião o escrevi e assinei.

Como testemunha   E por mim

Manoel Jorge Ferreira   Manoel Roque da Costa

Fonte: APEB, *LNT*, n. 320, fl. 72.

Lucrécia

Liberdade de Lucrécia Nagô
Digo eu Domingos Sudré, que sou Senhor e possuidor de uma escrava de nome Lucrécia de Nação Nagô, a qual liberto pela quantia de quatrocentos mil-réis, que recebi ao fazer esta, e juntamente pelos bons serviços que me tem prestado, e esta lhe servirá de título liberal, e rogo à Justiça de Sua Majestade Imperial, tanto Civil, como Eclesiástica, que a cumpram, e façam cumprir como inteiramente se contém. Bahia vinte quatro de Julho mil oitocentos cinquenta e um. A rogo de Domingos Sudré — Manoel Pereira Pinto = Como testemunhas — João Gualberto Camorogipe = Cornélio Borges de Barros = Luis de Miranda Lima = Número setenta cento sessenta = Pagou cento sessenta réis. Bahia vinte nove de julho mil oitocentos cinquenta e um = Andrade = Silva Rego = Ao Tabelião Mendes. Bahia vinte nove de julho de mil oitocentos cinquenta e um = Seixas = Registrada conferi e concertei, subscrevi e assinei na Bahia no dia era est supra, com outro Escrivão companheiro: eu Joaquim Diocleciano

de Souza. Bahia e escrevente juramentado, o escrevi. E eu Francisco Rodrigues Mendes Tabelião o subscrevi e...

E por mim Senhor   Assinada por mim

Ricardo de Abreu Fialho   Francisco Roiz Mendes

Fonte: APEB, *LNT*, n. 301, fl. 27.

Maria

Liberdade de Maria Africana.

Digo eu abaixo assinado que sou possuidor e Senhor da escrava Africana de Nação Nagô de nome Maria, cuja escrava ao fazer a presente carta de alforria, por ter dela recebido a quantia de quinhentos mil-réis, valor de sua liberdade que ficará gozando de hoje em diante como se de ventre livre nascera, rogando as Leis do País para que toda a força terá esta por mim assinada. Bahia 11 de maio de 1877. Domingos Pereira Sodré. Como testemunha que esta escrevi Sidronio Antonio Galvão = Hermano Alves de Palma. Ao Tabelião Rodrigues da Costa. Bahia 12 de maio de 1877. Seixas. Reconheço as firmas supra. Bahia 12 de maio de 1877. Em testemunho de verdade. Estava o sinal público. Frederico Augusto Rodrigues da Costa. Registrada aos 12 de Maio de 1877.

Fonte: APEB, *LNT*, n. 511, fl. 28v.

Ozório

Liberdade de Ozório Africano.

Digo eu Domingos Sudré que, entre os bens que possuo livres e desembargados, é bem assim um escravo de nome Ozório Africano, o qual forro e hei por forro como se do ventre livre nascesse, por dele ter recebido quinhentos vinte oito mil-réis, e poderá gozar de agora em diante de sua liberdade, e peço as Justiças de S. M. I. e C., faça cumprir e guardar a presente. Bahia vinte quatro de março de mil oitocentos sessenta e dois. Por não saber ler nem escrever pedi a Joaquim Manoel da Paixão Ribeiro que esta por mim fizesse, e a meu rogo assinasse era supra. = A rogo de Domingos Sudré por não saber ler nem escrever Joaquim Manoel da Paixão Ribeiro. Como testemunha José Leocadio Ferreira Mundim = Francisco d'Amorim Falcão = Reconheço as firmas retro. Bahia vinte sete de março de mil oitocentos sessenta e dois (Estava o sinal público). Em testemunho de verdade Francisco Rodrigues Mendes = Número trinta e um = duzentos. Pagou duzentos réis. Bahia vinte sete de março de mil oitocentos sessenta e dois = Seixas. E trasladado da própria conferi, subscrevi e assinei na Bahia com outro companheiro nos vinte sete de março de mil oitocentos sessenta e dois. E eu Manoel Jorge Ferreira Tabelião que por mim subscrevi.
Concedida por mim Tabelião Manoel Jorge Ferreira
E por mim testemunha João Antonio Rodrigues.

Fonte: APEB, *LNT*, n. 365, fl. 28.

Anexo 5

TRANSAÇÕES IMOBILIÁRIAS

Venda da casa no largo Dois de Julho

Escritura de venda, compra, paga, e quitação que fazem Domingos Pereira Sodré e sua mulher Maria Delfina da Conceição, a José de Oliveira Castro, de uma casa térrea de nº 21, sita à praça Dois de Julho desta Cidade, Freguesia de S. Pedro, edificada em terreno foreiro ao Mosteiro de S. Bento, pela quantia de Réis 1:850$000, como abaixo se declara.

Saibam quantos este público instrumento de Escritura de venda, compra, paga e quitação, ou como em direito melhor nome e lugar tenha virem, que sendo no ano do nascimento de Nosso Senhor Jesus Cristo de mil oitocentos e setenta e seis, aos quatorze dias do mês de julho, nesta Cidade da Bahia, em o meu cartório compareceram havidas e contratadas partes a esta Outorgantes, a saber como primeiros outorgantes vendedores Domingos Pereira Sodré e sua mulher Maria Delfina da Conceição, moradores à freguesia de S. Pedro, e vivem de negócio, e como segundo outorgante comprador José de Oliveira Castro, morador nesta Cidade, pessoas estas reconhecidas das testemunhas adiante nomeadas e assinadas, e perante as mesmas testemunhas, pelos primeiros outorgantes foi dito, que na qualidade de senhores e possuidores de uma casa térrea, de número vinte um, sita à praça Dous de Julho desta Cidade, na freguesia de S. Pedro, edificada em terreno foreiro ao Mosteiro de S. Bento, com duas janelas de frente, porta, sala de visitas, dois quartos pequenos, sala de jantar, cozinha mais afunilada para o fundo, dividindo-se por um lado com casa de Miguel Ferreira Dias dos Santos, e pelo outro com casa de Antonio de Souza Santos Moreira; cuja casa houveram eles vendedores por compra feita a Pompílio Alves de Freitas e sua mulher Dona Theodora Joaquina da Silva Freitas, e a outros por escritura pública lavrada nesta mesma nota em data de vinte cinco de setembro de mil oitocentos e setenta e quatro; e assim descrita vendem como de fato vendido têm de hoje para sempre ao segundo outorgante pela quantia de um conto oitocentos e cinquenta mil-réis (1:850$000) que recebem neste ato em moeda legal os vendedores da mão do comprador, do que lhe dão por geral e irrevogável quitação e transferem na pessoa do comprador a goze e possua que é e fica sendo em virtude da presente venda, que se obrigam eles vendedores a defenderem o comprador de quaisquer dúvidas que apareçam. E pelo segundo outorgante foi dito que aceitava a presente Escritura pela forma estipulada. Assim o disseram, outorgaram, estipularam e aceitaram e me pediram este instrumento que estipulei e aceitei em nome dos ausentes e mais pessoas a quem tocar possa o conhecimento desta, a qual incorporo os conhecimentos que seguem: Recebedoria da Bahia nº 27. Conhecimento de imposto de transmissão de propriedades. Exercício de 1876 a 1877. Réis 111$000. Nesta Recebedoria de Rendas internas pagou José de

Oliveira Castro de imposto de transmissão de 6% de 1:850$000, por quanto comprou uma casa térrea, de nº 21, ao largo 2 de Julho, freguesia de S. Pedro, em terreno foreiro ao Mosteiro de S. Bento, a Domingos Pereira Sodré, e sua mulher, cuja quantia fica lançada ao Tesoureiro desta Recebedoria à folha 8 do Livro da Receita. Bahia 13 de Julho de 1876. Pelo Tesoureiro A. Datho Castro. Pelo Ajudante Alfredo Ferreira Bandeira. Receita Provincial nº 466. Ano financeiro de 1876 a 1877. Réis 37$000 à folha 6v do Livro de Receita Provincial da Capital fica lançada em débito ao atual Recebedor a quantia de 37$000 que pagou José de Oliveira Castro de 2% sobre a quantia de Réis 1:850$000, por quanto compra o Domingos Sudré e sua mulher uma casa térrea de nº 21, sita à Praça de Dois de Julho, Freguesia de S. Pedro, edificada em terreno foreiro ao Mosteiro de S. Bento. E de como recebeu e recolheu ao cofre a referida quantia, assinou o presente conhecimento. Bahia e Mesa de rendas Provinciais, 12 de julho de 1876. O Recebedor A. P. Chichorro da Gama. O Escrivão João Bernardino Franco Lima. Receita Provincial nº 8254. Ano financeiro de 1875 a 1876. Réis 22$896 à fl. 102v do Livro de Receita Provincial da Capital fica lançada em débito ao atual Recebedor a quantia de 22$896 que pagou Domingos Pereira Sudré proveniente da décima do ano de 1875 a 1876, e multa da casa de nº 1287 à fl. 65 Largo Dois de Julho, Freguesia de S. Pedro. E de como recebeu e recolheu ao cofre a referida quantia, assinou o presente conhecimento. Bahia e Mesa de rendas Provinciais, 14 de Julho de 1876. O Recebedor A. P. Chichorro da Gama. O Escrivão João Bernardino Franco Lima. Neste ato foi apresentado o laudêmio e vinha pago nesta data do M. de S. Bento. Nada mais se continha em ditos conhecimentos que aqui fielmente os copiei, e foram testemunhas presentes José da Silva Mattos Soter José Chrispim do Rozario, que assinaram com os outorgantes, assinando a rogo dos vendedores por serem analfabetos Salvino de Araujo Farias, depois de lido por mim Frederico Augusto Rodrigues da Costa, tabelião interino assinei.

José da Silva Mattos
Soter José Chrispim do Rozario

Salvino de Araújo Farias
José Oliveira Castro

Fonte: APEB, *LNT*, nº 479, fls. 30v-1.

Compra da casa na ladeira da Ordem Terceira de São Francisco

Escritura de compra, paga e quitação que fazem Elpidio Lopes da Silva e sua mulher D. Maria do Carmo de Almeida, moradores nesta Cidade, a Domingos Pereira Sudré, africano liberto, também morador nesta Cidade, pela quantia de Réis 1:200$000, como abaixo se declara.
Saibam quantos este público instrumento de Escritura de venda, compra, paga e quitação, ou como em direito melhor nome e lugar tenha virem, que sendo no ano do nascimento de Nosso Senhor Jesus Cristo de mil oitocentos e setenta e seis, aos treze dias do mês de dezembro do dito ano, nesta Cidade da Bahia, em o meu cartório compareceram havidas e contratadas partes a esta Outorgantes, a saber como primeiros outorgantes vendedores Elpidio Lopes da Silva e sua mulher D. Maria do Carmo de Almeida, moradores nesta Cidade; e como segundo outorgante comprador Domingos Pereira Sudré, Africano liberto, também morador nesta Cidade, pessoas estas reconhecidas das testemunhas adiante nomeadas e assinadas, e perante as mesmas testemunhas, pelos primeiros outorgantes foi dito, que na qualidade de senhores e possuidores de uma casa térrea, de número cinquenta e seis, sita à ladeira da Ordem terceira de São Francisco, Freguesia da Sé desta Cidade, edificada em terreno próprio, con-

tendo vinte e um palmos de frente, e nesta porta e janela, paredes na frente e fundo dobradas, as laterais de pedra e cal, divisões de tijolos e todas próprias, com sala, dois quartos pequenos, sala de jantar, cozinha e pátio murado, e mais um pequeno sótão, e se divide pelo lado do Norte com casa de Antonio Joaquim Botelho, e pelo Sul com casa da Irmandade do Rosário; cuja casa assim descrita, confrontada e demarcada, e livre de qualquer ônus, vendem como de fato vendida têm ao segundo outorgante comprador pela quantia de hum conto e duzentos mil-réis (1:200$000) que recebem do mesmo comprador no ato de assinarem a presente escritura, obrigando-se eles vendedores a todo o tempo a fazerem a presente venda boa, firme e valiosa, e a defenderem o comprador de quaisquer dúvidas que apareçam. Disseram mais os vendedores que a casa que ora vendem houveram por compra feita ao africano liberto Duarte Soares em cinco de novembro de mil oitocentos e setenta e quatro pela nota do Tabelião Álvaro Lopes da Silva. E pelo segundo outorgante foi dito que aceitava a presente Escritura pela forma estipulada. Assim o disseram, outorgaram, estipularam e aceitaram e me pediram este instrumento que estipulei e aceitei em nome dos ausentes, e mais pessoas a quem tocar possa o conhecimento desta, a qual incorporo os conhecimentos que seguem: Recebedoria da Bahia nº 284. Conhecimento de imposto de transmissão de propriedades. Exercício de 1876 a 1877. Réis 72$000. Nesta Recebedoria de Rendas internas pagou Domingos Pereira Sudré, africano liberto, 72$000 de imposto de transmissão de 6% de 1:200$000, por quanto comprou a Elpidio Lopes da Silva e sua mulher D. Maria do Carmo de Almeida uma casa térrea à Ordem 3ª de S. Francisco, Freguesia da Sé, em terreno próprio, cuja quantia fica lançada ao Tesoureiro desta Recebedoria à folha 24v do Livro da Receita. Bahia 13 de dezembro de 1876. O Tesoureiro F. V. de Faria Rocha. O Ajudante Lazaro José Jambeiro. Receita Provincial nº 6641. Ano financeiro de 1876 a 1877. Réis 24$000 à folha 83 do Livro de Receita Provincial da Capital fica lançada em débito ao atual Recebedor a quantia de 24$000 que pagou Domingos Pereira Sudré, africano liberto, de 2% sobre 1:200$000, por quanto comprou a Elpidio Lopes da Silva e sua mulher D. Maria do Carmo de Almeida uma casa térrea à Ordem 3ª de S. Francisco, Freguesia da Sé, em terreno próprio. E de como recebeu e recolheu ao cofre a referida quantia, assinou o presente conhecimento. Bahia e Mesa de rendas Provinciais, 13 de dezembro de 1876. O Recebedor A. F. Pessoa de Barros. O Escrivão José Antonio de Lima. Receita Provincial nº 6643. Ano financeiro de 1876 a 1877. Réis 12$000 à fl. 83 do Livro de Receita Provincial da Capital fica lançada em débito ao atual Recebedor a quantia de 12$000 que pagou Elpidio Lopes da Silva proveniente o imposto da compra de uma casa à Ordem 3ª de S. Francisco, Freguesia da Sé. E de como recebeu e recolheu ao cofre a referida quantia, assinou o presente conhecimento. Bahia e Mesa de rendas Provinciais, 13 de dezembro de 1876. O Recebedor A. F. Pessoa de Barros. O Escrivão José Antonio de Lima. Nada mais se continha em ditos conhecimentos que aqui fielmente os copiei, e foram testemunhas a tudo presentes: Balthazar Lopes da Silva, Saturnino Francisco da Rocha, que assinaram com os outorgantes, assinando a rogo do comprador Vital Peixoto Villas Boas, depois de lido por mim Frederico Augusto Rodrigues da Costa, tabelião assinei.

Balthazar Lopes da Silva
Saturnino Francisco da Rocha   Elpidio Lopes da Silva
                        Maria do Carmo de Almeida e Silva
                                  Vital Peixoto Villas Boas

Fonte: APEB, *LNT*, n. 479, fls. 54-54v.

Anexo 6

REGISTRO DOS CASAMENTOS DE DOMINGOS SODRÉ

Casamento com Maria das Mercês Rodrigues de Souza

Aos nove de Junho de mil oitocentos e cinquenta, nesta Freguesia de São Pedro, no Oratório da casa de residência dos Nubentes, por despacho do Exm° Rm° Sr Arcebispo D. Romualdo Antonio de Seixas, pelo qual também dispensava as proclamas dos ditos, os quais prestaram o juramento de não haver impedimento algum, de licença minha. Em presença do P^e José Maria de Almeida Varella, estando presentes por testemunhas, Simberto Fernandes Alves Ribeiro, casado, e Antonio Isidro Moreira Rios, solteiro, moradores nesta freguesia, e outras pessoas conhecidas, que presentes estiveram, se casaram solenemente por palavras de presente *in articulo mortis*, Domingos Sudré, com Maria das Mercês Roiz [Rodrigues] de Souza, ambos Africanos, moradores nesta Freguesia, logo receberam as Bênçãos, conforme os ritos, e cerimônias da Santa madre Igreja de Roma, de que mandei fazer este assento e me assinei.

O coadjutor Felix de Santa Theresa Bahia

Fonte: ACMS, *Livro de registros de casamentos. São Pedro, 1844-1910*, fl. 37.

Casamento com Maria Delfina da Conceição

Aos quatro de Fevereiro do corrente ano [1871] proclamados os Nubentes nesta Freguesia, na do Curato da Sé e Santa Ana do Sacramento sem impedimento nenhum, como consta das certidões respectivas dos reverendos Párocos, na casa de residência dos Nubentes à Ladeira de Santa Theresa de comunhão minha, o Reverendo Padre Marcianno da Silva Cardoso, na presença das testemunhas Miguel Gehagen Champloni e Antonio de Moura Florence, digo Antonio Clemente de Moura Florence, além de mais pessoas conhecidas, que presentes se achavam, assistiu ao casamento de Domingos Sodré Pereira com Maria da Conceição, africanos libertos, maiores de cinquenta anos, residentes nesta Freguesia de São Pedro, os quais se achavam em união ilícita há alguns anos, e lhes dei logo as Bênçãos Nupciais na forma prescrita pela Santa Igreja de Roma, do que para constar fiz este registro e assinei.

Vigário Dr. Raimundo José de Mattos.

Fonte: ACMS, *Livro de registros de casamentos. São Pedro, 1844-1910*, fl. 128v.

Anexo 7

PETIÇÃO DE DELFINA ASSEGURANDO SUA SANIDADE
MENTAL

Ilmº Sr. Dr. Juiz de Órfãos

Maria Delfina da Conceição Sodré, viúva de Domingos Pereira Sodré, com surpresa soube que foi considerada interdita por esse juízo por se achar demente e nomeado curador à sua pessoa e bens.

Soube com surpresa de tal a Suplicante, porque não se acha demente, porém apenas doente de uma congestão, que trazendo a paralisia de um lado não sequestrou-lhe a inteligência ou afetou a sua mentalidade. A Suplicante deixa de requerer novo exame, porque pelo que já foi feito verifica-se que não se acha no caso de ser considerada demente, visto que o dito exame apenas diz que em consequência de uma hemorragia cerebral a Suplicante ficou <u>enfraquecida da memória</u>.

Se apenas a Suplicante se acha com <u>enfraquecimento da memória</u> devido a uma moléstia, que dominou principalmente os membros inferiores e que tende a melhorar, e não é <u>desavisada, imbecil ou desmemoriada</u>, não podia ser decretada a sua interdição, quer se consulte o assento da matéria, que é a Ord. Liv. 4º tit. 103 p, quer as legislações dos diversos países e a opinião dos alienistas, legislações e escritores esses que prescrevem que só se pode considerar interdita uma pessoa quando esta se acha habitualmente <u>imbecil, demente ou furiosa</u>.

Para dar a prova de que não se acha no estado de lhe ser dado um curador pede licença a Suplicante para vir à presença de V. S^{as}. quando determinar.

Nestas condições pede a Suplicante a V. S^{as}. que marque lugar, dia e hora para comparecer depois do que V. S^{as}. digne-se levantar a interdição e consentir que a Suplicante assine termo de inventariante para prosseguir no inventário dos bens de seu falecido marido, do qual é a única herdeira; termos em que

                Pede a V. S^{as}. despacho

                E. R. M.

                Bahia 29 de Maio de 1887
                O advogado
                Antonio Carneiro da Rocha

Fonte: APEB, *Judiciária. Inventários*, n. 07/3000/08.

Notas

1. A POLÍCIA E OS CANDOMBLÉS NO TEMPO DE DOMINGOS [pp. 21-52]

1. Manoel Nunes de Faria para o chefe de polícia, 23 de dezembro de 1858, Arquivo Público do Estado da Bahia, doravante APEB, *Polícia. Subdelegados*, maço 6232.
2. Id.
3. Sobre os juízes de paz, ver Thomas Flory, *Judge and Jury in Imperial Brazil, 1808-1871: Social Control and Political Stability in the New State* (Austin: University of Texas Press, 1981).
4. As regras que regiam os diversos cargos policiais se encontram em Araujo Filgueiras Junior, *Codigo do Processo do Imperio do Brasil* (Rio de Janeiro: Eduardo e Henrique Laemmert, 1874), sobretudo caps. II e III; e "Regulamento" da Guarda Urbana de 18 de maio de 1857, Art. 6, seguido das "Instruções" de 25 de julho de 1857, APEB, *Polícia*, maço 2946.
5. O inhame sempre vem em primeiro lugar nas descrições da agricultura dos iorubás, por exemplo, o grupo mais numeroso entre os africanos nessa época na Bahia, onde eram chamados nagôs. Samuel Johnson, *The History of the Yorubas* [1897] (Londres: Routledge & Kegan Paul, 1966 [orig. 1897], pp. 109-110; Paul Lovejoy, *Transformations in Slavery: A History of Slavery in Africa* (Cambridge: Cambridge University Press, 1983), p. 174. O inhame foi disseminado na zona da floresta africana, enquanto o milhete predomina na savana, segundo Robert July, *A History of the African People* (2. ed. Nova York: Charles

Scribner's Sons, 1974), pp. 131-132. O tubérculo desempenhou papel importante na dieta dos navios negreiros, de acordo com Robert Hall, "Savoring Africa in the New World", em Herman J. Viola e Carolyn Margolis (org.), *Seeds of Change* (Washington; Londres: Smithsonian Institute, 1991), pp. 163-165; e Markus Rediker, *The Slave Ship: A Human History* (Nova York: Viking, 2007), p. 237, que indica ser o inhame a comida de bordo dos africanos importados especificamente dos golfos do Benim (de onde vinha a maioria dos escravos baianos) e de Biafra. Inhame foi servido aos malês no repasto que antecedeu o levante de 1835, segundo "Devassa do levante de escravos ocorrido em Salvador em 1835", *Anais do Arquivo do Estado da Bahia*, v. 38 (1968), p. 63. Em outras cidades escravistas, os libertos africanos também se fixaram em bairros rurais como a Cruz do Cosme. Ver, por exemplo, Maria Cristina Wissenbach, *Sonhos africanos, vivências ladinas: escravos e forros em São Paulo (1850-1880)* (São Paulo, Hucitec, 1998), esp. cap. 4.

6. Flávio dos Santos Gomes, *Histórias de quilombolas: mocambos e comunidades de senzalas no Rio de Janeiro, século XIX* (São Paulo: Companhia das Letras, 2006).

7. João de Azevedo Piapitinga para o chefe de polícia, 29 de setembro de 1859, APEB, *Polícia*, maço 6232.

8. João de Azevedo Piapitinga para o chefe de polícia, 5 de junho de 1858, APEB, *Polícia*, maço 6232.

9. João de Azevedo Piapitinga para o chefe de polícia, 12 de setembro de 1860, APEB, *Polícia*, maço 6233.

10. A. M. de Aragão e Mello para o presidente da província, 23 de dezembro de 1858, APEB, *Polícia. Correspondência*, v. 5730, fl. 58. A maioria feminina neste grupo combina com o que se sabe do perfil das pessoas presas nos candomblés oitocentistas na Bahia. Ver João José Reis, "Sacerdotes, seguidores e clientes no candomblé da Bahia oitocentista", em Artur César Isaia (org.), *Orixás e espíritos: o debate interdisciplinar na pesquisa contemporânea* (Uberlândia: Edufu, 2006), pp. 57-98.

11. A. M. de Aragão e Mello para o subdelegado do segundo distrito de Santo Antônio, 24 de dezembro de 1858, APEB, *Polícia. Correspondência*, v. 5732, fls. 9v-10v.

12. Manoel Nunes de Faria, 27 de dezembro de 1858, APEB, *Polícia. Subdelegados*, maço 6234.

13. Petição de Aniceta Rita Junqueira et al. para o chefe de polícia, 23 de dezembro de 1853, APEB, *Polícia*, maço 6322. Aniceta foi senhora de pelo menos uma escrava, Esperança. Confira este nome em APEB, *Índice de alforrias, 1860--1861*, maço 2882.

14. Raimundo Nina Rodrigues, *Os africanos no Brasil*, 4. ed. (São Paulo:

Editora Companhia Nacional, 1976), pp. 155-6. Nina se referia à política diferenciada de repressão dos condes da Ponte e dos Arcos. Sobre isso, consultar João José Reis, *Rebelião escrava no Brasil: a história do levante dos malês em 1835* (São Paulo, Companhia das Letras, 2003), cap. 3; João José Reis e Renato da Silveira, "Violência repressiva e engenho político na Bahia do tempo dos escravos", *Comunicações do ISER*, vol. 5, n. 21 (1986), pp. 61-66. Renato da Silveira faz um estudo de longa duração sobre a dialética repressão/tolerância no âmbito da Igreja e do Estado, em que doutrina e estratégia política se combinam. Ver Silveira, *O candomblé da Barroquinha: processo de constituição do primeiro terreiro baiano de Keto* (Salvador: Maianga, 2006), esp. caps. 1-3.

15. Dale Graden, *From Slavery to Freedom in Brazil: Bahia, 1835-1900* (Albuquerque: University of New Mexico Press, 2006), p. 118.

16. *O Patriota*, 6 de junho de 1864, p. 4.

17. Sobre a cobertura do candomblé por *O Alabama*, ver Dale Graden, "'So Much Superstition Among These people!': Candomblé and the Dilemmas of Afro-Bahian Intellectuals", em Hendrik Kraay (org.), *Afro-Brazilian Culture and Politics: Bahia, 1790s to 1990s* (Armonk, NY; Londres: M. E. Sharpe, 1998), pp. 57-73. Ver também Reis, "Sacerdotes, seguidores e clientes"; Luís Nicolau Parés, *A formação do candomblé: história e ritual da nação jeje na Bahia* (Campinas: Editora da Unicamp, 2006), p. 141. No final do século a imprensa atacará o carnaval negro e continuará batendo no candomblé. Confira Rodrigues, *Os africanos no Brasil*, pp. 238-253; Peter Fry, Sérgio Carrara e Ana Luiza Martins-Costa, "Negros e brancos no Carnaval da Velha República", em João José Reis (org.), *Escravidão e invenção da liberdade: estudos sobre o negro no Brasil* (São Paulo: Brasiliense, 1988), pp. 232-263; e Wlamyra R. de Albuquerque, *O jogo da dissimulação: Abolição e cidadania negra no Brasil* (São Paulo: Companhia das Letras, 2009), cap. 5. Nas primeiras décadas do século XX, a imprensa permanecia em campanha contra e denunciava a conivência da polícia com o candomblé. Ver Angela Lühning, "Acabe com este santo, Pedrito vem aí...", *Revista USP*, n. 28 (1995-96), pp. 194-220.

18. Ver, por exemplo, Rachael E. Harding, *A Refuge in Thunder: Candomblé and Alternative Spaces of Blackness* (Bloomington: Indiana University Press, 2000); Parés, *A formação do candomblé*, esp. pp. 138-142; Silveira, *O candomblé da Barroquinha*, esp. cap. 8; e sobretudo Jocélio Teles dos Santos, "Candomblés e espaço urbano na Bahia do século XIX", *Estudos Afro-Asiáticos*, ano 27, n. 1-3 (2005), pp. 205-26.

19. Arnold Wildberger, *Os presidentes da província da Bahia, efectivos e interinos, 1824-1899* (Salvador: Typographia Beneditina, 1949), pp. 591-598.

20. J. A. de Freitas Henriques, "Se a Terra deve ser dividida em grandes ou

pequenas propriedades e quaes são os seus resultados econômicos e políticos", *O Musaico*, setembro, 1846, pp. 230, 246.

21. Circular do chefe de polícia aos subdelegados de Salvador, 31 de maio de 1862, APEB, *Polícia. Correspondência*, v. 5754, fls. 146-146v.

22. Circular do chefe de polícia aos subdelegados de Salvador, 18 de junho de 1862, APEB, *Polícia. Correspondência*, v. 5754, fl. 171v.

23. Mapa dos recolhidos à cadeia da Correção, 19 de junho de 1862, APEB, *Prisão. Relação de presos*, maço 6272. Sobre a capoeira na Bahia oitocentista, ver Frederico José de Abreu, *Capoeiras: Bahia, século XIX* (Salvador: Instituto Jair Moura, 2005).

24. *Diário da Bahia*, 6 de fevereiro de 1862. A palavra "forma" está sublinhada no original. Sobre funerais africanos no Brasil, ver João José Reis, *A morte é uma festa: ritos fúnebres e revolta popular no Brasil do século XIX* (2. ed., São Paulo: Companhia das Letras, 2022), pp. 226-233 e passim. Ver também Cláudia Rodrigues, "Morte e rituais fúnegres", em Lilia M. Schwarcz e Flávio Gomes (orgs.), *Dicionário da escravidão e liberdade* (São Paulo: Companhia das Letras, 2018), pp. 322-327.

25. A perseguição da imprensa aos costumes religiosos de matriz africana, feita em nome da civilização e da ciência, era comum em outras regiões. Sobre São Paulo, ver Lilia M. Schwarcz, *Retrato em branco e negro: jornais, escravos e cidadãos em São Paulo no final do século XIX* (São Paulo: Companhia das Letras, 1987), pp. 125-128; e sobre o Rio Grande do Sul entre o final do século XIX e início do XX, Sandra Jatahy Pesavento, "Negros feitiços", em Isaia (org.), *Orixás e espíritos*, pp. 129-152.

26. *O Argos Cachoeirano*, 26 de outubro de 1850, p. 2.

27. Chefe de polícia Henriques para o subdelegado do segundo distrito de Santo Antônio, 19 e 23 de abril de 1862, APEB, *Polícia. Correspondência*, v. 5754, fls. 106, 110. Ver também Harding, *A Refuge in Thunder*, pp. 142-143.

28. Subdelegado João de Azevedo Piapitinga para o chefe de polícia, 24 de abril de 1862, APEB, *Polícia. Subdelegados*, maço 6234.

29. *Diário da Bahia*, 23 de abril de 1862. Uma discussão mais detalhada dos presos no Pojavá está em Reis, "Sacerdotes, devotos e clientes no candomblé da Bahia oitocentista", pp. 81-83.

30. *Diário da Bahia*, 25 de abril de 1862.

31. Desde a década de 1830 as autoridades policiais se espantavam com a presença de crioulas nos candomblés baianos. Ver João José Reis, "Nas malhas do poder escravista: a invasão do candomblé do Accú", em João Reis e Eduardo Silva, *Negociação e conflito: a resistência negra no Brasil escravista* (São Paulo: Companhia das Letras, 1989), pp. 32-61. O processo de criulização do candomblé na Bahia oitocentista é discutido em Reis, "Sacerdotes, devotos e clientes".

32. A polêmica entre chefe de polícia e subdelegado pode ser acompanhada em Henriques para o subdelegado do segundo distrito de Santo Antônio, 3 de maio de 1862, APEB, *Polícia. Correspondência*, v. 5754, fls. 119-119v; Piapitinga para o chefe de polícia, 26 de abril e 16 de maio de 1862, APEB, *Polícia. Subdelegados*, maço 6195. Que o subdelegado tinha cativos, ver APEB, *Índice de alforrias 1860-1861*, maço 2882 (Silvana listada no índice alfabético); que era escriturário, ver *Almanak administrativo, mercantil e industrial da Bahia para o anno de 1863, organizado por Camilo de Lelis Masson* (Bahia: Typographia de Camillo de Lelis Masson e Co., 1863), p. 291. Sobre a política de Martins para o trabalhador africano, ver Manuela Carneiro da Cunha, *Negros, estrangeiros: os escravos libertos e sua volta à África* (2. ed., São Paulo: Companhia das Letras, 2012); e João José Reis, *Ganhadores: A greve negra de 1857 na Bahia* (São Paulo: Companhia das Letras, 2019). Mais sobre o assunto será discutido no capítulo 2.

33. Inspetor Francisco de Moura Rosa para o subdelegado do segundo distrito de Santo Antônio, 21 de outubro de 1855; Rosa para o chefe de polícia, 8 de novembro de 1855; Piapitinga para o chefe de polícia, 12 de novembro de 1855, APEB, *Polícia. Subdelegados*, maço 6231.

34. Arquivo da Cúria Metropolitana de Salvador (ACMS), *Livro de registro de casamentos da Freguesia de Santo Antônio, 1840-1863*, registro de 26 de maio de 1860. Que Frutuoso Mendes era pardo está registrado em correspondência do subdelegado Piapitinga para o chefe de polícia, 10 de março de 1858, APEB, *Polícia. Subdelegados*, maço 6232.

35. Henriques para o subdelegado do primeiro distrito de Santo Antônio, 22 de abril de 1862, APEB, *Polícia. Correspondência*, v. 5754, fls. 108-108v.

36. Circular do chefe de polícia aos subdelegados de Salvador, 24 de abril de 1862, APEB, *Correspondência*, v. 5754, fl. 111.

37. Circular do chefe de polícia S. M. de Araújo Góes, 31 de janeiro de 1854, APEB, *Polícia*, livro 5716, fls. 3-3v.

38. Tratarei da conspiração de 1853 no capítulo 6.

39. Ofício de Sinfronio Pires da França, subdelegado suplente do segundo distrito de Santo Antônio, para o chefe de polícia, 24 de julho de 1862, APEB, *Subdelegados, 1861-62*, maço 6234.

40. *O Alabama*, 13 de abril de 1864.

41. ACMS, *Livro de registro de casamentos. Santo Antônio Além do Carmo, 1840-1863*, fl. 152v; ACMS, *Livro de registro de batismos. Santo Antônio Além do Carmo, 1851-1866*, fl. 166v. Não era incomum que muitos anos se passassem até que a pessoa fosse batizada. Nesse mesmo livro de batizados estão registrados, entre muitos outros, três batizandos em 1852, um nascido em 1833 (fl. 139), um nascido em 1840 (fl. 140) e outro em 1842 (fl. 170).

42. ACMS, *Livro de registro de casamentos, freguesia de Santo Antônio Além do Carmo, 1840-1863*, fl. 186v.

43. APEB, *Judiciária. Inventários*, n. 04/1405/1874/06.

44. Cristóvão da Rocha Pitta, pai, era filho bastardo, mas reconhecido e feito herdeiro do capitão-mor de mesmo nome, senhor do engenho Freguesia estudado por Wanderley Pinho, *História de um engenho do Recôncavo* (2. ed. São Paulo: Companhia Editora Nacional; Brasília: Instituto Nacional do Livro, 1982), esp. pp. 177-183. O senhor de Domingos Sodré, que conheceremos no capítulo seguinte, arrendou o engenho Freguesia em 1829. Ver "Escriptura de arrendamento que faz Christovão da Rocha Pitta [...] ao Coronel Francisco Maria Sodré Pereira [...]", 10 de junho de 1829, APEB, *LNT*, n. 236, fls. 29-29v.

45. Edital do chefe de polícia, 21 de abril de 1862, *Diário da Bahia*, 23 de abril de 1862.

46. Sobre arranjos de moradia de escravos na Bahia oitocentista, ver Reis, *Rebelião escrava*, cap. 12; e sobretudo Ana de Lourdes Costa, *Ekabó!: Trabalho escravo e condições de moradia e reordenamento urbano em Salvador no século XIX*, dissertação de mestrado, Faculdade de Arquitetura da UFBa, 1989. Sobre o Rio de Janeiro, ver Ynaê Lopes dos Santos, Ynaê Lopes dos Santos, *Além da Senzala: Arranjos escravos de moradia no Rio de Janeiro (1808-1850)* (São Paulo: Hucitec, 2010).

47. Chefe de polícia ao subdelegado da rua do Paço, 1º de maio de 1862, APEB, *Correspondência*, v. 5754, fl. 115v.

48. Sobre o afastamento de Albuquerque do cargo por motivo de saúde, ver o ofício a ele dirigido pelo chefe de polícia J. R. Barros de Lacerda, 17 de janeiro de 1863, APEB, *Correspondência*, v. 5754, fl. 350; sobre a nomeação de Pompílio para segundo suplente em 1860, ver sua correspondência para o chefe de polícia em 1º de março de 1860, APEB, *Subdelegados*, maço 6233.

49. Informações sobre Pompílio: *Almanak... de 1863*, pp. 234, 299, 304-305; *Almanak... de 1873*, p. 106, 113, 165; *Periódico do Instituto Histórico da Bahia*, n. 1 (1863, p. 17; *O Musaico*, novembro de 1846, p. 273; Arquivo Municipal de Salvador (AMS), *Livro de qualificação de votantes. São Pedro, 1863*, v. 596, fl. 9v (idade e estado civil). Sobre delegados e subdelegados, ver Flory, *Judge and Jury in Imperial Brazil*, esp. cap. 9; e Richard Graham, *Patronage and Politics in Nineteenth-Century Brazil* (Stanford: Stanford University Press, 1990), pp. 55-64 passim.

50. As escravas de Pompílio aparecem em quatro registros de batismos, de 1854, 1855, 1856 e 1863. Ver *Livro de registros de batismos. Freguesia de São Pedro, 1853-1851*, fls. 59, 105 e 142v; e ACMS, *Livro de registro de batismos. Freguesia de São Pedro, 1861-1865*, fl. 109v.

51. "Allocução recitada pelo orador da Comissão Philophica Pompílio Manoel de Castro por ocasião do convite que lhe fez a Sociedade Instrutiva afim de ser presente à mesma Sociedade a sua sessão geral, em o dia 24 de março de 1845", *O Musaico*, novembro de 1846, p. 273.

52. Ver, por exemplo, "Memória lida no Instituto Histórico da Bahia na sessão de 14 de junho de 1857 pelo 1º secretário dessa sociedade, Manoel Correa Garcia", *Periódico do Instituto Histórico da Bahia*, n. 6 (1864), pp. 84-100.

53. Chefe de polícia Henriques para o subdelegado de São Pedro, 26 de abril e 2 de maio de 1862, APEB, *Polícia. Correspondência*, v. 5754, fls. 113 e 117.

54. Chefe de polícia Henriques para o subdelegado de São Pedro, 2 de maio de 1862, APEB, *Polícia. Correspondência*, v. 5754, fl. 117; Pompílio Manoel de Castro para o chefe de polícia, 9 de maio de 1862, APEB, *Polícia. Subdelegados*, maço 6234.

2. DE AFRICANO EM ONIM A ESCRAVO NA BAHIA [pp. 53-95]

1. O testamento de Domingos Sodré está anexo a este livro.

2. Maria Inês Côrtes de Oliveira, "Viver e morrer no meio dos seus: nações e comunidades africanas na Bahia do século XIX", *Revista USP*, n. 28 (1995-96), pp. 177-179, identificou membros de famílias africanas trazidos juntos no mesmo navio ou que, vindos em navios diferentes, se reencontraram na Bahia oitocentista.

3. Sobre as comunidades de retornados, no golfo do Benim, ver, entre outros muitos títulos, Pierre Verger, *Flux et reflux de la traite des nègres entre le golfe de Benin et Bahia de Todos os Santos* (Paris: Mouton, 1968), cap. XVI; Michael J. Turner, *Les Brésiliens: The Impact of Former Brazilian Slaves Upon Dahomey*, tese de doutorado, Boston University, 1975; Cunha, *Negros, estrangeiros*; Milton Guran, *Agudás: os "brasileiros" do Benim* (Rio de Janeiro: Nova Fronteira, 2000); Linda Lindsay, "'To Return to the Bosom of their Fatherland': Brazilian Immigrants in Nineteenth-Century Lagos", *Slavery & Abolition*, vol. 15, n. 1 (1994), pp. 22-50; Alberto da Costa e Silva, *Francisco Félix de Souza, mercador de escravos* (Rio de Janeiro: Nova Fronteira, 2004); Robin Law e Kristin Mann, "West Africa in the Atlantic Community: The Case of the Slave Coast", *The William and Mary Quarterly*, vol. 56, n. 2 (1999), pp. 307-334; Robin Law, "A comunidade brasileira de Uidá e os últimos anos do tráfico atlântico de escravos, 1850--66", *Afro-Ásia*, n. 27 (2002), pp. 41-77; Silke Strickrodt, "'Afro-Brazilians' of the Western Slave Coast in the Nineteenth Century", em José C. Curto e Paul E. Lovejoy (orgs.), *Enslaving Connections: Changing Cultures of Africa and Bra-*

zil During the Era of the Slave Trade (Amherst: Humanity Books, 2004), pp. 213-244; e Alcione Meira Amos, *Os que voltaram: a história dos retornados afro-brasileiros na África Ocidental no século XIX* (Belo Horizonte: Tradição Planalto, 2007).

4. Richard F. Burton, *Wanderings in West África*, Nova York: Dover, 1991 [orig. 1863], v. 2, p. 231. O nome Lagos aparece documentado pela primeira vez em meados da década de 1850, e a partir daí substituiria aos poucos Onim, segundo A. B. Aderibigbe, "Early History of Lagos to about 1850", em A. B. Aderibigbe (org.), *Lagos: The Development of an African City* (Lagos: Longman Nigeria, 1975), p. 15.

5. Usarei algumas vezes o termo iorubá aqui, mas esclareço que não era, no tempo em que Domingos foi embarcado para a Bahia, um termo de autoidentificação étnica ou uma língua assim identificada, como paulatinamente se foi tornando, na África, ao longo da segunda metade do século xix. Ver a respeito John Peel, "The Cultural Work of Yoruba Ethnogenesis", em E. Tonkin, E. M. McDonald e M. Chapman (orgs.), *History and Ethnicity* (Londres; Nova York: Routledge & Kegan Paul, 1989), pp. 198-215. Sobre Lagos, ver Kristin Mann, *Slavery and the Birth of an African City: Lagos, 1760-1900* (Bloomington: Indiana University Press, 2007).

6. Relatório de José Maurício Fernandes Pereira de Barros para o ministro dos Negócios Estrangeiros, 21 de setembro de 1867, Arquivo Histórico do Itamarati (AHI), *Comissão Mista*, lata 64, pasta 1, maço 3. Sobre a ascensão de Lagos como entreposto negreiro no final do século xviii, ver Robin Law, "Trade and Politics Behind the Slave Coast: The Lagoon Traffic and the Rise of Lagos, 1500-1800", *Journal of African History*, n. 24 (1983), pp. 321-348. Ver também Law e Mann, "West Africa and the Atlantic Community", esp. pp. 322 ss; e Mann, *Slavery and the Birth of an African City*. Sobre o traficante Cerqueira Lima, ver Verger, *Flux et reflux*, pp. 449-451 passim.

7. Sobre esses conflitos e a venda de suas vítimas para o tráfico, ver Robin Law, "The Career of Adele at Lagos and Badagry, *c.* 1807-*c.* 1837", *Journal of the Historical Society of Nigeria*, vol. 9, n. 2 (1978), pp. 35-59; id., "Francisco Felix de Souza in West Africa, 1820-1849", em Curto e Lovejoy (orgs.), *Enslaving Connections*, p. 200; Kristin Mann, "The World the Slave Traders Made: Lagos, *c.* 1760-1850", em Paul E. Lovejoy (org.), *Identifying Enslaved Africans: Proceeding of the Unesco/SSHRCC Summer Institute* (Toronto: York University, 1997), pp. 201-204, 207; e id., *Slavery and the Birth of an African City*, esp. pp. 45-47.

8. Mann, *Slavery and the Birth of an African City*, p. 47, 52, sobre o início do conflito na região e a citação do cônsul inglês, respectivamente.

9. Richard e John Lander, *Journal of an Expedition to Explore the Course and*

Termination of the Niger (Nova York: Harper & Brother, 1837), p. 126. É grande a bibliografia, nem sempre convergente, sobre a ascensão e queda de Oyo e sobre os conflitos que se seguiram na região. Alguns títulos: Robin Law, *The Oyo Empire,* c. *1600-c. 1836: A West African Imperialism in the Era of the Atlantic Slave Trade* (Oxford: Oxford University Press, 1977); id., "The Chronology of the Yoruba Wars of the Early Nineteenth Century: A Reconsideration", *Journal of the Historical Society of Nigeria,* vol. 5, n. 2 (1970), pp. 211-222; e Toyin Falola e G. O. Oguntomisin, *Yoruba Warlords of the Nineteenth Century* (Trenton, NJ: Africa World Press, 2001). Ver ainda sobre a conexão entre os conflitos no interior e o tráfico de escravos Paul Lovejoy, "The Central Sudan and the Atlantic Slave Trade", em Robert W. Harms et al. (orgs.), *Paths Toward the Past: African Historical Essays in Honor of Jan Vansina* (Atlanta, GA: African Studies Association, 1994), pp. 345-370.

10. Verger, *Flux et reflux,* pp. 270-273, 276-277; H. Chamberlain, cônsul-geral, para George Canning, Rio de Janeiro, 29 de janeiro de 1825, British National Archives, Foreign Office, 13/8, fls. 109-110 (agradeço a Hendrik Kraay por disponibilizar cópia deste documento); Alberto da Costa e Silva, "Cartas de um embaixador de Onim", *Cadernos do CHDD,* vol. 4, n. 6 (2005), pp. 195-220; e Gilberto da Silva Guizelin, "A última embaixada de um monarca africano no Brasil: Manoel Alves Lima, um embaixador do Reino de Onim na corte de D. Pedro I", *Anos 90,* vol. 22, n. 42 (2015), pp. 325-351. Em 1827, por ocasião do batismo de sua filha de nove meses em Salvador, Manoel Lima foi apresentado como "Coronel Manoel Alvares Lima, enviado do Rei de Onim". ACMS, *Livro de registro de batismos. Conceição da Praia, 1824-1834,* fl. 92 (agradeço a Lisa Castillo por esta informação).

11. David Eltis, "The Diaspora of Yoruba Speakers, 1650-1865: Dimensions and Implications", em Toyin Falola e Matt D. Childs (orgs.), *The Yoruba Diaspora in the Atlantic World* (Bloomington; Indianápolis: Indiana University Press, 2004), pp. 24, 31, 38. Mann, *Slavery and the Birth of an African City,* p. 39, dá um número menor de escravos embarcados em Lagos entre 1801 e 1825: 110 824. Optei pelos cálculos de Eltis por parecerem mais atualizados, embora Mann registre aquele historiador como sua fonte. Sobre os importados em 1846, ver Ubiratan Castro de Araújo, "1846: um ano na rota Bahia-Lagos. Negócios, negociantes e outros parceiros", *Afro-Ásia,* n. 21/22 (1998-99), p. 90.

12. Rodrigues, *Os africanos no Brasil,* p. 104.

13. Sobre essas viagens, ver J. Lorand Matory, *Black Atlantic Religion: Tradition, Transnationalism, and Matriarchy in the Afro-Brazilian Candomblé* (Princeton; Oxford: Princeton University Press, 2005), esp. cap. 1. Para pesquisas mais recentes sobre o tema, ver Lisa Earl Castillo, "Between Memory, Myth

and History: Transatlantic Voyagers of the Casa Branca Temple", em Ana Lúcia Araújo (org.), *Paths of the Atlantic Slave Trade: Interactions, Identities, and Images* (Amherst, Nova York: Cambria, 2011), pp. 203-238; id., "Vida e viagens de Bamboxê Obitikô", em Air José Souza de Jesus e Vilson Caetano de Souza Jr. (orgs.), *Minha vida é orixá* (São Paulo: Ifá, 2011), pp. 55-86; Lisa Earl Castillo e Luis Nicolau Parés, "Marcelina da Silva e seu mundo: novos dados para uma historiografia do candomblé ketu", *Afro-Ásia*, n. 36 (2007), pp. 111-150, esp. 135-141.

14. Sobre a economia açucareira baiana nesse período, ver Stuart Schwartz, *Sugar Plantations in the Formation of Brazilian Society: Bahia, 1535-1835* (Cambridge, Cambridge University Press, 1985), cap. 15; e B. J. Barickman, *A Bahian Counterpoint: Sugar, Tobacco, Cassava, and Slavery in the Recôncavo, 1780--1860* (Stanford: Stanford University Press, 1998), cap. 2.

15. Decidi adotar a grafia mais atual, Sodré. Sobre a lógica social de nomeação de escravos e libertos na Bahia do período, ver Jean Hébrard, "Esclavage et dénomination: imposition et appropriation d'un nom chez les esclaves de la Bahia au XIXe siècle", *Cahiers du Brésil Contemporain*, n. 53-54 (2003), pp. 31-92.

16. Sobre interesses deste personagem em Portugal, ver "Procuração bastante que faz o coronel Francisco Maria Sodré Pereira", 23 de junho de 1825, APEB, *LNT*, n. 214, fls. 134-134v. Sobre morgados, Kátia Mattoso escreveu: "é bem de propriedade limitada. Permanece perpetuamente em mãos de uma determinada família, sem que possa jamais ser partilhado ou alienado pois, uma vez instituído, o morgado é indivisível e inalienável. O morgado tem assim por objetivo principal a conservação do prestígio e a proteção da fortuna de uma família. A instituição de morgados foi muito rara na Bahia: soma-se apenas uma dezena em todo o período colonial". Mattoso, *Família e sociedade na Bahia no século XIX* (Salvador, Corrupio, 1988), p. 53. Sobre a família Sodré, ver Mario Torres, "Os Sodrés", *Revista do Instituto Genealógico da Bahia*, n. 7 (1952), pp. 89-148; id., "Os morgados do Sodré", *Revista do Instituto Genealógico da Bahia*, n. 5 (1951), pp. 9-34; e Dain Borges, *The Family in Bahia, Brazil, 1870-1944* (Stanford: Stanford University Press, 1992), pp. 60, 123, 249-251.

17. "Ecriptura de debito, obrigação, e hipoteca que faz o coronel Francisco Maria Sodré Pereira, ao comerciante João Baptista de Araújo Braga da quantia de 4:600$000 réis", APEB, *LNT*, n. 188, fls. 61-3.

18. Sobre a demografia dos engenhos no Recôncavo, ver Schwartz, *Sugar Plantations*, p. 441; e Barickman, *A Bahian Counterpoint*, pp. 129, 144-146. Os números desses dois autores nem sempre convergem. A localização do engenho Trindade às margens do rio Acupe se encontra no mapa parcialmente reproduzido nas figuras 4 e 5, bem como na *Carta do Recôncavo da Bahia* elaborada pelo engenheiro Theodoro Sampaio em 1899. Esta última fonte está reproduzi-

da em Museu AfroBrasil, *Theodoro Sampaio, o sábio negro entre os brancos* (São Paulo: Museu AfroBrasil, 2008), p. 187.

19. Verger, *Flux et reflux*, pp. 451-452.

20. Inventário de Lino Coutinho (1836), APEB, Judiciária. Inventários, n. 01/105/157/04, passim. A citação se encontra à fl. 55v.

21. Barickman, *A Bahian Counterpoint*, p. 146.

22. Ibid., p. 156.

23. A proporção de "moço(a)s" no Trindade era bem maior do que a que encontrei em estudo de 635 escravos, na sua maioria rurais, listados em inventários baianos entre 1813 e 1827, nos quais aparecem como apenas 45,2%. Ver João José Reis, "População e rebelião: notas sobre a população escrava na Bahia na primeira metade do século XIX", *Revista das Ciências Humanas*, n. 1 (1980), pp. 148-149.

24. No Rio de Janeiro rural, entre 1826 e 1830, a proporção era bem maior, 26,1% (para propriedades com até nove escravos) e 30,2% (para propriedades com mais de vinte escravos), mas numa faixa etária de zero até catorze. Manolo Florentino e José Roberto Góes, *A paz nas senzalas: famílias escravas e tráfico atlântico, c. 1790-c. 1850* (Rio de Janeiro: Civilização Brasileira, 1997), p. 66. Nessa mesma faixa etária, José Flávio Motta, *Corpos escravos, vontades livres: posse de cativos e família escrava em Bananal (1801-1829)* (São Paulo, Annablume, Fapesp, 1999), pp. 297-298, encontrou proporção mais próxima à do Trindade, de 21,1%, em Bananal, Vale do Paraíba paulista, em 1829. No Trindade não havia escravos com treze ou catorze anos. Em Campos dos Goitacases, ao longo do século XVIII, a proporção era maior, entre 24,9% (para as propriedades com até quinze escravos) e 26,2% (para propriedades com mais de quinze escravos), contando crianças apenas até doze anos, como contei no caso do Trindade. Ver Sheila de Castro Faria, *A colônia em movimento: fortuna e família no cotidiano colonial* (Rio de Janeiro: Nova Fronteira, 1998), p. 299.

25. Barickman, *A Bahian Counterpoint*, p. 156.

26. Inventário de Lino Coutinho (1836), APEB, Judiciária. Inventários, n. 01/105/157/04, fls. 69v-76v (lista dos escravos do Trindade).

27. Barickman, *A Bahian Counterpoint*, cap. 6. Para um período anterior, ver Luis Nicolau Parés, "O processo de crioulização no Recôncavo baiano (1750--1800)", *Afro-Ásia*, n. 33 (2005), pp. 87-132.

28. Inventário de Lino Coutinho, fl. 79.

29. Esterzilda Berenstein de Azevedo, *Açúcar amargo: a construção de engenhos na Bahia oitocentista*, tese de doutorado, Universidade de São Paulo, 1996, p. 118.

30. Inventário de Lino Coutinho, fls. 25-25v.

31. Torres, "Os Sodrés", p. 106. Contas relacionadas com a viagem do casal a Paris podem ser conferidas no inventário de Lino Coutinho.

32. APEB, *Judiciária. Inventários*, n. 01/105/157/04, fls. 76v-81 (gado, construções, equipamentos etc. do Trindade).

33. "Escriptura de venda, paga, e quitação que faz o Pe. José Rodrigues da Gama ao coronel Francisco Maria Sodré Pereira de uma sorte de terras denominadas Codumbó pelo preço e quantia de Rs 800$000", 27 de maio de 1829, e "Escriptura de arrendamento que faz Christovão da Rocha Pitta [...] ao Coronel Francisco Maria Sodré Pereira [...]", 10 de junho de 1829, APEB, *LNT*, n. 236, fls. 27, 29-29v; APEB, *Matrícula dos engenhos*, livro n. 632, registros n. 424 (Trindade) e 643 (Cassuca). Sobre o conflito entre dona Maria Rita e o capitão Araújo, ver Schwartz, *Sugar Plantations*, pp. 180-1; e Barickman, *A Bahian Counterpoint*, pp. 103-4, e na p. 115 fica estabelecida a vizinhança do Cassucá com o engenho Novo na freguesia do Iguape.

34. Ver Kátia Mattoso, *Família e sociedade na Bahia no século XIX* (Salvador: Corrupio, 1988), pp. 139-158.

35. APEB, *Cartas do governo*, v. 143, fls. 265-265v.

36. "Escriptura de paga, e quitação que faz o Coronel Francisco Maria Sodré Pereira a Donna Maria Ana Rita de Meneses da quantia de Rs. 1:862$149", e "Escriptura de declaração de destrato [...] de todas as contas, débito e obrigação, que fazem Francisco Maria Sodré Pereira e Donna Maria Ana Rita de Meneses", 13 de maio de 1834, APEB, *LNT*, n. 244, fls. 154v, 168v-169v; "Escriptura de contrato ante nupcias que fazem Francisco Maria Sodré Pereira e Dona Cora Cezar Coutinho", APEB, *LNT*, n. 243, fl. 59; "Escriptura de compra, venda, paga, debito e obrigação que fazem como vendedora Dona Maria Ana Rita de Meneses, e como compradores Francisco Pereira Sodré, e sua consorte Dona Cora Cezar Coutinho Sodré do Engenho denominado dos Britos", APEB, *LNT*, n. 240, fls. 298-301v; "Escriptura de debito e obrigação que fazem o coronel Francisco Maria Sodré Pereira e sua mulher Maria José Lodi Sudré ao apotecario o Comendador Manoel José de Mello da quantia de 12:626$477", APEB, *LNT*, n. 237, fls. 162-3. Sobre Cora e seu pai Lino Coutinho, ver Adriana Dantas Reis, *Cora: lições de comportamento feminino na Bahia do século XIX* (Salvador: Centro de Estudos Baianos da UFBa, 2000).

37. Braz do Amaral, *História da Independência na Bahia* (2. ed. Salvador: Progresso, 1957), pp. 202-203; Wanderley de Pinho, "Discurso proferido pelo Dr. Wanderley de Araújo Pinho na sessão solemne realisada no Conselho Municipal de Santo Amaro, a 14 de junho de 1922, para solemnisar o início da participação da Villa de S. Amaro na campanha da Independência", *Revista do Instituto Geográfico e Histórico da Bahia*, n. 48 (1923), pp. 1-60.

38. Amaral, *História da Independência na Bahia*, pp. 207-208; Ignácio Ac-

cioli de Cerqueira e Silva, *Memórias históricas e políticas da Província da Bahia*, anotadas por Braz do Amaral (Salvador: Imprensa Oficial do Estado, 1931), v. 3, pp. 377-383, 442; Pinho, "Discurso proferido", esp. pp. 21, 28, 58. Sobre os acontecimentos em Santo Amaro, ver ainda Luís Henrique Dias Tavares, *Independência do Brasil na Bahia* (Salvador: Edufba, 2005), pp. 93-96; "Acta em 29 de março de 1823. O conselho delibera enviar a Corte o Coronel Francisco Maria Sodré Pereira sobre a nomeação do General Labatut", *Revista do Instituto Histórico e Geográfico da Bahia*, vol. 4, n. 12 (1897), pp. 180-182.

39. Amaral, *História da Independência na Bahia*, p. 202; Pinho, "Discurso proferido", p. 15.

40. Domingos Sodré para o chefe de polícia, 2 junho, 1853, APEB, *Policia*, maço 6315 (agradeço a Lisa Castillo a dádiva deste documento); Hendrik Kraay, "'Em outra coisa não falavam os pardos, cabras, e crioulos': o 'recrutamento' de escravos na guerra da independência na Bahia", *Revista Brasileira de História*, vol. 22, n. 43 (2002), pp. 109-128.

41. João José Reis, *Rebelião escrava no Brasil: a história do levante dos malês em 1835* (São Paulo: Companhia das Letras, 2003), pp. 89-93.

42. Abaixo-assinado dos proprietários do Recôncavo, 24 de fevereiro de 1816, Biblioteca Nacional, Rio de Janeiro (BNRJ), Seção de manuscritos, C 9, 5, docs. 3 e 6.

43. Alexandre Gomes Ferrão Castelo Branco para o marquês de Aguiar, 14 de março de 1816 e 15 de março de 1817 (nesta última está detalhado o plano de imigração branca para o Recôncavo), BNRJ, Seção de manuscritos, C 9, 5, docs. 4 e 1, respectivamente. As citações foram retiradas deste último documento.

44. Barickman, *A Bahian Counterpoint*, pp. 15-16. Ver também Schwartz, *Sugar Plantations*, pp. 439-440.

45. Dom Nuno Eugênio de Assis e Seilbiz para o comandante das Armas, Salvador, 18 de abril de 1828, cópia anexa em Archives du Ministère des Relations Extérieures (França), *Mémoires et Documents. Brésil*, v. 5, fls. 159-159v.

46. Manoel M. Branco para o visconde de Camamu, Santo Amaro, 1º de dezembro de 1828, APEB, *Juízes. Cachoeira*, maço 2580.

47. Reis, *Rebelião escrava no Brasil*, p. 24 (sobre o peso dos libertos africanos na população de Salvador) e toda a parte IV (sobre as medidas repressivas após o levante dos malês).

48. Sobre o conjunto das revoltas escravas, ver Reis, *Rebelião escrava no Brasil* e sobre a Sabinada, Paulo César Souza, *A Sabinada: a revolta separatista da Bahia* (São Paulo: Brasiliense, 1987); Hendrik Kraay, "'As Terrifying as Unexpected': The Bahian Sabinada, 1837-1838", *Hispanic American Historical Review*, vol. 72, n. 4 (1992), pp. 501-527; Douglas G. Leite, *Sabinos e diversos: emergências*

políticas e projetos de poder na revolta baiana de 1837 (Salvador: EGBA; Fundação Pedro Calmon, 2007); e Juliana Sezerdello Crespim Lopes, *Identidades políticas e raciais na Sabinada (Bahia, 1837-1838)* (São Paulo: Alameda, 2013).

49. Eduardo de Caldas Britto, "Levantes de pretos na Bahia", *Revista do Instituto Geográfico e Histórico da Bahia*, vol. 10, n.29 (1903), p. 84.

50. Domingos Sodré para o chefe de polícia, c. 2 de junho de 1853, APEB, *Policia*, maço 6315. A alforria não era um passaporte para a acomodação. Muitos dos envolvidos no movimento malê eram libertos. Reis, *Rebelião escrava*, passim, esp. cap. 11.

51. Ver a respeito de um liberto africano, Tito Camargo, também líder religioso em Campinas (SP), que teve trajetória semelhante a esta aqui sugerida, Regina Célia Lima Xavier, *Religiosidade e escravidão no século XIX: Mestre Tito*, (Porto Alegre: EUFRGS, 2008), esp. cap. 3.

52. APEB, *Livro de notas do tabelião*, v. 282, fl. 19.

53. Testamento de Domingos Sodré, APEB, *Judiciária. Testamentos*, n. 07/3257/01.

54. Havia um sobrinho homônimo de Jerônimo Sodré Pereira, médico, professor de Fisiologia da Faculdade de Medicina da Bahia e político que, em 1852, ainda estudante, fundou com colegas a efêmera Sociedade Abolicionista 2 de Julho, e como deputado pregaria o abolicionismo da tribuna. Sobre este outro Jerônimo, ver Jailton Lima Brito, *A abolição na Bahia, 1870-1888* (Salvador: Centro de Estudos Baianos, Edufba, 2003), pp. 106-107.

55. Os números são de Manoel Jesuíno Ferreira, *A Província da Bahia: Apontamentos* (Rio de Janeiro: Typographia Nacional, 1875), p. 32.

56. Citado por Torres, "Os morgados do Sodré", p. 23.

57. Inventário de Jerônimo Sodré Pereira, APEB, *Judiciária. Inventários*, n. 09/4064/10. A briga na família pode ser acompanhada neste inventário, e é também relatada por Torres, "Os morgados do Sodré", pp. 22-26, sendo este autor, contudo, descendente da "família legítima" dos Sodré e deveras parcial sobre o assunto.

58. Eis onde se encontram as cartas concedidas por Jerônimo Sodré: APEB, *LNT*, n. 269, fl. 98 (Thereza); n. 325, fl. 116v (Aniceta); n. 356, fl. 11 (Henriqueta); n. 403, fl. 44 (Carlota); n. 653, fl. 49v (Cosma). Um africano, Eduardo, foi alforriado por um conto e 300 mil-réis em 1875 por um Jerônimo Sodré Pereira, mas me inclino a crer que seu senhor era seu sobrinho e homônimo. Ver APEB, *LNT*, n. 474, fl. 3v. Outras alforrias, que ainda não consegui localizar, podem ter sido concedidas pelo senhor moço de Domingos.

59. Sobre alforrias na Bahia, ver os estudos de Kátia Mattoso, "A propósito de cartas de alforria", *Anais de História*, n. 4 (1972), pp. 23-52; Stuart Schwartz,

"The Manumission of Slaves in Colonial Brazil: Bahia, 1684-1745", *Hispanic American Historical Review*, vol. 54, n. 4 (1974), pp. 603-635; Mieko Nishida, "Manumission and Ethnicity in Urban Slavery: Salvador, Brazil, 1808-1888", *Hispanic American Historical Review*, vol. 73, n. 3 (1993), pp. 361-391; Katia Lorena Novaes Almeida, *Alforrias em Rio de Contas: Bahia, século XIX* (Salvador: Edufba, 2012); Daniele S. de Souza, "Nos caminhos do cativeiro, na esquina com a liberdade: alforrias, resistências e trajetórias individuais na Bahia setecentista", em Gabriela Sampaio et al. (orgs.), *Barganhas e querelas da escravidão: tráfico, alforria e liberdade* (Salvador: Edufba, 2014), pp. 103-135; entre outros títulos.

60. Sidney Chalhoub, "The Politics of Silence: Race and Citizenship in Nineteenth-Century Brazil", *Slavery and Abolition*, vol. 27, n. 1 (2006), pp. 73-87. Sobre a precária situação jurídica e política do liberto africano no Brasil imperial, ver também Cunha, *Negros, estrangeiros*, cap. 2. Os temas abordados neste e nos parágrafos seguintes deste capítulo foram amplamente contemplados em Reis, *Ganhadores*.

61. Araújo Filqueiras Junior, *Codigo do Processo do Imperio do Brasil* (Rio de Janeiro: Eduardo & Henrique Laemmert, 1874), p. 33; "Ultima redação das Posturas da Câmara Municipal da Capital [1850]", APEB, *Legislativa. Posturas, 1835-1884*, maço 853; *Posturas da Câmara Municipal da Cidade de S. Salvador, capital da Província da Bahia* (Bahia: Typ. de Manoel Agostinho Cruz Mello, 1860), p. 20 (Biblioteca do Mosteiro de São Bento). Leis fiscais e outras que discriminavam os africanos libertos foram repertoriadas em *Legislação da Província da Bahia sobre o negro, 1835-1888* (Salvador: Fundação Cultural do Estado da Bahia/Direção de Bibliotecas Públicas, 1996).

62. Cunha, *Negros, estrangeiros*, pp. 99-106.

63. Capitão do porto Augusto Wenceslau da Silva para o presidente da província, 18 de julho de 1861, APEB, *Polícia do porto*, maço 3155.

64. APEB, *Câmara de Salvador*, maço 1404.

65. Ver *Correio Mercantil*, 1º de julho, 12 de agosto de 1848 e 24 de janeiro de 1849 (segunda citação), 5 de março de 1849, 16 de maio de 1849 (primeira citação).

66. Ver Lei Orçamentária n. 607, cap. 2, art. 2, par. 27; e Lei Orçamentária n. 608, ambas de 1856, em *Legislação da província da Bahia*, pp. 53-55. Consulte-se também Cunha, *Negros, estrangeiros*, pp. 99-106; e Ricardo Tadeu Caires Silva, *Caminhos e descaminhos da abolição: escravos, senhores e direitos nas últimas décadas da escravidão (Bahia, 1850-1888)*, tese de doutorado, Universidade Federal do Paraná, 2007, cap. 2.

67. Reis, *Ganhadores*.

68. A Lei n. 9 está publicada na *Colleção de Leis e Resoluções da Assembleia Legislativa da Bahia sancionadas e publicadas nos annos de 1835 a 1838* (Bahia:

Typ. de Antonio O. da França Guerra, 1862), v. 1, pp. 22-27, e é discutida em Reis, *Rebelião escrava*, pp. 498-503; e Luciana Brito, *Temores da África* (Salvador: EDUFBA, 2016).

69. Francisco S. de Mattos, chefe de polícia, para o subdelegado do segundo distrito de Santo Antônio, 23 de junho de 1857, APEB, *Polícia*, v. 5722, fl. 153v.

70. Ver sobre essas regras do teatro São João, *Correio Mercantil* (Rio de Janeiro), 12 de outubro de 1854; e *Obra do Povo*, série II, n. 33, Recife, 20 de janeiro de 1855, p. 2.

3. O ADIVINHO DOMINGOS SODRÉ [pp. 96-142]

1. Os documentos pertinentes à denúncia e às providências tomadas pelo chefe de polícia e seus subordinados são: João Henriques para o subdelegado da freguesia de São Pedro Velho, 25 de julho de 1862, APEB, *Polícia. Correspondência expedida, 1862*, v. 5754, fls. 214v-215; Pompílio Manoel de Castro para o chefe de polícia, 26 e 27 de julho de 1862, APEB, *Subdelegados, 1862-63*, maço 6234. Essas fontes foram também usadas por Harding, *A Refuge in Thunder*, pp. 50-51, 93-96 e 196-204, para discutir o incidente. Sobre ocupação e endereço dos inspetores de quarteirão, ver *Almanak... 1863*, pp. 254, 372.

2. "Inventário do Dr. Antonio José Alves", falecido em 23 de janeiro de 1866, *Anais do APEBa*, n. 30 (1947), pp. 56-57; e Waldemar Mattos, "A Bahia de Castro Alves", id., p. 278, onde o autor descreve o solar do Sodré, inclusive "duas lojas de entrada e vários cômodos para escravos".

3. "Escriptura de débito, obrigação e hipoteca que faz o coronel Francisco Maria Sodré Pereira, ao commerciante João Baptista de Araujo Braga da quantia de 4:600$000 rs. como abaixo se declara", 16 agosto de 1816, APEB, *LNT*, n. 188, fl. 61v.

4. Ver ACMS, *Livro de registro de batismos. Freguesia da Conceição da Praia, 1844-1889*, fls. 11v e fls. 12. O registro do domicílio de Domingos pelo inspetor Tito Nicolau Capinam é de 14 de maio de 1853. APEB, *Polícia*, maço 6315. O casamento de Domingos e seu papel como padrinho de vários batismos serão discutidos adiante, no capítulo 7.

5. Sobre o seminário, ler Cândido da Costa e Silva, *Os segadores e a messe: o clero oitocentista na Bahia* (Salvador: Edufba, 2000), pp. 168-177, com a citação à p. 173.

6. Chefe de polícia João Antonio de Araújo Freitas Henriques para o subdelegado de São Pedro, 25 de julho de 1862, APEB: Cebrap, [s.d.]), *Polícia. Correspondência expedida, 1862*, v. 5754, fl. 214v.

7. *Diário da Bahia*, 28 de julho de 1862. Sobre essas habitações de pobres, ver Costa, *Ekabó!*.

8. *O Alabama*, 6 de maio de 1869.

9. Outros jornais rotularam de quilombos locais onde acontecessem reuniões ruidosas de negros. Um exemplo de 1851, do jornal *A Verdadeira Marmota*, está em Abreu, *Capoeiras*, p. 74. Também no Rio de Janeiro se chamava de "casa de quilombo" esse tipo de habitação urbana. Ver Carlos Eugênio Líbano Soares, *Zungú: rumor de muitas vozes* (Rio de Janeiro: Arquivo Público do Estado do Rio de Janeiro, 1998), pp. 56-58. Mesmo para o campo, o conceito de quilombo tem se ampliado na trilha das pesquisas mais recentes. Ver alguns dos capítulos em João José Reis e Flávio dos Santos Gomes (orgs.), *Liberdade por um fio: história dos quilombos no Brasil* (São Paulo, Companhia das Letras, 1999), além de diversos trabalhos de Flávio Gomes, a exemplo de *Histórias de quilombolas*, já citado, *A Hidra e os pântanos: mocambos, quilombos e comunidades de fugitivos no Brasil (séculos XVII-XIX)* (São Paulo: Editora da Unesp, 2005), e *Experiências atlânticas: Ensaios e pesquisas sobre a escravidão e o pós-emancipação no Brasil* (Passo Fundo, Editora da UPF, 2003).

10. Consuelo Novaes Sampaio, *50 anos de urbanização: Salvador no século XIX* (Rio de Janeiro: Versal, 2005); Reis, *A morte é uma festa*; Walter Fraga Filho, *Mendigos, moleques e vadios na Bahia do século XIX* (São Paulo: Hucitec; Salvador: Edufba, 1996); e Venétia Durando Braga Rios, *O Asylo de São João de Deos: as faces da loucura*, tese de doutorado, PUC-SP, 2006.

11. As expressões entre aspas são, respectivamente, de Inês Côrtes de Oliveira, "Viver e morrer no meio dos seus: nações e comunidades africanas na Bahia do século XIX", *Revista USP*, n. 28 (1995-96), pp. 174-193 (onde estuda, entre outros temas, as moradias coletivas de escravos e libertos africanos), e de Cunha, *Negros, estrangeiros*.

12. John Candler e Wilson Burgess, *Narrative of a Recent Visit to Brazil* (Londres: Edward Marsh, Friends'Books, 1853), p. 49; Robert Avé-Lallemant, *Viagens pelas províncias da Bahia, Pernambuco, Alagoas e Sergipe (1859)* (Belo Horizonte: Itatiaia; São Paulo: Edusp, 1980), pp. 22, 31. Para os cálculos do censo de 1872 lancei mão dos dados do CD-ROM coordenado por Pedro Puntoni, *Os recenseamentos gerais do Brasil no século XIX: 1872 e 1890* (São Paulo: CEBRAP — Centro Brasileiro de Análise e Planejamento, [s.d.].). Meus cálculos nem sempre concordam com os de Kátia Mattoso, *A cidade de Salvador e seu mercado no século XIX* (São Paulo: Hucitec, 1978), pp. 131, 133-136.

13. Ana Amélia Vieira Nascimento, *Dez freguesias da cidade do Salvador* (Salvador: Fundação Cultural do Estado da Bahia, 1986), p. 83.

14. *Almanak... de 1863*, p. 335; *Almanak... de 1873*, pp. 64, 66, 167, 169, 4ª parte, p. 30; João Henriques para o subdelegado da freguesia de São Pedro, 28 de abril de 1862, APEB, *Polícia. Correspondência*, v. 5754, fl. 114v. Consegui identificar as idades e o estado civil de dois dos moradores graças a AHMS, *Livro de qualificação de votantes. Freguesia de São Pedro, 1863-1865*, fls. 103v, 169v; e AHMS, *Livro de qualificação de votantes. Freguesia de São Pedro, 1870-1875*, fl. 133.

15. Chefe de polícia João Antonio de Araújo Freitas Henriques para o subdelegado de São Pedro, 25 de julho de 1862, fls. 214v, 215.

16. Pompílio Manoel de Castro para o chefe de polícia, 26 de julho de 1862, APEB, *Polícia. Subdelegados, 1862-63*, maço 6234.

17. Partes da Polícia, 26 de julho de 1862, APEB, *Polícia*, maço 1023.

18. João Henriques para o carcereiro da Casa de Correção, 31 de julho de 1862, APEB, *Polícia. Correspondência expedida, 1862*, v. 5756, fl. 149.

19. Os documentos relativos à compra de Maria Ignez (ou Archanja) estão no AHMS, *Escritura de escravos. Freguesia de Conceição da Praia, 1855-1859*, n. 66.7, fls. 105-7.

20. ACMS, *Livro de registro de casamentos. São Pedro Velho, 1844-1910*, fl. 128v.

21. João Henriques para o subdelegado de São Pedro, 25 de julho de 1862, fl. 214v.

22. João Henriques para o carcereiro da Casa de Correção, 26 de julho de 1862, APEB, *Polícia. Correspondência expedida, 1862*, v. 5756, fl. 142.

23. Ver sobre as ganhadeiras na Bahia da época, Cecília Moreira Soares, "As ganhadeiras: mulher e resistência negra em Salvador no século XIX", *Afro-Ásia*, n. 17 (1996), pp. 57-71. Também publicado em id., *Mulher negra na Bahia no século XIX* (Salvador: Eduneb, 2007), cap. 2.

24. Pompílio Manoel de Castro para o chefe de polícia da província da Bahia, 26 de julho de 1862.

25. Despacho do chefe de polícia à correspondência do subdelegado Pompílio, 26 de julho de 1862.

26. Pompílio Manoel de Castro para o chefe de polícia, 26 de julho de 1862. Fosse familiarizado com a vida dos libertos africanos, o subdelegado saberia que alguns eram bastante prósperos. Ver cap. 6 adiante e também Maria Inês Côrtes de Oliveira, *O liberto: seu mundo e os outros* (São Paulo: Corrupio, 1988), esp. pp. 35-51.

27. *Argos Cachoeirano*, 15 de janeiro de 1851.

28. Ver, por exemplo, James Wetherell, *Brazil: Stray Notes from Bahia*, Liverpool: Webb & Hunt, 1860), pp. 72-74; ver também Candler e Burgess, *Narrative*, p. 53; Rodrigues, *Os africanos*, p. 119; Eduardo França Paiva, "Cele-

brando a alforria: amuletos e práticas culturais entre as mulheres negras e mestiças do Brasil", em Ístvan Jancsó e Íris Kantor (orgs.), *Festa: cultura e sociabilidade na América portuguesa* (São Paulo: Hucitec, Edusp/Imprensa Oficial, Fapesp, 2001), pp. 505-518; Silvia Hunold Lara, "Sedas, panos e balangandãs: o traje de senhoras e escravas nas cidades do Rio de Janeiro e de Salvador (século XVIII)", em Maria Beatriz Nizza da Silva (org.), *Brasil: colonização e escravidão* (Rio de Janeiro: Nova Fronteira, 2000), pp. 177-191; Simone Trindade Silva, *Referencialidade e representação: Um resgate do modo de construção de sentidos nas pencas de balangandãs a partir da coleção do Museu Carlos Costa Pinto*, dissertação de mestrado, UFBA, 2005. Gomes de Oliveira Neto distingue o balangandã — que grafa *barangandan* — da penca, afirmando, ao contrário de outros autores, que esta se usava na cintura e aquele em volta do pescoço. Oliveira Neto apud Braz do Amaral, *Fatos da vida do Brasil* (Salvador: Tipografia Naval, 1941), pp. 121-123. Reproduções de fotos de mulheres usando balangandãs, colares etc. se encontram em Christiane Silva de Vasconcelos, *O circuito social da fotografia da gente negra, Salvador, 1860-1916*, dissertação de mestrado, UFBA, 2006, passim.

29. Manuel Querino, *A raça africana e os seus costumes* (Salvador: Progresso, 1955 [orig. 1916]), p. 88; Oliveira Neto apud Amaral, *Fatos da vida do Brasil*, p. 120; capitão John Adams, *Remarks on the Country Extending from Cape Palmas to the River Congo* (Londres: Frank Cass, 1966 [orig. 1823]), p. 97.

30. *Diário da Bahia*, 28 de julho de 1862.

31. Este testamento confiscado em 1862 eu não encontrei, mas sim aquele escrito vinte anos depois e registrado por ocasião da morte de Domingos. Entre os estudos que se baseiam em testamentos de libertos na Bahia estão os de Kátia M. de Queirós Mattoso, *Testamentos de escravos libertos na Bahia no século XIX: uma fonte para o estudo de mentalidades* (Salvador: Centro de Estudos Baianos da UFBA, 1979), também publicado em Mattoso, *Da revolução dos alfaiates à riqueza dos baianos no século XIX* (Salvador: Corrupio, 2004), pp. 225-260; e Oliveira, *O liberto*.

32. Este é um problema que afeta estudos de práticas "mágicas" também na Europa. Ver, por exemplo, Keith Thomas, *Religion and the Decline of Magic* (Harmondsworth: Penguin, 1973), p. 219.

33. Reis, "Nas malhas do poder escravista", p. 36.

34. Alberto da Costa e Silva, *A manilha e o libambo: a África e a escravidão de 1500 a 1700* (Rio de Janeiro: Nova Fronteira, 2002), p. 313; Luiz Felipe de Alencastro, *O trato dos viventes: formação do Brasil no Atlântico sul* (São Paulo: Companhia das Letras, 2000), pp. 256-259; Araújo, "1846: Um ano na rota Bahia–Lagos", p. 86.

35. Reis, "Nas malhas do poder escravista", p. 36.

36. Sobre o papel do cauri nas culturas material e simbólica iorubá, ver Akinwumi Ogundiran, "Of Small Things Remembered: Beads, Cowries, and Cultural Translations of the Atlantic Experience in Yorubaland", *International Journal of African Historical Studies*, vol. 35, n. 2-3 (2002), pp. 427-457 e id., *The Yorùbá: A New History* (Bloomington: Indiana University Press, 2020), passim. Seu uso ritual se estendeu aos vizinhos daomeanos. Ver A. Le Herissé, *L'Ancien Royaume du Dahomey: moeurs, religion, histoire* (Paris: Émile Larose Libraire-Editeur, 1911), pp. 149, 150, por exemplo.

37. Maximiliano de Habsburgo, *Bahia 1860: esboços de viagem* (Rio de Janeiro: Tempo Brasileiro; Salvador: Fundação Cultural do Estado da Bahia, 1982), p. 82; Wetherell, *Brazil*, pp. 30, 114.

38. Adams, *Remarks*, p. 264.

39. William Allen e T. R. H. Thomson, *Narrative of the Expedition sent by Her Majesty's Government to the River Niger in 1841*. Londres: Richard Bentley, 1848), v. 1, pp. 232, 257, 396, 405 ss.

40. Hugh Clapperton, *Journal of a Second Expedition into the Interior of Africa from the Bight of Benin to Soccatoo* (Londres: Frank Cass, 1966 [orig. 1829]), pp. 3, 37, 47.

41. Richard e John Lander, *Journal*, v. 1, p. 165.

42. Citado por Parés, *A formação do candomblé*, p. 149. Gés = contas, segundo o autor.

43. Sobre o uso ritual de contas na cultura iorubá, ver Ogundiran, "Of Small Things Remembered"; id., *The Yorùbá*, passim; Suzanne Preston Blier, *The Royal Arts of Africa: The Majesty of Form* (Nova York: Harry N. Abrahams, 1998), pp. 79-83; Henry John Drewal e John Mason, *Beads, Body, and Soul: Art and Light in the Yoruba Universe* (Los Angeles: UCLA Fowler Museum of Cultural History, 1998); Abimbola, *Ifá*, pp. 4-5, nota à Estampa 1. Sobre a circulação de contas corais e de vidro na África, suas origens e descrição, ver Silva, *A manilha e o libambo*, pp. 200-201.

44. *Diário da Bahia*, n. 170, 28 de julho de 1862; João Henriques para o diretor do Arsenal de Guerra, 26 de julho de 1862, APEB, *Polícia. Correspondência expedida, 1862*, v. 5750, fl. 326v. Pierre Verger, *Notes sur le culte des Orisa et Vodun à Bahia, la Baie de Tous les Saints, au Brésil, et l'ancienne Côte des Esclaves en Afrique* (Dacar: Ifan, 1957), pp. 120-122, transcreve trechos de viajantes estrangeiros na África que associavam Exu, Elegbara ou Legba (este termo usado no Daomé) ao diabo. Um deles, Pruneau de Pommegorge, que viveu em Uidá entre 1743 e 1765, ao modo do jornal baiano, descreveu Legba como "um deus Priapo [...] com seu principal atributo, que é enorme e exagerado em com-

paração ao resto do corpo" (p. 120). O missionário batista norte-americano Thomas Bowen escreveu em 1857 que "os iorubás adoram o próprio Satã, sob o nome de Exu". T. J. Bowen, *Adventures and Missionary Labours in Several Countries in the Interior of Africa from 1849 to 1856* (Londres; Edimburgo: Frank Cass, 1968 [1857]), p. 317. Sobre o Brasil das Minas Gerais, ver Antonio da Costa Peixoto, *Obra nova da língua geral de mina* (Lisboa: Agência Geral das Colônias, 1943-44 [orig. 1741]), p. 32, onde o autor identifica "Leba" (Legba) com o "Demônio". Nina Rodrigues, contemporâneo de Domingos Sodré, escreveu sobre a escultura jeje-iorubá na Bahia, fotografou e descreveu diversas peças religiosas, em *Os africanos*, pp. 160-171.

45. Bowen, *Adventures and Missionary Labours*, p. 317; William W. Clarke, *Travels and Explorations in Yorubaland, 1854-1858* (Ibadan: Ibadan University Press, 1972), p. 279.

46. O sistema Fa de adivinhação dos daomeanos foi importado dos iorubás, provavelmente no tempo do rei Agajá, que reinou entre *c.* 1716 e 1740. Ver Le Herissé, *L'Ancien Royaume du Dahomey*, pp. 146-147.

47. *O Alabama*, 3 de setembro de 1867, p. 7. Arabonam é assunto de um outro estudo que faço sobre o candomblé da Bahia.

48. Wande Abimbola, *Ifá: An Exposition of Ifá Literary Corpus* (Ibadan: Oxford University Press Nigeria, 1976), p. 11 (ver ilustrações e explicações nas pp. 4-5, 8-12). Abimbola observa que placas de metal podem às vezes substituir nozes no opelê. Sobre os objetos utilizados pelo babalaô para adivinhar, ver também William Bascom, *Ifa Divination: Communication Between Gods and Men in West Africa* (Bloomington; Londres: Indiana University Press, 1969), pp. 26-39.

49. A árvore e o caroço do dendê são de natureza sagrada em muitos mitos de Ifá, inclusive mencionados por Bowen e Clarke, acima citados. Rodrigues, *Os africanos*, p. 227, reproduz de Alfred Ellis uma versão do mito que associa Ifá a Exu. Sobre a posição estratégica de Exu na adivinhação pelo método do Ifá, ver Bascom, *Ifa Divination*, pp. 38, 60, 65, 83, por exemplo.

50. Rodrigues, *Os africanos*, p. 228. Ver ainda Rodrigues, *O animismo fetichista*, p. 55. Também segundo Querino, na Bahia a noz de palma teria sido substituída pelo caroço de manga seco na confecção do opelê. Querino, *A raça africana*, p. 57. Coisa a merecer investigação é que, em Cuba, o caroço de manga era usado da mesma forma, o que sugere um trânsito de devotos do Ifá entre aquele país e a Bahia, talvez em triangulação com Lagos, ao longo do século xix. Ver Fernando Ortiz, *Los negros brujos* (Havana: Editorial de Ciências Sociales, 1995 [orig. 1906]), pp. 107-108, que já havia observado a semelhança entre o colar de Ifá em Cuba e na Bahia, com base na leitura de Nina Rodrigues. Ver também Alejo Carpentier, *Écue-Yamba-Ó* (Madri: Alianza Editorial, 2002 [orig.

1927]), p. 83. Já no Rio de Janeiro, casco de tartaruga era usado, segundo João do Rio, *As religiões no Rio* (Rio de Janeiro: Nova Aguilar, 1976 [orig. 1904]), p. 24.

51. Pompílio Manoel de Castro para o chefe de polícia, 27 de julho de 1862, APEB, *Polícia. Subdelegados, 1862-63*, maço 6234; *Diário da Bahia*, 28 de julho de 1862.

52. Ver sobre *maleficium* Thomas, *Religion and the Decline of Magic*, pp. 519 ss; e Norman Cohn, *Europe's Inner Demon* (Frogmore: Paladin, 1976), cap. 9.

53. Pompílio Manoel de Castro para o chefe de polícia, 27 de julho de 1862.

54. Michka Sachnine, *Dictionaire usuel yorùbá-français* (Paris; Ibadan: Karthala, IFRA, 1997), pp. 69 e 73. Sobre *baba onifa*, ver Bascom, *Ifa Divination*, p. 81.

55. J. D. Y. Peel, *Religious Encounter and the Making of the Yoruba* (Bloomington; Indianápolis: Indiana University Press, 2000), p. 72. As expressões "papai" e "mamãe de terreiro" e, com menos frequência, "pai de santo" (não encontrei "mãe de santo") já eram correntes na Bahia na segunda metade do século XIX. As duas primeiras aparecem, por exemplo, em diversos números do jornal *O Alabama*. "Pai de santo" eu só encontrei uma vez nas páginas desse jornal e em nenhum outro lugar. Ver em *O Alabama* de 28 de julho de 1868 o registro mais remoto que conheço do vocábulo.

56. Ver Vivaldo da Costa Lima, *A família de santo nos candomblés jejes-nagôs da Bahia* (Salvador: Corrupio, 2003), pp. 77-79 e passim. O "profundo respeito e reverência" pelos mais velhos foi observado em Badagri, no início dos anos 1830, no tempo de Adele, pelos irmãos Richard e John Lander, *Journal of an Expedition*, p. 77.

57. Bowen, *Adventures and Missionary Labours*, p. 135.

58. Clarke, *Travels and Explorations*, p. 280.

59. E. Bolaji Idowu, *Olódùmarè: God in Yoruba Belief* (Londres: Longman, 1962), pp. 77-78. Muito semelhante ao que se diz do Fá daomeano: A. Le Herissé, *L'Ancien Royaume du Dahomey*, p. 140.

60. Antonio de Góes Tourinho para o chefe de polícia, 20 de dezembro de 1858, APEB, *Polícia*, maço 6264.

61. *O Alabama*, 12 de janeiro de 1864.

62. Edison Carneiro, *Candomblés da Bahia* (7. ed., Rio de Janeiro: Civilização Brasileira, 1986), p. 26.

63. William R. Bascom, "The Sanctions of Ifa Divination", *The Journal of the Royal Anthropological Institute*, n. 71 (1941), p. 43.

64. Vários autores mencionam Oxum como patrona do jogo com dezesseis búzios, que seria resultado de seu aprendizado incompleto do método de Ifá. Ver Wande Abimbola, "The Bag of Wisdom: Òsun and the Origins of Ifá Divination", em Joseph M. Murphy e Mei-Mei Sanford (orgs.), *Òsun across the*

Waters: A Yoruba Goddess in Africa and the Americas (Bloomington: Indiana University Press, 2001), pp. 141-154, em que o autor valoriza também a importância de Oxum na formação de ambos os sistemas divinatórios iorubás. A respeito das semelhanças e diferenças entre um e outro, ver William Bascom, *Sixteen Cowries: Yoruba Divination from África to the New World* (Bloomington; Londres: Indiana University Press, 1980), esp. pp. 5-31.

65. Samuel Johnson, *The History of the Yorubas* (Londres: Routledge & Kegan Paul, 1966 [orig. 1897]), p. 33.

66. Bascom, *Ifa Divination*, p. 61. Ver também Pierre Verger, *Ewé: o uso das plantas na sociedade iorubá* (São Paulo: Companhia das Letras, 1995), cap. 1.

67. P. D. Cole, "Lagos Society in the Nineteenth Century", em Aderibigbe (org.), *Lagos*, pp. 30 (citação), 36, 37; Aderibigbe, "Early History of Lagos to about 1850", em id., pp. 8, 16-17 (citação); G. O. Gabadamosi, "Patterns and Developments in Lagos Religious History", em id., p. 174; Mann, "The World the Slave Traders Made", p. 203; Law, "The Career of Adele", p. 44.

68. É interessante que os dois famosos babalaôs ainda existentes na Bahia nos anos de 1930 e 1940 — Martiniano Eliseu do Bonfim e Felisberto Sowzer, o Benzinho — fossem ambos filhos de africanos de Lagos. Seria apenas coincidência ou indício de uma conexão divinatória Lagos-Bahia, da qual nosso Domingos também participava? Ver Carneiro, *Candomblés da Bahia*, pp. 120-121. Outras fontes dão o pai de Martiniano, Eliseu, como "trazido de Abeokuta". Julio Braga, *Na gamela do feitiço: repressão e resistência nos candomblés da Bahia* (Salvador: CEAO, Edufba, 1995), p. 50. De qualquer forma, como escreveu Ruth Landes, "para o mundo de Martiniano, Lagos era Meca". *A cidade das mulheres* (Rio de Janeiro: Civilização Brasileira, 1967), p. 29.

69. Abimbola, *Ifá*, p. 18. Sobre a hierarquia dos babalaôs em Ifé — importante centro ritual, considerada cidade sagrada e berço mítico do povo iorubá —, ver Bascom, *Ifa Divination*, pp. 81-2.

70. Julio Braga, *O jogo de búzios: um estudo da adivinhação no candomblé* (São Paulo: Brasiliense, 1988), caps. 1 e 2, pp. 33 (citação) e 78-79. Ver também Roger Bastide e Pierre Verger, "Contribuição ao estudo da adivinhação em Salvador (Bahia)", em Carlos Eugênio M. de Moura (org.), *Olóòrìsà: Escritos sobre a religião dos orixás* (São Paulo: Ágora, 1981), pp. 57-85. Sobre a importância da figura do babalaô para os candomblés de "antigamente", ver Carneiro, *Candomblés da Bahia*, pp. 119-120. E, para um depoimento contemporâneo, ver Rodrigues, *Os africanos*, p. 236.

71. *O Alabama*, 2 de fevereiro de 1867. A identidade jeje deste candomblé

foi sugerida por Parés, *A formação*, pp. 154-155. Conforme ele esclarece, "*dote* é um título hierárquico fon" (p. 155).

72. *O Alabama*, 3 de setembro de 1867, p. 7.

73. Sobre Airá Igbonan, ver Verger, *Notes sur le culte des Orisa et Vodun*, pp. 314-315, 445; e sobretudo Marc Schiltz, "Yorubá Thunder Deities and Sovereignty: Ará versus Sangó", em Joel E. Tishken, Toyin Falola e Akíntúndé Akínyemí (orgs.), *Sangó in Africa and the African Diaspora* (Bloomington; Indianapolis: Indiana University Press, 2009), pp. 78-108. O culto a essa qualidade de Xangô e a outros Airás permanece no candomblé baiano. Ver Silveira, *O candomblé da Barroquinha*, pp. 380-384.

74. Bascom, "The Sanctions of Ifa Divination", pp. 48-50; id. *Sixteen Cowries*, p. 5.

75. George K. Park, "Divination and Its Social Contexts", *The Journal of the Royal Anthropological Institute*, n. 93, parte 2 (1963), p. 202.

76. João Henriques para o subdelegado de São Pedro, 25 de julho de 1862; *Diário da Bahia*, 28 de julho de 1862. O jornal publicou: Domingos e "duas africanas [...] apregoavam-se adivinhadores e doadores de ventura".

77. Bastide e Verger, "Contribuição ao estudo da adivinhação", pp. 66-67; Roger Bastide, *O candomblé da Bahia: rito nagô* (São Paulo: Companhia das Letras, 2001), pp. 117-118.

78. *Jornal da Bahia*, 4 de janeiro de 1857; *O Alabama*, 14 de janeiro de 1864.

79. Reis, "Sacerdotes, seguidores e clientes", pp. 65-66. Ver também Parés, *A formação do candomblé*, p. 136.

80. *O Alabama*, 14 de setembro de 1864.

81. *O Alabama*, 12 de agosto de 1865.

82. *O Alabama*, 23 de junho de 1870.

83. Parés, *A formação do candomblé*, esp. caps. 3 e 4, citação à p. 119.

84. Rodrigues, *Os africanos*, p. 236.

85. Aqui inspirei-me em Bascom, "The Sanctions of Ifa Divination", p. 44.

86. Ver a esse respeito Karin Barber, "How Man Makes God in West Africa: Yoruba Attitudes Towards the Orisa", *Africa*, vol. 51, n. 3 (1981), pp. 724-745. Obviamente, possuir grande número de dependentes não era base de poder apenas no país iorubá, era também no Brasil, por exemplo. Como escreveu Richard Graham, "O tamanho de sua clientela era a medida de um homem", sobretudo, mas não exclusivamente, no mundo rural brasileiro. Graham, *Patronage and Politics*, p. 22. Ver também Silveira, *O candomblé da Barroquinha*, cap. 7, onde estuda tradições portuguesas, africanas e brasileiras de patronagem e clientelismo.

87. E. Franklin Frazier, "The Negro Family in Bahia, Brazil", *American So-*

ciological Review, vol. 7, n. 4 (1942), p. 475. Ver a respeito de Martiniano, Vivaldo da Costa Lima, "O candomblé da Bahia na década de 30", em Waldir Freitas Oliveira e Vivaldo da Costa Lima (orgs.), *Cartas de Édison Carneiro a Artur Ramos* (Salvador: Corrupio, 1987), pp. 37-73; e Braga, *Na gamela do feitiço*, cap. 2. A circulação geográfica de babalaôs na África é também indicada por Abimbola, *Ifá*, p. 25.

4. FEITIÇARIA E ESCRAVIDÃO [pp. 143-89]

1. Marcus J. M. de Carvalho, "'Que crime é ser cismático?' As transgressões de um pastor negro no Recife patriarcal", *Estudos Afro-Asiáticos*, n. 36 (1999), pp. 97-121; e Carvalho, "'É fácil serem sujeitos de quem já foram senhores': o ABC do Divino Mestre", *Afro-Ásia*, n. 31 (2004), pp. 327-334.

2. *Constituição Política do Império do Brasil* (Rio de Janeiro: Typ. de Silva Porto, 1824), p. 5. Há também o artigo 179, parágrafo v, mas que não vi invocado nos casos que encontrei. Ali se diz que "Ninguém pode ser perseguido por motivo de Religião, uma vez que respeite a do Estado e não ofenda a Moral pública" (id., p. 60). O 179 é o artigo que trata dos direitos dos cidadãos, inclusive o de propriedade, que garantia a manutenção da escravidão no Brasil independente.

3. Trata-se dos artigos 280, 285 a 294 do *Código Criminal do Império do Brazil, annotado com os actos dos Poderes Legislativo, Executivo e Judiciário etc.* por Araújo Filgueiras Junior (Rio de Janeiro: Eduardo & Henrique Laemmert, 1876), pp. 300, 302-306. Confira também Silveira, *O candomblé da Barroquinha*, pp. 250-252 passim.

4. Ver *Posturas da Câmara Municipal da Cidade de S. Salvador* [1859], p. 15. A legislação do período colonial e independente a este respeito pode ser acompanhada em *Repertório de fontes sobre escravidão existentes no Arquivo Municipal de Salvador: as posturas (1631-1889)* (Salvador: Fundação Gregório de Mattos, Prefeitura Municipal do Salvador, 1988); e *Legislação da Província da Bahia sobre o negro*, já citada, passim. Sobre a repressão ao batuque, ver João José Reis, "Tambores e tremores: a festa negra na Bahia na primeira metade do século XIX", em Maria Clementina Pereira Cunha (org.), *Carnavais e outras f(r)estas: Ensaios de história social da cultura* (Campinas: Editora da Unicamp, 2002), pp. 101-155; e Jocélio Teles dos Santos, "Divertimentos estrondosos: Batuques e sambas no século XIX", em Livio Sansone e Jocélio T. dos Santos (orgs.), *Ritmos em trânsito: Socioantropologia da música baiana* (Salvador: Projeto A Cor da Bahia-UFBA, 1997), pp. 15-38. O curandeirismo e a feitiçaria foram proi-

bidos e criminalizados pelo código criminal republicano de 1890, artigos 156, 157 e 158. Ver Yvonne Maggie, *Medo do feitiço: Relações entre magia e poder no Brasil* (Rio de Janeiro: Arquivo Nacional, 1992), pp. 22-23.

5. Sobre as prisões citadas ao longo deste livro, ver Claudia Moraes Trindade, *A Casa de Prisão com Trabalho da Bahia, 1833-1865*, dissertação de mestrado, Universidade Federal da Bahia; e id., *Ser preso na Bahia no século XIX* (Belo Horizonte: Editora da UFMG, 2018).

6. Miguel de Souza Requião, subdelegado do primeiro distrito da freguesia de Santo Antônio, ao chefe de polícia, 22 de setembro de 1860, APEB, *Polícia. Subdelegados*, maço 6233; José Pereira Moraes para o subdelegado do Paço, 24 de setembro de 1860, APEB, *Polícia. Correspondência*, v. 5741, fl. 162v.

7. Ver o caso de Juca Rosa estudado por Gabriela Sampaio, *Juca Rosa: Um pai-de-santo na Corte imperial* (Rio de Janeiro: Arquivo Nacional, 2009); e o de Pai Gavião, estudado por Luiz Alberto Couceiro, "Acusações de feitiçaria e insurreições escravas no sudeste do Império do Brasil", *Afro-Ásia*, n. 38 (2008), pp. 211--244. Até em meados do século XX há exemplo de acusação semelhante na Bahia. Ver Julio Braga, *A cadeira de ogã e outros ensaios* (Rio de Janeiro: Pallas, 1999), pp. 111-148. No Império, artigo do Código Criminal relativo a ofensa física grave também foi usado. Ver Mundicarmo Ferreti (org.), *Pajelança do Maranhão no século XIX: o processo de Amelia Rosa* (São Luís: CMF, Fapema, 2004).

8. Pompílio Manoel de Castro para o chefe de polícia da província da Bahia, 27 de julho de 1862.

9. João Henriques para o subdelegado de São Pedro, 25 de julho de 1862, APEB, *Polícia. Correspondência expedida, 1862*, vol. 5754, fl. 214v; *Almanak... 1863*, p. 189 (endereço de Nabuco).

10. As demais eram empréstimos para negociar, resgatar parentes da escravidão, pagar taxas a chefes locais e para gastos funerários. Peel, *Religious Encounter*, p. 60.

11. Reis, "Sacerdotes, seguidores e clientes", pp. 72-74. Já descobri que Romana conseguiu reaver parte de seus bens, mas guardo os detalhes para uma outra oportunidade.

12. João Henriques para o subdelegado de São Pedro, 25 de julho de 1862, fl. 215.

13. Gustavo Balbino de Moura e Camira, subdelegado suplente da freguesia do Monte, para o delegado de São Francisco do Conde, 15 de março de 1853, apud Cecília Moreira Soares, "Resistência negra e religião: A repressão ao candomblé de Paramerim, 1853", *Estudos Afro-Asiáticos*, n. 23 (1992), p. 139.

14. Sweet, *Recreating África*, pp. 164-165, 166-167, 185; Souza, *O diabo*,

pp. 206-209, 265; André Nogueira, "Doenças, feitiços e curas: Africanos e seus descendentes em ação nas Minas do século XVIII", em Ângela Porto (org.), *Doenças e escravidão: Sistema de saúde e práticas terapêuticas* (Rio de Janeiro: Fiocruz, 2007). Ver também Laura de Mello e Souza, "Revisitando o calundu", em Lina Gorenstein e Maria Luiza Tucci Carneiro (orgs.), *Ensaios sobre a intolerância: Inquisição, marronismo e antissemitismo* (São Paulo: Humanitas, 2002), pp. 293-317.

15. Flora Süssekind, "*As vítimas-algozes* e o imaginário do medo", em Joaquim Manuel de Macedo, *As vítimas-algozes* (3. ed., Rio de Janeiro: Scipione, Casa de Rui Barbosa, 1991), pp. xxi-xxxviii.

16. Ver especialmente as páginas iniciais de "Pai Raiol — o feiticeiro", em *As vítimas-algozes*, pp. 71-78.

17. Carolyn Fick, *The Making of Haiti: The Saint Domingue Revolution from Below* (Knoxville: The University of Tennessee Press, 1990), cap. 2, e p. 71 para citação.

18. Maria Helena Machado, *O plano e o pânico: Os movimentos sociais na década da abolição* (São Paulo: Edusp, 1994), p. 116.

19. APEB, *Polícia*, maço 3113. Africanos livres: assim foram chamados os cativos confiscados de contrabando após as leis que proibiram o tráfico, sobretudo a de 1831, os quais eram colocados a trabalhar em instituições públicas e filantrópicas, ou tinham seus serviços cedidos a particulares. Ver Beatriz Mamigonian, *Africanos livres: A abolição do tráfico de escravos no Brasil* (São Paulo: Companhia das Letras, 2017). Sobre a Bahia, ver Afonso Bandeira Florence, "Nem escravos, nem libertos: Os 'africanos livres' na Bahia", *Cadernos do CEAS*, n. 121 (1989), pp. 58-69, e do mesmo autor *Entre o cativeiro e a emancipação: A liberdade dos africanos livres no Brasil (1818-1864)*, dissertação de mestrado, UFBA, 2002. Os africanos livres acusados de feitiçaria neste parágrafo podem ser os mesmos que foram transferidos para o Rio de Janeiro naquele ano. Ver Beatriz G. Mamigonian, "Do que o 'preto mina' é capaz: Etnia e resistência entre africanos livres", *Afro-Ásia*, n. 24 (2000), pp. 78-79.

20. José Joaquim Raposo, intendente da Marinha, para o presidente da província, 5 de novembro de 1848, APEB, *Intendência da Marinha*, maço 3254.

21. "Relatório dos sucessos, violências, e crimes que tiveram lugar na Província durante o mez de Setembro de 1853", APEB, *Polícia. Relatórios para a Presidência, 1849-54*, livro n. 5689, fl. 344v.

22. "Relatório dos sucessos, violências, e crimes que tiveram lugar na Província durante o mez de Setembro de 1853", fl. 344v. Silva, "Caminhos e desca-

minhos da abolição", pp. 121-122, conta o caso de uma escrava que, para vingar--se dos maus-tratos, assassinou a senhora com veneno de formiga misturado na comida.

23. *Repertório de fontes*, p. 67; *Posturas da Câmara Municipal da Cidade de S. Salvador* [1859], p. 26.

24. José Teixeira Bahia, subdelegado de Brotas, para o chefe de polícia, 8 de novembro e 1º de dezembro de 1860, APEB, *Polícia. Subdelegados*, maço 6233.

25. *Tribuna*, n. 67, 18 de outubro de 1979, p. 3.

26. Comunicação pessoal de Cristina Wissenbach, 28 de abril de 2008.

27. Apud José Flavio Pessoa de Barros e Eduardo Napoleão, *Ewé Òrìsà: Uso litúrgico e terapêutico dos vegetais nas casas de candomblé jeje-nagô* (3. ed., Rio de Janeiro: Bertrand Brasil, 2007), p. 197.

28. Verger, *Ewé*, pp. 367, 434-435, 707.

29. Verger, *Ewé*, pp. 40-41; e Rodrigues, *Os africanos*, p. 130.

30. "Amansa-senhor" está dicionarizada no *Houaiss*, que associa o vocábulo tanto a erva-da-guiné, ou guiné, quanto a mulungu.

31. Cristina Wissenbach, *Ritos de magia e de sobrevivência. Sociabilidades e práticas mágico-religiosas no Brasil (1890-1940)*, tese de doutorado, Universidade de São Paulo, 1997, pp. 172-173 (citação). Sobre o pensamento racialista de Lacerda, ver Vanderlei Sebastião de Souza e Ricardo Ventura Santos, "O Congresso Universal de Raças, Londres, 1911: Contextos, temas e debates", *Boletim do Museu Paraense Emílio Goeldi. Ciências Humanas*, vol. 7, n. 3 (2012), pp. 745-760.

32. Ver Maria Inês Côrtes de Oliveira, "Quem eram os 'negros da Guiné'? A origem dos africanos na Bahia", *Afro-Ásia*, n. 19/20 (1997), pp. 37-73.

33. Yeda Pessoa de Castro, *Falares africanos na Bahia: Um vocabulário afro--brasileiro* (2. ed., Rio de Janeiro: Topbooks, 2005), p. 292. Sobre a tradição medicinal congo-angola, ver Silveira, *O candomblé da Barroquinha*, pp. 243-245.

34. Francisco Bento de Paula, carcereiro da casa de Correção, para o chefe de polícia, 26 de maio de 1857, APEB, *Polícia*, maço 6271; Lazaro José Jambeiro, subdelegado do primeiro distrito de Santo Antônio, para o chefe de polícia, 15 de maio de 1862, APEB, *Polícia. Subdelegado*, maço 6234.

35. Miguel de Souza Requião, subdelegado do primeiro distrito de Santo Antonio, para o chefe de polícia, 19 de dezembro de 1860, APEB, *Polícia. Subdelegado*, maço 6234; J. Madureira para o carcereiro do Aljube, 29 de setembro de 1857, APEB, *Polícia. Portarias e registros*, vol. 5628, fls. 42v, 44; "Termo de responsabilidade", 3 de dezembro de 1857, APEB, *Polícia*, v. 5649, fl. 143.

36. Citado por Silva, "Caminhos e descaminhos da abolição", p. 287.

37. Jocélio Teles dos Santos, *Ex-escrava proprietária de escrava (um caso de*

sevícia na Bahia do século XIX) (Salvador: Programa de Estudos do Negro na Bahia — PENBA/FFCH da UFBA, 1991), citação à p. 23. Ver sobre a violência senhorial o estudo de Silvia Hunold Lara, *Campos da violência: Escravos e senhores na capitania do Rio de Janeiro* (Rio de Janeiro: Paz e Terra, 1988), parte I, no qual documenta alguns processos abertos contra senhores que seviciaram seus escravos até a morte ou os levaram a cometer suicídio.

38. João José Reis, "Candomblé and Slave Resistance", em Roger Sansi e Luis Nicolau Parés (orgs.), *Witchcraft in the Luso-Atlantic World* (Chicago: University of Chicago Press, 2011), pp. 55-74; Harding, *Refuge in Thunder*, p. 94; e Alexandra Kelly Brown, "*On the Vanguard of Civilization*": *Slavery, the Police, and Conflict between Public and Private Power in Salvador da Bahia, Brazil, 1835-1888*, tese de doutorado, Universidade do Texas, 1998, pp. 127-128. Também no Rio de Janeiro, casas de culto africanas foram denunciadas por açoitarem escravos fugidos, segundo Juliana B. Farias, Flávio Gomes e Carlos Eugênio L. Soares, *No labirinto das nações: Africanos e identidades no Rio de Janeiro, século XIX* (Rio de Janeiro: Arquivo Nacional, 2005), p. 44. Sobre o uso do termo "preceito" para indicar obrigação religiosa no candomblé, ver *O Alabama*, 18 de novembro de 1864, p. 5.

39. Dona Carlota Leopoldina de Mello para o chefe de polícia, 13 de março de 1857, APEB, *Polícia*, maço 6322.

40. Michel-Rolph Trouillot, *Silencing the Past: Power and the Production of History* (Boston: Beacon Press, 1995), p. 84. Simular doença era estratégia de resistência também em outras plagas. Ver Sharla M. Fett,*Working Cures: Healing, Health, and Power on Southern Slave Plantations* (Chapel Hill e Londres: The University of North Carolina Press, 2002), cap. 7.

41. Dona Carlota Leopoldina de Mello para o chefe de polícia, 15 de março de 1857, APEB, *Polícia*, maço 6322.

42. Ver sobre o papel da polícia na punição dos escravos a pedido de senhores, Brown, "*On the Vanguard of Civilization*", cap. 5.

43. João Henriques para o coronel diretor do Arsenal de Guerra, 26 de julho de 1862, APEB, *Polícia. Correspondência expedida, 1862*, v. 5750, fl. 326v.

44. "Escriptura de venda, paga e quitação que faz Antonio Felix da Cunha Brito por seu procurador bastante o Doutor Felippe da Silva Baraúna, a João da Silva Baraúna, de um seu escravo de nome Jorge, Nagô, do serviço da lavoura, pela quantia de Réis 600$000", APEB, *LNT*, n. 316, fls. 103-103v (nas folhas seguintes estava registrada a procuração de Brito a Felipe Baraúna); "Escriptura de venda, paga e quitação que faz Joaquim José Florence a Maria das Mercês de uma escrava de nação nagô por nome Francisca por quatrocentos e sessenta

mil-réis", AHMS, *Escrituras S. Pedro*, v. 1, fls. 132-3. Sobre Elpídio como subdelegado de São Pedro, confira Brown, *"On the Vanguard of Civilization"*, p. 91.

45. Sobre essas punições, ver registro de diversos ofícios do chefe de polícia para o carcereiro da Casa de Correção nos dias 26 a 31 de julho de 1862, APEB, *Polícia. Correspondência expedida, 1862*, v. 5756, fls. 140v-149. No dia 28 de julho foi registrado nesse mesmo livro um anúncio, provavelmente escrito dois dias antes, para divulgação na imprensa da prisão dos escravos Tereza e Delfina, maiores de 35 anos, João, crioulo de quinze anos, e Elesbão, africano de "quase 50 anos". Avisava-se a quem aos mesmos tivesse direito de domínio que fosse ou mandasse reclamá-los. Sobre a ocupação e moradia dos senhores de Elesbão e Delfina, ver *Almanak... 1863*, p. 332 e 405. Sobre a doença de peito do escravo João, ver capítulo 6 adiante.

46. Antônio Pereira Rebouças mudou-se da Bahia para o Rio de Janeiro em 1846, ao tornar-se deputado na Assembleia Geral Legislativa do Império pela província de Alagoas. Na ocasião levou consigo a família (André contava oito anos então), além de escravos e agregados africanos, crioulos e cabras. Ver seu pedido de passaporte ao presidente da província da Bahia, sem data, em APEB, *Polícia. Passaportes*, maço 2896. Sobre a casa onde funcionava a chefatura, alugada por 600 mil-réis mensais em 1854, ver correspondência do chefe de polícia André Chichorro da Gama para o presidente da província, 24 de janeiro de 1854, APEB, *Polícia*, maço 5714. A respeito de Antônio Pereira Rebouças, ver Keila Grinberg, *O fiador dos brasileiros: Cidadania, escravidão e direito civil no tempo de Antônio Pereira Rebouças* (Rio de Janeiro: Civilização Brasileira, 2002).

47. APEB, *Polícia. Termos de fiança, 1862-67*, v. 5651, fl. 88v.

48. Ver dois ofícios do chefe de polícia André Chichorro da Gama para o presidente da província, em 27 de maio de 1853, APEB, *Polícia. Correspondência*, v. 5712, fls. 194 e 195.

49. João Henriques para o subdelegado de São Pedro, 28 de abril de 1862, APEB, *Polícia. Correspondência*, v. 5754, fls. 114-114v.

50. A idade, o estado civil e a posição de Albuquerque na junta de qualificação estão registrados em AHMS, *Livro de qualificação de votantes. São Pedro, 1863*, v. 596, fls. 1, 9v.

51. Testamento e inventário de Manoel de Abreu Contreiras, APEB, *Judiciária*, n. 05/2194/2663/26.

52. Joaquim Antonio Moutinho para o chefe de polícia, 4 de novembro de 1855, APEB, *Polícia*, maço 6231.

53. Id.

54. Id.

55. Sobre a deportação de africanos libertos após a revolta de 1835, ver Reis, *Rebelião escrava no Brasil*, cap. 15.

56. João de Azevedo Piapitinga para o chefe de polícia, 26 de abril de 1862, APEB, *Polícia. Subdelegados*, maço 6195; Miguel de Souza Requião para o chefe de polícia, 1º de junho de 1859, APEB, *Polícia*, maço 6232; A. L. de Figueiredo Rocha para o vice-presidente da província, 1º de junho de 1859, APEB, *Polícia. Correspondência, 1859*, v. 5730, fl. 225; A. L. de Figueiredo Rocha para o vice--presidente da província, 4 de junho de 1859, APEB, *Polícia. Correspondência, 1859*, v. 5734, fl. 20v.

57. A. L. de Figueiredo Rocha para o vice-presidente da província, 4 de junho de 1859, APEB, *Polícia. Correspondência expedida, 1859*, v. 5734, fl. 20v.

58. Na tradição iorubá o camaleão é animal sagrado, Agemo, mensageiro de Olorun para verificar se Obatalá criara a terra com sucesso, mas não me arrisco a lançar mão do mito para entender os lagartos de Grato, mesmo se ele fosse nagô. Sobre Agemo, ver Harold Courlander, *Tales of Yoruba Gods and Heroes* (Nova York: Crown Publishers, 1973), p. 19; Idowu, *Olodumare*, p. 19; G. J. Afolabi Ojo, *Yoruba Culture: A Geographical Analysis* (Ile Ife; Londres: University of Ife, University of London Press, 1966), pp. 194-195. Nos versos de Ifá selecionados por Abimbola que mencionam animais, estes de Grato não constam, mas sim leão, macaco, cachorro, pombo, urubu e outras aves e insetos. Ver Abimbola, *Ifá*, pp. 195-231. Também não aparece o sapo, outro animal frequentemente encontrado nas tendas de curandeiros africanos na Bahia. Deixo para uma outra oportunidade discutir o uso por africanos de certos animais como ingredientes, talvez guardados na prateleira destinada aos venenos de feitiçaria. Qual seria o lugar do sapo, por exemplo, nos sistemas de crença africanos? Ou teriam estes aqui aprendido a usar o animal para feitiçaria? Pois sapos faziam parte de uma tradição ibérica de "feitiços de morte", segundo Francisco Bethencourt, *O imaginário da magia: Feiticeiras, adivinhos e curandeiros em Portugal no século XVI* (São Paulo: Companhia das Letras, 2004), p. 126. No Brasil colonial, sapos, cobras, lagartos e outros bichos seriam retirados dos corpos de doentes em ritos de cura e usados como ingrediente de feitiçaria. Souza, *O diabo*, pp. 173-176, 239, por exemplo.

59. Miguel de Souza Requião para o chefe de polícia, 1º de junho de 1859, APEB, *Polícia*, maço 6232; A. L. de Figueiredo Rocha para o vice-presidente da província, 1º de junho de 1859, APEB, *Polícia. Correspondência, 1859*, v. 5730, fl. 225v.

60. Agostinho Luis de Figueiredo Rocha para o vice-presidente da província, 4 de junho de 1859, APEB, *Polícia. Correspondência expedida, 1859*, v. 5734, fls. 20v-21.

61. Manoel Messias de Leão para o chefe de polícia, 6 de junho de 1859, APEB, *Polícia. Correspondência recebida da presidência da província*, maço 6152; Agostinho Luis de Figueiredo Rocha, para o vice-presidente da província, 12 de

julho de 1859, APEB, *Polícia. Correspondência expedida, 1859*, v. 5734, fl. 37v; A. L. da Gama para o presidente da província, 31 de dezembro de 1859, APEB, *Polícia*, maço 3139-18; *Jornal da Bahia* apud Verger, *Flux et reflux*, p. 536. Verger provavelmente anotou a data errada da notícia: 17 de janeiro (onde deveria ser julho) de 1859. Sobre o traficante que devolveu Grato à África, ver Cristiana F. Lyrio Ximenes, *Joaquim Pereira Marinho: Perfil de um contrabandista de escravos na Bahia, 1828-1887*, dissertação de mestrado, Universidade Federal da Bahia, 1999.

62. Sobre a prisão de Gonçalo, A. L. da Gama para o presidente da província, 24 de dezembro de 1859, apeb, *Polícia. Correspondência expedida*, v. 5735, fl. 40.

63. Id. O despacho do presidente está datado de 10 de agosto de 1860. A dificuldade para punir crimes de difícil prova, como envenenamento, assim como a deportação de feiticeiros suspeitos de cometê-los, datam de pelo menos o século XVII. Em 1671, a Câmara Municipal de Salvador escreveu ao rei em Lisboa solicitando que, dada a frequência dos envenenamentos de senhores no Recôncavo, os indivíduos afamados de feiticeiros fossem deportados da capitania. Veja Câmara para o Rei de Portugal, 4 de agosto de 1671, citado por Carlos Ott, *Formação étnica da cidade do Salvador* (Salvador: Manú, 1955), v. 2, pp. 102-103.

64. A Lei n. 9 estabelecia em seu "Art. 1. O Governo fica autorizado a fazer sahir para fora da Província, quanto antes, e ainda mesmo à custa da Fazenda Pública, quaesquer africanos forros de um e outro sexo, que se fizerem suspeitos de promover, de algum modo, a insurreição de escravos; e poderá ordenar, que sejam recolhidos à prisão, até que sejam reexportados". Ver *Colleção de Leis e Resoluções da Assembleia Legislativa da Bahia sancionadas e publicadas nos annos de 1835 a 1838*, v. 1, p. 22. O verbo "reexportar" utilizado indica que os africanos libertos continuavam a ser tratados como escravizados. Sobre a carreira de Costa Pinto, ver Wildberger, *Os presidentes*, pp. 421-428.

65. A. L. da Gama para o presidente da província, 15 de agosto de 1860, e José Pereira da Silva Moraes para o presidente da província, 21 de agosto de 1860, APEB, *Polícia. Correspondência expedida*, v. 5739, fls. 344-344v, 355, respectivamente.

66. João Lustosa de C. Paranaguá para o presidente da província, Rio de Janeiro, 22 de outubro de 1860, APEB, *Correspondência recebida*, maço 899; APEB José Pereira da Silva Moraes para o ministro da Justiça, 20 de setembro de 1860, APEB, *Polícia. Correspondência expedida*, v. 5738, fls. 380v-381.

67. José Pereira da Silva Moraes para o capitão do porto, 23 de fevereiro de 1861, APEB, *Polícia. Correspondência expedida*, v. 5742, fl. 168; José Pereira da Silva Moraes para o presidente da província, 5 de julho de 1861, APEB, *Polícia. Correspondência expedida*, v. 5747, fls. 101-101v.

68. "Alforria de Isabel, Nagô", APEB, *LNT*, n. 351, fl. 82v.

69. João de Araújo Argollo Gomes Ferrão para o chefe de polícia, 31 de janeiro de 1861, APEB, *Polícia (1860-1861)*, maço 6328. Casos de envenenamento de escravos por outros "feiticeiros" escravos ou libertos eram frequentes no Brasil desde os tempos coloniais. Ver, por exemplo, Nogueira, "Doenças, feitiços e curas"; e Couceiro, "Acusações de feitiçaria e insurreições escravas". Indiquei acima que Costa Pinto era do Partido Liberal, mas não há evidência de que filiação partidária influenciasse a política de repressão/tolerância ao candomblé, talvez à exceção de Francisco Gonçalves Martins, o visconde de São Lourenço, grande liderança conservadora e presidente da província da Bahia em duas ocasiões (1848-52 e 1868-71), conhecido por atitudes antiafricanas em várias frentes (ver Silveira, *O candomblé da Barroquinha*, pp. 269-270; Cunha, *Negros, estrangeiros*; e Reis, *Ganhadores*). Aliás, *O Alabama*, que era liberal, acusava os conservadores de aliados do candomblé, o que deve ser investigado com mais cuidado.

70. José Pereira da Silva Moraes para o presidente da província, 11 e 15 de fevereiro de 1861, APEB, *Polícia. Correspondência*, v. 5744, fls. 270-1, 279v-280v; Antonio da Costa Pinto para o chefe de polícia, 14 de fevereiro de 1861, APEB, *Presidente da província. Registro de correspondência expedida*, v. 1808, fl. 178v; Antonio da Costa Pinto para o ministro da Justiça, 21 de fevereiro de 1861, APEB, *Presidente da província. Registro de correspondência expedida*, v. 699, fls. 98-98v.

71. José Pereira da Silva Moraes para o subdelegado da freguesia da Conceição da Praia, 2 de março de 1861, APEB, *Polícia. Correspondência*, v. 5741, fl. 246v; José Pereira da Silva Moraes para o presidente do Tribunal da Relação, 4 de março de 1861, APEB, *Polícia. Correspondência*, v. 5742, fls. 179v-180v.

72. Francisco de Paula de Negreiros Sayão Lobato, ministro da Justiça, para o presidente da província da Bahia, Rio de Janeiro, 10 de abril e 25 de maio de 1861, APEB, *Ministério. Avisos do Ministério da Justiça*, maço 900; José Pereira da Silva Moraes para o presidente da província, 6 de maio de 1861, APEB, *Polícia. Correspondência*, v. 5747, fls. 14-15v; Antonio da Costa Pinto para o ministro da Justiça, 16 de maio de 1861, APEB, *Presidência da Província. Correspondência*, v. 704, fl. 122. O comportamento de Moraes provavelmente refletia um sentimento antiafricano arraigado. Menos de um mês depois da deportação de Constança, ele escreveu que os africanos livres deviam ser todos logo deportados, conforme previa a lei que abolira o tráfico em 1850. José Pereira da Silva Moraes para o presidente da província, 17 de julho de 1861, APEB, *Polícia. Correspondência*, v. 5747, fl. 119.

73. José Pereira da Silva Moraes para o carcereiro do Aljube, 25 de junho de 1861, APEB, Polícia, v . 5745, fl. 117v.

74. José Pereira da Silva Moraes para o capitão do porto, 25 de junho de 1861, APEB, *Polícia*, v. 5742, fl. 321, e v. 5651, fl. 35v; Joaquim Antão F. Leão para o chefe de polícia, 19 e 21 de março de 1862, APEB, *Polícia, correspondência recebida da presidência da província*, maço 6152.

75. José Pereira da Silva Moraes para o presidente da província, 11 de fevereiro de 1861, APEB, *Polícia. Correspondência*, v. 5744, fl. 270v.

76. Mapa da Cadeia da Correção, 17 de agosto de 1862, APEB, *Prisão. Relação de presos*, maço 6286; e Chefe de polícia Henriques para o subdelegado de São Pedro, 11 de setembro de 1862, APEB, *Polícia. Correspondência*, v. 5754, fls. 266v-267.

77. *O Alabama*, 6 e 13 de maio de 1869. O ritual do *olorogun* me foi sugerido por Luis Nicolau Parés em comunicação pessoal, 3 de outubro de 2007. Sobre a contribuição negro-baiana para a guerra do Paraguai, ver Graden, *From Slavery to Freedom*, pp. 56-61; Silva, *The Prince of the People*, conta a história de um desses negros baianos. Muitos escravos *fugiram* para a guerra para ganhar a liberdade. Ver Hendrik Kraay, "'Ao abrigo da farda': O exército brasileiro e os escravos fugidos, 1800-1888", *Afro-Ásia*, n. 17 (1996), pp. 29-56.

78. Também na edição de 24 de agosto de 1869, *O Alabama* se referiu a um terreiro de candomblé como quilombo. No período colonial a associação entre calundu e quilombo foi feita pelo poeta Gregório de Mattos e outros. Ver Roger Bastide, *As religiões africanas no Brasil* (São Paulo: Pioneira, Edusp, 1971), v. 1, p. 193; Souza, *O diabo*, p. 266.

79. Mattos, "A Bahia de Castro Alves", p. 283.

80. Circular do chefe de polícia aos subdelegados de Salvador, 24 de abril de 1862, APEB, *Correspondência*, v. 5754, fl. 111.

81. *Diário da Bahia*, 28 de julho de 1862. Mudam com o tempo os símbolos de poder e prestígio dos afluentes que frequentavam candomblés: em 1926, um pai de santo declarou a um jornal que seu terreiro recebia "gente de automóvel". Apud Lühning, "'Acabe com este santo'", p. 202.

82. Ver Nina Rodrigues, *O animismo fetichista dos negros bahianos* (Rio de Janeiro: Civilização Brasileira, 1935 [orig. 1896]), pp. 70-71, 91-97, 186-187, 194; Xavier Marques, *O feiticeiro* (São Paulo: GRD; Brasília: INL, 1975), passim. Este livro foi originalmente publicado, em 1897, como *Boto & Cia*. Nova edição ampliada apareceu em 1922. Discuto a penetração do candomblé na sociedade baiana oitocentista em "Sacerdotes, seguidores e clientes". Igual fenômeno foi detectado no Rio de Janeiro, na virada do século XX, por João do Rio, *As religiões do Rio*, esp. pp. 34-41, onde chega a escrever sobre os cariocas: "O Feitiço é o nosso vício, o nosso gozo, a degeneração" (p. 35).

83. *O Noticiador Catholico*, ano II, n. 89 (1850), p. 365. A expressão "coisa feita" está sublinhada no original.
84. Ibid.
85. Sobre o assunto no Brasil colonial, ver Souza, *O diabo*, pp. 263-269 passim; e Sweet, *Recreating Africa*, passim.
86. José Eleutério Rocha para o chefe de polícia, 24 de abril de 1854, apud Harding, *A Refuge in Thunder*, p. 194.
87. *O Alabama*, 2 de setembro de 1868. Ver também Graden, *From Slavery to Freedom*, p. 116.
88. *O Alabama*, 12 de janeiro de 1864.
89. A. L. de Figueiredo Rocha para o vice-presidente da província, 7 de julho de 1859, APEB, *Polícia. Correspondência, 1859*, fl. 258v (citação); Reis, "Sacerdotes, seguidores e clientes", p. 68.

5. FEITIÇARIA E ALFORRIA [pp. 190-229]

1. Souza, *A Sabinada*, pp. 100-106.
2. APEB, *LRT*, n. 25, fls. 164-170 (citação à p. 168). O testamento de d. Maria Dorothea foi redigido pelo então rábula Antonio Pereira Rebouças, em cuja casa funcionava o departamento de polícia onde Domingos foi interrogado em 1862. Ver capítulo 4.
3. "Escriptura de venda, paga, e quitação que faz Ignácio Manoel da Porciúncula a Elias de Seixas, de uma escrava de Nação Tapa por nome Felicidade, pela quantia de quatrocentos mil-réis", APEB, *LNT*, n. 277, fls. 151v-152; "Escriptura de venda, paga, e quitação que faz Dona Joanna Maria de Jesus, ao Africano liberto Elias de Seixas, de uma escrava de nome Leopoldina, de Nação Nagou, pela quantia de Rs 200$000", APEB, *LNT*, n. 278, fls. 86v-87.
4. "Liberdade do crioulinho Aniceto", APEB, *LNT*, n. 293, fl. 56v (é nesse documento que seu nome aparece registrado pela primeira vez como Elias Francisco de Seixas Venâncio); *Correio Mercantil*, 18 de dezembro de 1844. Sobre pequenos traficantes africanos que atuavam na Bahia, ver, entre outros, Luís Nicolau Parés, "Milicianos, barbeiros e traficantes numa irmandade católica de africanos minas e jejes (Bahia 1780-1830)", *Revista Tempo*, n. 20 (2014); id., "Libertos africanos, comércio atlântico e candomblé: A história de uma carta que não chegou ao destino", *Revista de História*, n. 178 (2019); id., "Entre a Bahia e a Costa da Mina, libertos africanos no tráfico ilegal", em G. Raggi et al. (orgs.), *Salvador da Bahia: Interações entre América e África (séculos XVI-XIX)* (Salvador: Edufba; Lisboa: Cham, 2017), pp. 13-49; e João José Reis, "De escra-

vo a rico liberto: A história do africano Manoel Joaquim Ricardo na Bahia oitocentista", *Revista de História*, n. 174 (2016), pp. 15-68. Isso já tinha sido observado por Pierre Verger, *Os libertos: Sete caminhos na liberdade de escravos na Bahia do século XIX* (Salvador: Corrupio, 1992), pp. 55-65; e Oliveira, "Viver e morrer no meio dos seus", pp. 188-189.

5. ACMS, *Livro de registro de casamentos da freguesia de Santana*, fl. 83; APEB, *LRT*, n. 25, fls. 165 e 165v. Ignacio Freire de Carvalho ocupou o cargo de juiz de direito da 1ª vara cível, segundo documentos anexos à petição de Marcolino Dias de Andrade, datada de 31 de março de 1874, APEB, *Escravos (assuntos)*, maço 2886; e Silva, "Caminhos e descaminhos da abolição", p. 132 e 248, sobre um outro Freire de Carvalho, Manoel, ser promotor. Sobre ser Domingos Freire de Carvalho o comandante-geral do corpo policial, ver, por exemplo, sua assinatura no "Mappa dos prêsos durante o dia 21 de abril de 1860", APEB, *Polícia. Presos*, maço 6285. Sobre ser a família Freire de Carvalho dona de engenho, ver o testamento de d. Dorothea Seixas citado na nota 2.

6. "Liberdade do crioulo de nome Christovão", APEB, *LNT*, n. 295, fl. 127; "Liberdade da crioulinha de nome Thomazia", APEB, *LNT*, n. 300, fl. 221. Também nesses dois documentos seu nome aparece registrado como Elias Francisco de Seixas Venâncio.

7. ACM, *Livro de registro de batismos. Freguesia da Sé, 1829-1861*, registro n. 330, de 25 de dezembro de 1859; ACMS, *Livro de registro de casamentos da freguesia de Santo Antonio Além do Carmo, 1840-1863*, fl. 179. Neste documento, mais uma versão do nome do africano, agora registrado como Elias Rodrigues Seixas e sua mulher, Benvinda Rodrigues. É possível tratar-se de um erro do vigário, que imputou a ele o nome de liberta da mulher, adotado talvez de um senhor anterior a seu marido.

8. Mieko Nishida, *Slavery and Identity: Ethnicity, Gender, and Race in Salvador, Brazil, 1808-1888* (Bloomington; Indianápolis: Indiana University Press, 2003), p. 109, escreveu serem as "uniões poligâmicas excepcionais", e só cita um caso. É óbvio que essas uniões raramente foram documentadas. Isabel Cristina F. dos Reis, *A família negra no tempo da escravidão, 1850-1888*, tese de doutorado, Unicamp, 2007, pp. 116-117, menciona um muçulmano que declarou em testamento ser polígamo com as bênçãos de Alá.

9. A clientela africana de Piapitinga se revela em outros casamentos a que compareceu como testemunha, como o dos libertos João Francisco da Costa e Juliana Josefa de Carvalho. ACMS, *Livro de registro de casamentos. Santo Antonio, 1840-1863*, registro em 26 de maio de 1860.

10. José de Barros Reis para o chefe de polícia, 7 de fevereiro de 1855, APEB, *Subdelegados*, maço 6234.

11. Esta não seria a primeira vez que Albuquerque fora contratado como advogado de africanos. Três anos antes ele defendera três africanos que moveram uma ação de liberdade contra o Convento da Piedade. Ver APEB, *Polícia*, maço 3139-18.

12. Os dois processos estão no APEB, *Judiciária*, n. 26/921/16 e n. 28/978/10.

13. Sobre o herói berbere, ver Haouaria Kadra, *Jugurtha, un berbère contre Rome* (Paris: Arléa, 2005). Jagurta, nação nagô, foi batizado no dia 9 de fevereiro de 1831 pelo seu senhor José Domingues do Coito. Teria vindo numa das últimas levas do tráfico, antes de sua proibição definitiva mas sistematicamente desobedecida, em novembro daquele mesmo ano. ACMS, *Registros de batismo da freguesia da Sé, 1829-1861*, fl. 41.

14. ACMS, *Livro de registro de batismos. Freguesia de São Pedro, 1853-1861*, fl. 328. Em 1854 ele já tinha batizado duas crianças também crioulas. ACMS, *Livro de registro de batismos. Freguesia da Sé, 1829-1861*, fls. 329v, 330.

15. Sobre os cantos, ver Reis, *Ganhadores*.

16. Libelo Cível de Domingos Sodré contra Elias Francisco de Seixas, APEB, *Judiciária*, n. 26/921/16, fls. 19v-22. Ver também Pompílio Manoel de Castro para o chefe de polícia, 21 de maio de 1860, e João Pedro da Cunha, subdelegado de Santana, para o chefe de polícia, 22 de maio de 1860, APEB, *Polícia. Subdelegados*, maço 6233.

17. Macário de Araújo Sacramento para o tenente-coronel comandante-geral da polícia, 8 de outubro de 1860, APEB, *Mapas dos presos*, maço 6285, documento também reproduzido em APEB, *Judiciária*, n. 28/978/10, fls. 4-4v.

18. Testemunhas ao sumário de culpa de Elias Seixas, 20 de outubro de 1860, APEB, *Judiciária*, n. 28/978/10, fls. 21v, 24v.

19. Chefe de polícia J. P. da Silva Moraes para o presidente da província, 8 de outubro de 1860, APEB, *Correspondência do chefe de polícia*, v. 5744, fls. 70-70v.

20. "Mappa dos presos recolhidos à cadeia do Aljube durante o dia 7 de outubro de 1860", APEB, *Polícia. Presos*, maço 6285.

21. Libelo Cível de Domingos Sodré contra Elias Francisco de Seixas, APEB, *Judiciária*, n. 26/921/16, fls. 57-57v.

22. Testemunhas ao sumário de culpa de Elias Seixas, 20 de outubro de 1860, APEB, *Judiciária*, n. 28/978/10, fl. 26.

23. APEB, *Judiciária*, n. 26/921/16, fls. 59v-60v.

24. Para os dois últimos parágrafos, ver depoimento de Aniceto, 6 de novembro de 1860, e Interrogatório de Elias, 15 de novembro de 1860, APEB, *Judiciária*, n. 28/978/10, fls. 35v-36, 41v-45, respectivamente; e "Auto de exame e corpo de delito", 8 de outubro de 1860, e "Auto de exame" do guarda-sol de Elias, 14 de dezembro de 1860, id., fls. 5-6, 51-52v, respectivamente.

25. Habsburgo, *Bahia 1860*, p. 212.
26. Rodrigues, *Os africanos*, p. 243; Donald Pierson, *Brancos e pretos na Bahia* (São Paulo: Companhia Editora Nacional, 1971), p. 307. Sobre o Moinho, ver Parés, *A formação do candomblé*, p. 152; e sobretudo Lisa Earl Castillo, "O terreiro do Gantois: redes sociais e etnografia histórica no século XIX", *Revista de História*, n. 176 (2017).
27. APEB, *Polícia. Correspondência*, v. 5689, fls. 44, 47, 52-3, 62, 69, 81, 84. Brown, *"On the Vanguard of Civilization"*, p. 232, escreveu: "Os documentos policiais estão cheios de histórias de escravos, muitos deles africanos, que se mataram atirando-se do telhado de edifícios, afogando-se no oceano ou no lago chamado Dique [...]".
28. Pompílio Manoel de Castro para o chefe de polícia, 21 de maio de 1860, e subdelegado interino João Pedro da Cunha Vale para o chefe de polícia, 22 de maio de 1860, APEB, *Polícia*, maço 6233.
29. Johnson, *The History of the Yorubas*, p. 119; Reis, *Rebelião escrava no Brasil*, pp. 365-367. Há também semelhança entre a junta e a *ajo*, uma outra instituição de crédito iorubá. Ver Toyin Falola, "'My Friend the Shylock': Money--Lenders and their Clients in South-Western Nigeria", *Journal of African History*, n. 34 (1993), p. 404.
30. Querino, *A raça africana*, p. 146.
31. Testemunhas ao sumário de culpa de Elias Seixas, 17 de outubro de 1860, APEB, *Judiciária*, n. 28/978/10, fl. 11v.
32. Sobre o lado africano, ver Falola, "'My Friend the Shylock'", p. 405.
33. Libelo Cível de Domingos Sodré contra Elias Francisco de Seixas, APEB, *Judiciária*, n. 26/921/16, fl. 5.
34. Ibid., fl. 5.
35. Reis, *Ganhadores*. Ver também Maria Inês Côrtes de Oliveira, *Retrouver une identité: Jeux sociaux des Africains de Bahia (vers 1750-vers 1890)*, tese de doutorado, Université de Paris IV (Sorbonne), 1992, p. 107, onde os dados da autora (por mim recalculados considerando apenas nomes étnicos específicos) indicam que, entre 1851 e 1890, 79% dos escravos africanos em Salvador eram nagôs.
36. Testemunhas que produziu o autor, APEB, *Judiciária*, n. 26/921/16, fl. 59v.
37. Marshall Sahlins, "Two or Three Things That I Know About Culture", *Journal of the Royal Anthropological Institute*, vol. 5, n. 3 (1999), p. 415.
38. Testemunhas que produziu o autor, APEB, *Judiciária*, n. 26/921/16, fl. 57.
39. Mattoso, "A propósito de cartas de alforria", pp. 40-41; Mattoso, *Da revolução dos alfaiates à riqueza dos baianos*, p. 193; Nishida, "Manumission and Ethnicity in Urban Slavery", p. 376.

40. Falola, "'My Friend the Shylock'", p. 404.

41. João da Silva Campos, "Ligeiras notas sobre a vida íntima, costumes e religião dos africanos na Bahia", *Anais do Arquivo do Estado da Bahia*, n. 29 (1943), pp. 297-298. Confira também Querino, *A raça africana*, pp. 146-148.

42. Testemunhas que produziu o autor, APEB, *Judiciária*, n. 26/921/16, fl. 54.

43. Libelo Cível de Domingos Sodré contra Elias Francisco de Seixas, APEB, *Judiciária*, n. 26/921/16, fl. 6v. Grifos meus.

44. Oliveira, *Retrouver une identité*, p. 325.

45. Querino, *A raça africana*, p. 147; Amaral, *Fatos da vida do Brasil*, p. 128.

46. Testemunhas que produziu o autor, APEB, *Judiciária*, n. 26/921/16, fls. 58, 59.

47. Argumentos da defesa, APEB, *Judiciária*, n. 26/921/16, fl. 85v.

48. Silva, "Caminhos e descaminhos da abolição", p. 127.

49. Amaral, *Fatos da vida do Brasil*, pp. 128-129. Amaral atribui exclusivamente aos haussás a iniciativa das juntas de alforria na Bahia, o que não procede.

50. Ubiratan Castro de Araújo, *Sete histórias de negro* (Salvador: Edufba, 2006), pp. 21-24.

51. Réplica de Domingos Sodré, APEB, *Judiciária*, n. 26/921/16, fls. 34v-35.

52. Falola, "'My Friend the Shylock'", p. 404.

53. Réplica de Domingos Sodré, APEB, *Judiciária*, n. 26/921/16, fl. 55. A informação de que Joaquim Francisco de Oliveira era oficial de justiça da subdelegacia da freguesia de São Pedro está no *Almanak... 1863*, p. 249.

54. Ver APEB, *Livro de notas do tabelião*, v. 295, fls. 134-134v.

55. Depoimento de Elias Seixas, 15 de novembro de 1860, APEB, *Judiciária*, n. 28/978/10, fl. 42.

56. ACMS, *Livro de registro de batismo. Freguesia de Santana*, registro de 15 de março de 1843. Este livro se encontra bastante estragado.

57. Libelo cível de Domingos Sodré contra Elias Francisco de Seixas e documentos anexos, APEB, *Judiciária*, n. 26/921/16, fls. 14-16v, 25v.

58. Réplica ao depoimento de Jorge de Castro, APEB, *Judiciária*, n. 28/978/10, fl. 13v.

59. Argumentos finais da defesa, APEB, *Judiciária*, n. 26/921/16, fls. 92v-93.

60. Id., fl. 89v.

61. Testemunhas do sumário de culpa de Elias, APEB, *Judiciária*, n. 28/978/10, fls. 14v, 22.

62. Id., fl. 89v; "Testemunhas apresentadas pelo réu", APEB, *Judiciária*, n. 26/921/16, fl. 71.

63. João de Azevedo Piapitinga para o chefe de polícia, 26 e 16 de maio de 1862, APEB, *Polícia*, maço 6195.
64. Testemunhas apresentadas pelo réu, APEB, *Judiciária*, n. 26/921/16, fls. 63 (citação de Nabuco), 65v-66 (citação de Fialho) e 69v.
65. APEB, *Tribunal da Relação. Execução cível*, n. 22/0768/14, fl. 38.
66. "Testemunhas apresentadas pelo réu", APEB, *Judiciária*, n. 26/921/16, fl. 66v.
67. Natalie Zemon Davis, *Histórias de perdão e seus narradores na França do século XVI* (São Paulo: Companhia das Letras, 2001).
68. Maggie, *Medo do feitiço*.
69. Amaral, *Fatos da vida do Brasil*, p. 128.
70. Comunicação pessoal de Toyin Falola, 31 de janeiro de 2008.
71. Campos, "Ligeiras notas", p. 298; Querino, *A raça africana*, pp. 146-147.
72. Herbert S. Klein e Francisco Vidal Luna, *Slavery in Brazil*. Cambridge: Cambridge University Press, 2009, cap. 9; e Rafael Bivar Marquese, "A dinâmica da escravidão no Brasil: Resistência, tráfico negreiro e alforrias", *Novos Estudos*, n. 74, pp. 107-23, 2006.
73. Mattoso, *Être esclave au Brésil*, p. 210.
74. Correspondência de Pompílio Manuel de Castro para o chefe de polícia da província da Bahia, 27 de julho de 1862.

6. UNS AMIGOS DE DOMINGOS [pp. 230-78]

1. Pompílio Manoel de Castro para o chefe de polícia da província da Bahia, 26 de julho de 1862. Sobre os batismos aqui mencionados, ver ACMS, *Livro de registro de batismos. Santo Antônio Além do Carmo, 1849-1869*, fl. 167 (batismo de Joaquim); fl. 178 (batismo de Urçula). Para detalhes sobre a vida deste personagem, ver João José Reis, "De escravo a rico liberto: A história do africano Manoel Joaquim Ricardo na Bahia oitocentista", *Revista de História*, v. 174, n. 1 (2016), pp. 15-68. No momento escrevo uma biografia de Ricardo.
2. Inventário de Umbelina Julia de Carvalho, APEB, *Judiciária*, n. 07/3069/04. Pompílio figura como primeiro testamenteiro de Umbelina, que não foi formalmente casada com o senhor de Manoel Joaquim, mas dele herdaria bens em regime de usufruto. A compra do terreno em 1836 está registrada na "Escriptura de venda, compra, paga e quitação que faz José Antonio Garoba de um terreno sito à rua do Sodré [...] pelo preço e quantia de 60$000", 1º de março de 1836, APEB, *LNT*, n. 251, fl. 132v.
3. "Escriptura de venda, paga e quitação que faz Florência Maria de Jesus a Manoel Joaquim Ricardo de seis braças de terras, pela quantia de 90$000, como

abaixo se declara"; "Escriptura de venda, paga e quitação que faz Simianna de Souza, a Manoel Joaquim Ricardo, de seis braças de terra, pela quantia de Rs105$500, como abaixo se declara", 13 de outubro de 1845, APEB, *Livro de Registro do Tabelião*, n. 279, fls. 118v-119v; e "Escriptura de venda, paga e quitação que faz Petronilio Ferreira da Conceição, aos menores Damazio, e Olavo, representados por seu Pay e tutor nato Manoel Joaquim Ricardo, [...] de uma pequena rocinha com setenta braças de terreno de frente, sita à Cruz do Cosme, pela quantia de Rs1:200$000", APEB, *LRT*, n. 361, fls. 93v-95.

4. Parés, *A formação do candomblé*, p. 142.

5. APEB, *Judiciária*, n. 51/1821/04.

6. Manoel José Ricardo é citado como armador em viagens na rota Bahia--Lisboa em Eduardo Frutuoso, Paulo Guinote e António Lopes, *O movimento do porto de Lisboa e o comércio luso-brasileiro (1769-1836)* (Lisboa: Comissão Nacional para as Comemorações dos Descobrimentos Portugueses, 2001), pp. 505-575. Que o senhor de Manoel Joaquim era traficante está consignado numa carta de alforria que concedeu, em 1812, ao escravo Miguel, haussá, que o havia bem servido como carregador de sua cadeira. Ali disse o senhor que seu escravo fora adquirido "por carregação, que me veio da Costa da Mina, no bergantim *Ceres*, em que eu era interessado". APEB, *LNT*, n. 272, fls. 176v-177. Ver ainda ele como dono do *Ceres* no TSTD, viagens n. 51234 (1795), 51282 (1797), 51434 (1806) e 51476 (1807).

7. APEB, *Judiciária*, n. 51/1821/04, fls. 430v-436 (citações fls. 418 e 431). O batismo de Thomazia foi realizado em 7 de novembro de 1835, segundo ACS, *Livro de registros de batismo da freguesia da Sé, 1829-1861*, fl. 36v. A venda de Feliciana está registrada em AHMS, *Escrituras. Conceição da Praia*, vol. 66.1, fls. 140v-141v. Crescem as evidências sobre escravos que possuíam escravos no Brasil. Ver, por exemplo, Juliana B. Farias, Flávio Gomes e Carlos Eugênio L. Soares, *No labirinto das nações: Africanos e identidades no Rio de Janeiro, século XIX* (Rio de Janeiro: Arquivo Nacional, 2005), p. 48. O costume de o escravo adquirir carta de alforria dando em troca um outro é bem documentado. Ver para Salvador oitocentista Oliveira, "Viver e morrer no meio dos seus", pp. 187-188; Nishida, *Slavery and Identity*, pp. 79-84; id., "Manummission and Ethnicity", pp. 387-390; e João José Reis, "'Por sua liberdade me oferece uma escrava': Alforrias por substituição na Bahia, 1800-1850", *Afro-Ásia*, n. 63 (2021), pp. 232-290.

8. *Correio Mercantil*, 19 de abril de 1838. Mas o azeite de dendê da terra de Domingos, Lagos, era "celebrado como o melhor e mais claro na costa ocidental da África", segundo Burton, *Wanderings in West África*, v. 2, p. 235.

9. APEB, *Judiciária*, n. 51/1821/04, fl. 97. Verger, *Flux et reflux*, pp. 456-457

passim; e Araújo, "1846: um ano na rota Bahia-Lagos", p. 91. Cruz Rios tinha negócios com outros pequenos traficantes africanos que haviam sido escravos na Bahia, segundo Verger, *Os libertos*, pp. 117-118. Ainda sobre as conexões de Joaquim Cruz Rios com o tráfico, ver Pierre Verger, "Influence du Brésil ao Golfe du Benin", em *Les Afro-Américains* (Dacar: Ifan, 1952), pp. 59 ss.; e sobre ele como senhor de engenho, confira Barickman, *A Bahian Counterpoint*, p. 136.

10. Ver nota 4 do capítulo 5. Sobre as relações do grande traficante Francisco Félix de Souza, o Chachá, com os pequenos, ver Alberto da Costa e Silva, *Francisco Félix de Souza, mercador de escravos* (Rio de Janeiro: Nova Fronteira, 2004), p. 122. A trajetória de um africano liberto com alguma experiência nesse ramo de negócio é narrada em João Reis, Flávio Gomes e Marcus Carvalho, *O alufá Rufino: Tráfico, escravidão e liberdade no Atlântico negro (c. 1822-c.1853)* (2. ed. São Paulo: Companhia das Letras, 2017).

11. As mercadorias listadas por Ricardo eram precisamente aquelas mais regularmente importadas por uma famosa comerciante de escravos de Ibadan. Ver Bolanle Awe, "Iyalode Efusetan Aniwura (Owner of Gold)", em Bolanle Awe (org.), *Nigerian Women in a Historical Perspective* (Ibadan: Bookcraft, 1992), p. 62. Sobre o papel do fumo no tráfico com os entrepostos negreiros do Golfo do Benim, ver Verger, *Flux et reflux*, bem como, dele também, *O fumo da Bahia e o tráfico de escravos do golfo de Benin* (Salvador: Universidade Federal da Bahia, 1966). A respeito de fuzis e pólvora, ver Araújo, "1846: um ano na rota Bahia Lagos", p. 86.

12. "Registro de testamento com que faleceu José Antonio de Etra em sete de Maio de mil oitocentos e vinte oito...", APEB, *Livro de registro de testamentos*, v. 16, fls. 100-2.

13. Em agosto 1843, Manoel d'Etra emprestou 400 mil-réis a Alexandre José da Fonseca Lessa, para que este comprasse sua alforria de João Antonio da Fonseca Lessa, dívida a ser paga no prazo de seis anos, com juros de 1,5% mensais. Ver Arquivo Municipal de Salvador, *Livro de escritura de escravos*, n. 80.2, fl. 1. O *Almanach para o anno de 1845* (Bahia: Typ. de M. A. da S. Serva, 1844), p. 247, lista "Manoel José de Etra, dono de uma banda [de barbeiros], na rua das Grades de Ferro: a melhor". Um membro dessa banda, Athanazio d'Etra, barbeiro nagô e ex-escravo de Manoel, foi preso em 1835 por suspeita de envolvimento na Revolta dos Malês, mas safou-se provando que estava tocando na festa do Bonfim durante o levante. Ver Reis, *Rebelião escrava*, p. 379. Mesmo assim, ele decidiu deixar o Brasil alguns meses depois, seguindo para Angola, um destino pouco comum dos africanos retornados à África da Bahia. Ver APEB, *Polícia. Registros de passaportes, 1834-1837*, v. 5883, fl. 118. Rômulo d'Etra,

outro liberto, negociante nagô, talvez também ele ex-escravo de Manoel José d'Etra, teve seus bons costumes por este afiançados perante as autoridades policiais para obter passaporte e seguir para o Rio de Janeiro em junho de 1846. Ver APEB, *Polícia. Registros de passaportes, 1845-47*, v. 5888, fl. 233v. As atividades de Manoel d'Etra na Sociedade Protetora dos Desvalidos foram documentadas por Klebson Oliveira, *Negros e escrita no Brasil do século XIX: Sócio-história, edição filológica de documentos e estudo linguístico*, tese de doutorado, UFBA, 2006, pp. 1006-1022. Sobre a SPD, ver também Julio Braga, *Sociedade Protetora dos Desvalidos: uma irmandade de cor* (Salvador: Ianamá, 1987); Lucas Ribeiro Campos, *Sociedade Protetora dos Desvalidos: Mutualismo, política e identidade racial em Salvador (1861-1894)* dissertação de mestrado, UFBA, 2018; e Douglas G. Leite, *Mutualistas graças a Deus: Identidade de cor, tradições e transformações do mutualismo popular na Bahia do século XIX"*, tese de doutorado, USP, 2017. A ligação do clã d'Etra com o terreiro do Gantois é amplamente documentada por Castillo, "O terreiro do Gantois".

14. APEB, *Judiciária*, n. 51/1821/04, fls. 12v, 72v. Este sobrado tinha sido comprado por Manoel Ricardo por três contos em 1846. Ver APEB, *LNT*, n. 283, fl. 100.

15. Num grupo de 234 escravos apreendidos de contrabando em 1836, 72,6% tiveram suas idades calculadas entre dezoito e 22 anos. Ver APEB, *Polícia*, maço 2885. No Rio de Janeiro, 36% de uma amostra de 654 cativos desembarcados em 1852 tinham entre vinte e 29 anos. Ver Herbert Klein, *The Middle Passage: Comparative Studies in the Atlantic Slave Trade* (Princeton: Princeton University Press, 1978), p. 102.

16. APEB, *Judiciária*, n. 51/1821/04, fl. 13.

17. Id., fl. 10.

18. Essa informação é contestada por uma testemunha que diz que Joaquim Antonio da Silva tinha mais dois escravos, Antonio e José. Há também no processo documento da matrícula desses escravos em 20 de agosto de 1847. Ver APEB, *Judiciária*, n. 51/1821/04, fls. 156 e 230.

19. APEB, *Judiciária*, n. 51/1821/04, fls. 450-60.

20. APEB, *Judiciária*, n. 51/1821/04, fls. 13 e 153.

21. APEB, *Judiciária*, n. 51/1821/04, fls. 70, 152v, 156, 162.

22. APEB, *Judiciária*, n. 51/1821/04, fl. 195.

23. Petição de Manoel Joaquim Ricardo para o chefe de polícia, [s.d.], despacho de 9 de julho de 1852, APEB, *Polícia*, maço 6317.

24. Petição de Manoel Joaquim Ricardo para o chefe de polícia, [s.d.], com despacho de 11 de setembro de 1852; Termo de Fiança assinado por Manoel José d'Etra em 15 de outubro de 1852, APEB, *Polícia. Termos de fiança, responsabilidade, reconhecimento, 1851-1853*, maço 5645.

25. Petição de Manoel Joaquim Ricardo para o chefe de polícia, 29 de janeiro de 1858, APEB, Polícia, maço 6322; Maximo Joaquim da Silva Pereira, carcereiro do Aljube, para o chefe de polícia, 28 e 29 de janeiro de 1858, APEB, Polícia, maço 6271.

26. "Mapa de presos recolhidos na Cadeia do Aljube durante o dia 25 de junho de 1858", APEB, Polícia, maço 6271.

27. Sobre o tráfico interno de escravos, ver, entre outros, Richard Graham, "Nos tumbeiros mais uma vez? O comércio interprovincial de escravos no Brasil", Afro-Ásia, n. 27 (2002), pp. 121-160; Robert Slenes, "The Brazilian Internal Slave Trade, 1850-1888: Regional Economies, Slave Experience, and the Politics of a Peculiar Market"em Walter Johnson (org.), The Chattel Principle: Internal Slave Trades in the Americas (New Haven e Londres: Yale University Press, 2004), pp. 325-370; Silva, "Caminhos e descaminhos da abolição", cap. 3. Um caso interessante de escravo que, em 1875, tentou matar sua senhora por querer vendê-lo para fora da província é relatado por Reis, A família negra no tempo da escravidão, pp. 40-61. Mais sobre venda, tensões geradas, a rebeldia do escravo importado do Norte e assuntos correlatos, em Chalhoub, Visões da liberdade, esp. cap. 1. Nem todos os autores concordam que os escravos importados do Norte seriam tipicamente rebeldes no Sul. Ver Maria Helena P. T. Machado, Crime e escravidão: Trabalho, luta, resistência nas lavouras paulistas, 1830-88 (São Paulo: Brasiliense, 1987), esp. pp. 48-49, nota 17.

28. Carta de liberdade de Esperança, 17 de dezembro de 1861, APEB, Livro de notas do tabelião, n. 360, fl. 140v.

29. Ver Kátia Mattoso, Herbert Klein e Stanley L. Engerman, "Notas sobre as tendências e padrões de preços de alforrias na Bahia, 1819-1888", em João José Reis (org.), Escravidão e invenção da liberdade: Estudos sobre o negro no Brasil (São Paulo: Brasiliense, 1988), p. 66.

30. De fato o casamento fora em maio de 1860. ACMS, Casamentos. C da Praia, 1843-64, fl. 85.

31. João de Azevedo Piapitinga para o chefe de polícia, 26 de abril e 16 de maio de 1862, APEB, Polícia, maço 6195.

32. O Alabama, 24 de novembro de 1870, p. 4. Graden, From Slavery to Freedom, pp. 121-122, comenta a festa a partir de uma notícia de 1867 em O Alabama. Sobre a festa do Inhame Novo, ver também breve descrição de Querino, A raça africana, pp. 52-53. Em Sergipe do final do século XIX, semelhante cerimônia também tinha lugar, conforme documentou Sharyse Piroupo do Amaral, Um pé calçado, outro no chão: Liberdade e escravidão em Sergipe (Cotinguiba, 1860-1900) (Salvador: Edufba; Aracaju: Editora Diário Oficial, 2012),

pp. 316-317. Sobre o Inhame Novo celebrado em homenagem a Airá na África, ver Schiltz, "Yorùbá Thunder Deities", p. 198.

33. Subdelegado João de Azevedo Piapitinga para o chefe de polícia Henriques, 26 de abril e 16 de maio de 1862, APEB, *Polícia*, maço 6195.

34. João de Azevedo Piapitinga para o chefe de polícia, 18 de julho de 1861, APEB, *Subdelegados*, maço 6234.

35. Id., despacho do chefe de polícia. O enforcamento era método de suicídio dos mais usados pelos africanos na Bahia. Ver Jackson Ferreira, "'Por hoje acaba a lida': Suicídio escravo na Bahia (1850-1888)", *Afro-Ásia*, n. 31 (2004), p. 221.

36. APEB, *Judiciária*, n. 51/1821/04, fls. 150, 156v, 157.

37. Assentos de batismo de Damazio e de Olavo em ACMS, *Livro de registro de batismos. Freguesia da Conceição da Praia, 1834-1844*, fls. 160, 275; e ACMS, *Livro de registro de batismos. Freguesia da Conceição da Praia, 1844-1889*, fls. 1v, 29v. Um Nicolau de Tolentino, em 1845, teria assinado, a rogo de seu pai Manoel Joaquim Ricardo, os documentos de compra e venda das roças na Cruz do Cosme. Provavelmente se tratava de Nicolau Tolentino Cirilo Canamerin, que lutou na Guerra da Independência, foi vereador em Salvador durante a Sabinada, assinou a ata da rebelião, com sua derrota seria deportado para a ilha de Fernando de Noronha, em 1838, e anistiado dois anos depois. O barão de Cotegipe o descreveu como "um pobre crioulo, solicitador do foro, mal sabendo ler e escrever". Duvido que se trate de filho de Manoel Ricardo, que pôs seu último nome em todos os filhos homens. Trata-se, provavelmente, de um erro cometido pelo tabelião ao lavrar aquela escritura: "o comprador, por dizer que não sabia escrever, ao seu rogo o fez o seo filho Nicolau de Tolentino". APEB, *LNT*, n. 279, fls. 119, 119v. De todo modo, é interessante saber que os dois personagens se cruzaram um dia num cartório de Salvador. Sobre Tolentino, ver Souza, *A Sabinada*, pp. 113 e 138 (citação de Cotegipe).

38. APEB, *LNT*, n. 361, fl. 94.

39. APEB, *Judiciária. Testamento*, n. 04/1457/1926/18; *Correio Mercantil*, 3 de março de 1847.

40. ACMS, *Livro de registro de batismos. Freguesia da Conceição da Praia, 1826-1844*, fls. 39, 39v, 44, 215 e 234v.

41. APEB, *Judiciária. Processo-crime*, n. 51/1821/04, fl. 213.

42. APEB, *Judiciária. Processo-crime*, n. 22/949/16 (1873), fl. 14.

43. ACMS, *Registro de óbitos. Santo Antônio Além do Carmo, 1851-1866*, fl. 315. A popularidade da mortalha franciscana entre os libertos da Bahia é confirmada por diversos estudos: Mattoso, *Da revolução dos alfaiates à riqueza dos baianos*, p. 244; Oliveira, *O liberto*, p. 96; e Reis, *A morte é uma festa*, esp. pp. 125-126.

44. José Pereira da Silva Moraes para o carcereiro do Aljube, 26 de junho de 1861, APEB, *Correspondência*, v. 5745, fl. 119. Sobre o candomblé de Marcelina, Silveira, *O candomblé da Barroquinha*, esp. caps. 8 e seguintes, onde estuda sistematicamente a rica tradição oral deste terreiro; e Castillo e Parés, "Marcelina da Silva e seu mundo", que traz abundantes novos dados empíricos sobre o assunto.

45. Sobre o bori, ver Freemont E. Besmer, *Horses, Musicians, and Gods: The Hausa Cult of Possession Trance* (South Hadley, Massachussets: Bergin & Garvey, 1983), e Jacqueline Monfopuga-Nicolas, *Ambivalence et culte de possession: Contribution à l'étude du Bori Haoussa* (Paris: Anthropos, 1972).

46. Ver Oliveira, *O liberto*, pp. 41, 62-64.

47. APEB, *Judiciária. Tribunal da Relação. Execução cível*, n. 22/0768/14 e 12/411/14. As citações estão nas fls. 41v, 37, 38.

48. Ver inquérito em APEB, *Polícia*, maço 6185. Com alguns problemas de transcrição, os principais documentos pertinentes a esse candomblé foram publicados e analisados por Soares, "Resistência negra e religião", pp. 133-142.

49. André Chichorro da Gama para o presidente da província, 31 de março de 1853, APEB, *Polícia. Correspondência, 1852-53*, v. 5712, fl. 140.

50. Manoel Francisco Borges Leitão para o chefe de polícia, 4 de abril de 1853, APEB, *Polícia*, maço 6230. Ver também Graden, *From Slavery to Freedom*, p. 105.

51. André Chichorro da Gama para o presidente da província, 21 de maio de 1853, APEB, *Polícia*, maço 3133.

52. John Morgan Jr. para Claredon, 13 de maio de 1853, British National Archives, Foreign Office 84: 912. Também transcrito por Verger, *Flux et reflux*, pp. 537-538. E "Interior. Bahia", *Jornal do Commercio*, Rio de Janeiro, 19 de abril de 1853, p. 1 (agradeço a Lizir Arcanjo Alves por essa notícia).

53. Petição de Roberto Argolo para o chefe de polícia, [s.d.], despacho de 7 de junho de 1853, APEB.

54. APEB, *Polícia*, v. 5645-1, fls. 34v-35. Sobre a venda e as repercussões dessa obra no Brasil, ver Danilo José Zioni Ferretti, "A publicação de 'A cabana do Pai Tomás' no Brasil escravista: O 'momento europeu' da edição de Rey e Belhatte (1853)", *Varia Historia*, v. 33, n. 61 (2017), pp. 189-223; e Celso Thomas Castilho, "The Press and Brazilian Narratives of Uncle Tom's Cabin: Slavery and the Public Sphere in Rio de Janeiro, ca. 1855", *The Americas*, v. 76 , n. 1 (2019), pp. 77-106.

55. Chichorro da Gama para o presidente da província, 23 de agosto de 1853, id., fl. 278.

56. Chichorro da Gama para o presidente da província, 12 de setembro de 1853, id., fls. 298-298v.

57. João José Barbosa de Oliveira, *As prisões do paiz, o systema penitencial ou hygiene penal. These apresentada e sustentada perante a Faculdade de Medicina da Bahia em dezembro de 1843* (Bahia: Typ. de L. A. Portella e Companhia, 1843), p. 23.

58. Sobre a estadia de Cipriano no Aljube, ver diversos relatórios escritos por seu carcereiro, Antonio Peixoto de Miranda Neves, ao chefe de polícia, Inocêncio Marques de Araújo Góes. Por exemplo, "Relação de prezos existentes na cadeia do Aljube em 31 de outubro de 1853"; "Relação de prezos existentes nesta cadeia do Aljube athé 28 de Fevereiro de 1854"; "Relação de prezos existentes nesta cadeia do Aljube athé 30 de Junho de 1854"; e correspondência de 13 de março de 1854 (o homem da cobra), APEB, *Polícia. Cadeias, 1850-54*, maço 6270. No mesmo maço, e em dezenas de outros, encontram-se ofícios que registram chibatadas e palmatoadas aplicadas contra escravos recolhidos ao Aljube. O regulamento do Aljube, de 1842, pode ser consultado em APEB, *Polícia*, maço 6242. A citação do *Jornal da Bahia* vem de Verger, *Flux et reflux*, p. 535.

59. "Termo de obrigação", 19 de setembro de 1853, APEB, *Polícia*, v. 5645-1, fl. 97.

60. Francisco Bento de Paula Bahia para o chefe de polícia, 3 de fevereiro de 1854, APEB, *Polícia. Cadeias, 1850-54*, maço 6270.

61. Antonio Peixoto de Miranda Neves para o chefe de polícia, 17 de fevereiro (serviço no Barbalho) e 7 de agosto de 1854 (deportação de Cipriano), APEB, *Polícia. Cadeias, 1850-54*, maço 6270.

62. Cônsul Morgan Jr., apud Verger, *Flux et reflux*, p. 538.

63. Pompílio Manoel de Castro para o chefe de polícia da província da Bahia, 26 de julho de 1862. Antão disse morar com sua mulher em Santa Tereza numa petição ao chefe de polícia em 4 de dezembro de 1857, APEB, *Polícia*, maço 6480.

64. Ver petições de Antão Pereira Teixeira ao chefe de polícia, 1º e 5 de agosto de 1857, e "Precatório passado a Requerimento de Antão Pereira Teixeira etc.", 31 de julho de 1857, APEB, *Escravos*, maço 6231.

65. Petição de Antão Teixeira ao chefe de polícia, com despachos deste datados de 17 e 20 de junho de 1860, APEB, *Polícia*, maço 6324.

66. Sobre os minas no Rio Grande do Sul, ver Paulo Roberto Staudt Moreira, *Faces da liberdade, máscaras do cativeiro: Experiências de liberdade e escravidão percebidas através das cartas de alforria — Porto Alegre (1858-1888)* (Porto Alegre: EDIPUCRS, 1996), passim, e do mesmo autor, *Os cativos e os homens de bem: Experiências negras no espaço urbano* (Porto Alegre: EST Edições, 2003), passim;

sobre o Rio de Janeiro, ver, entre outros, Farias, Soares e Gomes, *No labirinto das nações*, esp. caps. 3, 5 e 6; Mariza de Carvalho Soares (org.), *Rotas atlânticas da diáspora africana: Da Baía do Benim ao Rio de Janeiro* (Rio de Janeiro, Eduff, 2007); João José Reis e Beatriz Mamigonian, "Nagô and Mina; The Yoruba Diaspora in Brazil"; e Mariza de Carvalho Soares, "From Gbe to Yoruba: Ethnic Change in the Mina Nation in Rio de Janeiro", em Toyin Falola e Matt Childs (orgs.), *The Yoruba Diaspora in the Atlantic World* (Bloomington; Indianápolis: Indiana University Press, 2004), pp. 77-110 e 231-247, respectivamente.

67. Petição de Antão Teixeira ao chefe de polícia, com despachos deste datados de 17 e 20 de junho de 1860.

68. J. B. Madureira para o subdelegado da freguesia da rua do Paço, 24 de dezembro de 1857, APEB, *Polícia. Correspondência expedida*, v. 5729, fl. 26.

69. "Escriptura de locação de serviço que fazem entre si, como locador o Africano liberto de nome Gervazio, presentemente em casa de Leocádio Duarte da Silva [...], e como locatário o Africano liberto de nome Antonio Gomes etc.", AHMS, *Escrituras. Freguesia de Santana, 1877*, v. 28, fls. 10v-11v.

70. "Conta dos rendimentos dos prédios e escravos do casal do finado Antonio Xavier de Jesus [24 de Abril de 1873]", APEB, *Inventários*, n. 07/3023/01, fl. 77v.

71. Contratos dessa natureza não envolviam apenas africanos libertos. Existem diversos outros nos quais o empréstimo para alforria foi feito ao escravo por pessoa livre. Uma breve notícia desta documentação é dada por José Fábio Barreto P. Cardoso, "Modalidades de mão de obra escrava na cidade do Salvador (1847--1887)", *Revista de Cultura Vozes*, vol. 73, n. 3 (1979), pp. 13-17. Para uma discussão das leis que regiam a locação de serviços no Brasil oitocentista, mais voltada para o trabalho imigrante, ver Maria Lúcia Lamounier, *Da escravidão ao trabalho livre: A lei de locação de serviços de 1879* (Campinas: Papirus, 1988). Contratos de serviços semelhantes aos da Bahia aconteciam alhures. Ver Regina Célia Lima Xavier, *A conquista da liberdade: Libertos em Campinas na segunda metade do século XIX* (Campinas: Centro de Memória da Unicamp, 1996), esp. p. 97.

72. Ver sobre o assunto E. Adeniyi Oroge, "Iwofa: An Historical Survey of the Yoruba Institution of Indenture", *African Economic History*, n. 14 (1985), pp. 75-106; Toyin Falola, "Slavery and Pawnship in the Yoruba Economy of the Nineteenth Century", *Slavery and Abolition*, vol. 15, n. 2 (1994), pp. 221-245, que é uma crítica a Oroge, ambos escrevendo sobre o país iorubá. Dois trabalhos vinculam a penhora estreitamente ao tráfico negreiro: Paul E. Lovejoy e David Richardson, "The Business of Slaving: Pawnship in Western Africa, *c.* 1600-1800", *Journal of African History*, vol. 42, n. 1 (2001), pp. 67-89; e id., "Trust, Pawnship, and Atlantic History: The Institutional Foundation of the Old Calabar Slave

Trade", *The American Historical Review*, vol. 104, n. 2 (1999), pp. 333-355. Alguns incidentes de rapto e transporte através do Atlântico de pessoas penhoradas da elite calabar são narrados por Sparks, *The Two Princes of Calabar*, esp. pp. 25, 47-49, 73.

73. Petição de Antão Teixeira ao chefe de polícia, 4 de dezembro de 1857, APEB, *Polícia*, maço 6480.

74. Registro de Cirilo em 6 de fevereiro de 1857, ACMS, *Livro de registro de batismos. Freguesia da Sé, 1829-1861*, caixa 25, fl. 369; ACMS, *Livro de registro de batismos. Freguesia de São Pedro, 1853-1851*, fl. 146v.

75. O processo de Antão Teixeira contra Antonio Xavier, incluindo cópia do testamento de Gertrudes, está em APEB, *Judiciária*, n. 25/0876/05 (1869), fl. 12 (citação). Batismo da filha de Felicidade em ACMS, *Livro de registro de batismos da Conceição da Praia, 1834-1844*, fl. 76v. Ver o inventário de Antonio Xavier em APEB, *Judiciária*, n. 07/3023/01. Sobre Antonio Xavier de Jesus, ver ainda Verger, *Os libertos*, pp. 55-65, 125-37; e sobre o senhor dele, Reis, *Rebelião escrava*, pp. 485-90. Destaque para o estudo de Elaine Santos Falheiros, *Luís e Antônio Xavier de Jesus: Ascensão social de africanos na Bahia oitocentista*, dissertação de mestrado, UFBA, 2013. Sobre a escrava Maria, alforriada por Gertrudes, ver APEB, *Índice de alforrias, 1863-65*, maço 2882, fl. 22.

76. Lisa Earl Castillo, comunicação pessoal, 9 de março de 2007.

77. Petição de Maria Isabel da Conceição ao chefe de polícia, (dia rasurado) de março de 1873, Arquivo Nacional, Gabinete do ministro da Justiça, Rel 28-seção dos ministérios, IJ1 — 428, folhas avulsas, 1870-80 (agradeço a Lígia Santana por esta informação).

78. Id., Corpo de delito datado de 17 de novembro de 1872, anexo ao inquérito acima citado.

79. Id., Petição de Maria Isabel da Conceição ao chefe de polícia, (dia rasurado) de março de 1873.

80. Id., Aurélio Ferreira Espinheira para o presidente da província, 14 de março de 1873.

81. Id., João José Almeida para o ministro da Justiça, 3 de abril de 1873.

82. Despacho do ministro da Justiça ao ofício do presidente da província da Bahia, 15 de abril de 1873. O despacho não está, porém, assinado pelo então ministro, Manuel Antonio Duarte de Azevedo, mas por A. de S. Barros, seguido de um "Visto" de A. Fleury datado de 18 de abril de 1873.

83. Sobre Juca Rosa, ver Sampaio, *Juca Rosa*; e da mesma autora, "Tenebrosos mistérios: Juca Rosa e as relações entre crença e cura no Rio de Janeiro

imperial", em Sidney Chalhoub et al. (orgs.), *Artes e ofícios de curar no Brasil* (Campinas: Editora Unicamp, 2003), pp. 387-426.

84. João José da Rocha, carcereiro da Casa de Correção, 16 de maio de 1873, APEB, *Mapa de presos, 1872-1874*, maço 6276.

85. Campos, "Ligeiras notas", p. 304.

86. Sobre o Estado enquanto legitimador involuntário da crença na feitiçaria na passagem do século XIX para o XX, ver Maggie, *Medo do feitiço*.

87. João José da Rocha, Carcereiro da Casa de Correção, 16 de maio de 1873, APEB, *Mapa de presos, 1872-1874*, maço 6276. Os documentos sobre a viagem de Antão se encontram em APEB, *Policia do Porto*, maço 6428.

88. Não sei ainda a que nação pertencia Antão. A origem jeje de Mãe Mariquinhas é sugerida por Parés, *A formação do candomblé*, pp. 175-176.

89. Ver, por exemplo, Rodrigues, *Os africanos*, pp. 230-231, onde inclusive cunha a expressão "mitologia jeje-nagô" para se referir ao que ele considerava a parte mais "elevada" do complexo religioso afro-baiano. A relação jeje-nagô é discutida (e, aliás, está consignada no próprio título de seu livro) por Lima, *A família de santo*. Ver também Yeda Pessoa de Castro, "África descoberta: Uma história recontada", *Revista de Antropologia*, n. 23 (1980), pp. 135-140; Harding, *A Refuge in Thunder*, pp. 44-52; e, sobretudo, o bem documentado estudo de Parés, *A formação do candomblé*, esp. pp. 142-162. Um sincretismo mais sutil, e por isso ainda pouco estudado, se deu entre as diversas subnações nagô-iorubás, mais os tapas. Ver a esse respeito Silveira, *O candomblé da Barroquinha*, pp. 491-496.

7. DOMINGOS SODRÉ, AFRICANO LADINO
E HOMEM DE BENS [pp. 279-321]

1. ACMS, *Livro de registro de casamentos. Freguesia de São Pedro, 1844-1910*, fl. 128v. Seria interessante saber se o padre tomou conhecimento da prisão de Domingos como candomblezeiro uma década antes. *Almanak... 1873*, p. 63.

2. ACMS, *Livro de registro de casamentos. Freguesia de São Pedro, 1844-1910*, fl. 37; e ACMS, *Livro de registro de óbitos. Freguesia de São Pedro, 1848-1850*, fl. 67v.

3. APEB, *LNT*, n. 308, fl. 71; e AHMS, *Escrituras. S. Pedro*, v. 1, fls. 132-133.

4. Para um autor que enfatiza o batismo enquanto formador de solidariedade africana, ver Moacir Rodrigo de Castro Maia, "O apadrinhamento de africanos em Minas colonial: O (re)encontro na América (Mariana, 1715-1750)", *Afro-Ásia*, n. 36 (2007), pp. 39-80.

5. Ver Stephen Gudeman e Stuart Schwartz, "Purgando o pecado original: Compadrio e batismo de escravos na Bahia no século XVIII", em João José Reis

(org.), *Escravidão e invenção da liberdade: Estudos sobre o negro no Brasil* (São Paulo: Brasiliense, 1988), pp. 33-59; e Stuart Schwartz, *Slaves, Peasants, and Rebels: Reconsidering Brazilian Slavery* (Urbana; Chicago: Illinois University Press, 1992), cap. 5. Não pretendo aqui entrar em discussão alongada sobre o batismo de escravos, tema de grande interesse de uma bibliografia especializada já bastante alentada.

6. ACMS, *Livros de registro de batismos. Freguesia da Conceição da Praia, 1844-1889*, fl. 11v (Cosma e Damiana), fl. 37 (Paulina); Inventário de Domingos de Oliveira Pinto, APEB, *Judiciária. Inventários*, n. 07/2833/05; ACMS, *Livro de registro de batismos. Freguesia de São Pedro, 1853-1851*, fl. 44 (Rachel e Henriqueta). Este livro registra outras escravas e crias de Aquino Gaspar entre 1854 e 1857. Ver também ACMS, *Livro de registro de batismos. Freguesia de São Pedro, 1861-1865*, fl. 117v. Sobre Gaspar enquanto médico e construtor, ver *Almanak administrativo, commercial e industrial da Província da Bahia para o anno de 1873*, comp. por Albino Rodrigues Pimenta (Bahia: Typographia de Oliveira Mendes & C., 1872), parte IV, pp. 5, 13 e 18.

7. Em Minas Gerais da idade do ouro, o governador conde de Assumar recomendou fortemente aos senhores que evitassem escolher os padrinhos de escravos entre outros escravos e libertos, argumentando que a ascendência destes diante daqueles seria perigosa à ordem colonial e escravista. Ver Maia, "O apadrinhamento de africanos", pp. 46-49, 54-55.

8. Luiz Monteiro da Costa, "A devoção de N. S. do Rosário na Cidade do Salvador", *Revista do Instituto Genealógico da Bahia*, vol. 11, n. 11 (1959), pp. 159-160; Reis, *A morte é uma festa*, p. 56; Oliveira, *O liberto*, pp. 86-87. Sobre a devoção católica negra, ver Tânia Maria de Jesus Pinto, *Os negros cristãos católicos e o culto aos santos na Bahia colonial*, dissertação de mestrado, UFBA, 2000. Especificamente sobre a devoção do Rosário, ver Lucilene Reginaldo, *Os Rosários dos angolas: Irmandades de africanos e crioulos na Bahia setecentista* (São Paulo: Alameda, 2011); e Sara Oliveira Faria, "Irmãos de cor, de caridade e de crença: A Irmandade do Rosário do Pelourinho na Bahia do século XIX", dissertação de mestrado, UFBa, 1997.

9. Ver documentos pertinentes da Irmandade do Rosário do João Pereira em APEB, n. 21/741/01 a 48; e *Tombo dos bens das ordens terceiras, confrarias e irmandades da cidade do Salvador instituído em 1853*. Publicações do APEB, v. VI, Salvador: Imprensa Oficial, 1948, pp. 84-85 (casa da Rua do Sodré), pp. 181-184 (inventário das imagens, alfaias etc.).

10. Oliveira, *O liberto*, p. 84, que estabelece em 96,1% a proporção de libertos, e em 84,2% a proporção de libertas que não declararam em testamento participação em confrarias católicas, entre 1850 e 1888.

11. Souza, *O diabo*, p. 115.

12. A citação do subdelegado está na já bastante citada correspondência de Pompílio Manoel de Castro para o chefe de polícia, 27 de julho de 1862; Rodrigues, *O animismo fetichista*, pp. 168-169. Sobre o redimensionamento do espaço sagrado africano na Bahia, ver Silveira, *O candomblé da Barroquinha*, pp. 272-3. Harding, *A Refuge in Thunder*, pp. 50-1, também comentou a divisão espacial entre as religiões católica e africana na casa de Domingos, e parece ter seguido Nina Rodrigues em sua interpretação. Sobre o paralelismo da religiosidade cristã e pagã dos africanos, ver Mattoso, *Être esclave au Brésil*, p. 166. Para uma crítica à tendência em julgar o catolicismo dos africanos pelo prisma de uma religiosidade católica "oficial", ver Anderson José M. de Oliveira, *Devoção negra: Santos e catequese no Brasil colonial* (Rio de Janeiro: Quartet, Faperj, 2008), pp. 25-38.

13. Conforme bem o lembra Silva, *Francisco Félix de Souza*, pp. 9-10.

14. Querino, *A raça africana*, p. 42. Querino publicou sobre o assunto originalmente em 1916. A "sala livre" do Aljube era onde ficavam recolhidas "somente as pessoas que não tem contra si a presumpção do crime", segundo Oliveira, *As prisões do paiz*, p. 20.

15. *Relatório apresentado ao excelentíssimo Senhor Conselheiro Joaquim Antão Fernandes Leão, Presidente da Província da Bahia, pelo 4º Vice-Presidente excelentíssimo Senhor Doutor José Augusto Chaves no acto em que passa-lhe a administração da Província da Bahia* (Bahia: Typographia Antonio Olavo da França Guerra, 1862), pp. 6-7.

16. Descrição do fardamento da guarda urbana em "Regulamento" de 18 de maio de 1857, art. 14, APEB, *Polícia*, maço 2946.

17. Pompílio Manoel de Castro para o chefe de polícia, 27 de julho de 1862; José Joaquim de Lima e Silva para o ministro José Bonifácio de Andrada e Silva, 16 de julho de 1823, BNRJ, Seção de Manuscritos, II-31, 35, 4. Ver ainda Kraay, "'Em outra coisa não falavam os pardos, cabras, e crioulos'". Comentando o episódio da farda de Domingos, Kraay, antes de ter confirmado como faço agora o recrutamento de Domingos, já tendia a acreditar que ele lutara na guerra quando ainda escravizado: "Apesar de não ter sido liberto depois da guerra, o africano Domingos Sudré considerava-se veterano da independência" (p. 118).

18. Os números do cônsul inglês estão em correspondência de John Morgan Jr. para o Foreign Office, 16 de março de 1858, BNA, FO, 13, 365, fl. 53v. Ver sobre celebrações da Independência na Bahia da época, Hendrik Kraay, "Entre o Brasil e a Bahia: As comemorações do Dois de Julho em Salvador no século XIX", *Afro-Ásia*, n. 23 (2000), pp. 49-88; e do mesmo autor, o mais completo estudo sobre

o tema, *Bahia's Independence: Popular Politics and Patriotic Festival in Salvador, Brazil, 1824-1900* (Montreal: McGill-Queen's University Press, 2019).

19. Sobre a fundação da Sociedade dos Veteranos, ver *Almanak... 1863*, p. 295.

20. Harding, *A Refuge in Thunder*, p. 95.

21. Comunicação pessoal de Ricardo Tadeu Caires Silva, 3 de dezembro de 2007.

22. ACMS, *Casamentos. São Pedro, 1844-1910*, fl. 128v; *Almanak administrativo, mercantil e industrial para o anno de 1859 e 1860* (Bahia: Typographia de Camille Masson, 1861), p. 380; *Almanak... 1873*, p. 89. Sobre Miguel Champloni, ver ainda Ricardo Tadeu C. Silva, "Memórias do tráfico ilegal de escravos nas ações de liberdade: Bahia, 1885-1888", *Afro-Ásia*, n. 35 (2007), pp. 71-80. Sobre Champloni, filho, como inspetor, ver *Almanak... 1863*, p. 255. A descrição da casa onde vivia Champloni se encontra em APEB, *Livro de notas da capital*, n. 817, fls. 26-7.

23. Que Antonio e Francisco José Pereira de Albuquerque eram irmãos e compadres está registrado em ACMS, *Livro de registro de batismos. Freguesia de São Pedro, 1853-1851*, fl. 77v. No dia 18 de junho de 1855 o subdelegado batizou o sobrinho Arnóbio José Pereira de Albuquerque, de dois anos, e a sobrinha Idemea, de cinco. Como o tio, Arnóbio se tornou bacharel em direito e defendeu nas cortes baianas tanto escravos em suas ações de liberdade, quanto senhores em suas ações de escravização. Comunicação pessoal de Ricardo Tadeu Caires Silva, 8 de fevereiro de 2008. Ver também Silva, "Memórias do tráfico ilegal", p. 77.

24. Sobre o assunto, ver Jefferson Bacelar, *A hierarquia das raças: Negros e brancos em Salvador* (Rio de Janeiro: Pallas, 2001), pp. 31-35. Sobre taxas eclesiásticas como fator do baixo índice de constituição de famílias legítimas entre os pobres, ver Mattoso, *A família*, p. 81.

25. AHMS, *Escrituras. Conceição da Praia, 1849-53*, v. 66.5, fls. 20-20v. Sobre preços de escravos, ver Mattoso, *Être esclave au Brésil*, p. 109; e sobre preços de alforria, Mattoso, Klein e Engerman, "Notas sobre as tendências e padrões dos preços de alforrias na Bahia, 1819-1888", p. 66.

26. AHMS, *Escrituras. Conceição da Praia, 1849-53*, v. 66.5, fls. 53-54; e ACMS, *Livro de registro de batismos. Freguesia da Conceição da Praia, 1844-1889*, fl. 81v.

27. "Escritura de venda, paga, e quitação que faz Domingos Cardoso a Domingos Sudré, de uma escrava de nome Esperança, Nação Nagô, pela quantia de Réis 300$000", APEB, *LNT*, n. 295, fls. 134-134v. Francisco Estanislau é listado em AHMS, *Livro 3º de Qualificação. Freguesia de Santana, 1864*, fl. 132. Sobre o acentuado aumento nos preços de escravos após o fim do tráfico, ver Barickman, *A Bahian Counterpoint*, pp. 139-141.

28. APEB, *LNT*, n. 301, fl. 27.

29. APEB, *LNT*, n. 320, fl. 72.
30. APEB, *LNT*, n. 319, fls. 165v-166.
31. Mattoso, *Être esclave au Brésil*, p. 210. Sobre a importância de ter filhos entre os iorubás, ver, por exemplo, Peel, *Religious Encounter*, pp. 64, 91-92; Idowu, *Olodumare*, p. 116; e Mann, *Slavery and the Birth of an African City*, p. 68. Sobre a complexa estrutura familiar iorubá, em que os filhos têm um papel central como fonte de trabalho e agentes de alianças sociais, ver P. C. Lloyd, "The Yoruba Lineage", *Africa*, v. 25, n. 3 (1955), pp. 235-251, e William B. Schwab, "Kinship and Lineage among the Yoruba", *Africa*, v. 25, n. 4 (1955), pp. 352-74. Não é atitude específica dos iorubás o desejo de muitos filhos. Ver a respeito dos vizinhos edo, R. E. Bradbury, *Benin Studies* (Londres; Nova York; Ibadan: International African Institute, Oxford University Press, 1973), p. 213; e entre os daomeanos (povos de línguas gbe, nossos jejes), Le Herissé, *L'Ancien Royaume du Dahomey*, p. 224, 225, 226, 228. Sobre significados africanos na formação da família escrava, ver Robert Slenes, *Na senzala uma flor: Esperanças e recordações na formação da família escrava — Brasil Sudeste, século XIX* (Rio de Janeiro: Nova Fronteira, 1999), esp. cap. 3, e Florentino e Góes, *A paz nas senzalas*, esp. cap. 7.
32. APEB, *Índice de cartas de liberdade*, maço 2882.
33. Sobre atitudes diante da morte vistas através dos testamentos, ver Reis, *A morte é uma festa*, esp. cap. 4, e a bibliografia aí indicada. Sobre libertos, em particular, ver Oliveira, *Os libertos*, cap. 3; e Mattoso, *Da revolução dos alfaiates à riqueza dos baianos*, pp. 237-244. Dois livros sobre alforria que se baseiam em testamentos: Roberto Guedes, *Egressos do cativeiro: Trabalho, família, aliança e mobilidade social (Porto Feliz, São Paulo, c. 1798-c. 1850)* (Rio de Janeiro: Mauad X, Faperj, 2008); e Márcio de Souza Soares, *A remissão do cativeiro: A dádiva da alforria e o governo dos escravos nos Campos dos Goitacases, c. 1750 -c. 1830* (Rio de Janeiro: Apicuri, 2009).
34. Onildo Reis David, *O inimigo invisível: Epidemia na Bahia no século XIX* (Salvador: Edufba, 1996); Johildo Lopes de Athayde, *Salvador e a grande epidemia de 1855*, Salvador: Centro de Estudos Baianos da UFBA, Publicações n. 113, 1985.
35. Ver Fayette Wimberley, "The Expansion of Afro-Bahian Religious Practices in Nineteenth-Century Cachoeira", em Hendrik Kraay (org.), *Afro-Brazilian Culture and Politics: Bahia, 1790s to 1990s* (Armonk, NY: M. E. Sharpe, 1998), pp. 82-84.
36. Declínio considerável do domínio senhorial se deu com a lei de 1871, a do Ventre Livre, por razões fartamente explicadas por Chalhoub, *Visões da liberdade*, esp. pp. 151-161, e do mesmo autor *Machado de Assis historiador*, cap. 4. Ver também Hebe M. Mattos de Castro, "Laços de família e direitos no

final da escravidão", em Luiz Felipe de Alencastro (org.), *História da vida privada no Brasil. Império: A Corte e a modernidade nacional* (São Paulo: Companhia das Letras, 1997), cap. 7. Sobre o declínio da autoridade senhorial na Bahia nesse período, consultar Brito, *A abolição na Bahia*, esp. cap. 1; Walter Fraga Filho, *Encruzilhadas da liberdade: Histórias de escravos e libertos na Bahia (1870-1910)* (Campinas: Editora Unicamp, 2006), esp. caps. 1 a 3; e Silva, "Caminhos e descaminhos da abolição", esp. caps. 4 e 5.

37. Há o registro de um escravo Theodozio alforriado por Domingos Sodré entre 1854 e 1858, mas creio tratar-se de Theodoro, registrado erroneamente com aquele nome. APEB, *Índice de cartas de alforria, 1854-1858*, maço 2882, fl. 109v.

38. AHMS, *Escritura de escravos. Freguesia de Conceição da Praia, 1855-1859*, n. 66.7, fls. 105-7. Preço médio de uma escrava em 1860 em Mattoso, *Être esclave au Brésil*, p. 109.

39. APEB, *LNT*, n. 365, fl. 28.

40. APEB, *LNT*, n. 511, fl. 28v.

41. Mattoso, Klein e Engerman, "Notas sobre as tendências e padrões dos preços de alforrias na Bahia", p. 66 e 71. As comparações foram feitas para os anos de 1859-60 (Ozório) e 1875-76 (Maria).

42. Na África, em geral, não se costumava escravizar pessoas da mesma linhagem. Os que perdiam a liberdade por crimes cometidos eram vendidos para fora do grupo. Ver Oroge, "The Institution of Slavery", pp. 113-133 passim; Lovejoy, *Transformations in Slavery*, pp. 2-3. Ver mais detalhadamente sobre este assunto, Claude Meillassoux, *Antropologia da escravidão: O ventre de ferro e dinheiro* (Rio de Janeiro: Zahar, 1995).

43. Ver Reis, *Rebelião escrava no Brasil*, esp. cap. 10; e Reis e Mamigonian, "Nagô and Mina". Conferir também Maria Inês Côrtes de Oliveira, "The Reconstruction of Ethnicity in Bahia: The Case of the Nagô in the Nineteenth Century", e João José Reis, "Ethnic Politics among Africans in Nineteenth-Century Bahia", ambos publicados em Paul Lovejoy e David Trotman (orgs.), *Trans-Atlantic Dimension of the African Diaspora* (Londres; Nova York: Continuum, 2003), pp. 158-180 e 240-264, respectivamente. Ver também Oliveira, "Viver e morrer no meio dos seus". Sobre fenômeno equivalente entre os jejes, Parés, *A formação do candomblé*, esp. cap. 2.

44. Oliveira, "Viver e morrer no meio dos seus", pp. 187-189.

45. Os dados apresentados neste parágrafo estão em Reis, *Rebelião escrava*, pp. 33, 367-370; Oliveira, *O liberto*, p. 41; Mieko Nishida, *Slavery and Identity: Ethnicity, Gender, and Race in Salvador, Brazil, 1808-1888* (Bloomington; Indianápolis: Indiana University Press, 2003), p. 88.

46. "Liberdade de Marcelina Nagô", APEB, *LNT*, n. 255, fl. 65v. A história de

Francisca e Marcelina da Silva está contada em Castillo e Parés, "Marcelina da Silva e seu mundo", pp. 111-150, esp. pp. 149-150 (lista de escravos de Francisca da Silva e Marcelina da Silva).

47. APEB, *Relação dos africanos residentes na freguesia de Santana*, maço 2898.

48. APEB, *Tribunal da Relação. Inventário (arrecadação)*, n. 07/3028/11.

49. Oliveira, *O liberto*, p. 41; id., "Viver e morrer no meio dos seus", pp. 188-189. Ver também Mattoso, *Da revolução dos alfaiates à riqueza dos baianos*, p. 249; id., *Bahia: Uma província no Império*, pp. 636-638; Barickman, *A Bahian Counterpoint*, p. 138; Nishida, *Slavery and Identity*, pp. 203-204, nota 57.

50. "Escritura de venda, compra, paga e quitação que fazem Domingos Pereira Sodré e sua mulher Maria Delfina da Conceição a José de Oliveira Castro etc.", 14 de julho de 1876, e "Escritura de venda, compra, paga e quitação que fazem Elpidio Lopes da Silva e sua mulher D. Maria do Carmo de Almeida a Domingos Pereira Sodré etc.", 13 de dezembro de 1876, APEB, *Livro de registro de escritura*, n. 479, fls. 30v-31 e 54-54v, respectivamente.

51. Zephyr L. Frank, *Dutra's World: Wealth and Family in Nineteenth-Century Rio de Janeiro* (Albuquerque: University of New México Press, 2004). Ver também Silvana Cassab Jeha, "Ganhar a vida: Uma história do barbeiro africano José Dutra e sua família: Rio de Janeiro, século XIX", em Ângela Porto (org.), *Doenças e escravidão: Sistema de saúde e práticas terapêuticas* (Rio de Janeiro: Casa Oswaldo Cruz, Fiocruz, 2007), disponível em CD-ROM.

52. Mattoso, *Bahia: Uma província no Império*, pp. 612-616, 634-638. Citação p. 634.

53. "Autuação do arrolamento dos bens deixados pelo fallecido Africano liberto Domingos Sudré Pereira, Francisco Pinheiro de Souza [inventariante]", APEB, *Judiciária*, n. 07/3000/08, fls. 2, 13.

54. Ver documentos pertinentes em APEB, *Judiciária*, n. 21/741/02 (1877). Sobre a Caixa Econômica da Bahia e outras instituições do período, ver Kátia M. de Queirós Mattoso, *Bahia: A cidade do Salvador e seu mercado no século XIX* (São Paulo: Hucitec, 1978), pp. 269-271, e sobretudo Waldir Freitas de Oliveira, *História de um banco: O Banco Econômico* (Salvador: Museu Eugênio Teixeira Leal, 1993), cap. 1. Reis, *A família negra no tempo da escravidão*, pp. 61-74, narra a história de uma escrava, Augusta, cujo pecúlio estava, em 1872, depositado na Caixa Econômica, com a anuência de seu senhor, o desembargador João José de Almeida Couto, futuro barão do Desterro, que ocupou interinamente a presidência da província em diversas ocasiões entre 1870 e 1873. Ver sobre ele Wildberger, *Os presidentes da província da Bahia*, pp. 583-588.

55. Rodrigues, *Os africanos no Brasil*, p. 99.

56. Mattoso, *Bahia: Uma província no Império*, pp. 635-636.

57. Pereira Marinho figurava, por exemplo, "entre os maiores acionistas da

Caixa Econômica" (Oliveira, *História de um banco*, p. 48) e foi um dos fundadores do Banco da Bahia (Barickman, *A Bahian Counterpoint*, p. 136, e Lyrio, "Joaquim Pereira Marinho", p. 7).

58. "Liberdade de Izidora, creoula", APEB, *LNT*, n. 410, fl. 84. Sobre a atuação das sociedades libertadoras na Bahia, ver Brito, *A abolição na Bahia*, pp. 133-151; e Silva, "Caminhos e descaminhos da abolição", pp. 151-157.

59. Registro de óbito de Domingos em ACMS, *São Pedro. Óbitos, 1880-1911*, fl. 84v.

60. Como já disse em capítulo anterior, suspeito que essa casa tivesse um dia pertencido à família Sodré. Harding, *Refuge in Thunder*, p. 94, afirma que Domingos era dono do sobrado da ladeira de Santa Tereza, n. 7, mas não encontrei evidência que o confirme.

61. "Autuação do arrolamento dos bens deixados pelo fallecido Africano liberto Domingos Sudré Pereira", fl. 24.

62. Testamento de Domingos Sodré, APEB, *Judiciária. Testamentos*, n. 07/3257/01; "Autuação do arrolamento dos bens deixados pelo fallecido Africano liberto Domingos Sudré Pereira", fls. 15-21. Domingos Sodré deixou seu funeral a cargo de sua mulher. Em geral os africanos não registravam em testamento, mas oralmente, a vontade de serem enterrados segundo os preceitos do candomblé ou do islã. Ver Oliveira, *Os libertos*, cap. 3. Exceções em Nishida, *Slavery & Identity*, p. 115; Mattoso, *Da revolução dos alfaiates*, p. 243; e sobre o período posterior à abolição, já no Brasil republicano, Bacelar, *A hierarquia das raças*, pp. 35-36.

63. Castillo e Parés, "Marcelina da Silva e seu mundo", pp. 142-145; João José Reis, "Arabonam, um sacerdote de Xangô na Bahia oitocentista" (texto inédito).

64. "Autuação do arrolamento dos bens deixados pelo fallecido Africano liberto Domingos Sudré Pereira", passim.

65. *A Coisa*, 24 de junho de 1900.

66. "Autuação de petição de Francisco Pinheiro de Souza para nomeação de curador e exame de Sanidade de Maria Delfina da Conceição, viúva do Africano liberto Domingos Sudré", APEB, *Judiciária*, n. 07/3000/08, fls. 11-11v. Ver anexo 7 neste livro.

67. Domingos ditou seu testamento a Feliciano José Falcão. Sobre sua idade, ver AHMS, *Livro de qualificação de votantes. Freguesia de São Pedro, 1863-1865*, fl. 127.

68. Petição de Leopoldina Sodré ao juiz de órfãos, 6 de outubro de 1887, id., fl. 42.

69. Id., passim. Em 1872 a rua do Tingui virou rua dos Zuavos, batalhão que serviu na Guerra do Paraguai, mas o nome aparentemente não pegou. Ver *Almanak administrativo, commercial e industrial da Província da Bahia para o*

anno de 1873, compilado por Albino Rodrigues Pimenta (Bahia: Typographia de Oliveira Mendes & C., 1872).

70. Ver, entre outros, Brito, *A abolição na Bahia*, pp. 265-277; Fraga Filho, *Encruzilhadas da liberdade*, cap. 4; Albuquerque, *O jogo da dissimulação* cap. 2, sobre Santo Amaro; Campos, "Ligeiras notas", p. 291; sobre comemorações em Lagos, Graden, *From Slavery to Freedom*, p. 195.

71. Atestado de óbito de 22 de agosto de 1888 pelo vigário da freguesia de Santana, anexo a APEB, *Judiciária*, n. 07/3000/08.

EPÍLOGO [pp. 322-27]

1. Alguns velhos e novos exemplos desse gênero historiográfico: Douglas Grant, *The Fortunate Slave: An Illustration of African Slavery in the Early Eighteenth Century* (Londres: Oxford University Press, 1968); Terry Alford, *Prince among Slaves: The True Story of an African Prince Sold into Slavery in the American South* (Nova York: Oxford University Press, 1977); Melton A. McLaurin, *Célia, a Slave* (Nova York: Avon Books, 1991); Nell Irvin Painter, *Sojourner Truth: A Life, a Symbol* (Nova York; Londres: Norton, 1996); Sparks, *The Two Princes of Calabar*; John Hope Franklin e Loren Schweninger, *In Search of the Promised Land: A Slave Family in the Old South* (Nova York: Oxford University Press, 2006); Vincent Caretta, *Equiano, the African: Biography of a Self-Made Man* (Athens, GA: The University of Georgia Press, 2005). Muitas dessas biografias se beneficiam de narrativas escritas ou ditadas pelos próprios biografados. Sobre estas, ver, entre numerosos estudos, os ensaios em Charles T. Davis e Henry Louis Gates (orgs.), *The Slave's Narrative* (Oxford; Nova York: Oxford University Press, 1985); John Blassingame (org.), *Slave Testemony: Two Centuries of Letters, Speeches, Interviews, and Autobiographies* (Baton Rouge: Louisiana State University Press, 1977), pp. xvii-lxv; e Mohammah G. Baquaqua, *The Biography of Mahommah Gardo Baquaqua: His Passage from Slavery to Freedom in Africa and America*, editado por Robin Law e Paul Lovejoy (Princeton: Markus Wiener Publishers, 2001), pp. 1-84.

2. Luiz Mott, *Rosa Egipcíaca, uma santa africana no Brasil* (Rio de Janeiro: Bertrand Brasil, 1993); Júnia Ferreira Furtado, *Chica da Silva e o contratador de diamantes: O outro lado do mito* (São Paulo: Companhia das Letras, 2003); Sandra Lauderdale Graham, *Caetana diz não: Histórias de mulheres da sociedade escravista brasileira* (São Paulo: Companhia das Letras, 2005); Keila Grinberg, *Liberata, a lei da ambiguidade: As ações de liberdade da Corte de Apelação do Rio de Janeiro no século XIX* (Rio de Janeiro: Relume Dumará, 1994); Silva, *Dom Obá*

II d'África; Frank, *Dutra's World*; Jeha, "Ganhar a vida"; Xavier, *Religiosidade e escravidão no século XIX*; Sampaio, *Juca Rosa*; Reis, Gomes e Carvalho, *O alufá Rufino*; e James Sweet, *Domingos Álvares, African Healing, and the Intellectual History of the Atlantic World* (Chapel Hill: The University of North Carolina Press, 2011). Outros personagens podem ser conhecidos em Verger, *Os libertos*; Farias, Soares e Gomes, *No labirinto das nações*, cap. 6; Roberto Guedes, "De ex-escravo a elite escravista: A trajetória de ascensão social do pardo alferes Joaquim Barbosa Neves (Porto Feliz, São Paulo, século XIX)", em João Luís R. Fragoso, Carla Maria C. de Almeida e Antonio Carlos J. de Sampaio (orgs.), *Conquistadores e negociantes: Histórias de elites no Antigo Regime nos trópicos* (Rio de Janeiro: Civilização Brasileira, 2007), pp. 337-376; os capítulos de Hebe Mattos, Mariza de Carvalho Soares, Daniela Buono Calainho e Sheila de Castro Faria na obra coletiva de Ronaldo Vainfas, Georgina S. dos Santos e Guilherme P. Neves (orgs.), *Retratos do império: Trajetórias individuais no mundo português nos séculos XVI a XIX* (Rio de Janeiro: Eduff, 2006). A expressão "momentos dramáticos" usada neste parágrafo é dos organizadores desta coletânea (p. 9).

3. Emilia Viotti da Costa, "Prefácio à segunda edição" (1982), em *Da senzala à colônia* (São Paulo: Brasiliense, 1989), p. 31. A bibliografia sobre "crioulização" cultural é grande. Um texto fundamental é de Sidney Mintz e Richard Price, *An Anthropological Approach to the Afro-American Past: A Caribbean Perspective* (Filadélfia: Institute for the Study of Human Issues, 1976), posteriormente publicado como *The Birth of African-American Culture: An Anthropological perspective* (Boston: Beacon Press, 1992). Uma atualização da discussão se encontra em Richard Price, "O milagre da crioulização: Retrospectiva", *Estudos Afro-Asiáticos*, v. 25, n. 3 (2003), pp. 383-419. Consulte-se ainda Ira Berlin, "From Creole to African: Atlantic Creoles and the Origins of African-American Society in Mainland North America", *William & Mary Quarterly*, v. 53, n. 2 (1996), pp. 251-288. Um balanço do debate entre crioulização e africanização, que geralmente situa em campos opostos "americanistas" e "africanistas", se encontra em Kristin Mann, "Shifting Paradigms in the Study of the African Diaspora and of the Atlantic History and Culture", em Kristin Mann e Edna G. Bay (orgs.), *Rethinking the African Diaspora: The Making of a Black Atlantic World in the Bight of Benin and Brazil* (Londres: Frank Cass, 2001), pp. 3-21. Uma boa coletânea que problematiza o conceito de crioulização é Charles Stewart (org.), *Creolization: History, Ethnography, Theory* (Walnut Creek, CA: Left Coast Press, 2007), esp. cap. 1.

4. Ver Parés, "The 'Nagoization'"; e Matory, *Black Atlantic Religion*.

Arquivos, fontes e referências bibliográficas

ARQUIVOS

Arquivo da Cúria Metropolitana de Salvador (ACMS)
Arquivo Histórico Municipal de Salvador (AHMS)
Arquivo Nacional, Rio de Janeiro (AN)
Arquivo Público do Estado da Bahia (APEB)
Arquivo da Santa Casa da Misericórdia de Salvador (ASCM)
Arquivo do Itamarati, Rio de Janeiro (AI)
Biblioteca Nacional, Rio de Janeiro, Seção de Manuscritos (BNRJ)

FONTES IMPRESSAS

JORNAIS

O Alabama
O Argos Cachoeirano
A Coisa
Correio Mercantil
Diário da Bahia
O Jornal (RJ)
Jornal da Bahia

O Musaico
O Noticiador Catholico
O Patriota

OUTRAS FONTES IMPRESSAS

ADAMS, Captain John. *Remarks on the Country Extending from Cape Palmas to the River Congo*. Londres: Frank Cass, 1966 [orig. 1823].
ALLEN, William; THOMSON, T. R. H. *Narrative of the Expedition sent by Her Majesty's Government to the River Niger in 1841*. Londres: Richard Bentley, 1848.
ALMANACH *para o anno de 1845*. Bahia: Typ. de M. A. da S. Serva, 1844.
ALMANAK *administrativo, mercantil e industrial para o anno de 1859 e 1860*. Org. de Camilo de Lelis Masson. Bahia: Typographia de Camille Masson, 1861.
ALMANAK *administrativo, mercantil e industrial da Bahia para o anno de 1863*. Bahia: Typographia de Camilo de Lelis Masson e Co., 1863.
AVÉ-LALLEMANT, Robert. *Viagens pelas províncias da Bahia, Pernambuco, Alagoas e Sergipe (1859)*. Belo Horizonte: Itatiaia; São Paulo: Edusp, 1980.

BAQUAQUA, Mahommah Gardo. *The Biography of Mahommah Gardo Baquaqua: His Passage from Slavery to Freedom in Africa and America*, editado por Robin Law e Paul Lovejoy. Princeton: Markus Wiener Publishers, 2001.
BOWEN, Thomas J. *Adventures and Missionary Labours in Several Countries in the Interior of Africa from 1849 to 1856*. Londres; Edimburgo: Frank Cass, 1968 [orig. 1857].
BURTON, Richard F. *Wanderings in West Africa*. Nova York: Dover, 1991 [orig. 1863].

CANDLER, John; BURGESS, Wilson. *Narrative of a Recent Visit to Brazil*. Londres: Edward Marsh, Friends' Books, 1853.
CLARKE, William W. *Travels and Explorations in Yorubaland, 1854-1858*. Ibadan: Ibadan University Press, 1972.
CLAPPERTON, Hugh. *Journal of a Second Expedition into the Interior of Africa from the Bight of Benin to Soccatoo*. Londres: Frank Cass, 1966 [orig. 1829].

CÓDIGO Criminal do Império do Brazil, annotado com os actos dos Poderes Legislativo, Executivo e Judiciário etc., por Araújo Filgueiras Junior. Rio de Janeiro: Eduardo & Henrique Laemmert, 1876.

COLLEÇÃO de leis do Império. Rio de Janeiro: Typ. Nacional, 1876.

COLLEÇÃO de Leis e Resoluções da Assembleia Legislativa da Bahia sancionadas e publicadas nos annos de 1835 a 1838. Bahia: Typ. de Antonio O. da França Guerra, 1862.

CONSTITUIÇÃO Política do Império do Brasil. Rio de Janeiro: Typ. de Silva Porto, 1824.

"DEVASSA do levante de escravos ocorrido em Salvador em 1835". Anais do Arquivo do Estado da Bahia, v. 38 (1968), pp. 1-142.

FERREIRA, Manoel Jesuíno. A Província da Bahia: Apontamentos. Rio de Janeiro: Typographia Nacional, 1875.

FILGUEIRAS JUNIOR, Araujo. Codigo do Processo do Imperio do Brasil. Rio de Janeiro: Eduardo & Henrique Laemmert, 1874.

HABSBURGO, Maximiliano de. Bahia 1860: Esboços de viagem. Rio de Janeiro: Tempo Brasileiro; Salvador: Fundação Cultural do Estado da Bahia, 1982.

"INVENTÁRIO do Dr. Antonio José Alves, falecido em 23 de janeiro de 1866". Anais do APEB, n. 30 (1947), pp. 39-202.

JOHNSON, Samuel. The History of the Yorubas. Londres: Routledge & Kegan Paul, 1966 [orig. 1897].

LANDER, Richard; LANDER, John. Journal of an Expedition to Explore the Course and Termination of the Niger. Nova York: Harper & Brother, 1837.

LEGISLAÇÃO da Província da Bahia sobre o negro, 1835-1888. Salvador: Fundação Cultural do Estado da Bahia, Direção de Bibliotecas Públicas, 1996.

MARQUES, Xavier. O feiticeiro. São Paulo: GRD; Brasília: INL, 1975 [orig. 1897].

OLIVEIRA, João José Barbosa de. As prisões do paiz, o systema penitencial ou hygiene penal. These apresentada e sustentada perante a Faculdade de Medicina da Bahia em dezembro de 1843. Bahia: Typ. de L. A. Portella e Companhia, 1843.

ORTIZ, Fernando. *Los negros brujos.* Havana: Editorial de Ciências Sociales, 1995 [orig. 1906].

OTT, Carlos. *Formação étnica da cidade do Salvador.* Salvador: Manú, 1955.

PEIXOTO, Antonio da Costa. *Obra nova da língua geral de mina.* Lisboa: Agência Geral das Colônias, 1943-44 [orig. 1741].

POSTURAS *da Câmara Municipal da Cidade de S. Salvador, capital da Província da Bahia.* Bahia: Typ. de Manoel Agostinho Cruz Mello, 1860.

QUERINO, Manuel. *A raça africana e os seus costumes.* Salvador: Progresso, 1955.

RELATÓRIO *apresentado ao excelentíssimo Senhor Conselheiro Joaquim Antão Fernandes Leão, Presidente da Província da Bahia, pelo 4º Vice-Presidente excelentíssimo Senhor Doutor José Augusto Chaves no acto em que passa-lhe a administração da Província da Bahia.* Bahia: Typographia Antonio Olavo da França Guerra, 1862.

REPERTÓRIO *de fontes sobre escravidão existentes no Arquivo Municipal de Salvador: As posturas (1631/1889).* Salvador: Fundação Gregório de Mattos, Prefeitura Municipal do Salvador, 1988.

RIO, João do. *As religiões no Rio.* Rio de Janeiro: Nova Aguilar, 1976 [orig. 1904].

RODRIGUES, Raimundo Nina. *Os africanos no Brasil.* 4. ed. São Paulo: Companhia Editora Nacional, 1976.

_____. *O animismo fetichista dos negros bahianos.* Rio de Janeiro: Civilização Brasileira, 1935 [orig. 1896].

SILVA, Ignácio Accioli de Cerqueira e. *Memórias históricas e políticas da Província da Bahia*, anotadas por Braz do Amaral. Salvador: Imprensa Oficial do Estado, 1931, 6 vols.

WETHERELL, James. *Brazil. Stray Notes from Bahia.* Liverpool: Webb & Hunt, 1860.

REFERÊNCIAS BIBLIOGRÁFICAS

ABIMBOLA, Wande. *Ifá: An Exposition of Ifá Literary Corpus.* Ibadan: Oxford University Press Nigeria, 1976.

ABIMBOLA, Wande. "The Bag of Wisdom: Òsun and the Origins of Ifá Divination". In: MURPHY, Joseph M.; SANFORD, Mei-Mei (orgs.). *Òsun across the Waters: A Yoruba Goddess in Africa and the Americas*. Bloomington, Indiana University Press, 2001, pp. 141-154.

ABREU, Frederico José de. *Capoeiras: Bahia, século XIX*. Salvador: Instituto Jair Moura, 2005.

ADERIBIGBE, A. B. (org.). *The Development of an African City*. Lagos: Longman Nigeria, 1975.

_____. "Early History of Lagos to about 1850". In: _____. *Lagos: The Development of an African City*. [Ikeja]: Longman Nigeria, 1975, pp. 1-26.

ALBUQUERQUE, Wlamyra R. de. *O jogo da dissimulação: Abolição e cidadania negra no Brasil*. São Paulo: Companhia das Letras, 2009.

ALENCASTRO, Luiz Felipe de. *O trato dos viventes: Formação do Brasil no Atlântico sul*. São Paulo: Companhia das Letras, 2000.

ALFORD, Terry. *Prince among Slaves: The True Story of an African Prince Sold into Slavery in the American South*. Nova York: Oxford University Press, 1977.

ALMEIDA, Katia Lorena Novaes. *Alforrias em Rio de Contas — Bahia, século XIX*. Salvador: Edufba, 2012.

AMARAL, Braz do. *Fatos da vida do Brasil*. Salvador: Tipografia Naval, 1941.

_____. *História da Independência na Bahia*. 2. ed. Salvador: Progresso, 1957.

AMARAL, Sharyse Piroupo do. *Um pé calçado, outro no chão: Liberdade e escravidão em Sergipe (Cotinguiba, 1860-1900)*. Salvador: Edufba; Aracaju: Editora Diário Oficial, 2012.

AMOS, Alcione Meira. *Os que voltaram: A história dos retornados afro-brasileiros na África Ocidental no século XIX*. Belo Horizonte: Tradição Planalto, 2007.

ARAÚJO, Ubiratan Castro de. *Sete histórias de negro*. Salvador: Edufba, 2006.

_____. "1846: Um ano na rota Bahia-Lagos. Negócios, negociantes e outros parceiros". *Afro-Ásia*, n. 21/22 (1998-99), pp. 83-110.

ATHAYDE, Johildo Lopes de. *Salvador e a grande epidemia de 1855*. Salvador: Centro de Estudos Baianos da UFBA, Publicações n. 113, 1985.

AWE, Bolanle. "Iyalode Efusetan Aniwura (Owner of Gold)". In: AWE, Bolanle (org.). *Nigerian Women in a Historical Perspective*. Ibadan: Bookcraft, 1992, pp. 55-71.

AZEVEDO, Esterzilda Berenstein de. *Açúcar amargo: A construção de engenhos na Bahia oitocentista*. Tese de doutorado, Universidade de São Paulo, 1996.

BACELAR, Jefferson. *A hierarquia das raças: Negros e brancos em Salvador*. Rio de Janeiro: Pallas, 2001.

BARBER, Karin. "How Man Makes God in West Africa: Yoruba Attitudes Towards the Orisa". *Africa*, v. 51, n. 3 (1981), pp. 724-745.

BARICKMAN, B. J. *A Bahian Counterpoint: Sugar, Tobacco, Cassava, and Slavery in the Recôncavo, 1780-1860*. Stanford: Stanford University Press, 1998.

BARROS, José Flavio Pessoa de; NAPOLEÃO, Eduardo. *Ewé Òrìsà: Uso litúrgico e terapêutico dos vegetais nas casas de candomblé jeje-nagô*. 3. ed. Rio de Janeiro: Bertrand Brasil, 2007.

BASCOM, William R. "The Sanctions of Ifa Divination". *The Journal of the Royal Anthropological Institute*, n. 71 (1941), pp. 43-54.

_____. *Ifa Divination: Communication Between Gods and Men in West Africa*. Bloomington; Londres: Indiana University Press, 1969.

_____. *Sixteen Cowries: Yoruba Divination from Africa to the New World*. Bloomington; Londres: Indiana University Press, 1980.

BASTIDE, Roger. *O candomblé da Bahia: Rito nagô*. São Paulo: Companhia das Letras, 2001.

_____. *As religiões africanas no Brasil*. São Paulo: Pioneira, Edusp, 1971, 2 vols.

BASTIDE, Roger; VERGER, Pierre. "Contribuição ao estudo da adivinhação em Salvador (Bahia)". In: MOURA, Carlos Eugênio M. de (org.). *Olóòrìsà: Escritos sobre a religião dos orixás*. São Paulo: Ágora, 1981, pp. 57-85.

BERLIN, Ira. "From Creole to African: Atlantic Creoles and the Origins of African-American Society in Mainland North America". *William & Mary Quarterly*, v. 53, n. 2 (1996), pp. 251-288.

BESMER, Freemont E. *Horses, Musicians, and Gods: The Hausa Cult of Possession Trance*. South Hadley, MA: Bergin & Garvey, 1983.

BETHANCOURT, Francisco. *O imaginário da magia: Feiticeiras, adivinhos e curandeiros em Portugal no século XVI*. São Paulo: Companhia das Letras, 2004.

BLASSINGAME, John W. (org.). *Slave Testemony: Two Centuries of Letters, Speeches, Interviews, and Autobiographies*. Baton Rouge: Louisiana State University Press, 1977.

BLIER, Suzanne Preston. *The Royal Arts of Africa: The Majesty of Form*. Nova York: Harry N. Abrahams, 1998.

BORGES, Dain. *The Family in Bahia, Brazil, 1870-1944*. Stanford: Stanford University Press, 1992.

BRADBURY, R. E. *Benin Studies*. Londres; Nova York; Ibadan: International African Institute, Oxford University Press, 1973.

BRAGA, Julio. *Sociedade Protetora dos Desvalidos: Uma irmandade de cor*. Salvador: Ianamá, 1987.

BRAGA, Julio. *O jogo de búzios: Um estudo da adivinhação no candomblé*. São Paulo: Brasiliense, 1988.

_____. *Na gamela do feitiço: Repressão e resistência nos candomblés da Bahia*. Salvador: CEAO, Edufba, 1995.

_____. *A cadeira de ogã e outros ensaios*. Rio de Janeiro: Pallas, 1999.

BRITO, Jailton Lima. *A abolição na Bahia, 1870-1888*. Salvador: Centro de Estudos Baianos, Edfuba, 2003.

BRITO, Luciana da Cruz. *Temores da Africa: seguranca, legislacao e populacao na Bahia oitocentista*. Salvador: Edufba, 2016.

BROWN, Alexandra Kelly. "*On the Vanguard of Civilization*": *Slavery, the Police, and Conflict between Public and Private Power in Salvador da Bahia, Brazil, 1835-1888*. Tese de doutorado, Universidade do Texas, 1998.

CAMPOS, João da Silva. "Ligeiras notas sobre a vida íntima, costumes e religião dos africanos na Bahia". *Anais do Arquivo do Estado da Bahia*, n. 29 (1943), pp. 289-309.

CAMPOS, Lucas Ribeiro. *Sociedade Protetora dos Desvalidos: Mutualismo, política e identidade racial em Salvador (1861-1894)*. Dissertação de Mestrado, Universidade Federal da Bahia, 2018.

CARDOSO, José Fábio Barreto P. "Modalidades de mão-de-obra escrava na cidade do Salvador (1847-1887)". *Revista de Cultura Vozes*, v. 73, n. 3 (1979), pp. 13-17.

CARETTA, Vincent. *Equiano, the African: Biography of a Self-Made Man*. Athens, GA: The University of Georgia Press, 2005.

CARNEIRO, Edison. *Candomblés da Bahia*. 7. ed. Rio de Janeiro: Civilização Brasileira, 1986 [orig. 1948].

CARVALHO, Marcus J. M. de. "'Que crime é ser cismático?' As transgressões de um pastor negro no Recife patriarcal". *Estudos Afro-Asiáticos*, n. 36 (1999), pp. 97-121.

_____. "'É fácil serem sujeitos de quem já foram senhores': o ABC do Divino Mestre". *Afro-Ásia*, n. 31 (2004), pp. 327-334.

CARPENTIER, Alejo. *Écue-Yamba-Ó*. Madri: Alianza Editorial, 2002 [orig. 1927].

CASTILHO, Celso Thomas. "The Press and Brazilian Narratives of Uncle Tom's Cabin: Slavery and the Public Sphere in Rio de Janeiro, ca. 1855". *The Americas*, v. 76, n. 1 (2019), pp. 77-106.

CASTILLO, Lisa Earl; NICOLAU PARÉS, Luis Nicolau. "Marcelina da Silva e seu mundo: Novos dados para uma historiografia do candomblé ketu". *Afro-Ásia*, n. 36 (2007), pp. 111-50.

CASTILLO, Lisa Earl. "O terreiro do Gantois: redes sociais e etnografia histórica no século XIX". *Revista de História*, n. 176 (2017).

_____. "Between Memory, Myth and History: Transatlantic Voyagers of the Casa Branca Temple". In: ARAÚJO, Ana Lúcia (org.). *Paths of the Atlantic Slave Trade: Interactions, Identities, and Images* (Amherst, NY: Cambria Press, 2011), pp. 203-238.

CASTILLO, Lisa Earl. "Vida e viagens de Bamboxê Obitikô". In: JESUS, Air José Souza de; SOUZA JR., Caetano de (orgs.). *Minha vida é orixá*. São Paulo: Ifá, 2011, pp. 55-86.

CASTRO, Hebe M. Mattos de. "Laços de família e direitos no final da escravidão". In: NOVAIS, Fernando (coordenador geral); ALENCASTRO, Luiz Felipe de (org.), *História da vida privada no Brasil. Império: A Corte e a modernidade nacional*. São Paulo: Companhia das Letras, 1997, v. 2, cap. 7.

CASTRO, Yeda Pessoa de. *Falares africanos na Bahia: Um vocabulário afro-brasileiro*. 2. ed. Rio de Janeiro: Topbooks, 2005.

CHALHOUB, Sidney. *Visões da liberdade: Uma história das últimas décadas da escravidão na corte*. São Paulo: Companhia das Letras, 1990.

_____. *Machado de Assis historiador*. São Paulo: Companhia das Letras, 2003.

_____. "The Politics of Silence: Race and Citizenship in Nineteenth-Century Brazil". *Slavery and Abolition*, v. 27, n. 1 (2006), pp. 73-87.

COHN, Norman. *Europe's Inner Demons*. Frogmore: Paladin, 1976.

COLE, P. D. "Lagos Society in the Nineteenth Century". In: ADERIBIGBE, A. B. (org.). *The Development of an African City*. Lagos: Longman Nigeria, 1975, pp. 27-57.

COSTA, Ana de Lourdes. *Ekabó!: Trabalho escravo e condições de moradia e reordenamento urbano em Salvador no século XIX*. Dissertação de Mestrado, Faculdade de Arquitetura da UFBa, 1989.

COSTA, Emilia Viotti da. *Da senzala à colônia*. São Paulo: Brasiliense, 1989.

COSTA, Luiz Monteiro da. "A devoção de N. S. do Rosário na Cidade do Salvador". *Revista do Instituto Genealógico da Bahia*, v. 11, n. 11 (1959), pp. 155-177.

COUCEIRO, Luiz Alberto. "Acusações de feitiçaria e insurreições escravas no sudeste do Império do Brasil". *Afro-Ásia*, n. 38 (2008), pp. 211-244.

COURLANDER, Harold. *Tales of Yoruba Gods and Heroes*. Nova York: Crown Publishers, 1973.

CUNHA, Manuela Carneiro da. *Negros, estrangeiros: Os escravos libertos e sua volta à África*. 2. ed. São Paulo: Companhia das Letras, 2012.

DAVID, Onildo Reis. *O inimigo invisível: Epidemia na Bahia no século XIX*. Salvador: Edufba, 1996.

DAVIS, Charles T.; GATES, Henry Louis (orgs.). *The Slave's Narrative*. Oxford; Nova York: Oxford University Press, 1985.

DAVIS, Natalie Zemon. *Histórias de perdão e seus narradores na França do século XVI*. São Paulo: Companhia das Letras, 2001.

DREWAL, Henry John; MASON, John. *Beads, Body, and Soul: Art and Light in the Yoruba Universe*. Los Angeles: UCLA Fowler Museum of Cultural History, 1998.

ELTIS, David. "The Diaspora of Yoruba Speakers, 1650-1865: Dimensions and Implications". In: FALOLA, Toyin; CHILDS, Matt D. (orgs.). *The Yoruba Diaspora in the Atlantic World*. Bloomington; Indianápolis: Indiana University Press, 2004, pp. 17-39.

FALHEIROS, Elaine Santos. *Luís e Antônio Xavier de Jesus: Ascensão social de africanos na Bahia oitocentista*. Dissertação de Mestrado, UFBA, 2013.

FARIA, Sara Oliveira. *Irmãos de cor, de caridade e de crença: A Irmandade do Rosário do Pelourinho na Bahia do século XIX*. Dissertação de Mestrado, UFBa, 1997.

FALOLA, Toyin. "'My Friend the Shylock' Money-Lenders and their Clients in South-Western Nigeria". *Journal of African History*, n. 34 (1993), pp. 403-23.

_____. "Slavery and Pawnship in the Yoruba Economy of the Nineteenth Century". *Slavery and Abolition*, v. 15, n. 2 (1994), pp. 221-245.

FALOLA, Toyin; OGUNTOMISIN, G. O. *Yoruba Warlords of the Nineteenth Century*. Trenton, NJ: Africa World Press, 2001.

FALOLA, Toyin; CHILDS, Matt D. (orgs.). *The Yoruba Diaspora in the Atlantic World*. Bloomington; Indianápolis: Indiana University Press, 2004.

FARIA, Sheila de Castro. *A colônia em movimento: Fortuna e família no cotidiano colonial*. Rio de Janeiro: Nova Fronteira, 1998.

FARIAS, Juliana B.; GOMES, Flávio; SOARES, Carlos Eugênio L. *No labirinto das nações: Africanos e identidades no Rio de Janeiro, século XIX*. Rio de Janeiro: Arquivo Nacional, 2005.

FERREIRA, Jackson. "'Por hoje acaba a lida': Suicídio escravo na Bahia (1850--1888). *Afro-Ásia*, n. 31 (2004), pp. 197-234.

FERRETTI, Danilo José Zioni. "A publicação de 'A cabana do Pai Tomás' no Brasil escravista: O 'momento europeu' da edição de Rey e Belhatte (1853)". *Varia Historia*, v. 33, n. 61 (2017), pp. 189-223.

FERRETI, Mundicarmo (org.). *Pajelança do Maranhão no século XIX: O processo de Amelia Rosa*. São Luís: CMF, FAPEMA, 2004.

FETT, Sharla M. *Working Cures: Healing, Health, and Power on Southern Slave Plantations*. Chapel Hill; Londres: The University of North Carolina Press, 2002.

FICK, Carolyn. *The Making of Haiti: The Saint Domingue Revolution from Below*. Knoxville: The University of Tennessee Press, 1990.

FLORENCE, Afonso Bandeira. "Nem escravos, nem libertos: Os 'africanos livres' na Bahia". *Cadernos do CEAS*, n. 121 (1989), pp. 58-69.

_____. *Entre o cativeiro e a emancipação: A liberdade dos africanos livres no Brasil (1818-1864)*. Dissertação de Mestrado, UFBa, 2002.

FLORENTINO, Manolo; GÓES, José Roberto. *A paz nas senzalas: Famílias escravas e tráfico atlântico, c. 1790–c. 1850*. Rio de Janeiro: Civilização Brasileira, 1997.

FLORY, Thomas. *Judge and Jury in Imperial Brazil, 1808-1871: Social Control and Political Stability in the New State*. Austin: University of Texas Press, 1981.

FRAGA FILHO, Walter. *Mendigos, moleques e vadios na Bahia do século XIX*. São Paulo: Hucitec; Salvador: Edufba, 1996.

_____. *Encruzilhadas da liberdade: Histórias de escravos e libertos na Bahia (1870-1910)*. Campinas: Editora Unicamp, 2006.

FRANK, Zephyr. *Dutra's World: Wealth and Family in Nineteenth-Century Rio de Janeiro*. Albuquerque: University of New Mexico Press, 2004.

FRANKLIN, John Hope; SCHWENINGER, Loren. *In Search of the Promised Land: A Slave Family in the Old South*. Nova York: Oxford University Press, 2006.

FRAZIER, Franklin. "The Negro Family in Bahia, Brazil". *American Sociological Review*, v. 7, n. 4 (1942), pp. 465-78.

FRUTUOSO, Eduardo; GUINOTE, Paulo; LOPES, António. *O movimento do porto de Lisboa e o comércio luso-brasileiro (1769-1836)*. Lisboa: Comissão Nacional para as Comemorações dos Descobrimentos Portugueses, 2001.

FRY, Peter; CARRARA, Sérgio; MARTINS-COSTA, Ana Luiza. "Negros e brancos no Carnaval da Velha República". In: REIS, João José (org.). *Escravidão e invenção da liberdade: Estudos sobre o negro no Brasil*. São Paulo: Brasiliense, 1988, pp. 232-263.

FURTADO, Júnia Ferreira. *Chica da Silva e o contratador de diamantes: O outro lado do mito*. São Paulo: Companhia das Letras, 2003.

GBADAMOSI, G. O. "Patterns and Developments in Lagos Religious History". In: ADERIBIGBE, A. B. *Lagos: The Development of an African City*. Ikeja: Longman Nigeria, 1975, pp. 73-196.

GOMES, Flávio dos Santos. *Experiências atlânticas: Ensaios e pesquisas sobre a escravidão e o pós-emancipação no Brasil*. Passo Fundo: Editora da UPF, 2003.

_____. *A Hidra e os pântanos: Mocambos, quilombos e comunidades de fugitivos no Brasil (séculos XVII-XIX)*. São Paulo: Editora da Unesp, 2005.

_____. *Histórias de quilombolas: Mocambos e comunidades de senzalas no Rio de Janeiro, século XIX*. 2. ed. São Paulo: Companhia das Letras, 2006.

GRADEN, Dale. "'So Much Superstition Among These people!': Candomblé and the Dilemas of Afro-Bahian Intellectuals". In: KRAAY, Hendrik. *Afro-Brazilian Culture and Politics: Bahia, 1790s to 1990s*. Armonk, NY; Londres: M. E. Sharpe, 1998, pp. 57-73.

_____. *From Slavery to Freedom in Brazil: Bahia, 1835-1900*. Albuquerque: University of New Mexico Press, 2006.

GRAHAM, Richard. *Patronage and Politics in Nineteenth-Century Brazil*. Stanford: Stanford University Press, 1990.

_____. "Nos tumbeiros mais uma vez? O comércio interprovincial de escravos no Brasil". *Afro-Ásia*, n. 27 (2002), pp. 121-160.

GRAHAM, Sandra Lauderdale. *Caetana diz não: Histórias de mulheres da sociedade escravista brasileira*. São Paulo: Companhia das Letras, 2005.

GRANT, Douglas. *The Fortunate Slave: An Illustration of African Slavery in the Early Eighteenth Century*. Londres: Oxford University Press, 1968.

GRINBERG, Keila. *Liberata, a lei da ambiguidade: As ações de liberdade da Corte de Apelação do Rio de Janeiro no século XIX*. Rio de Janeiro: Relume Dumará, 1994.

GUDEMAN, Stephen; SCHWARTZ, Stuart. "Purgando o pecado original: Compadrio e batismo de escravos na Bahia no século XVIII". In: REIS, João José (org.). *Escravidão e invenção da liberdade: Estudos sobre o negro no Brasil*. São Paulo: Brasiliense, 1988, pp. 33-59.

GUEDES, Roberto. "De ex-escravo a elite escravista: A trajetória de ascensão social do pardo alferes Joaquim Barbosa Neves (Porto Feliz, São Paulo, século XIX)". In: FRAGOSO, João Luís R.; ALMEIDA, Carla Maria C. de; SAMPAIO, Carlos J. de (orgs.). *Conquistadores e negociantes: Histórias de elites no Antigo Regime nos trópicos*. Rio de Janeiro: Civilização Brasileira, 2007, pp. 337-376.

_____. *Egressos do cativeiro: Trabalho, família, aliança e mobilidade social (Porto Feliz, São Paulo, c. 1798-c. 1850)*. Rio de Janeiro: Mauad X, Faperj, 2008.

GUIZELIN, Gilberto da Silva. "A última embaixada de um monarca africano no

Brasil: Manoel Alves Lima, um embaixador do Reino de Onim na corte de D. Pedro I". *Anos 90*, v. 22, n. 42 (2015), pp. 325-351.

HALL, Robert. "Savoring Africa in the New World". In: VIOLA, Herman J.; MARGOLIS, Carolyn. *Seeds of Change*. Washington; Londres: Smithonian Institute, 1991, pp. 161-171.

HARDING, Rachel E. *A Refuge in Thunder: Candomblé and Alternative Spaces of Blackness*. Bloomington: Indiana University Press, 2000.

HÉBRARD, Jean. "Esclavage et dénomination: Imposition et appropriation d'un nom chez les esclaves de la Bahia au XIXe siècle". *Cahiers du Brésil Contemporain*, n. 53-54 (2003), pp. 31-92.

IDOWU, E. Bolaji. *Olódùmarè: God in Yoruba Belief*. Londres: Longmans, 1962.

JEHA, Silvana Cassab. "Ganhar a vida: Uma história do barbeiro africano José Dutra e sua família: Rio de Janeiro, século XIX". In: PORTO, Angela (org.). *Doenças e escravidão: Sistema de saúde e práticas terapêuticas*. Rio de Janeiro: Casa Oswaldo Cruz, Fiocruz, disponível em CD-ROM.

JULY, Robert. *A History of the African People*. 2. ed. Nova York: Charles Scribner's Sons, 1974.

KADRA, Haouaria. *Jugurtha, un berbère contre Rome*. Paris: Arléa, 2005.

KLEIN, Herbert. *The Middle Passage: Comparative Studies in the Atlantic Slave Trade*. Princeton: Princeton University Press, 1978.

KLEIN, Hebert; LUNA, Francisco Vidal. *Slavery in Brazil*. Cambridge: Cambridge University Press, 2009.

KRAAY, Hendrik. "'As Terrifying as Unexpected': The Bahian Sabinada, 1837--1838". *Hispanic American Historical Review*, v. 72, n. 4 (1992), pp. 501-527.

_____. "'Ao abrigo da farda': O exército brasileiro e os escravos fugidos, 1800--1888". *Afro-Ásia*, n. 17 (1996), pp. 29-56.

_____. *Bahia's Independence: Popular Politics and Patriotic Festival in Salvador, Brazil, 1824-1900*. Montreal: McGill-Queen's University Press, 2019.

_____. "Entre o Brasil e a Bahia: As comemorações do Dois de Julho em Salvador no século XIX". *Afro-Ásia*, n. 23 (2000), pp. 49-88.

_____. "'Em outra coisa não falavam os pardos, cabras, e crioulos': O 'recrutamento' de escravos na guerra da independência na Bahia". *Revista Brasileira de História*, v. 22, n. 43 (2002), pp. 109-128.

LAMOUNIER, Maria Lúcia. *Da escravidão ao trabalho livre: A lei de locação de serviços de 1879*. Campinas: Papirus, 1988.

LANDES, Ruth. *A cidade das mulheres*. Rio de Janeiro: Civilização Brasileira, 1967.

LARA, Silvia Hunold. "Sedas, panos e balangandãs: O traje de senhoras e escravas nas cidades do Rio de Janeiro e de Salvador (século XVIII)". In: SILVA, Maria Beatriz Nizza da (org.). *Brasil: Colonização e escravidão*. (Rio de Janeiro, Nova Fronteira, 2000), pp. 177-191.

_____. *Campos da violência escravos e senhores na capitania do Rio de Janeiro*. Rio de Janeiro: Paz e Terra, 1988.

LAW, Robin. "The Chronology of the Yoruba Wars of the Early Nineteenth Century: A Reconsideration". *Journal of the Historical Society of Nigeria*, v. 5, n. 2 (1970), pp. 211-222.

_____. *The Oyo Empire, c. 1600-c. 1836: A West African Imperialism in the Era of the Atlantic Slave Trade*. Oxford: Oxford University Press, 1977.

_____. "The Career of Adele at Lagos and Badagry, c. 1807-c. 1837". *Journal of the Historical Society of Nigeria*, v. 9, n. 2 (1978), pp. 35-59.

_____. "Trade and Politics Behind the Slave Coast: The Lagoon Traffic and the Rise of Lagos, 1500-1800". *Journal of African History*, v. 24, n. 3 (1983), pp. 321-348.

_____. "Francisco Felix de Souza in West Africa, 1820-1849". In: CURTO, José C.; LOVEJOY, Paul E. (orgs.). *Enslaving Connections: Changing Cultures of Africa and Brazil During the Era of the Slave Trade*. Amherst: Humanity Books, 2004, pp. 187-211.

_____. "A comunidade brasileira de Uidá e os últimos anos do tráfico atlântico de escravos, 1850-66". *Afro-Ásia*, n. 27 (2002), pp. 41-77.

LAW, Robin; MANN, Kristin. "West Africa and the Atlantic Community: The Case of the Slave Coast". *William and Mary Quarterly*, v. 56, n. 2 (1999), pp. 307-334.

LE HERRISSÉ, A. *L'Ancien Royaume du Dahomey: Moeurs, religion, histoire*. Paris: Émile Larose Libraire-Editeur, 1911.

LEITE, Douglas G. *Sabinos e diversos: Emergências políticas e projetos de poder na revolta baiana de 1837*. Salvador: EGBA, Fundação Pedro Calmon, 2007.

_____. *Mutualistas graças a Deus: Identidade de cor, tradições e transformações do mutualismo popular na Bahia do século XIX*. Tese de doutorado, Universidade de São Paulo, 2017.

LIMA, Vivaldo da Costa. "O candomblé da Bahia na década de 30". In: OLIVEIRA, Waldir Freitas; LIMA, Vivaldo da Costa (orgs.). *Cartas de Édison Carneiro a Artur Ramos*. Salvador: Corrupio, 1987, pp. 37-73.

LIMA, Vivaldo da Costa. *A família de santo nos candomblés jeje-nagôs da Bahia*. Salvador: Corrupio, 2003.

LLOYD, P. C. "The Yoruba Lineage". *Africa*, v. 25, n. 3 (1955), pp. 235-251.

_____. "Osifekunde of Ijebu". In: CURTIN, Philip D. *Africa Remembered: Narratives by West Africans from the Era of the Slave Trade*. Madison: University of Wisconsin Press, 1967, pp. 217-288.

LOPES, Juliana Sezerdello Crespim. *Identidades políticas e raciais na Sabinada (Bahia, 1837-1838)*. São Paulo: Alameda, 2023.

LOVEJOY, Paul E. "The Central Sudan and the Atlantic Slave Trade". In: HARMS, Robert W. et al. (orgs.). *Paths Toward the Past: African Historical Essays in Honor of Jan Vansina*. Atlanta, GA: African Studies Association, 1994, pp. 345-370.

_____. *Transformations in Slavery: A History of Slavery in Africa*. Cambridge: Cambridge University Press, 1983.

LOVEJOY, Paul E.; RICHARDSON, David. "Trust, Pawnship, and Atlantic History: The Institutional Foundation of the Old Calabar Slave Trade". *The American Historical Review*, v. 104, n. 2 (1999), pp. 333-355.

LOVEJOY, Paul E.; RICHARDSON, David. "The Business of Slaving: Pawnship in Western Africa, c. 1600-1800". *Journal of African History*, vol. 42, n. 1 (2001), pp. 67-89.

LÜHNING, Angela. "'Acabe com este santo, Pedrito vem aí'...". *Revista USP*, n. 28 (1995-96), pp. 194-220.

MACHADO, Maria Helena P. T. *Crime e escravidão: Trabalho, luta, resistência nas lavouras paulistas, 1830-1888*. São Paulo: Brasiliense, 1987.

_____. *O plano e o pânico: Os movimentos sociais na década da abolição*. São Paulo: Edusp, 1994.

MAESTRI FILHO, Mário José. *Depoimentos de escravos brasileiros*. São Paulo: Ícone, 1988.

MAGGIE, Yvonne. *Medo do feitiço: Relações entre magia e poder no Brasil*. Rio de Janeiro: Arquivo Nacional, 1992.

MAIA, Moacir Rodrigo de Castro. "O apadrinhamento de africanos em Minas colonial: O (re)encontro na América (Mariana, 1715-1750)". *Afro-Ásia*, n. 36 (2007), pp. 39-80.

MAMIGONIAN, Beatriz G. *Africanos livres: A abolição do tráfico de escravos no Brasil*. São Paulo: Companhia das Letras, 2017.

_____. "Do que o 'preto mina' é capaz: Etnia e resistência entre africanos livres". *Afro-Ásia*, n. 24 (2000), pp. 71-95.

MANN, Kristin. "The World the Slave Traders Made: Lagos, c. 1760-1850". In: LOVEJOY, Paul E. (org.). *Identifying Enslaved Africans: Proceedings of the Unesco/SSHRCC Summer Institute*. Toronto: York University, 1997.

MANN, Kristin. *Slavery and the Birth of an African City: Lagos, 1760-1900*. Bloomington: University of Indiana Press, 2007.

_____. "Shifting Paradigms in the Study of the African Diaspora and of the Atlantic History and Culture". In: MANN, Kristin; BAY, Edna G. (orgs.). *Rethinking the African Diáspora: The Making of a Black Atlantic World in the Bight of Benin and Brazil*. Londres: Frank Cass, 2001, pp. 3-21.

MARQUESE, Rafael de Bivar. "A dinâmica da escravidão no Brasil: Resistência, tráfico negreiro e alforrias". *Novos Estudos*, n. 74 (2006), pp. 107-123.

MATORY, J. Lorand. *Black Atlantic Religion: Tradition, Transnationalism, and Matriarchy in the Afro-Brazilian Candomblé*. Princeton: Princeton University Press, 2003.

MATTOS, Waldemar. "A Bahia de Castro Alves". *Anais do APEBa*, v. 30 (1947), pp. 205-303.

MATTOSO, Kátia M. de Queirós. "A Propósito de cartas de alforria". *Anais de História*, n. 4 (1972), pp. 23-52.

_____. *Bahia: A cidade do Salvador e seu mercado no século XIX*. São Paulo: Hucitec, 1978.

_____. *Être esclave au Brésil XVe-XIXe siècle*. Paris: Hachette, 1979.

_____. *Testamentos de escravos libertos na Bahia no século XIX: uma fonte para o estudo de mentalidades*. Salvador: Centro de Estudos Baianos, 1979.

_____. *Família e sociedade na Bahia no século XIX*. Salvador: Corrupio, 1988.

MATTOSO, Kátia M. de Queirós; KLEIN, Herbert S.; ENGERMAN, Stanley L. "Notas sobre as tendências e padrões dos preços de alforrias na Bahia, 1819--1888". In: REIS, João José (org.). *Escravidão e invenção da liberdade: Estudos sobre o negro no Brasil*. São Paulo, Brasiliense, 1988, pp. 60-72.

_____. *Bahia, século XIX: Uma província no Império*. Rio de Janeiro: Nova Fronteira, 1992.

_____. "The Manummission of Slaves in Brazil in the Eighteenth and Nineteenth Centuries". *Diogenes*, v. 45, n. 179 (1997), pp. 117-38.

_____. *Da revolução dos alfaiates à riqueza dos baianos no século XIX*. Salvador: Corrupio, 2004.

MCLAURIN, Melton A. *Celia, a Slave*. Nova York: Avon Books, 1991.

MEILLASSOUX, Claude. *Antropologia da escravidão: O ventre de ferro e dinheiro*. Rio de Janeiro: Zahar, 1995.

MINTZ, Sidney; PRICE, Richard. *An Anthropological Approach to the Afro-Amer-

ican Past: A Caribbean Perspective. Filadélfia: Institute for the Study of Human Issues, 1976.

MINTZ, Sidney; PRICE, Richard. *The Birth of African-American Culture: An Anthropological Perspective*. Boston: Beacon Press, 1992.

MONFOPUGA-NICOLAS, Jacqueline. *Ambivalence et Culte de Possession: Contribution à l'Étude du Bori Haoussa*. Paris: Anthropos, 1972.

MOREIRA, Paulo Roberto Staudt. *Faces da liberdade, máscaras do cativeiro: Experiências de liberdade e escravidão percebidas através das cartas de alforria — Porto Alegre (1858-1888)*. Porto Alegre: EDIPUCRS, 1996.

_____. *Os cativos e os homens de bem: Experiências negras no espaço urbano*. Porto Alegre: EST Edições, 2003.

MOTT, Luiz. *Rosa Egipcíaca, uma santa africana no Brasil*. Rio de Janeiro: Bertrand Brasil, 1993.

MUSEU AFROBRASIL. *Theodoro Sampaio, o sábio negro entre os brancos*. São Paulo: Museu AfroBrasil, 2008.

NASCIMENTO, Ana Amélia Vieira. *Dez freguesias da cidade do Salvador*. Salvador: Fundação Cultural do Estado da Bahia, 1986.

NISHIDA, Mieko. "Manummmission and Ethnicity in Urban Slavery: Salvador, Brazil, 1808-1888". *Hispanic American Historical Review*, v. 73, n. 3 (1993), pp. 361-391.

_____. *Slavery & Identity: Ethnicity, Gender, and Race in Salvador, Brazil, 1808-1888*. Bloomington; Indianápolis: Indiana University Press, 2003.

OGUNDIRAN, Akinwumi. "Of Small Things Remembered: Beads, Cowries, and Cultural Translations of the Atlantic Experience in Yorubaland". *International Journal of African Historical Studies*, v. 35, n. 2-3 (2002), pp. 427-457.

OJO, G. J. Afolabi. *Yoruba Culture: A Geographical Analysis*. Ile Ife; Londres: University of Ife and University of London Press, 1966.

OLIVEIRA, Anderson José Machado de. *Devoção negra: Santos e catequese no Brasil colonial*. Rio de Janeiro: Quartet/FAPERJ, 2008.

OLIVEIRA, Klebson. *Negros e escrita no Brasil do século XIX: sócio-história, edição filológica de documentos e estudo linguístico*. Tese de doutorado, UFBA, 2006.

OLIVEIRA, Maria Inês Côrtes de. "The Reconstruction of Ethnicity in Bahia: The Case of the Nagô in the Nineteenth Century". In: LOVEJOY, Paul; TROTMAN, David (orgs.). *Trans-Atlantic Dimension of the African Diaspora*. Londres; Nova York: Continuum, 2003, pp. 158-180.

OLIVEIRA, Maria Inês Côrtes de. "Quem eram os 'negros da Guiné'? A origem dos africanos na Bahia". *Afro-Ásia*, n. 19/20 (1997), pp. 37-73.

_____. "Viver e morrer no meio dos seus: Nações e comunidades africanas na Bahia do século XIX". *Revista USP*, n. 28 (1995-6), pp. 174-93.

_____. *Retrouver une identité: Jeux sociaux des Africains de Bahia (vers 1750-
-vers 1890)*. Tese de doutorado, Université de Paris IV (Sorbonne), 1992.

_____. *O liberto: Seu mundo e os outros*. São Paulo: Corrupio, 1988.

OLIVEIRA, Waldir Freitas de. *História de um banco: O Banco Econômico*. Salvador: Museu Eugênio Teixeira Leal, 1993.

OROGE, E. Adeniyi. *The Institution of Slavery in Yorubaland, with Particular Reference to the Nineteenth Century*. Tese de Doutorado, Universidade de Birmingham, 1971.

_____. "Iwofa: An Historical Survey of the Yoruba Institution of Indenture". *African Economic History*, n. 14 (1985), pp. 75-106.

PAINTER, Nell Irvin. *Sojourner Truth: A Life, a Symbol*. Nova York; Londres: Norton, 1996.

PAIVA, Eduardo França. "Celebrando a alforria: Amuletos e práticas culturais entre as mulheres negras e mestiças do Brasil". In: JANCSÓ, Ístvan; KANTOR, Íris (orgs.). *Festa: Cultura e sociabilidade na América portuguesa*. São Paulo: Hucitec, Edusp, Imprensa Oficial, Fapesp, 2001, pp. 505-518.

PARÉS, Luís Nicolau. "The 'Nagôization' Process in Bahian Candomblé". In: FALOLA, Toyin; CHILDS, Matt D. (orgs.). *The Yoruba Diaspora in the Atlantic World*. Bloomington; Indianápolis: Indiana University Press, 2004, pp. 185-208.

_____. *A formação do candomblé: História e ritual da nação jeje na Bahia*. Campinas: Editora da Unicamp, 2006.

_____. "O processo de crioulização no Recôncavo baiano (1750-1800)". *Afro-
-Ásia*, n. 33 (2005), pp. 87-132.

_____. "Milicianos, barbeiros e traficantes numa irmandade católica de africanos minas e jejes (Bahia 1780-1830)". *Revista Tempo*, n. 20 (2014), pp. 1-32.

_____. "Libertos africanos, comércio atlântico e candomblé: A história de uma carta que não chegou ao destino". *Revista de História*, n. 178 (2019), 1-34.

_____. "Entre a Bahia e a Costa da Mina, libertos africanos no tráfico ilegal". In: RAGGI, G. et al. (orgs.). *Salvador da Bahia: Interações entre América e África (séculos XVI-XIX)*. Salvador: Edufba; Lisboa: Cham, 2017, pp. 13-49.

PARK, George K. "Divination and Its Social Contexts". *The Journal of the Royal Anthropological Institute*, n. 93, (1963), parte 2, pp. 195-209.

PEEL, J. D. Y. "The Cultural Work of Yoruba Ethnogenesis". In: TONKIN, E.; MCDONALD, E. M.; CHAPMAN, M. (orgs.). *History and Ethnicity*. Londres; Nova York: Routledge & Kegan Paul, 1989, pp. 198-215.

_____. *Religious Encounter and the Making of the Yoruba*. Bloomington; Indianápolis: Indiana University Press, 2000.

PESAVENTO, Sandra Jatahy. "Negros feitiços". In: ISAIA, Artur César (org.). *Orixás e espíritos: O debate interdisciplinar na pesquisa contemporânea* (Uberlândia: Edufu, 2006), pp. 129-152.

PIERSON, Donald. *Brancos e pretos na Bahia*. São Paulo: Companhia Editora Nacional, 1971.

PINHO, Wanderley de. "Discurso proferido pelo Dr. Wanderley de Araújo Pinho na sessão solemne realisada no Conselho Municipal de Santo Amaro, a 14 de junho de 1922, para solemnisar o início da participação da Villa de S. Amaro na campanha da Independência". *Revista do Instituto Geográfico e Histórico da Bahia*, n. 48 (1923), pp. 1-60.

_____. *História de um engenho do Recôncavo*. 2. ed. São Paulo: Companhia Editora Nacional; Brasília: Instituto Nacional do Livro, 1982.

PINTO, Tânia Maria de Jesus. *Os negros cristãos católicos e o culto aos santos na Bahia colonial*. Dissertação de Mestrado, UFBA, 2000.

PRICE, Richard. "O milagre da crioulização: retrospectiva". *Estudos Afro-Asiáticos*, v. 25, n. 3 (2003), pp. 383-419.

PUNTONI, Pedro. *Os recenseamentos gerais do Brasil no século XIX: 1872 e 1890*. São Paulo, CEBRAP — Centro Brasileiro de Análise e Planejamento, CD-ROM, [s.d.].

REDIKER, Marcus. *The Slave Ship: A Human History*. Nova York: Viking, 2007.

REGINALDO, Lucilene. *Os Rosários dos angolas: Irmandades de africanos e crioulos na Bahia setecentista*. São Paulo: Alameda, 2011.

REIS, Adriana Dantas. *Cora: Lições de comportamento feminino na Bahia do século XIX*. Salvador: Centro de Estudos Baianos da UFBA, 2000.

REIS, Isabel Cristina F. dos. *A família negra no tempo da escravidão, 1850-1888*. Tese de doutorado, Unicamp, 2007.

REIS, João José. *Ganhadores: A greve negra de 1857 na Bahia*. São Paulo: Companhia das Letras, 2019.

_____. "'Por sua liberdade me oferece uma escrava': Alforrias por substituição na Bahia, 1800-1850". *Afro-Ásia*, n. 63 (2021), pp. 232-290.

_____. "De escravo a rico liberto: A história do africano Manoel Joaquim Ricardo na Bahia oitocentista". *Revista de História*, v. 174, n. 1 (2016), pp. 15-68.

REIS, João José. "Candomblé and Slave Reistance". In: SANSI, Roger; PARÉS, Luis Nicolau (orgs.). *Witchcraft in the Luso-Atlantic World*. Chicago: University of Chicago Press, 2011, pp. 55-74.

_____. "Sacerdotes, devotos e clientes no candomblé da Bahia oitocentista". In: ISAIA, Artur César (org.). *Orixás e espíritos*. Uberlândia: Edufu, 2006, pp. 57-98.

_____. *Rebelião escrava no Brasil: A história do levante dos malês em 1835*. São Paulo: Companhia das Letras, 2003.

_____. "Ethnic Politics among Africans in Nineteenth-Century Bahia". In: LOVEJOY, Paul; TROTMAN, David (orgs.). *Trans-Atlantic Dimension of the African Diaspora*. Londres; Nova York: Continuum, 2003, pp. 240-264.

_____. "Tambores e tremores: A festa negra na Bahia na primeira metade do século XIX". In: CUNHA, Maria Clementina Pereira (org.). *Carnavais e outras f(r)estas: Ensaios de história social da cultura*. Campinas: Editora da Unicamp, 2002, pp. 101-155.

_____. *A morte é uma festa: Ritos fúnebres e revolta popular no Brasil do século XIX*. 2. ed. São Paulo: Companhia das Letras, 2022.

_____. "Nas malhas do poder escravista: A invasão do candomblé do Accú". In: REIS, João José; SILVA, Eduardo. *Negociação e conflito: A resistência negra no Brasil escravista*. São Paulo: Companhia das Letras, 1989, pp. 32-61.

_____. "População e rebelião: Notas sobre a população escrava na Bahia na primeira metade do século XIX". *Revista das Ciências Humanas*, n. 1 (1980), pp. 143-154.

_____. "Arabonam, um sacerdote de Xangô na Bahia oitocentista" (2008, texto inédito).

REIS, João José; GOMES, Flávio dos Santos. *Liberdade por um fio: História dos quilombos no Brasil*. São Paulo: Companhia das Letras, 1999.

REIS, João José; MAMIGONIAN, Beatriz. "Nagô and Mina; The Yoruba Diaspora in Brazil". In: FALOLA, Toyin; CHILDS, Matt D. (orgs.). *The Yoruba Diasin the Atlantic World*. Bloomington; Indianápolis: Indiana University Press, 2004, pp. 77-110.

REIS, João José; SILVEIRA, Renato da. "Violência repressiva e engenho político na Bahia do tempo dos escravos". *Comunicações do ISER*, v. 5, n. 21 (1986), pp. 61-66.

REIS, João José; GOMES, Flávio dos Santos; CARVALHO, Marcus J. M. *O alufá Rufino: Tráfico, escravidão e liberdade no Atlântico negro (c. 1822-c.1853)*. 2. ed. São Paulo: Companhia das Letras, 2017.

RIOS, Ana Lugão; MATTOS, Hebe. *Memórias do cativeiro: Família, trabalho e cidadania no pós-abolição*. Rio de Janeiro: Civilização Brasileira, 2005.

RIOS, Venétia Durando Braga. *O Asylo de São João de Deos: As faces da loucura*. Tese de Doutorado, PUC-SP, 2006.

SACHNINE, Michka. *Dictionaire usuel yorùbá-français*. Paris; Ibadan: Karthala, IFRA, 1997.

SAHLINS, Marshall. "Two or Three Things that I Know About Culture". *Journal of the Royal Anthropological Institute*, v. 5, n. 3 (1999), pp. 399-421.

SAMPAIO, Consuelo Novaes. *50 anos de urbanização: Salvador no século XIX*. Rio de Janeiro: Versal, 2005.

SAMPAIO, Gabriela dos Reis. *Juca Rosa: Um pai-de-santo na Corte imperial*. Rio de Janeiro: Arquivo Nacional, 2009.

_____. "Tenebrosos mistérios: Juca Rosa e as relações entre crença e cura no Rio de Janeiro imperial". In: CHALHOUB, Sidney; MARQUES, Vera Regina B.; SAMPAIO, Gabriela dos Reis; SOBRINHO, Carlos Roberto Galvão (orgs.). *Artes e ofícios de curar no Brasil*. Campinas: Editora Unicamp, 2003, pp. 387-426.

SANTOS, Jocélio Teles dos. "Candomblés e espaço urbano na Bahia do século XIX". *Estudos Afro-Asiáticos*, v. 27, n. 1-3 (2005), pp. 205-226.

_____. "Divertimentos estrondosos: Batuques e sambas no século XIX". In: SANSONE, Livio; SANTOS, Jocélio T. dos (orgs.). *Ritmos em trânsito: Socioantropolgia da música baiana*. Salvador: Projeto A Cor da Bahia, 1997, pp. 15-38.

_____. *Ex-escrava proprietária de escrava (um caso de sevícia na Bahia do século XIX)*. Salvador: Programa de Estudos do Negro na Bahia PENBA, FFCH da UFBa, 1991.

SANTOS, Ynaê Lopes dos. *Além da senzala: Arranjos escravos de moradia no Rio de Janeiro (1808-1850)*. São Paulo: Hucitec, 2010.

SCHILTZ, Marc. "Yorubá Thunder Deities and Sovereignty: Ará versus Sangó". In: TISHKEN, Joel E.; FALOLA, Toyin; AKÍNYEMÍ, Akíntúndé (orgs.). *Sangó in Africa and the African Diaspora*. Bloomington; Indianapolis: Indiana University Press, 2009, pp. 78-108.

SCHWAB, William B. "Kinship and Lineage among the Yoruba". *Africa*, v. 25, n. 4, (1955), pp. 352-374.

SCHWARCZ, Lilia Moritz. *Retrato em branco e negro: Jornais, escravos e cidadãos em São Paulo no final do século XIX*. São Paulo: Companhia das Letras, 1987.

SCHWARTZ, Stuart. "The Manumission of Slaves in Colonial Brazil: Bahia, 1684--1745". *Hispanic American Historical Review*, v. 54, n. 4 (1974), pp. 603-635.

SCHWARTZ, Stuart. *Sugar Plantations in the Formation of Brazilian Society: Bahia, 1535-1835*. Cambridge: Cambridge University Press, 1985.

_____. *Slaves, Peasants, and Rebels: Reconsidering Brazilian Slavery*. Urbana; Chicago: Illinois University Press, 1992.

SILVA, Ricardo Tadeu Caires. "Memórias do tráfico ilegal de escravos nas ações de liberdade: Bahia, 1885-1888". *Afro-Ásia*, n. 35 (2007), pp. 37-82.

_____. *Caminhos e descaminhos da abolição: Escravos, senhores e direito nas últimas décadas da escravidão (1850-1888)*. Tese de doutorado, Universidade Federal do Paraná, 2007.

SILVA, Alberto da Costa e. *Francisco Félix de Souza, mercador de escravos*. Rio de Janeiro: Nova Fronteira, 2004.

_____. "Cartas de um embaixador de Onim". *Cadernos do CHDD*, v. 4, n. 6 (2005), pp. 195-205.

_____. *A manilha e o libambo: A África e a escravidão de 1500 a 1700*. Rio de Janeiro: Nova Fronteira, 2002.

SILVA, Cândido da Costa e. *Os segadores e a messe: O clero oitocentista na Bahia*. Salvador: Edufba, 2000.

SILVA, Eduardo. *Dom Oba II d'África, o príncipe do povo: Vida, tempo e pensamento de um homem de cor*. São Paulo: Companhia das Letras, 1997.

SILVA, Simone Trindade. *Referencialidade e representação: Um resgate do modo de construção de sentidos nas pencas de balangandãs a partir da coleção do Museu Carlos Costa Pinto*. Dissertação de mestrado, Faculdade de Belas--Artes da UFBA, 2005.

SILVEIRA, Renato da. *O candomblé da Barroquinha: Processo de constituição do primeiro terreiro baiano de Keto*. Salvador: Maianga, 2006.

SLENES, Robert W. *Na senzala uma flor: Esperanças e recordações na formação da família escrava — Brasil Sudeste, século XIX*. Rio de Janeiro: Nova Fronteira, 1999.

_____. "The Brazilian Internal Slave Trade, 1850-1888: Regional Economies, Slave Experience, and the Politics of a Peculiar Market". In: JOHNSON, Walter (org.), *The Chattel Principle: Internal Slave Trades in the Americas*. New Haven e Londres: Yale University Press, 2004, pp. 325-370.

SOARES, Carlos Eugênio Líbano. *Zungú: Rumor de muitas vozes*. Rio de Janeiro: Arquivo Público do Estado do Rio de Janeiro, 1998.

SOARES, Cecília Moreira. "Resistência negra e religião: A repressão ao candomblé de Paramerim, 1853". *Estudos Afro-Asiáticos*, n. 23 (1992), pp. 133-142.

SOARES, Cecília Moreira. "As ganhadeiras: Mulher e resistência negra em Salvador no século XIX". *Afro-Ásia*, n. 17 (1996), pp. 57-71.

SOARES, Cecília Moreira. *Mulher negra na Bahia no século XIX*. Salvador: Eduneb, 2007.

SOARES, Márcio de Souza. *A remissão do cativeiro: A dádiva da alforria e o governo dos escravos nos Campos dos Goitacases, c. 1750-c. 180*. Rio de Janeiro: Apicuri, 2009.

SOARES, Mariza de Carvalho (org.). *Rotas atlânticas da diáspora africana: Da Baía do Benim ao Rio de Janeiro*. Rio de Janeiro: Eduff, 2007.

_____. "From Gbe to Yoruba: Ethnic Change in the Mina Nation in Rio de Janeiro". In: FALOLA; CHILDS (orgs.). *The Yoruba Diáspora in the Atlantic World*, pp. 231-247.

SOUZA, Daniele S. de. "Nos caminhos do cativeiro, na esquina com a liberdade: alforrias, resistências e trajetórias individuais na Bahia setecentista". In: SAMPAIO, Gabriela et. al. (orgs.). *Barganhas e querelas da escravidão: Tráfico, alforria e liberdade*. Salvador: Edufba, 2014, pp. 103-135.

SOUZA, Laura de Mello e. *O Diabo e a Terra de Santa Cruz: Feitiçaria e religiosidade popular no Brasil colonial*. São Paulo: Companhia das Letras, 1986.

_____. "Revisitando o calundu". In: GORENSTEIN, Lina; CARNEIRO, Maria Luiza Tucci (orgs.). *Ensaios sobre a intolerância: Inquisição, marronismo e antissemitismo*. São Paulo: Humanitas, 2002, pp. 293-317.

SOUZA, Paulo César. *A Sabinada: A revolta separatista da Bahia*. São Paulo: Brasiliense, 1987.

SOUZA, Vanderlei Sebastião de; SANTOS, Ricardo Ventura. "O Congresso Universal de Raças, Londres, 1911: Contextos, temas e debates". *Boletim do Museu Paraense Emílio Goeldi. Ciências Humanas*, v. 7, n. 3 (2012), pp. 745-760.

SPARKS, Randy J. *The Two Princes of Calabar: An Eighteenth-Century Odyssey*. Cambridge, MA; Londres: Harvard University Press, 2004.

STEWART, Charles (org.). *Creolization: History, Ethnography, Theory*. Walnut Creek, CA: Left Coast Press, 2007.

STRICKRODT, Silke. "'Afro-Brazilians' of the Western Slave Coast in the Nineteenth Century". In: CURTO, José C.; LOVEJOY, Paul E. (orgs.). *Enslaving Connections: Changing Cultures of Africa and Brazil During the Era of the Slave Trade*. Amherst: Humanity Books, 2004, pp. 213-244.

SWEET, James. *Recreating Africa: Culture, Kinship and Religion in the African-Portuguese World, 1441-1770*. Chapell Hill; Londres: The University of North Carolina Press, 2003.

SWEET, James. *Domingos Álvares, African Healing, and the Intellectual History of the Atlantic World*. Chapel Hill: The University of North Carolina Press, 2011.

TAVARES, Luís Henrique Dias. *Independência do Brasil na Bahia*. Salvador: Edufba, 2005.

THOMAS, Keith. *Religion and the Decline of Magic*. Harmondsworth: Penguin, 1971.

TORRES, Mario. "Os Sodrés". *Revista do Instituto Genealógico da Bahia*, n. 7 (1952), pp. 89-148

_____. "Os morgados do Sodré". *Revista do Instituto Genealógico da Bahia*, n. 5 (1951), pp. 9-34.

TRINDADE, Claudia Moraes. *A Casa de Prisão com Trabalho da Bahia, 1833-1865*. Dissertação de Mestrado, Universidade Federal da Bahia, 2007.

_____. *Ser preso na Bahia no século XIX*. Belo Horizonte: Editora da UFMG, 2018.

TROUILLOT, Michel-Rolph. *Silencing the Past: Power and the Production of History*. Boston: Beacon Press, 1995.

VAINFAS, Ronaldo; SANTOS, Georgina Silva dos; NEVES, Guilherme Pereira (orgs.). *Retratos do Império: Trajetórias individuais no mundo português nos séculos XVI a XIX*. Rio de Janeiro: Eduff, 2006.

VASCONCELOS, Christiane Silva de. *O circuito social da fotografia da gente negra, Salvador, 1860-1916*. Dissertação de mestrado, UFBa, 2006.

VERGER, Pierre. "Influence du Brésil au Golfe du Bénin". *Les Afro-Américains*, Mémoires de l'Institut Français d'Afrique Noire, n. 27. Dacar: Ifan, 1952, pp. 11-104.

_____. *Notes sur le culte des Orisa et Vodun à Bahia, la Baie de Tous les Saints, au Brésil, et l'ancienne Côte des Esclaves en Afrique*. Dacar: Ifan, 1957.

_____. *Flux et reflux de la traite des nègres entre le golfe de Benin et Bahia de Todos os Santos*. Paris: Mouton, 1968.

_____. *Os libertos: Sete caminhos na liberdade de escravos da Bahia no século XIX*. Salvador: Corrupio, 1992.

_____. *Ewé: O uso das plantas na sociedade iorubá*. São Paulo: Companhia das Letras, 1995.

WILDBERGER, Arnold. *Os presidentes da província da Bahia, efectivos e interinos, 1824-1899*. Salvador: Typographia Beneditina, 1949.

WIMBERLEY, Fayette. "The Expansion of Afro-Bahian Religious Practices in

Nineteenth-Century Cachoeira". In: KRAAY, Hendrik (org.). *Afro-Brazilian Culture and Politics: Bahia, 1790s to 1990s.* Armonk, NY: M. E. Sharpe, 1998, pp. 74-89.

WISSENBACH, Maria Cristina. *Sonhos africanos, vivências ladinas: Escravos e foros em São Paulo (1850-1880).* São Paulo: Hucitec, 1998.

XAVIER, Regina. *Religiosidade e escravidão no século XIX: Mestre Tito.* Porto Alegre: Editora da UFRGS, 2008.

XIMENES, Cristiana F. Lyrio. *Joaquim Pereira Marinho: Perfil de um contrabandista de escravos na Bahia, 1828-1887.* Dissertação de mestrado, Programa de Pós-Graduação em História, UFBA, 1999.

Índice onomástico

Neste índice figuram somente personagens da época retratada no livro.
Para os demais nomes, veja o Índice remissivo.

Abott, Jonathas, 49
Adams, John, 116, 120
Adele, 56-8, 135, 390n 56
Afonso, escravo no engenho Trindade, 67
Alagba, babalaô, 135
Alberto, Instuito José, 347, 349
Albuquerque, Antonio Joaquim Pires de Carvalho e, 74
Albuquerque, Antonio José Pereira de, 48, 168, 185, 196, 293-4
Albuquerque, Antonio Pedroso de, 62-3
Albuquerque, Francisco José Pereira de, 94
Alcamim, Cícero Emiliano de, 42
Almeida, Bernardino Andrade e, 222
Almeida, Justiniano Pires de, 243
Almeida, Libânio José de, 39-46, 72, 188, 231
Almeida, Maria do Carmo de, 308, 361-3
Almeida, Miguel Calmon du Pin e, 74
Almeida, Virginia Paula de, 44, 46
Alves, Antonio de Castro, 97, 184
Alves, Domingos José, 164
Amaral Gurgel, família, 80
Amélia Maria, afilhada de Domingos, 285-6
Amor Divino, Joana Maria do, 20-1, 326
Anastácia, escrava de Maria Adelaide, 71
Andrade, Christovão Francisco de, 317
Andrade, Salustiano Dias de, 343, 345
Aniceta, escrava de Jerônimo Sodré, 89
Aniceta, escrava de Pompílio, 50
Aniceto, escravo alforriado por Elias Seixas, 192, 194, 206
Antonia, Rita Maria, 94

Arabonam, adivinho africano, 126, 137, 308, 315, 334
Aragão, Antonio Muniz de, 71
Araújo Pinho, família, 80
Araújo, Luiza Marques de, 183
Araújo, Thomé Pereira de, 72
Arcangela, escrava, 266, 268-9
Archanja, Maria *ver* Maria Ignez, escrava de Domingos
Arcos, conde dos, 78
Argolo, Maria Fernanda Pires de Teive e, 313
Argolo, Porfírio Araújo de (pai de Domingos), 53-4, 336-7
Assumar, conde de, 419n 7
Assumpção, Balbina Maria d', 24
Augusto, escravo da família Castro Alves, 97
Avé-Lallemant, Robert, 106

Balbina, escrava detida com Elias Seixas, 204
Balthazar, escravo no engenho Trindade, 67
Bandeira, Alfredo Ferreira, 360
Baraúna, Elpidio da Silva, 164
Baraúna, Felipe da Silva, 162
Baraúna, João da Silva, 164
Bárbara, filha de Libânio, 43
Bárbara, mãe de Domingos, 53, 336
Barbosa, João José, 262
Barbosa, Rui, 262
Barreto, Jerônimo Fiúza, 78
Barreto, José Thomas Muniz, 96, 107, 113-4
Barros, A. F. Pessoa de, 347, 363
Barros, Cornélio Borges de, 355
Barros, Manoel de Andrade, 150
Bastos, Manoel de Andrade, 157

Benedita, escrava de Manoel Contreiras, 169
Benedita, escrava no engenho Trindade, 66
Benvinda, escrava de Elias Seixas *ver* Seixas, Benvinda
Bernardo, escravo de Maria Adelaide, 71
Bernardo, escravo detido com Elias Seixas, 204
Bettancourt Aragão, família, 80
Bittencourt, A. F. Maia, 342, 351
Bonfim, Martiniano Eliseu do, 142, 391n 68
Bonifácio, José, 292
Borges de Barro, família, 80
Borges, Abílio César, 49
Botelho, Antonio Joaquim, 362
Bowen, Thomas, 126, 131, 389n 44
Bráulio, escravo detido na rua de Domingos, 167
Brito, Álvaro Sanches de, 191
Brito, Antonio Felix da Cunha, 162
Bruno, escravo no engenho Trindade, 67
Bulcão, Ermelinda, 24
Burgess, Wilson, 106
Burton, Richard, 54

Caetana, africana, 323
Calmon de Almeida, família, 80
Camargo, Tito de, 323
Camorogipe, João Gualberto, 355
Campos, Pedro Antonio de, 36, 194
Canamerin, Nicolau Tolentino Cirilo, 413n 37
Candler, John, 106
Cardoso, Domingos, 297, 350-1
Cardoso, Marcianno da Silva, 365

Carlota, escrava de Clara Efigenia, 199
Carlota, escrava de Jerônimo Sodré, 89
Carvalho de Menezes, família, 80
Carvalho, Domingos José Freire de, 96, 192
Carvalho, Ignácio Carlos Freire de, 192
Carvalho, João Vaz de, 89
Carvalho, Juliana Josefa de, 24, 35-6, 404n 9
Carvalho, Manoel José Freire de, 193
Carvalho, Sebastião Lino de, 347
Carvalho, Umbelina Julia de, 231
Castelo Branco, Alexandre Gomes Ferrão, 79
Castro Alves, família, 97, 102, 184
Castro, A. Datho, 360
Castro, Francisco Germano Cordeiro de, 343, 345, 348
Castro, J. E. da Silva, 345, 351
Castro, Jorge de, 214, 219
Castro, José de Oliveira, 358-60
Castro, Pompílio Manoel de, 15, 48-52, 96, 102, 108-9, 112-4, 126, 129-30, 147, 159, 168, 183-5, 229, 231, 254, 264-5, 288-9, 291, 374n 48, 374n 50, 408n 2
Castro, Trajano Gomes de, 296, 351-2
César, Horácio, 316
Cezar, Sancho Bittencourt Berenguer, 301, 346-9
Chamberlain, Mr. H., 58
Champloni, Miguel Gehagen, 293-4, 365
Chastinet, Paulino Pires da Costa, 317
Chaves, José Antonio, 342, 345

Chico Papai, sacerdote africano, 140
Christovão, escravo alforriado por Elias Seixas *ver* Seixas, Christovão
Christovão, escravo de Agostinho de Souza, 284
Cirillo, filho de Senhorinha, 270
Clapperton, Hugh, 121
Clara, escrava de Maria Adelaide, 71
Clarke, William, 126, 131
Coimbra, Antonio dos Santos, 252
Conceição, Adrelina Maria da, 285-6
Conceição, Maria Delfina da (segunda esposa de Domingos), 16, 110-1, 115-6, 120, 129, 138, 164-5, 280, 285-6, 289, 293-4, 301, 309-10, 315, 320-1, 325, 330, 336-7, 358, 365-6
Conceição, Maria Francisca da, 183
Conceição, Maria Isabel da, 272-3
Conceição, Rosa Maria da, 246, 249-50
Constança, escrava disputada por Manoel Ricardo e Joaquim Silva, 236-46
Contreiras, Manoel de Abreu, 166, 169, 312
Cordeiro, Francisco Januário, 51
Cosma, afilhada de Domingos, 281, 283
Cosma, escrava de Jerônimo Sodré, 89
Cosme, filho de Libânio Almeida e Virginia Paula, 44
Costa Pinto, família, 80
Costa, Francisco Estanislao da, 297, 351-2

Costa, Frederico Augusto Rodrigues da, 337, 356, 361, 363
Costa, João Francisco da, 24, 35-6, 404*n* 9
Costa, Libania, 36
Costa, Manoel Lopes da, 114, 299, 352, 355
Costa, Simplício, 36
Coutinho, Cora Cezar, 73
Coutinho, José Lino, 64, 70, 73
Couto, Maria do, 188
Cruz, Henrique Pereira da, 342-4
Cruz, Joana Maria da, 284

Damásio, Cincinato Luzia Botelho, 108
Damiana, afilhada de Domingos, 281, 283
Damiana, filha de Libânio Almeida e Virginia Paula, 44
Dantas Maciel, família, 80
Delfina *ver* Conceição, Maria Delfina da (esposa de Domingos)
Delfina, escrava de Elias Seixas, 192
Dias, Marcolino José, 35
Domingas, escrava liberta, 92
Domingos, afilhado de Domingos Sodré, 284
Dormud, Fortunato, 340
Doroteia, africana liberta, 296
Dourado, Thomé, 263
Duarte, Manoel Francisco, 239, 251
Duarte, Maria Roza, 52, 238-40
Dundas, Caetano, 92
Dutra, Antonio José, 308, 323

Efigenia, Clara, 199
Elesbão, escravo de Felipe Baraúna, 109-10, 162, 164

Elias, escravo que envenenou sua senhora, 153
Elisia *ver* Maria Ignez, escrava de Domingos
Emilia, escrava de Mathias, 157
Encarnação, Maria Eugênia da, 242
Epiphanio, escravo detido com Elias Seixas, 204
Erelu Kuti, 135
Esmenia, escrava no engenho Trindade, 66
Esperança, escrava de Domingos, 296-301, 350-1
Etra, Athanazio d', 410*n* 13
Etra, José Antonio d', 236
Etra, Manoel José d', 236-40, 270, 410*n* 13
Etra, Rômulo d', 410*n* 13
Eugênio, d. Nuno, 81

Fa, escrava, 40
Fairbanks, dr., 71
Falcão, Antonio Brandão Pereira Marinho, 72
Falcão, Feliciano José, 337-9, 353
Falcão, Francisco d'Amorim, 357
Falcão, Gonçalo Marinho, 73
Falcão, Reginaldo José, 349
Falcão, Rodrigo Antônio, 81
Faria, Anna Joaquina de, 235
Faria, Candido Silveira de, 166
Faria, Manoel Nunes de, 21, 23, 32, 46
Farias, Salvino de Araujo, 360-1
Faura, Francisco, 97
Fausto, afilhado de Domingos, 284
Febrônia, africana liberta, 284
Felicia, 24

Felicidade Francisca, amásia do africano João, 204-5, 211
Felicidade, escrava de Elias Seixas, 192-3
Felicidade, escrava disputada por Manoel Ricardo e Joaquim Silva, 238
Feliscicima, escrava de Pompílio, 50
Felizarda, escrava envenenada pelo crioulo Manuel, 153
Ferrão, Alexandre Gomes ver Castelo Branco, Alexandre Gomes Ferrão
Ferrão, João de Araújo Argollo Gomes, 178-80
Ferreira, Estevão Vaz, 340
Ferreira, João da Maceno, 315
Ferreira, Manoel Jorge, 348, 354-5, 357
Ferreira, Tiburcio, 92
Fialho Jr., Ricardo de Abreu, 221-2, 356
Filomena, afilhada de Domingos, 284
Fiúza Barreto, família, 80
Florence, Antonio Clemente de Moura, 293, 365
Florêncio, liberto, 62-4, 72
Fontes, Emília, 295-6, 341-5
Fontes, Francisco, 296, 343-5
Fortunata, escrava no engenho Trindade, 70
França, Luiza da, 171
França, Sinfronio Pires da, 39, 41-2, 45-6
Francisca, escrava disputada por Manoel Ricardo e Joaquim Silva, 236-8, 241-2, 244-5
Francisco, escravo de Maria Adelaide, 71
Freire de Carvalho, família, 80, 192-3
Freitas, Pompilio Alves de, 353
Freitas, Theodora Joaquina da Silva, 359
Friandes, Felicidade Francisca, 271
Friandes, Gertrudes da Silva, 270-1

Gabriela, escrava de João Pitombo, 156
Galdino, alfaiate, 108
Galeão, Nogueira, 348
Galvão, Sidronio Antonio, 356
Gama, A. P. Chichorro da, 360
Gama, Agostinho Luís da, 175-6
Gaspar, Thomaz de Aquino, 283-4
Geraldo, escravo de Manoel Ricardo, 242-5
Gervásio, liberto, 267-8
Glele, rei do Daomé, 121
Góes, S. M. de Araújo, 37
Gomes de Sá, família, 80
Gomes Ferrão, família, 80
Gomes, Antonio, 267
Gomes, Rosendo dos Reis, 270
Gonçalo, africano liberto, 296
Gouvêa, Espiridião Aniceto Gonçalves de Souza, 339
Grato, 171-82, 187-8, 399n 58
Guilhermina, escrava de Carlota de Mello, 160-1
Guimarães, Pedro de Salles Ferreira, 353-4
Guimarães, Ribeiro, 348

Haster, Clemente Xavier, 347, 349
Henriques, João Antônio de Araújo

Freitas, 15, 27-8, 31-3, 36, 38, 42, 46, 48, 52, 96-7, 102, 112, 146-7 159, 162, 165, 168, 171, 183-5, 246
Henriqueta, afilhada de Domingos, 281
Henriqueta, escrava de Jerônimo Sodré, 89
Henriqueta, escrava de Pompílio, 50
Henriqueta, escrava no engenho Trindade, 70
Hércules, escravo no engenho Trindade, 67

Ignez, Maria *ver* Maria Ignez, escrava de Domingos
Ignez, escrava de João Pitombo, 156
Isac, escravo de Maria Adelaide, 71
Isidora, escrava de Manoel Contreiras, 169
Iyá Nassô *ver* Silva, Francisca da

Jambeiro, Lazaro José, 362
Jesus, Anna Maria de, 183
Jesus, Antonio Xavier de, 270
Jesus, Feliciana Pereira de, 218
Jesus, Florência Maria de, 232
Jesus, Josefa Carolina Xavier de, 270
Jesus, Leonarda Thereza de, 217-8, 221
Jesus, Manoel Damião de, 262
Joana, duas escravas acusadas de "amansar senhor", 150
Joana, Maria, 24
João Antonio, marinheiro, 204
João Bolachão, vendeiro, 108
João, afilhado de Domingos, 284
João, africano supostamente morto por Elias Seixas, 196-9, 202-12, 217-8, 220-1, 223-4
João, escravo preso na casa de Domingos, 109-10, 231-2
Joaquim, escravo de Maria Adelaide, 71
José, escravo de Manoel Ricardo, 243-6
José, escravo no engenho Trindade, 67
Josefa, sacerdotisa, 43
Juca Rosa, 274-5, 323
Julia, filha Virginia Paula, 44
Juliana, escrava de Maria Adelaide, 71
Junqueira, Aniceta Rita, 24, 36

Labatut, Pedro, 75-6
Lacerda, João Baptista, 155
Lander, Richard e John, 57, 122, 390*n* 56
Laura, escrava de Manoel Contreiras, 169
Leão, Joaquim Antão Fernandes, 182
Leão, Manoel Messias de, 173-5, 180, 182
Leopoldina, escrava de Elias Seixas, 192
Leopoldina, escrava de Pompílio, 50
Liberata, africana, 323
Liborio, escravo no engenho Trindade, 68
Lima, João Bernardino Franco, 347, 360
Lima, José Antonio de, 363
Lima, José de Cerqueira, 56
Lima, José Pinheiro de Campos, 114
Lima, Luis de Miranda, 355

Lima, Manoel Alves, 58
Lino, escravo no engenho Trindade, 67
Lobato, Francisco Sayão, 181
Lopes, Damião, 204
Luciano, Vicente, africano, 218
Lucrécia, escrava da família Castro Alves, 97
Lucrécia, escrava de Domingos, 295-7, 299, 301, 329, 341-5, 355
Ludovina, escrava de Elias Seixas, 192, 195
Luiz da França, alfaiate, 108
Luiza, escrava detida em batuque, 24
Luiza, Maria, escrava detida em batuque, 24
Luiza, vendedora de doces, 115

Macedo, Joaquim Manuel de, 150-1
Machado, Anselmo, 204
Machado, Nabuco, 350
Machado, Paulino dos Santos, 241
Macina, José, 156
Mamede, Rita, 270
Manoel, filho de Antão Teixeira, 264
Manuel, escravo acusado de envenenamento, 153
Maomé, profeta, 257
Maria Antonia, escrava de Manoel Bastos, 155
Maria Benedita, negra detida na Cruz do Pascoal, 146
Maria Eufemia, consulentes de Grato, 171
Maria Ignez, escrava de Domingos, 110, 115, 138, 301-2, 305, 329, 346, 348-9
Maria, afilhada de Domingos, 284

Maria, escrava de Clara Efigenia, 199
Maria, escrava de Manoel Vargas, 283
Maria, escrava de Pompílio, 50
Maria, escrava envenenada pelo crioulo Manuel, 153
Maria, escrava no engenho Trindade, 70
Mariana, escrava de Maria Adelaide, 71
Mariano, padre, 186-7
Marinho, Joaquim Pereira, 119, 174, 312
Marinho, Venceslao, 257
Mariquinhas Velludinho, Mãe, 140, 277, 418n 88
Marocas, sra., 140
Marques, Isidoro José, 241
Martin, J. Baptistas, 260
Martinha, escrava da família Castro Alves, 97
Martins, Domingos José, 119, 285
Martins, Francisco Gonçalves, 33, 401n 69
Matos, Francisco Liberato de, 170
Mattos, Gregório de, 187, 402n 78
Matta, Sofia da, 257
Mattos, João Augusto de, 352
Mattos, Raymundo José de, 280
Maximiana, escrava de Veríssimo Silva, 157
Maximiliano de Habsburgo, príncipe, 120, 123, 208
Meirelles, José Joaquim de, 114
Mello, A. M. de Magalhães e, 21
Mello, Carlota Leopoldina de, 160-1
Mello, Manoel José de, 74
Mello, Porfírio Lima da Silva e, 108

Mendes, Francisco Rodrigues, 356-7
Meneses, Agrário de, 49
Meneses, Maria Ana Rita de, 72-4
Miguel, Domingos, 188
Militão, escravo de Maria Adelaide, 71
Môcho, Antonio Rodrigues, 89
Moniz, Antonio Ferrão, 89
Moraes, José Pereira da Silva, 146, 176, 178-9, 182, 248
Moreira, Antonio de Souza Santos, 359
Moreira, José Martins Rosendo dos Santos, 284
Morgan Jr., John, 259
Moutinho, Joaquim Antonio, 169
Mucugê, Constantino Nunes, 153
Mundim, José Leocadio Ferreira, 357

Nabuco, Francisco Ribeiro de Mello, 222
Nabuco, José Egídio, 96, 147-8
Nascimento, Constança do, 139, 178-2
Natividade, Anacleto da, 300
Neves, Felippe, 205, 211, 223
Neves, Maria das, 139
Nogueira, Manoel de Oliveira, 237

Obá II d'África, Dom, 323
Obatossi *ver* Silva, Marcelina da
Ojulari, Idewu, 56
Oliveira, Florêncio da Silva e, 256
Oliveira, João Gomes de, 353-4
Oliveira, Joaquim Francisco de, 216, 220, 297, 352
Oliveira, José de Santa Escolástica e, frei, 218
Oliveira, Liberato Barroso de, 339

Ologun Kuture, pai de Adele e Osinlokun, 135
Osinlokun, herdeiro do trono de Lagos, 56, 58, 135
Ozório, escravo de Domingos, 302, 305, 330, 356-7

Paço, Manoel José de Freitas, 353-4
Palma, Francisco Alves da, 114
Palma, Hermano Alves de, 356
Pantalião, escravo no engenho Trindade, 67
Paraíso, Gonçalo, 175-7, 181-2, 248
Paranaguá, João Lustosa da Cunha, 176
Paranhos, Antonio Pereira da Silva, 343-5
Passos, Maria dos, 171
Paula, Manoel Francisco de, 216, 220
Paulina, afilhada de Domingos, 283-4
Pedro I, d., 58, 74-6
Pedro, escravo da família Castro Alves, 97
Pedro, filho de Virginia Paula, 44
Pereira, coronel Francisco Maria Sodré, 60, 62-4, 70, 72-4, 81-2, 85-6 97, 195, 292, 329
Pereira, Jerônimo Sodré (mestre de campo), 60
Pereira, Jugurta Caldas, 197-5, 210, 223
Pereira, Manoel dos Santos, 107
Pereira, Maria Adelaide Sodré, 64, 70-1
Peró, Leonor Argolo, 266
Perpétua, Francisca, 24
Phelippe, escravo detido com Elias Seixas, 204

Piapitinga, João de Azevedo, 23, 31-6, 41-2, 46, 171-3, 190, 194-5, 218, 221, 231, 246-8, 254, 404n 9
Piedade, Lourença Maria da, 24
Pimentel, guarda urbano, 269
Pimentel, Henriqueta da Silva, 241
Pinto, Adriano, 96
Pinto, Antonio da Costa, 175-82, 401n 69
Pinto, Cipriano José, 149, 222-4, 227, 230, 255-60, 262-3, 277-8, 329
Pinto, Domingos de Oliveira, 283-4
Pinto, Manoel Pereira, 343, 345, 355
Pitombo, João Alves, 156
Pitombo, Maria Rosa Alves, 156
Pitta Jr., Christovão da Rocha, 42, 45
Pitta, Cristóvão da Rocha (pai), 72, 374n 44
Pogetti, Carlos, 260
Pureza, Francisca Maria da, 284

Rachel, afilhada de Domingos, 284
Rafael, escravo no engenho Trindade, 67
Rangel, Tito José Cardoso, 108
Rebouças, André, 165
Rebouças, Antônio Pereira, 165
Rego, Silva, 348, 354-5
Reino, Ângela Custodia do, 234
Reino, Ângela do, 239
Requião, Miguel de Souza, 145-6, 156, 171, 174
Ribeiro, Joaquim Manoel da Paixão, 343, 345, 349-50, 357
Ricardo, Benta, 249
Ricardo, Damazio, 232, 249, 253
Ricardo, Manoel Joaquim, 164, 217, 230-5, 240, 242-55, 270-1, 277-8, 280, 283, 304, 306-7, 309, 312, 413n 37
Ricardo, Manoel José, 231-2
Ricardo, Martinho, 249, 253
Ricardo, Olavo Joaquim, 232, 249, 252-3
Rios, Joaquim Alves da Cruz, 235, 239
Rios, José Alves da Cruz, 235
Rita, vizinha de Domingos, 108
Rocha, A. L. de Figueiredo, 173
Rocha, Agostinho Luis de Figueiredo, 171
Rocha, F. V. de Faria, 362
Rocha, Isidoro, 204
Rocha, João José da, 284
Rocha, Saturnino Francisco da, 363
Rocha, Silvéria Maria da, 284
Rodrigues, Roberto Martins, 154
Rosa Egipcíaca, 323
Rosa, escrava de Maria Joaquina de Santana, 157-8
Rosa, Francisco de Moura, 34
Rozario, José Chrispim do, 360-1
Rufo, 169-71, 176

Sá Barreto, família, 80
Sá, Manoel Correia de, 342
Sabino, afilhado de Domingos, 284
Sacramento, Macário de Araújo, 202-3
Sacramento, Maria Chaves do, 43-4
Salomão, suposto auxiliar de Libânio, 40
Salustiano, filho do africano João, 205
Santa Rosa, Maria Romana de, 148
Santana, Isaltino de, 204

Santana, Maria Joaquina de, 157-8
Santos, Caetana dos, 24
Santos, Cosme Firmino dos, 29
Santos, Franquilino Silvério dos, 339
Santos, Luiz Joaquim de Oliveira, 321
Santos, Miguel Ferreira Dias dos, 359
São Lourenço, visconde de ver Martins, Francisco Gonçalves
Saul, escravo de Maria Adelaide, 71
Sebastião, escravo jeje, 265-6, 268-9
Seixas, Benvinda de, 192-5, 404n 7
Seixas, Christovão, 193-4, 218
Seixas, d. Romualdo, 49
Seixas, Elias Francisco de, 190-9, 202-6, 208-25, 227, 229, 231, 236, 280, 293-5, 297, 329, 404n 7
Seixas, José Venâncio de, 191
Seixas, Maria da Luz, 192, 194-5, 217
Seixas, Maria Dorothea da Silveira, 191-2, 218
Seixas, Maria José de, 218
Senhorinha, escrava de Rosendo Gomes, 270
Setilu, 134
Silva, Álvaro Lopes da, 339, 362
Silva, Antonio Joaquim da, 249
Silva, Augusto Wenceslau da, 91
Silva, Balthazar Lopes da, 363
Silva, Chica da, 323
Silva, Elpidio Lopes da, 308, 337, 361-3
Silva, Francisca da, 304-5, 325
Silva, Jacinto Antonio da, 238-40
Silva, João da, 150
Silva, Joaquim Antonio da, 232-41
Silva, José Joaquim de Lima e, 292
Silva, Lucia da, 284

Silva, Manoel Antônio da, 239
Silva, Manoel Barros da, 42
Silva, Marcelina da, 254, 270-1, 304-6, 309, 315, 325
Silva, Maria Magdalena, 271, 315
Silva, Veríssimo Joaquim da, 157
Siqueira Bulcão, família, 80
Sisislanda, escrava de Manoel Contreiras, 169
Sodré, Francisco Pereira (filho bastardo do coronel Sodré), 73
Sodré, Jerônimo (filho do coronel Sodré), 74, 85-6, 88, 195, 284, 316, 328-9, 336, 382n 52
Sodré, Jerônimo (sobrinho homônimo do filho do coronel Sodré), 382n 54, 382n 58
Sodré, Leopoldina, 314-5, 318-9, 326
Sodré, Maria José Lodi, 72
Soter, José da Silva Mattos, 360
Souza, Agostinho Moreira de, 284
Souza, Euclides José de, 108
Souza, Francisco Felix de, 56
Souza, Francisco Pinheiro de, 317, 340
Souza, Isidoro de, 56
Souza, Joaquim Diocleciano de, 355-6
Souza, Maria das Mercês Rodrigues de (primeira esposa de Domingos), 280, 364
Souza, Simiana de, 232
Stowe, Harriet Beecher, 261

Teive Argolo, família, 80
Teixeira, Antão Pereira, 106, 230, 264-5, 268-77
Teresa, escrava presa na casa de Domingos, 109-10

Theodolinda, escrava de José Nabuco, 147
Theodoro, escravo de Domingos, 296-301, 329, 343-5, 354
Thereza, escrava de Jerônimo Sodré, 89
Thomazia, escrava alforriada por Elias Seixas, 193
Thomazia, escrava de Manoel Joaquim, 234, 238
Tomiras, escravo de Maria Adelaide Sodré, 71
Trindade, Frutuoso Mendes da, 36

Umbata, Domingos, 149-50
Umbelina, escrava de Domingos, 299, 301, 329
Umbelina, Maria (amásia de Grato), 188

Valle, Hermenegildo José do, 283-4
Vargas, Manoel, 284
Velasques, Martins, 343
Ventura, afilhado de Domingos, 276
Viana, Miguel, 263
Vieira, J., 345
Vilasboas, família, 80
Villas Boas, Vital Peixoto, 363
Vitória, escrava da família Castro Alves, 97
Vitória, Maria, 24, 271

Wetherell, James, 120, 123

Índice remissivo

Abeokuta, 131, 391*n* 68
Abimbola, Wande, 127, 134, 136, 399*n* 58
abolição da escravatura, 18, 104, 151, 300, 312, 320, 323
Acu, beco do, 139
Acupe, rio, 60, 69
Acutinga, engenho, 81
Aderibigbe, A. B., 135
adivinhação, 39, 119, 123, 125-9, 132-7, 139-42, 144, 148, 152, 172, 183, 214, 221, 223-4, 273, 286, 321, 327, 330, 389*n* 46, 389*n* 49
África Centro-Ocidental, 119
África Ocidental, 55
África, Costa da, 64, 91, 116, 119-20, 152, 166, 174-7, 182, 235, 239-40, 263-4, 268, 273, 336
Água de Meninos, 188, 252
agudás, 54
Anécho *ver* Popo Pequeno

Airá Igbonan, qualidade de Xangô, 137
Ajase *ver* Porto Novo
Ajudá *ver* Uidá (Ajudá)
"ajuntamentos ilícitos", 144
Alabama, O, 26, 43, 103, 106, 108, 123, 126-7, 133, 136-7, 139-40, 183-4, 186-7, 247
Alagoas, 27
Alfândega, 15, 96, 108, 147
alforria, 16, 47, 54, 62, 84-9, 95, 147, 150-1, 160-1, 167, 190-3, 199, 209-15, 221, 223, 225-9, 234, 236, 239, 253, 265-6, 269, 282, 291, 295, 297-9, 301-2, 304, 307-8, 310-2, 320, 326, 328-30, 356, 382*n* 50, 409*n* 6, 410*n* 13, 416*n* 71
Aljube, cadeia do, 25, 160, 162, 178, 198, 202, 204, 243-4 255, 259-60, 262-3, 291
Almanak, 49, 293

465

"amansar senhor", 147-51, 155-61, 396*n* 30
Amaral, Braz do, 213-5, 225
amuletos, 115, 119-20, 159, 255-6, 260; *ver também* joias; objetos rituais
Angola, 119, 410*n* 13
animais, 125, 133, 152, 156, 172, 184, 399*n* 58
apetebi, 138
Araújo, Ubiratan Castro de, 215
Arcos, Conde dos, 81
Ardra, 116
Areal de Cima, rua do, 153, 220, 283, 318
Argos Cachoeirano, O, 30-1, 115
aristocracia, 27, 80, 313
Arquivo Público do Estado da Bahia, 12
Arsenal da Marinha, 40, 152, 161-2
asilos, 104
Assembleia Provincial, 250
atabaques, 84, 140-1, 145, 184-5; *ver também* objetos rituais
awolorixá, 132, 136
axé, 122
Axé Opô Afonjá, terreiro, 195
Azevedo, Esterzilda Berenstein de, 70

babalaô, 126-7, 130-8, 141-2, 154, 391*n* 68
babalorixá, 130, 137
Badagri, 55-7, 390*n* 56
Baixo de São Bento, Rua de, 51, 97, 163, 183, 201
balangandãs, 115, 117, 315, 387*n* 28; *ver também* joias
Barbalho, prisão do, 244, 263

Barbeiros, beco dos, 162
Barickman, B. J., 80
Bascom, William, 127, 133-4, 138
Batalhão de Honra Imperial de Caçadores do Exército, 74
Batefolha, roça do, 218-9
batismo, 16, 44, 94, 97, 193, 237, 251, 280-2, 285-6, 320, 329
batuques, 21, 23, 25, 29, 34, 36-7, 47, 51, 78-9, 84, 94, 145-6, 185, 320
beberagens, 159-60, 172, 175, 272
Beco dos Calafates, 343, 345
benguelas, 287
Bíblia, 143, 263
boçal, 324
bondes, 105
Bonfim, 70, 74, 231
Braga, João Baptista de Araújo, 60
Braga, Julio, 136
"branqueamento populacional", 80
Britos, engenho dos, 72-3
Britto, Eduardo Caldas, 84
Brotas, freguesia de, 35, 118-9, 139, 153
búzios, 113, 118-9, 123, 125-6, 132-3, 136, 138, 156, 173-4, 188, 256, 390*n* 64; *ver também* objetos rituais

Cabana do Pai Tomaz, A (Stowe), 261
Caboto, engenho, 162
cabra (mestiço de pele escura), 71, 89, 107, 183, 204, 241, 262, 284-5
Cabula, 34, 171, 173, 252
Cachoeira, cidade de, 30, 67, 72, 81-2, 153
Caixa Comercial, 252, 312

Caixa Econômica, 252, 310-3, 315, 318, 320, 330
Câmara Municipal de Salvador, 92
Câmara Municipal de Santo Amaro, 75
Campina, engenho, 81-2
Campinas (SP), 151
Campo do Barbalho, 28
"campo negro", 23
Campos, João da Silva, 212, 225-6, 275, 320
cana de açúcar, 17, 42, 68, 80
cânticos, 141
cantos (grupos de negros de ganho), 200-1, 209, 211; *ver também* Mocambinho
capoeira, 28-9, 164
Caravelas, cidade de, 266
Caravelas, praias de, 119
cárceres, 104
Carlota, parda, 171
Carneiro, Edison, 133
Carvalho, Marcus, 143
Casa Branca *ver* Iya Omi Axé Airá Intilê, terreiro
Casa de Correção, 29, 106, 108, 110, 146, 162, 164-6, 243, 275, 290-1
casa-grande, 65, 69-71, 81-2, 85
Cassarondongo, engenho, 78
Cassucá, engenho, 72, 82
Castro Alves, praça, 94-5
catolicismo, 100, 143-4, 186-7, 219, 286, 289-90, 296, 327; *ver também* Igreja católica
cauris *ver* búzios
Ceará, 27
cemitérios, 104, 252, 313, 315, 320-1
Chalhoub, Sidney, 90, 245

Chronica Religiosa, 275
Cidade Alta, 104, 290, 297
Cidade Baixa, 104, 233-4, 244, 293, 296
clero baiano, 100
Coberto Grande, mercado, 293
Código Criminal do Império, 144, 153, 394*n* 4
Código do Processo do Império do Brasil, 90-1
Cole, P. D., 135
Colégio, rua do, 139
comércio transatlântico *ver* tráfico negreiro
Companhia do Queimado, 104, 318
Conceição da Praia, freguesia da, 180-1, 232, 237-8, 241, 251, 281, 283-4, 296-7, 341, 343-4, 346
Congo, 66, 119, 149
Conselho Interino de Governo (1823), 75
Conservatório Dramático, 48
conspiração muçulmana, 37
Correio Mercantil, 62, 235, 250
Costa da África *ver* África, Costa da
Costa dos Escravos, 55, 58
Costa, Emilia Viotti da, 324
Cotegipe, freguesia de, 242
Crauassú, engenho, 78
crioulas, 34, 68, 171, 282, 372*n* 31
crioulos, 27, 32-4, 65, 67, 82-3, 107, 109, 132, 221, 253, 262, 279, 281-2, 285, 287, 324
Cruz do Cosme, bairro da, 21-3, 27, 34, 36, 39, 43-4, 93, 231-2, 237, 242, 246-7, 252, 270, 272, 370*n* 5, 413*n* 37
Cruz do Pascoal, largo da, 145-6

Cruz, engenho da, 72, 82
curandeirismo, 39, 42-6, 109, 130, 275, 393n 4
curandeiros, 19, 26, 39-44, 126, 134, 141, 148, 155-6, 159-60, 175, 177-8, 187-8, 215, 221, 227, 229, 275, 286, 295, 300, 316, 399n 58

danças, 23-4, 94, 109, 141, 145-6, 184, 188, 246
Daomé, 121, 388n 44
Davis, Natalie, 225
dendê, 59, 126-9, 133, 235-6, 256-7, 389n 49, 409n 8
deportação de africanos, 38, 79, 169-83, 262-3, 275, 294, 401n 72
Desterro, convento do, 187
diabo, 124, 388n 44
Diário da Bahia, 29, 31-2, 102, 118, 123, 129, 138, 185
Dique do Tororó, 196-9, 201-2, 204-7
Direita de Santo Antônio, rua, 171
discriminação legal, 94
"divertimentos", 78, 145
divinatório, jogo *ver* adivinhação
divindades, 30, 119-20, 123, 126-7, 131, 134, 139, 141, 172, 232, 247, 289
Dois de Julho, largo, 306-7, 310, 330, 358

ebós, 134, 148, 159; *ver também* oferendas
economia açucareira, 59
Egba, reino, 59
Elevador da Conceição, 104-5

Elevador Lacerda, 104
Eltis, David, 58
Engenho Velho, bairro do, 94
engenhos, 17, 30, 33, 59-60, 64-5, 67, 69, 71-2, 77-8, 80-1, 93, 139, 149, 193, 307
erindinlogun, 132-3
erva-da-guiné *ver* guiné
ervas, 41, 130, 152-3, 155, 178, 227, 232
Estados Unidos, 261
estatuária religiosa africana, 123-4; *ver também* objetos rituais
Estrada Nova, arco da, 36
eṣuṣu, 209-11, 216
excomunhão, 44
Exército Pacificador, 292
expansão islâmica, guerras de, 57
Exu, 123, 127, 327, 388n 44, 389n 49
Ezequiel, liberto, 266, 268-9

Fá *ver* Ifá
Faculdade de Medicina, 49
Falola, Toyin, 212, 226
feitiçaria, 30, 39, 109, 112, 134-5, 138-9, 142, 144, 151, 162, 166, 172-3, 177-8, 186-8, 225, 229, 231, 271, 274-5, 330, 393n 4, 395n 19, 399n 58
feiticeiros, 19, 38-9, 130-1, 144, 176-7, 182, 186, 275, 401n 69
feitiços, 37, 40-1, 48, 109, 129, 133, 135, 150, 152, 172, 176, 178, 186-7, 227, 273, 276, 285, 310, 326, 399n 58
festas, 28, 34, 94, 141, 184-5, 246-7
Fick, Carolyn, 151
figas, 114-5

força mística, 122, 187; *ver também* axé
Forte do Mar, 259-63
França, 225
Frank, Zephyr, 308
Frazier, E. Franklin, 142
Freguesia, engenho, 45, 72, 374*n* 44

Gantois *ver* Moinho
Golfo do Benim, 54-5, 58, 119, 236-7 266, 375*n* 3, 410*n* 11
Gomes, Flávio, 23
Graden, Dale, 25
Grades de Ferro, rua das, 238, 249, 252, 283
greve, 93
Guaíba, engenho, 78
Guarda Nacional, 27, 33, 86, 293
Guerra da Independência na Bahia, 58, 74, 86, 291, 413*n* 37
Guerra do Paraguai, 184, 253
guerras iorubás, 57-9, 135-6, 268
Guiné, 155
guiné (erva-da-guiné), 154-5, 396*n* 30

Haiti, 59, 143, 151
Harding, Rachel, 292
haussás, 209, 254, 266, 277
higiene social, 104
hospitais, 104
Hospital de Caridade da Santa Casa, 156, 168, 198-9, 203
Hotel Francês, 87
Hotel Paris, 87, 162

Iansã, 126
Ibadan, 59, 410*n* 11
ibos, 121

Idowu, E. Bolaji, 131
Ifá, 125-39, 389*n* 49, 389*n* 50, 390*n* 64, 399*n* 58
Igreja católica, 16, 44, 72, 100, 110, 204, 280, 286, 288-9, 294, 321, 326, 365, 371*n* 14
Iguape, 64-5, 67, 72, 81
ijebus, 116
Ijexá, 59
Ilha de Príncipe, 239
Iluminismo, 50
"imoralidade", 31, 35-6, 52, 140, 183
impostos, 79, 883, 92-4, 253, 316, 3559-60, 362-3
Índico, oceano, 119
Inglaterra, 27, 86, 121
inhame, 23, 33, 92, 369*n* 5
Inhame Novo, festa do, 247
Instituto Histórico da Bahia, 48-9, 51
iorubá, língua, 53-4, 130, 257, 370*n* 5
iorubás, 54, 57-8, 121-2, 128, 130-2, 134-5, 142, 148, 268, 277, 369*n* 5, 389*n* 44, 389*n* 46, 391*n* 64, 418*n* 89, 422*n* 31; *ver também* nagôs
irmandades negras, 27, 171, 237, 252, 287-8, 313
Islã, 144, 254, 260, 425*n* 62
Itapagipe, 70, 74
Itaparica, 74, 152
Itapoã, 191
Itatinga, engenho, 78
Iya Omi Axé Airá Intilê, terreiro, 254, 304, 306, 325

Jacobina (BA), 150
Jakin, 55
jejes, 71, 123, 136, 148, 157, 209, 236, 241, 251, 265-6, 277-8, 287, 418*n* 88, 418*n* 89, 422*n* 31

João Pereira, rua do, 139
jogo divinatório *ver* adivinhação
Johnson, Samuel, 209
joias, 96, 109, 115, 120, 129, 146, 191, 273, 315
Jornal da Bahia, 36, 139, 171, 174, 262
Juízo dos Órfãos e Ausentes, 306
Junta de Qualificação de Votantes, 49
juntas de alforria, 167, 190, 199, 209-11, 214-5, 220, 222, 225-6, 229, 295, 299, 302, 308, 310, 312, 326, 329

Ketu, 59, 137

Ladeira do Carmo, 255
ladinização, 257, 323-4
ladinos, 279, 282, 303, 323
Lagoa da Vovó, 195
Lagoa, engenho, 78
Lagos (Nigéria), 16, 54-9, 116, 122, 134-5, 277, 303, 320, 328, 376*n* 4, 377*n* 11, 389*n* 50, 391*n* 68, 409*n* 8
lavoura, 21, 23, 33, 42, 45, 68, 71, 93, 164, 206, 247, 253; *ver também* Onim
Legba, 124-5, 388*n* 44
legislação inquisitorial, 144
Lei nº 9 de maio de 1835: 93, 175, 250-1, 263
leilão, 45, 92-3, 306
levante dos malês *ver* Revolta dos Malês
Lima, Vivaldo da Costa, 131
lundus, 145-6

Mãe d'Água, nascente, 207
Maggie, Yvonne, 225
"malefícios", 130, 273
malês, 38, 84, 90, 93, 103, 251, 255-6, 259, 261, 263, 328, 370*n* 5
malês, levante dos *ver* Revolta dos Malês
"malungos", 67
Mann, Kristin, 57
Maranhão, 27
Marinha, 33, 40, 152, 259
Marques, Xavier, 186
Massaranduba, roça, 252
Mata Escura, 190, 195
Matoim, freguesia de, 42, 72, 87, 243
Mattoso, Kátia, 228, 309, 311
Mbata, etnia, 149
medicina, 41-2, 59, 134-5, 152-3, 160, 177, 206, 300, 316, 327
mentrasto, 154
mestiços, 80, 87-8, 107, 285
México, 120
Mina Grande *ver* Popo Grande
Mina Pequena *ver* Popo Pequeno
Minas Gerais, 150, 419*n* 7
minas, negros, 266
Mocambinho, canto do, 197, 201-2, 204, 223
modernidade, 105-6
Moinho, terreiro, 208
Montepio da Bahia, 49
morgado, 60, 74, 85-8, 378*n* 16
Mosteiro de São Bento, 287, 358-9
Mouraria, 202
mulungu, 155-6, 396*n* 30
Museu Nacional do Rio de Janeiro, 155

470

nagôs, 54, 59, 65, 67-8, 71, 84, 132, 137-8, 154-5, 202, 209, 211, 226, 251, 259, 266, 277-8, 293, 302-3, 369n 5, 406n 35; *ver também* iorubás
Nigéria, 16, 54, 154, 210, 328
Nogueira, André, 150
Nossa Senhora do Rosário, 287, 337
Noticiador Catholico, O, 186
Novo, engenho, 60, 62, 72, 81-2
Numídia, 199

objetos rituais, 32, 59, 109, 111-2, 118-9, 126-7, 132, 146, 161-2, 170, 172-3, 218, 257
odus, 133-4
oferendas, 119, 125, 134, 138, 142, 148, 225, 229, 232, 257-8
Ogalade, 135
Ogum, 126
Oiteiro, fazenda, 242-3
Oliveira, Maria Inês, 213, 254, 303-4, 309
Olokun, 122-3
Omolu, 300
Onim, 53-4, 328, 336, 376n 4; *ver também* Lagos
opelê, 123, 127-9, 133, 389n 50; *ver também* objetos rituais
Ordem de Cristo, 86, 301, 348
Ordem Terceira de São Francisco, 252, 307, 330, 337, 361
orixás, 84, 135, 141-2, 277, 279, 289, 305
Oroge, E. Adeniyi, 268
Òrúnmila *ver* Ifá
Oxaguiã, 126
Oxalá, 184, 247

Oxóssi, 173
Oxum, 126, 132-4, 138, 208, 390n 64
Oyó, 55, 57, 59, 122

padres, 100, 108, 187
Paraíba, 27
pardas, 32, 89, 169, 171, 188, 208, 272-3, 275, 285
pardos, 32-6, 44, 71, 80, 107, 171, 204, 213, 216, 220-1, 262, 373n 34
Parés, Nicolau, 141
Park, George, 138
Partido Conservador, 33
Partido Liberal, 178, 401n 69
Patrick, St., 131
Patriota, O, 25
patriotismo, 50
patuá, 150
Pé de Serra, fazenda, 72
Peel, J. D. Y., 148
Pelourinho, 162
penhora humana, 268-9
Pereira, Agostinho José, 143-4
Pernambuco, 27, 232
Pierson, Donald, 208
Pilar, freguesia do, 133, 244
Pitanga, engenho, 266
Pojavá Pequeno, sítio de, 31-5, 41, 46
Popo Grande, 55
Popo pequeno, 55
população escrava, 30, 106-7, 211
população negra, 84, 107, 116, 320
Porto Novo, 55-6, 119
portos negreiros, 55, 236-7
possessão espiritual, 141, 225
Postura Municipal nº 59, 145
protestantismo, 131, 143

Querino, Manuel, 116, 210, 213-4, 225-6, 290-1, 325, 389*n* 50
Quibaca, engenho, 78
quilombos, 84, 103, 106, 108, 111, 184, 385*n* 9, 402*n* 78
Quinta dos Lázaros, cemitério da, 248, 252, 313, 321

Real, Thereza Maria de França Corte, 60, 62-3
Recebedoria de Rendas Internas, 110, 342, 345, 348-9, 359, 362
Recôncavo, 16-7, 30, 33, 60, 62, 64, 67, 69, 74-81, 83, 116, 139, 149, 162, 178, 193, 230, 256, 300, 307, 320, 328
repressão, 21, 25-6, 29, 37-9, 46, 83, 93, 145, 148, 182, 371*n* 14, 401*n* 69
Resgate, ladeira do, 34-5, 171
resistência escrava, 149, 151, 156, 184-5, 189, 326
Revolta da Sabinada *ver* Sabinada
Revolta dos Malês, 37, 54, 83-5, 176, 250, 304, 410*n* 13
revoltas escravas, 17, 77, 80-3, 90, 143, 145, 149, 151, 191, 256-7, 259, 263, 328
Revolução escrava do Haiti, 59
Rio de Janeiro, 23, 58, 78, 151, 155, 175, 180-1, 225, 238, 265, 308-9, 379*n* 24, 411*n* 13, 411*n* 15
Rio Grande do Sul, 265
Rio Vermelho, povoado do, 157-8
Rodrigues, Raimundo Nina, 25, 59, 127, 141, 155, 186, 278, 289, 311, 389*n* 50
Rosário dos Pretos da Rua de João Pereira, irmandade, 287-8, 313
Rua do Paço, freguesia da, 48

Sabinada, 83-4, 191, 218, 241, 413*n* 37
Saboeiro, 188, 252
sacrifícios rituais, 127, 134, 140, 225; *ver também* ebó e oferendas
Sahlins, Marshall, 211
sanatórios, 104
Santa Ana, engenho, 82
Santa Bárbara, mercado de, 233-4
Santa Tereza, convento de, 97, 101, 163
Santa Tereza, ladeira de, 51, 60, 97, 100-3, 107, 113, 118, 146, 162-4, 166, 184, 264-5, 290, 309, 340
Santana, freguesia de, 29, 183, 187, 192, 203, 297, 305, 320
Santo Amaro, município de, 60-1, 63, 72, 74-6, 78, 81-4, 280, 320, 336
Santo Antônio Além do Carmo, freguesia de, 23, 31, 34, 36, 39-40, 43-4, 112, 145, 171-2, 174, 190, 194-5, 197, 218, 252
santos católicos, 187, 288-9
Santos, Jocélio Teles dos, 157-8
São Bento, ladeira de, 48-9, 88, 201
São Domingos de Saubara, freguesia de, 60-1
São Francisco do Conde, município de, 60, 77-8, 81, 256-7, 260
São Francisco, convento de, 314
São Gonçalo do Retiro, bairro de, 190, 195
São Gonçalo, fazenda, 218
São João, engenho, 72, 87-9
São Joaquim, feira de, 124
São Pedro, freguesia de, 15, 48-9, 64, 96-7, 107, 113, 139, 147, 162, 168, 192, 196-7, 204, 211, 220,

265, 270, 280, 284-5, 293, 301, 310, 348, 364
São Pedro, Rua de, 105, 168
Satã *ver* diabo
Savé, 137
Sé, freguesia da, 169, 193, 221, 234, 270, 284, 307
senzalas, 37, 60, 64-5, 68-9, 79, 81, 245, 252
Silva, Cândido da Costa e, 100
Sociedade Instrutiva da Bahia, 50
Sociedade Libertadora Sete de Setembro, 312
Sociedade Philarmonica Bahiana, 48
Sociedade Philosophica, 48
Sociedade Protetora dos Desvalidos, 236, 411*n* 13
Sodré, Rua do, 97, 103, 183-4, 205, 237, 287
Solar do Sodré, 97, 102, 184
soldados, 82, 184, 292-3
Souza, Laura de Mello e, 150, 289
Sowzer, Felisberto, 391*n* 68
suicídio, 30, 195, 206, 209, 248, 397*n* 37, 413*n* 35
superstição, 30, 144, 149, 173
Süssekind, Flora, 150
Sweet, James, 150

Teatro São João, 94-5, 162, 313
Tesouraria de Fazenda do Império, 50

testamento de Domingos Sodré, 16, 53, 60, 67, 85-6, 113, 118, 279, 287, 299-300, 313-4, 330, 336-7
tradição oral, 215, 276, 290, 300, 325
traficantes de negros, 16, 56-7, 62, 83, 119, 174, 230, 236, 240, 243, 271, 274, 409*n* 6, 409*n* 9
tráfico negreiro, 17-8, 55-9, 64, 66, 79-81, 111, 120, 135-6, 152, 174, 182, 236, 238, 265, 268-9, 277, 281, 289, 293, 297, 306-8, 311, 322, 324, 329, 395*n* 19, 401*n* 72, 410*n* 11
Tribunal da Relação, 175, 180, 242, 271
Trindade, engenho, 60-73, 82, 89, 328, 379*n* 24
Truillot, Michel-Rolph, 160

Uidá (Ajudá), 55, 116, 235, 237, 241, 388*n* 44
Urubu, quilombo do, 84

Verger, Pierre, 154, 235
violência senhorial, 155-64, 397*n* 37
Vítimas-algozes (romance), 150-1

Wissenbach, Cristina, 154-5

Xangô, 126, 137, 184, 308, 392*n* 73

Créditos das imagens

Todos os esforços foram feitos para determinar a origem das imagens deste livro. Nem sempre isso foi possível. Teremos prazer em creditar as fontes, caso se manifestem. A reprodução das imagens foi feita por Mariângela de Mattos Nogueira.

1 e 13: Benjamim Mulock/ Coleção Gilberto Ferrez/ Acervo Instituto Moreira Salles

2: Arnold Wildberger, *Os presidentes da província da Bahia, efectivos e interinos, 1824-1889*. Salvador: Typographia Beneditina, 1949

3 e 45: Acervo da Fundação Biblioteca Nacional/ Brasil

4, 5, 7, 9, 16, 41, 42, 43, 48, 49 e 50: Arquivo Público do Estado da Bahia

6 e 40: Anônimo/ Coleção Gilberto Ferrez/ Acervo Instituto Moreira Salles

8: Museu Afro Brasil

10, 17, 30, 33, 51 e 52: Acervo Ubaldo Sena

11: Victor Frond/ Coleção Gilberto Ferrez/ Acervo Instituto Moreira Salles

12 e 25 (abaixo, à dir.): Fotos de Mariângela de Mattos Nogueira

14, 15 e 47: Fundação Gregório de Mattos/ Arquivo Municipal de Salvador

18 e 29: Rodolfo Lindemann/ Coleção Gilberto Ferrez/ Acervo Instituto Moreira Salles

19: Mulher negra na Bahia. Marc Ferrez, Bahia, *c.* 1885/ Coleção Pedro Corrêa do Lago/ Acervo Instituto Moreira Salles

20: Marc Ferrez/ Acervo Instituto Moreira Salles

21 e 22: João Goston/ Acervo Instituto Moreira Salles

23: "Fon royal crown. Republic of Benin. From the reign of King Glele, 1858-
-1889". Reprodução de Museu de l'Homme, Paris
24: "Olokun crown". Andrew Apter, *Black Critics and Kings: The Hermeneutics of Power in Yoruba Society*. Chicago: The University of Chicago Press, 1992
26, 27 e 28: Wande Abimbola, *Ifá: An Exposition of Ifá Literary Corpus*. Ibadan: Oxford University Press Nigeria, 1976
31: Fotografia de autor desconhecido. Gilberto Ferrez, *Bahia. Velhas fotografias*. Rio de Janeiro, 1988
32: Casa de Correção da Bahia. *Álbum artístico e cultural da Bahia*, org. e ed. Manuel Rodrigues Folgueira. Salvador: Edição Folgueira, 1940
34 e 35: Arnold Wildberger, *Os presidentes da provincia da Bahia, efectivos e interinos, 1824-1889*. Salvador: Typographia Beneditina, 1949
36: Fotografia de Alberto Henschel, c. 1867-70. Gilberto Ferrez, *Bahia: velhas fotografias, 1858-1900*. Rio de Janeiro; Salvador: Kosmos; Banco da Bahia Investimentos S.A., 1988/ Acervo da Biblioteca Nacional
37: Cadeira de arruar em fotografia de Alberto Henschel, c. 1869/ Acervo Instituto Moreira Salles
38: Schomburg Center for Research in Black Culture (autor e data desconhecidos)
39: Instituto Feminino da Bahia
44: Guilherme Gaensly e Rodolfo Lindemann/ Coleção Gilberto Ferrez/ Acervo Instituto Moreira Salles
46: Aquarela de Francisco Mangabeira Albernaz

Fortuna crítica

SOBRE A EDIÇÃO EM INGLÊS (CAMBRIDGE UNIVERSITY PRESS, 2016):

"O principal personagem neste livro foi um africano nascido em Lagos, Nigéria, e levado para o Brasil num navio negreiro; mas lá ele obteve a alforria e se tornou dono de escravos. Embora um adivinho, curandeiro e grande figura do candomblé, Domingos Sodré casou-se na Igreja católica. Ele liderou uma junta de alforria, porém, esta instituição emprestava dinheiro em troca de lucro para seus membros. João José Reis faz uma narrativa brilhante da complexidade da vida sob a escravidão atlântica. Este livro é um clássico instantâneo."

Sidney Chalhoub, Universidade Harvard

"O proeminente historiador da escravidão no Brasil nos oferece uma biografia poderosa, localizada no contexto da história e da religião afro-atlânticas, revelando com maestria como um talentoso escravo reconquistou sua liberdade, depois do que ele então passa a ganhar a vida como comerciante, proprietário de imóveis e sacerdote do candomblé com enorme autoridade e influência. Baseado em rica documentação e fundamentado em fases históricas críticas, o resultado deste trabalho cuidadoso e meticuloso reformula nosso pensamento sobre a sociedade escravocrata oitocentista, bem como as forças que moldaram os fundamentos do Brasil moderno."

Toyin Falola, Universidade do Texas, Austin

"Este livro profundamente pesquisado e belamente escrito é uma obra-prima da historiografia atlântica e dos estudos sobre a escravidão. Poucos estudiosos seriam capazes de alcançar tal objetivo. Decano dos estudos sobre a escravidão, a habilidade de João José Reis para narrar uma história e seu poder interpretativo são inigualáveis. Enquanto analisa meticulosamente a trajetória de Domingos Sodré, um africano que superou a escravidão para se tornar importante autoridade religiosa do candomblé em Salvador, Reis proporciona um quadro amplo e complexo do tecido social, cultural e religioso brasileiro. Este estudo marcante representa uma história social das melhores, e se tornará uma referência indispensável em história atlântica."

Roquinaldo Ferreira, Universidade da Pensilvânia

"Neste livro, uma complexa interpretação do Brasil imperial é tecida a partir da vida meticulosamente reconstruída do africano Domingos Sodré, um curandeiro e adivinho que forjou seu caminho na sociedade baiana se engajando tanto nos 'negócios da liberdade' como nos 'negócios da escravidão'. Historiadores esperam com frequência demonstrar percepção analítica enquanto narram uma história envolvente; João José Reis alcançou esse objetivo lindamente."

Rebecca J. Scott, Universidade de Michigan

DE RESENHAS DA EDIÇÃO EM INGLÊS:

"A análise sutil do livro resulta de uma magistral acumulação de pesquisas feitas por Reis, ao longo de trinta anos, sobre vidas negras em Salvador."
Karen Y. "Kym" Morrison (Universidade de San Francisco),
Latin American Research Review

"O encontro entre a figura histórica de Domingos Sodré e o pesquisador João Reis foi especialmente auspicioso; até um retrato minimalista da vida de Sodré resumiria por que ele merecia um estudo biográfico. Ninguém fez mais para transformar a historiografia da escravidão e da cultura africana no Brasil do que João José Reis."
Barbara Weinstein (Universidade de Nova York),
American Historical Review

"João José Reis oferece uma complexa história da sociedade escravista brasileira e da resistência religiosa a ela."
Carole A. Myscofski (Universidade Illinois Wesleyan),
RR: Reading Religion

"A destreza com que Reis, um dos melhores historiadores do Brasil, traça os detalhes interconectados de milhares de documentos em muitos arquivos é demonstrada neste livro habilmente escrito. Altamente recomendado!"
Ian Read, Universidade Soka da América,
Choice: Reviews Online

"Homens como Domingos Sodré manipulavam os domínios material e espiritual para curar, maldizer e, mais interessante, melhorar as condições da escravidão. A história de Domingos é a história de toda uma comunidade e suas múltiplas interconexões, alianças, disputas e protocolos. Nesse sentido, o livro se eleva a novos patamares na historiografia do Brasil. Com este estudo, João José Reis estabelece novos padrões para uma mistura criativa de micro-história e contextualização sociocultural."
Zephyr Frank (Universidade Stanford), *The Americas*

DE RESENHAS DA PRIMEIRA EDIÇÃO BRASILEIRA
(COMPANHIA DAS LETRAS, 2008):

"Este é um livro polifônico. Ao lê-lo, ouvimos numerosas vozes, cada qual com seu ritmo, linha melódica, textura e timbre, a contar histórias pessoais, que se encontram e desencontram para formar um grande enredo: a vida dos libertos na Bahia do século XIX. Se estivéssemos diante de um pano da costa tradicional, feito, nos teares estreitos do Iorubo, para os grandes chefes, acompanharíamos com o olhar o fio dourado que o percorre, a biografia de um sacerdote africano, Domingos Sodré, de quem ficamos sabendo menos do que desejaríamos — ignoramos até mesmo o nome ou os nomes que teve no outro lado do Atlântico —, mas o suficiente para que o vejamos em casa e na rua, no terreiro de culto e na prisão.

Em nenhum desses lugares ele está sozinho, nem à frente de um espaço vazio. Pois João José Reis, com a mestria a que nos acostumou em *Rebelião escrava no Brasil* e *A morte é uma festa* (Companhia das Letras), refaz e projeta na nossa imaginação, em tamanho natural, a Salvador do Oitocentos, e seus arredores, e as cidadezinhas e engenhos do Recôncavo, e lhes povoa a paisagem de amigos, desafetos e quem mais tenha atravessado o caminho de Domingos Sodré ou possa explicar o seu destino. Dá-nos o que recolheu nos arquivos — e esse livro se levanta sobre uma ampla, minuciosa e sábia investigação nos arquivos baianos, cariocas e britânicos — da fisionomia e do percurso de pessoas que entraram para a história oficial e de outras de quem ninguém, nem mesmo os seus descendentes, tinha memória."

Alberto da Costa e Silva (Academia Brasileira de Letras),
Jornal de Resenhas

"As informações do livro são bastante documentadas — uma característica dos trabalhos de Reis —, mas distribuídas de uma forma leve que torna a leitura prazerosa e dinâmica. João José Reis consegue fazer o leitor conhecer não apenas Domingo Sodré, mas todo o contexto em que o personagem transita. [...] é uma leitura para estudantes, mas também para os que estão distantes da academia mas têm a curiosidade de conhecer os impactos da escravidão além do que se costuma aprender na escola."

Cleidiana Ramos, *A Tarde*

"Se a Bahia já possuía tradição em estudos sobre o candomblé, o livro de João José Reis apresenta uma nova perspectiva. Amparado em ampla pesquisa documental e utilizando a metodologia micro-histórica, o autor descortina a vida desse personagem, ao mesmo tempo em que analisa a formação do Candomblé na Bahia do século xix. Um trabalho cuidadoso, na melhor tradição da história social, onde personagens se cruzam todo o tempo no universo social e cultural de Domingos Sodré. O leitor encontrará profundidade analítica num texto que realça as conexões entre

África e Brasil. O texto apresenta uma narrativa leve e fluida, característica presente em outros trabalhos do autor."
Carlos da Silva Jr. (Universidade Estadual de Feira de Santana), *Outros Tempos*

"O livro *Domingos Sodré, um sacerdote africano* é uma obra modelar no uso das artes, artimanhas e mandingas de nosso ofício, por isso deve ser bibliografia obrigatória nos cursos de metodologia da pesquisa histórica. Nele estão presentes todas as regras que presidem a operação historiográfica e que permitem que nosso ofício reivindique o estatuto científico: a narrativa mediante documentos; a pesquisa ampla e meticulosa de arquivo, em que o autor expõe nosso parentesco com os detetives; a crítica rigorosa das fontes; o concurso de uma ampla bibliografia na área de estudos a que pertence, incluindo desde obras clássicas, até obras mais recentes, trabalhos sequer publicados. Um domínio fino da teoria e da metodologia faz com que ela sustente a análise, esteja presente na carpintaria, na estruturação do texto e de todos os passos da pesquisa, sem que precise aparecer atravancando o texto, em digressões que costumam ser xaroposas e pedantes. Essa leveza, essa fluência, essa beleza do texto, que já fez de Reis um autor premiado, é parte desta outra dimensão inseparável da operação historiográfica, aquilo que Certeau nomeou de escrita, a dimensão artística de nosso ofício, a dimensão ficcional que a narrativa histórica convoca.
Durval Muniz de Albuquerque Júnior (Universidade Federal do Rio Grande do Norte e Universidade Federal da Paraíba), *Afro-Ásia*

"São raros os historiadores aos quais se pode atribuir também a condição de 'encantador de palavras'. Este é o caso de João José

Reis. Em *Domingos Sodré, um sacerdote africano*, o autor realiza um penetrante olhar sobre a sociedade baiana do século XIX. Esquadrinha-a, pelo prisma da biografia de um africano liberto, os distintos territórios sociais e culturais: o engenho e a cidade; os africanos e os brasileiros; o candomblé e o catolicismo; o mundo oral das juntas de alforria e o escrito da justiça de alforria."

Carlos Eduardo Millen Grosso, *Mundos do Trabalho*

"Portanto, seguindo a trajetória de textos do autor, este livro, articulado aos anteriores, além de avançar em várias questões sobre a escravidão e a historiografia nos Oitocentos, sendo verdadeiramente uma aula de pesquisa e de exposição narrativa dos dados, também contribui para melhor percepção das complexas redes de relações que mediaram e organizaram o 'mundo da escravidão', e os laços entre escravos, e deles para com seus senhores."

Diogo da Silva Roiz
(Universidade Estadual de
Mato Grosso do Sul), *Diálogos*

1ª EDIÇÃO [2008]
2ª EDIÇÃO [2024]

ESTA OBRA FOI COMPOSTA PELA VERBA EDITORIAL EM MINION E IMPRESSA PELA GRÁFICA PAYM EM OFSETE SOBRE PAPEL PÓLEN NATURAL DA SUZANO S.A. PARA A EDITORA SCHWARCZ EM JUNHO DE 2024

A marca FSC® é a garantia de que a madeira utilizada na fabricação do papel deste livro provém de florestas que foram gerenciadas de maneira ambientalmente correta, socialmente justa e economicamente viável, além de outras fontes de origem controlada.